Ex Libris M...

LOUIS SAG......

Préfet des De......

Niort.

MÉMOIRES

DE THÉODORE

AGRIPPA D'AUBIGNÉ

CHEZ LE MÊME ÉDITEUR

ŒUVRES
DE MADAME DE MAINTENON

Publiées pour la première fois

D'APRÈS LES MANUSCRITS ET COPIES AUTHENTIQUES

AVEC DES NOTES ET COMMENTAIRES

PAR M. TH. LAVALLÉE

Cette Publication est ainsi composée :

1º LETTRES SUR L'ÉDUCATION DES FILLES.....	1 vol.
2º ENTRETIENS SUR L'ÉDUCATION.............	1 vol.
3º CONSEILS AUX JEUNES FILLES qui entrent dans le monde.	1 vol.
4º LETTRES ÉDIFIANTES......................	2 vol.
5º CORRESPONDANCE GÉNÉRALE................	4 vol.
6º MÉMOIRES, CONVERSATIONS, ÉCRITS DIVERS.....	1 vol.

Chaque ouvrage se vend séparément 3 fr. 50 c. le volume.

On ne connaissait, jusqu'à notre publication, les écrits de Madame de Maintenon que par les éditions de La Beaumelle ; or, cet éditeur n'en a publié qu'une partie, la moins belle, selon nous, et cette partie, il l'a dénaturée à peu près complètement. On peut s'en assurer en comparant le texte de cet éditeur avec celui de M. LAVALLÉE qui est la reproduction exacte des originaux et des copies authentiques.

C'est donc dans notre édition seulement qu'on peut connaître les écrits de Madame de Maintenon, et nous pensons qu'ils assigneront à cette femme célèbre une place très-haute parmi les écrivains français, en même temps qu'ils feront juger plus sûrement son caractère.

Madame de Maintenon n'a pas seulement écrit des lettres, elle a composé différents traités sur des sujets divers, ce qui nous a permis de donner à notre publication le titre d'*Œuvres de Madame de Maintenon*. M. LAVALLÉE y a trouvé une facilité pour classer ces œuvres dans un ordre méthodique et pour les distinguer entre elles par des titres particuliers.

Paris. — Imprimerie de GUSTAVE GRATIOT, 30, rue Mazarine.

MÉMOIRES

DE THÉODORE

AGRIPPA D'AUBIGNÉ

PUBLIÉS POUR LA PREMIÈRE FOIS

D'APRÈS LE MANUSCRIT DE LA BIBLIOTHÈQUE DU LOUVRE

SUIVIS DE FRAGMENTS DE L'HISTOIRE UNIVERSELLE DE D'AUBIGNÉ
ET DE PIÈCES INÉDITES

PAR M. LUDOVIC LALANNE

PARIS

CHARPENTIER, LIBRAIRE-ÉDITEUR

39, RUE DE L'UNIVERSITÉ

A GENÈVE, chez CHERBULIEZ, libraire

1854

NOTICE SUR AGRIPPA D'AUBIGNÉ.

La famille d'Aubigné était d'une noblesse sinon illustre, au moins fort ancienne. Les documents cités par La Beaumelle [1] la font remonter, non pas précisément au temps des Romains, comme le dit une généalogie en vers [2], mais au commencement du douzième siècle; et, sans Jean d'Aubigné, sans son fils Agrippa et madame de Maintenon, elle n'aurait pas laissé de traces dans l'histoire.

Jean d'Aubigné, chancelier de Navarre, joua, durant les dernières années de sa vie, un rôle important dans le parti calviniste, bien qu'il semble n'avoir embrassé qu'assez tard la religion réformée [3]. Il fut l'un des chefs de la conjuration d'Amboise, dont tous les papiers restèrent entre ses mains, et il prit plus tard, en 1563, une part glorieuse à la défense d'Orléans contre l'armée catholique. Il mourut quelque temps après des suites de ses blessures.

[1] *Mémoires pour servir à l'histoire de madame de Maintenon*, 1756, t. V.

[2] Voy. l'Appendice, p. 443. Il y a une singulière erreur dans cette généalogie, écrite par un parent de d'Aubigné; car on y fait vivre encore, en 1556, Catherine de l'Estang, morte en 1552.

[3] L'original (sur parchemin) de son contrat de mariage avec Catherine de l'Estang existe dans le manuscrit de la bibliothèque du Louvre, qui contient les *Mémoires* d'Agrippa. En voici un extrait:

« Sachent tous que au traité et prolocution du mariage, qui au plaisir de Dieu, s'accomplira des personnes cy-dessoubs nom-

Il laissa, de sa première femme, Catherine de l'Estang, Théodore Agrippa; et, de sa seconde femme, Anne de Limour, un autre fils, qui fut tué en 1580 [1].

Théodore-Agrippa d'Aubigné naquit au château de Saint-Maury [2], à une lieue de Pons, en Saintonge, le 8 février 1552 [3]. Sa naissance coûta la vie à sa mère. Son père s'étant remarié peu de temps après, il fut,

mées, ont esté présans personnellement..... Jehan d'Aubigné, escuyer, sieur de Brie en Xaintonge, chancellier du roy de Navare, filz de deffunct Pierre d'Aubigné, escuier, seigneur dudit Brie et de Viguier en Anjou, et de damoiselle Catherine de Sourche, demeurant à la suite dudit sieur roy de Navarre, d'une part, et damoiselle Catherine de l'Estang, dame de La Lande Guinemer, fille de deffunct et noble homme, Jehan de l'Estang, escuier, sieur de Pulle en Angommois, et de damoiselle Suzanne de la Borde, demourant à la maison noble de la Lande Guinemer, paroisse de Mer, d'autre..... lesquels..... se sont promis et se promettent prandre à femme et mary espoux en face de sainte église, si et quand l'ung par l'autre en sera requis, les solenité de note (sic) mère sainte Église catholique, apostolique et romaine sur ce gardées et observées..... Faict et passé à Orléans, le deuxiesme jour du mois de juin, l'an de grasse mil cinq cent cinquante. »

Ainsi, Jean d'Aubigné était encore catholique en 1550.

[1] On a prétendu que Jean d'Aubigné avait épousé secrètement Jeanne d'Albret, veuve d'Antoine de Bourbon, conte absurde qui semble avoir pris naissance seulement dans la seconde moitié du dix-septième siècle, lors de la faveur de madame de Maintenon. Voy. à ce sujet Bayle, art. *Navarre*, et la *France protestante*, art. *Aubigné*.

[2] Le château a été complétement détruit, et il n'en reste aujourd'hui presque aucun vestige. Voy. Crottet, *Hist. des Eglises réformées de Pons, Gemozac et Mortagne*, 1841, in-8, p. 85.

[3] Jusqu'ici on avait fait naître d'Aubigné en 1550 ou 1551, en s'appuyant sur son testament, où il se donne comme octogénaire, et sur cette phrase qui, dans la deuxième édition, commence l'*Histoire universelle :* « La moitié du seizième siècle, an natal

par la jalousie de sa belle-mère, éloigné de la maison paternelle, mais n'en reçut pas moins une éducation « exquise. » Il nous a rapporté lui-même, fort en détail, dans ses *Mémoires*, les aventures de son enfance, les périls, les duels et les amours de sa jeunesse. Je ne recommencerai pas son récit, où il faut, là comme ailleurs, faire la part de quelques vanteries assez familières à l'auteur. Ainsi l'on peut bien douter qu'à six ans il lût l'hébreu, le grec, le français et le latin ; qu'à sept ans et demi, il traduisit le *Crito* de Platon ; qu'à treize ans et demi, il lût couramment les Rabbins, et qu'on le remît au collège à Genève uniquement parce qu'il ignorait quelques formes dialectiques de Pindare. Mais on doit le croire quand il nous raconte son désespoir et ses projets de suicide à Lyon, ses exploits et ses souffrances pendant ses premières campagnes, les *pilleries* auxquelles, étant enseigne, « il avoit mené ses soldats ; » on doit le croire quand il nous raconte que, dépossédé de ses biens par un maître d'hôtel du duc de Longueville, traité d'imposteur par ses parents, mourant de maladie et de misère, il sut, devant le tribunal d'Orléans, plaider sa cause d'une manière si pathétique que les juges s'écrièrent : « Il n'y a que le fils d'Aubigné qui puisse parler ainsi [1]. »

du livre et de l'auteur ; » phrase qu'il ne faut prendre au pied de la lettre, ni pour le livre, ni pour l'écrivain. J'ai exposé plus loin les raisons qui m'ont fait rejeter ces deux dates (voy. p. 3, note 2), et je dois ajouter, pour dissiper tous les doutes, que le contrat de mariage de Jean d'Aubigné étant du mois de juin 1550, on ne peut guère supposer qu'Agrippa fût né au mois de février suivant, c'est-à-dire huit mois après.

[1] Voy. *Mémoires*, p. 12 à 22.

Ce fut en 1573, un an après la Saint-Barthélemy, que d'Aubigné fut attaché en qualité d'écuyer à la personne du roi de Navarre, auquel il fut présenté « comme un homme qui ne trouvoit rien trop chaud, » ce dont le prince put bientôt se convaincre par lui-même ; car Agrippa, en décidant et en aidant son maître à s'échapper de la cour, lui rendit, au péril de sa vie, un service dont les conséquences furent immenses pour l'avenir d'Henri IV et du parti protestant.

Quelques particularités de la vie de d'Aubigné prouvent qu'il n'eut à pas cette époque cette rigidité de principes, cet attachement à sa cause qui furent plus tard le trait saillant de son caractère. Ainsi, en 1574, trois ans après la Saint-Barthélemy, à laquelle il n'avait échappé que par hasard, il va combattre sous les drapeaux du duc de Guise, à Dormans, où les protestants furent défaits. C'était oublier les solennelles paroles de son père devant les têtes des conjurés d'Amboise : « Si tu épargnes ta tête pour venger ces chefs pleins d'honneur, tu auras ma malédiction. » Et l'on éprouve un sentiment pénible, quand on voit Agrippa composer des ballets pour le divertissement de ces princes qu'il devait flétrir dans les *Tragiques*, quand on le voit se vanter de sa « grande familiarité » avec le duc de Guise et d'autres seigneurs dont il avait gagné la bonne grâce « par ses capriolles et ses affecteries de cour. » Il semblait alors avoir perdu le souvenir de la Saint-Barthélemy, qu'il se rappela malheureusement en 1577, pour faire massacrer de sang-froid vingt-deux soldats de Dax qui s'étaient rendus

---

[1] Les anciens éditeurs ont ajouté ici *ni trop froid,* addition qui me semble diminuer singulièrement l'énergie de la phrase.

à lui sans combat. Cette fois encore c'était oublier bien vite le noble exemple que lui avait donné son père, dont il nous a raconté lui-même la douleur le jour où le prince de Condé fit, par représailles, exécuter à mort deux prisonniers [1].

Le service que d'Aubigné avait rendu au roi de Navarre, établit entre eux une affection et une intimité qui durèrent jusqu'à la mort d'Henri, malgré les querelles et les brouilles que la légèreté et même la jalousie du prince, la « langue satirique, » la vanité et l'indomptable caractère de l'écuyer ne manquèrent pas de susciter entre eux. Plus d'une fois d'Aubigné envoya à son maître un adieu qu'il croyait éternel; mais il suffisait d'un mot de celui-ci pour faire revenir près de lui son fidèle serviteur.

Jusqu'à la fin des guerres civiles, d'Aubigné, qui avait épousé en 1583 Suzanne de Lezay, dont la mort, arrivée en 1596, le plongea dans un profond désespoir, ne prit guère de repos « hors le temps des maladies et des blessures. » Tantôt lancé pour son propre compte dans les entreprises les plus hasardeuses, tantôt combattant à côté du roi, tantôt le servant dans le conseil et dans les missions les plus périlleuses, il déploya un courage, une loyauté et une indépendance qui le rendirent l'un des hommes les plus considérables de son parti.

Après l'abjuration d'Henri IV, auquel son écuyer fit entendre plus d'une fois d'amères et dures paroles, les calvinistes, privés de leur chef et déçus dans leurs espérances, commencèrent à s'agiter contre celui dont ils avaient été si longtemps le plus ferme appui. On peut

[1] Voy. *Hist. univ.*, édit. de 1626, t. I, p. 222.

lire dans les Mémoires de Sully[1] quelles inquiétudes ils inspirèrent au roi, à l'époque de la prise d'Amiens par les Espagnols. Les principaux des réformés, loin de s'unir à lui pour repousser l'étranger, voulurent profiter des malheurs publics pour lui arracher les concessions que devait plus tard consacrer l'édit de Nantes. On voit alors d'Aubigné se joindre à eux, et la parole énergique qu'il adressa au duc de la Trémouille « courant pays pour rallier leurs amys[2], » montre assez qu'il était prêt à risquer sa tête dans la révolte où il s'engageait, et qui heureusement avorta.

Les dissentiments entre le roi et son ancien serviteur devinrent plus profonds à cette époque; car il ne s'agissait plus alors, comme jadis, de petites querelles domestiques, mais de luttes où étaient en jeu les grands intérêts de l'État et des deux religions. Le rôle que d'Aubigné joua dans les conférences théologiques pour la réunion des Églises, et dans les diverses assemblées protestantes où il tint tête à la fois aux prétentions du roi et aux arguments de Duperron, aigrirent tellement Henri qu'il fut sur le point d'envoyer à la Bastille l'homme contre lequel échouaient les séductions et les menaces. Pourtant ils se raccommodèrent encore; et, dans un dernier voyage[3] qu'Agrippa fit à la cour, il fut initié aux grands projets du roi contre l'Espagne, projets à l'exécution desquels il devait concourir, en sa qualité de vice-amiral de Saintonge et

---

[1] Édit. Michaud et Poujoulat, année 1597, p. 352.
[2] Voy. *Mémoires*, p. 105.
[3] Je crois que d'Aubigné a rapporté à ce voyage (1610) quelques particularités d'un voyage antérieur (1607) dont il ne parle pas. Voy. le Journal de D. Chamier, cité plus loin, p. 108.

de Poitou. L'assassinat de ce grand monarque, arrivé quelque temps après, les fit avorter, et frappa d'Aubigné d'une vive douleur, qu'il a exprimée avec une rare éloquence dans plus d'une page de son *Histoire*[1].

Après ce fatal événement, d'Aubigné aurait pu, s'il l'eût voulu, mener une existence tranquille et indépendante. Il avait, en effet, comme il le dit lui-même, reçu de son maître « autant de biens qu'il lui en falloit pour durer[2], » et d'ailleurs la guerre « où il étoit entré en chemise » l'avait suffisamment enrichi, et quelquefois par des moyens qui rappelaient un peu trop les brigandages des seigneurs du moyen âge[3].

Mais son humeur inquiète ne lui permit pas de jouir en repos d'un bien acquis au prix de tant de combats et de tant de travaux. Il s'engagea dans toutes les intrigues, dans toutes les luttes qui signalèrent les premières années du règne de Louis XIII, et qui cette fois lui furent fatales. Après avoir vu les

---

[1] Voy. entre autres, Appendice, p. 414 et suivantes. Je dois faire remarquer que d'Aubigné, qui n'écrivit ses *Mémoires* que dans les dernières années de sa vie, c'est-à-dire à une époque où il était aigri par les malheurs et l'exil, s'y montre beaucoup plus sévère envers Henri IV que dans l'*Histoire universelle*.

[2] A la mort du roi, en 1610, les pensions de d'Aubigné se montaient à sept mille livres. Il est à remarquer que dans les éditions des *Mémoires* on a intercalé sur la ladrerie de Henri IV envers son serviteur des particularités qui ne se trouvent point dans les manuscrits, et qui ont été évidemment tirées de quelques recueils d'anecdotes plus ou moins authentiques. Voy. pages 42, et 350.

[3] Voy., entre autres, *Mémoires*, p. 119. D'après la pièce rapportée à l'Appendice, p. 436, on voit qu'en 1614 d'Aubigné possédait en terre, meubles, etc., une valeur de 173,000 livres sans compter ses places et ses pensions.

chefs et les ministres calvinistes se vendre tour à tour, abandonné des princes qui « lui faisoient banqueroute comme à tout honneur, accablé des haines de son parti, » il prit la résolution de quitter la France. En 1619, il céda au duc de Rohan ses forteresses de Maillezais et de Doignon, qu'il regardait comme à peu près imprenables [1], et eut soin, par une dernière bravade, d'écrire à la cour qu'il n'avait pu chercher « aucun plus fidelle et passionné au service du roy [2]. » L'année suivante, il s'engagea dans la ligue des princes contre le duc de Luynes; et, refusant l'amnistie qui lui était offerte, il traversa la France en fugitif; et, après avoir miraculeusement échappé aux troupes envoyées à sa poursuite, il put enfin, à travers mille périls, gagner Genève, où il arriva le 19 septembre 1620.

Mais dans le pays même où il était venu, à soixante-huit ans, « prendre le chevet de sa vieillesse et de sa mort, » il ne put rester inactif. Genève, Bâle et Berne l'employèrent tour à tour à organiser leurs moyens de défense. Venise voulut l'attacher à son service, mais « bien que les causes des haines des rois dussent être aux républiques cause de charité, » la Seigneurie dut renoncer à ce projet, par suite des menaces de l'ambassadeur français Miron.

Un second mariage, que d'Aubigné conclut à soixante-onze ans, avec Renée Burlamachi [3], ne put

[1] « Maillezais coûteroit un siége royal, et le Doignon plus à être assiégé que La Rochelle à être prise. » *Mémoires*, p. 131.

[2] Voy. Appendice, p. 385.

[3] Elle était née en 1568, et avait alors cinquante-cinq ans, c'est-à-dire seize ans de moins que d'Aubigné. Voy. Sayous, *Études sur les écrivains français*, t. II, p. 233. D'Aubigné me semble se vanter un peu trop quand il prétend (*Mémoires*, p. 146)

calmer son besoin d'activité. Ses menées avec les protestants de France et d'Angleterre, l'âpreté de son langage, l'inflexibilité de son caractère, la publication de ses écrits[1], lui suscitèrent des persécutions jusque dans ses derniers jours, que vinrent empoisonner les trahisons et l'infâme conduite de son fils aîné Constant, le père de madame de Maintenon. Enfin, le 9 mai 1630[2], après une courte maladie, « las de vains travaux, rassasié, mais non ennuyé de vivre [3], » expira cet homme sur la tombe duquel on aurait pu graver l'épitaphe de J.-J. Trivulce : *Hic quiescit qui nunquam quievit*. Il fut enterré à Genève, dans le cloître de la cathédrale de Saint-Pierre, où se lit encore l'épitaphe bizarre qu'il avait composée lui-même[4].

Familiarisé dès son enfance avec les grands auteurs de l'antiquité, d'Aubigné, si remarquable comme poëte, ne l'est pas moins comme prosateur[5]. Il pos-

que « ce mariage fut commencé par la voix du peuple. » Je verrais plutôt une expression du sentiment public dans le quatrain cité page 147, note 2 et qu'on a attribué à tort à Agrippa.

[1] Voy. Appendice, p. 450 et Sayous, t. II, p. 284.
[2] Et non pas le 29 avril, comme l'ont répété la plupart des biographes. Voy. l'Appendice, p. 452.
[3] Voy. à l'Appendice, p. 422, son testament écrit quelques jours avant sa mort.
[4] Voy. l'Appendice, p. 423, les détails que sa femme donne sur les derniers moments de son mari. Le portrait de d'Aubigné n'a jamais été gravé. Il en existe un à Genève et un autre à Maintenon. M. B. Fillon en possède un troisième qui avait été donné par d'Aubigné à l'un de ses gendres, et qui a figuré sur les inventaires de la famille.
[5] Outre les travaux déjà cités de MM. Sayous, Haag, Feugère, etc., on peut consulter encore sur d'Aubigné le *Tableau de la poésie française au seizième siècle*, par M. Sainte-Beuve,

sède à un haut degré les qualités qui font le grand écrivain, une intelligence élevée, un esprit hardi, loyal et indépendant, un langage souvent rude et obscur, mais auquel les convictions ardentes et passionnées du calviniste, les inspirations du poëte, la verve du pamphlétaire, et la fierté du soldat donnent parfois des accents d'une admirable éloquence. Il suffit, pour s'en convaincre, de lire les préfaces et les appendices de son *Histoire*, ses harangues, le tableau de la cour à la mort de Henri III [1], et bien d'autres pages que Saint-Simon, avec lequel il a tant de rapports, n'aurait certainement pas désavouées.

Les *Mémoires* de d'Aubigné, que nous publions aujourd'hui, parurent pour la première fois sous le titre d'*Histoire secrète*, et réunis au *Baron de Fœneste* dans un recueil édité par Le Duchat, en 1729 [2]. En 1731, ils furent réimprimés, à La Haye, avec d'autres pièces. C'est le texte de cette seconde édition qui a été reproduit par M. Buchon, dans le *Panthéon littéraire*.

Le premier éditeur, poussé par cette manie déplorable qui a fait dénaturer, au dix-huitième siècle, tant d'écrivains originaux, a cru devoir moderniser le style si concis et si énergique de d'Aubigné. C'est bien pis encore dans l'édition de 1731, qui ne présente plus qu'une paraphrase du texte original. Et ce n'est point

---

et les *Essais d'histoire littéraire* de M. Géruzez, le *Bulletin du Bibliophile* (janvier 1854), et un article bibliographique de la *Bibliothèque curieuse*, de David Clément.

[1] Voy. ces passages à l'Appendice.

[2] Cologne. Pierre Marteau, 2 vol. in-8. Il paraît que l'impression en avait été commencée lors de la paix de Ryswick et que madame de Maintenon parvint à la faire arrêter. (Voy. *Journal littéraire* de La Haye, t. XVI.)

à des altérations philologiques que se sont bornés les éditeurs; ils ont tronqué et allongé certains récits, supprimé des pages entières, ou intercalé des anecdotes plus que suspectes [1].

J'avais été depuis longtemps frappé de la dissemblance profonde que le style des *Mémoires* ainsi publiés présentait avec celui des autres ouvrages de d'Aubigné, lorsqu'en 1851, je trouvai à la bibliothèque du Louvre un manuscrit ayant appartenu à madame de Maintenon [2], et qui contenait une copie des *Mémoires* de son aïeul. Cette copie différait tellement des imprimés, que je ne pus douter un instant d'avoir rencontré le texte primitif, conjectures que mes recherches vinrent confirmer. C'est évidemment le manuscrit dont madame de Maintenon parle dans ses lettres à son frère [3]. Depuis, j'eus encore connaissance de trois copies conservées l'une à la bibliothèque impériale [4] et les deux autres à la bibliothèque de l'Arsenal [5]. A part les différences d'orthographe, le texte de ces quatre manuscrits est identique.

J'ai suivi le texte donné par le manuscrit de la bibliothèque du Louvre, manuscrit qui, en l'absence de l'original, est à la fois le plus ancien et le plus au-

---

[1] Voy., entre autres, p. 124, 147.

[2] Il est coté f. 325, in-fol., et intitulé : *Mémoires originaux sur la maison d'Aubigné, et sur celle de* Mme *de Maintenon*.

[3] L'original autographe des *Mémoires* se trouve encore à Genève, entre les mains de M. le colonel Tronchin, chez qui M. Sayous a pu le consulter.

[4] Suppl. fr., fonds Bouhier, n° 33. Cette copie est du dix-huitième siècle.

[5] Collection Conrart, t. XIII, et *Hist. fr.*, n° 180, in-folio. Ces copies sont de la deuxième moitié du dix-septième siècle.

thentique. Sauf dans quelques endroits où les erreurs du copiste m'ont paru évidentes, j'ai respecté scrupuleusement le style et l'orthographe, même celle des noms propres, qui varie d'une page à l'autre. J'ai essayé d'éclaircir par des notes les passages ou les mots qui offraient quelques difficultés; il est toutefois certaines expressions que je n'ai trouvées dans aucun lexique, et dont il m'a été impossible de déterminer le sens d'une manière précise, soit qu'elles aient été forgées par d'Aubigné, qui, suivant la mode de Ronsard, demandait parfois au grec et au latin les mots que lui refusait notre langue, soit qu'elles appartinssent à cette espèce d'argot que chaque génération crée et voit mourir.

Enfin, j'ai réuni dans l'Appendice tous les passages de l'*Histoire universelle* auxquels d'Aubigné renvoie dans ses *Mémoires*, et en y ajoutant des fragments de ses autres écrits, des extraits d'auteurs contemporains, son testament, en partie inédit, et diverses pièces en vers ou en prose, dont quelques-unes n'avaient pas encore été imprimées; j'espère avoir complété, autant que possible, l'autobiographie de l'auteur des *Tragiques*.

PRÉFACE DE L'AUTEUR.

Mes enfants,

Vous avez dans l'antiquité de quoy puiser, dans les vies des empereurs et des grands, des exemples et enseignements, comment il se faut desmesler des attacques des ennemis et des subjects désobeissants. Vous voyez comme ils ont remédié aux pressez du costé et aux souslevements du dessous, mais vous n'y apprenez point à porter les fardeaux du dessus; et cette troisiesme sorte d'affaires requerrant plus de dextérité que les autres deux, vous avez plus de besoin d'éviter les médiocres que les grands, pource qu'en la lutte que vous avez avec vos pareils, vous n'avez qu'à vous garder de l'adresse, laquelle manquant aux princes, ils se laissent cheoir de leur pesanteur. Henry le Grand n'aymoit pas que les siens s'amusassent trop aux vies des empereurs, et ayant trouvé Neuvy trop attaché à son Tacite, et craignant que ce courage eslevé ne prist l'essor, il l'admonnoistoit qu'il cherchast quelque vie d'un sien compaignon; c'est ce que je fais en octroyant votre requeste raisonnable. Et voicy le discours de ma vie en la privauté paternelle, que ne m'a point contraint de cacher ce qui en l'*Histoire universelle* [1] eust été de mauvais goût; dont ne pouvant rougir envers vous, ni de ma gloire ni de mes fautes, je vous conte l'un et l'autre, comme si je vous entretenois encore sur mes genoux. Je désire que mes heureuses et honnorables actions vous donnent de l'envie, pourveu que vous vous attachiez plus exprès à mes fautes, que je vous descouvre touttes nues, comme le point qui vous porte le plus de butin ; et puis espeluchez les comme miennes. Mais les heurs ne sont pas de nous, mais de plus haut. J'ay encore à vous ordonner qu'il n'y aie que deux copies de ce livre, vous accordant d'estre leurs gardiens et que vous n'en laissiez aller aucune hors de la maison. Si vous y faillez, vostre désobéissance sera chastiée par vos envieux, qui esleveront en risée les merveilles de Dieu en més délivrances et vous fairont cuire votre curieuse vanité.

[1] *Histoire universelle du sieur d'Aubigné*, Maillé, 1616-1618. 3 vol. in-f°; et Amsterdam (Genève), 1626, 3 tomes in-f°.

MÉMOIRES

DE THÉODORE

AGRIPPA D'AUBIGNÉ

Théodore Agrippa d'Aubigné, fils de Jean d'Aubigné, seigneur de Brie en Saintonge, et de damoiselle Catherine de Lestant [1], nasquit en l'hostel Saint-Maury, près de Pons, l'an 1551, le 8ᵉ de febvrier [2]. Sa mère morte en accouchant, et avec telle extrémité, que les médecins proposèrent le

---

[1] Voyez sur la généalogie de d'Aubigné la notice placée en tête du volume.

[2] M. L. Feugère, dans l'intéressante notice qu'il a donnée sur d'Aubigné (*Revue contemporaine*, 1853), fait naître d'Aubigné en 1551 (et non en 1550, comme la plupart des biographes). C'est une erreur. D'Aubigné commençant toujours l'année à Pâques, il faut lire ici 1552. Cette date est confirmée quelques lignes plus loin par l'auteur, qui se donne huit ans lors de la conspiration d'Amboise. Or, cette conspiration éclata au mois de mars 1560.

chois de mort ou pour la mère ou pour l'enfant ; il fut nommé Agrippa, comme *œgre partus* [1], et puis nourry en enfance hors de la maison du père, parce que Anne de Limur, sa belle-mère, portoit impatiemment et la despence et la trop exquise nourriture qu'on y employoit.

(1556) Dès quatre ans accomplis, le père luy amena de Paris un précepteur, Jean Costin, homme astorge [2] et impiteux qui lui enseigna les lettres latines, grecques et hébraïques à la fois. Cette méthode fut suivie par père Gim, son second précepteur, si bien qu'il lisoit aux quatres langues à six ans; après on luy amena Jean Morel, Parisien, assez renommé, qui le traicta plus doucement.

En cet aage, d'Aubigné veillant dedans son lict pour attendre son précepteur, ouït entrer dans sa chambre et puis en la ruelle de son lict, quelque personne de qui les vestements frottoient contre les rideaux, lesquels il vit tirer aussitost par une femme fort blanche, qui, luy ayant donné un baiser froid comme glace, disparut. Morel arrive et le trouva ayant perdu la parolle. Ce qui fict despuis croire le rapport de telle vision, fut une fièvre continue qui lui dura quatorze jours.

(1559) A sept ans et demi il traduisit, avec quelque aide de ses leçons, le *Crito* de Platon, sur

---

[1] Enfanté avec peine.

[2] Dur, insensible, du grec Ἄστοργος. — Impiteux, sans pitié.

la promesse du père qu'il le fairoit imprimer avec l'effigie enfantine au devant du livre.

(1560) A huict ans et demi, le père mena son fils à Paris, et en le passant par Amboise, un jour de foire, il vit les testes de ses compaignons d'Amboise [1], encore reconnoissables sur un bout de potence, et en fut tellement esmeu, qu'entre sept ou huict mille personnes, il s'escria : *Ils ont descapité la France, les bourreaux!* Puis le fils ayant picqué près du père pour avoir veu à son visage une esmotion non accoustumée, il lui mit la main sur la teste, en disant : « Mon enfant, il ne faut point que ta teste soit espargnée, après la mienne, pour vanger ces chefs pleins d'honneur; si tu t'y espargnes, tu auras ma malédiction. » Encore que cette troupe fust de vingt chevaux, elle eut peine à se desmesler du peuple qui s'esmeut à tel propos.

(1562) Cest escolier fut mis à Paris entre les mains de Mathieu Beroalde [2], nepveu de Vatable, très-

---

[1] On peut voir dans l'*Histoire universelle*, tome I, liv. II, ch. xv, le récit de cette célèbre conspiration, à laquelle avait pris part le père de d'Aubigné. Cf. De Thou, l. XXIV. Théod. de Bèze, l. III. *Mémoires de Condé*, édit. Michaud et Poujoulat, p. 546. Davila, l. I.

[2] Mathieu Brouart, plus connu sous le nom de Béroalde (que lui fit prendre son oncle Vatable), savant chronographe, né à Saint-Denis vers 1520, mort à Genève le 15 juillet 1576. Voyez sur lui une excellente notice donnée dans *la France protestante*, de MM. Haag, article BROUART. Le volume 630 de la collection Du Puy, à la Bibliothèque impériale, renferme des lettres, un

grand personnage [1]. Au mesme temps ou bientost après, le prince de Condé ayant saisi Orléans [2], les persécutions redoublées, les massacres et bruslements qui se faisoient à Paris ayant contraint, après de grands dangers, Beroalde de s'enfuir avec sa famille, il fascha bien à ce petit garçon de quitter un cabinet de livres couverts somptueusement et autres meubles, par la beauté desquels on lui avoit osté le regret du pays, si bien qu'estant auprès de Villeneufve Saint George, ses pensées tirèrent des larmes de ses yeux ; et Beroalde, le prenant par la main, luy dit : « Mon amy, ne sentez vous point l'heur que ce vous est de pouvoir, dès l'aage où vous estes, perdre quelque chose pour celuy qui vous a tout donné ? »

De là, cette troupe de quatre hommes, trois femmes et deux enfants, ayant recouvert un coche

---

journal et divers papiers de Béroalde. La collection Baluze contenait aussi, il y a quelques années, un opuscule intitulé *De Labyrintho*, qui a passé dans une vente d'autographes, faite par M. Libri, le 16 avril 1846. Sur le catalogue de cette vente, cet opuscule est indiqué à tort comme étant de François Béroalde, sieur de Verville, l'auteur du *Moyen de parvenir*, et le fils aîné de Mathieu.

[1] J. Gasteblé ou Vateblé, dit Vatable, l'un des plus savants hébraïsants du seizième siècle, mort, en 1547, professeur au Collége royal.

[2] Le 2 avril 1562. Voyez le récit que d'Aubigné fait de la prise de la ville dans son *Histoire universelle*, l. III, ch. III.

au Coudret, maison du président l'Estoille [1], ils prirent leur chemin au travers du bourg de Courances [2], où le chevalier d'Achon [3], qui avoit là cent chevaux-légers, les arresta prisonniers, et les mit entre les mains d'un inquisiteur, nommé Democharès. Aubigné ne pleura point pour la prison, mais oui bien quand on lui osta une petite espée argentée et une ceinture à fers d'argent. L'inquisiteur l'interrogea à part, non sans colère de ses responces; les capitaines qui lui voioient un habillement de satin blanc bandé de broderies d'argent, et quelque façon qui leur plaisoit, l'amenèrent en la chambre d'Achon, où ils luy firent entendre que toutte sa bande estoit condamnée au feu, et qu'il ne seroit pas temps de se dédire estant au supplice. Il respondit que l'horreur de la messe lui ostoit celle du feu; or y avoit il là des violons, et comme ils dansoient, Achon demanda une gaillarde à son prisonnier, ce que n'ayant point refusé, il se faisoit aymer et admirer de la compaignie, quand l'inquisiteur, avec injures à tous, le fit ramener en prison. Par luy Beroalde adverti que leur procèz estoit faict, se mit à taster le poux à

---

[1] Le Coudray (Loiret), à 68 kilomètres de Paris. — Louis de l'Estoile, président aux enquêtes, père de Pierre de l'Estoile, l'auteur du *Journal de Henri III*.

[2] Village à 48 kilomètres S. de Paris et à 4 kilomètres de Milly.

[3] Cf. sur lui, *Hist. univ.*, t. I, p. 99, 170.

toutte la compaignée et les fit résoudre à la mort très facilement. Sur le seoir, en portant à manger aux prisonniers, on leur monstra le bourreau de Milly, qui se préparoit pour le lendemain.

La porte estant fermée, la compaignie se mit en prières, et, deux heures après, vint un gentilhomme de la troupe d'Achon, qui avoit esté moyne et qui avoit alors en garde les prisonniers; cetui-cy vint baiser à la jouë d'Aubigné, puis se tourna vers Beroalde, disant : « Il faut que je vous sauve tous pour l'amour de cet enfant; tenez vous prest pour sortir quand je vous le diray; cependant donnez moi cinquante ou soixante escus, pour corrompre deux hommes sans lesquels je ne puis rien faire. » On ne marchanda point à trouver soixante escus cachez dans les souliers. A minuict, ce gentilhomme revint accompaigné de deux autres, et ayant dit à Beroalde : « Vous m'avez dict que le père de ce petit enfant avoit commandement à Orléans [1], promettez moy de me bien faire recevoir dans sa compaignée. » Cela luy estant assuré avec une honnorable récompense, il fit que toute la bande se prit par la main, et luy, ayant pris celle du plus jeune, mena tout passer secrettement auprès d'un corps de garde, de là dans une grange par dessous leur coche, et puis dans des bleds

---

[1] Le père de d'Aubigné étoit alors dans cette ville lieutenant de Tanneguy du Bouchet, sieur du Puy Greffier et de Saint-Cyr.

jusques au grand chemin de Montargy, où tout arriva avec grands labeurs et grands dangers.

La duchesse de Ferrare [1] receut avec son humanité accoustumée, surtout d'Aubigné qu'elle fit, trois jours durant, asseoir sur un carreau auprès d'elle pour ouïr ses jeunes discours sur le mespris de la mort; puis elle les fit conduire commodément à Gien, où ils demeurèrent un mois chez le procureur du roy, Chazeray. Mais La Fayette y amena le siége, il fallut gagner les batteaux et se sauver à Orléans, au péril des arcquebusades que la commune leur tira vers Boteilles. Beroalde arrivé, fut par la faveur du sieur Aubigné, commandant à la ville sous M. de Saint-Sire, logé favorablement chez le président l'Estoille où Aubigné le premier se sentit atteint de la contagion qui fit mourir trente milles personnes; il vit mourir son chirurgien et quatre autres en sa chambre, entre autres madame Beroalde [2]; son serviteur, nommé Leschalart, qui depuis est mort ministre en Bretaigne, ne l'abandonna jamais et, sans prendre mal, le servit

---

[1] Renée de France, fille de Louis XII, alors veuve d'Hercule d'Est, duc de Ferrare, qu'elle avait épousé en 1528. François Ier lui avait donné Chartres, Gisors et Montargis. — Voy. Ms. Béthune (Bibliothèque impériale), n{os} 8527 et 8569, et Ms. Du Puy (*ibid.*), n{os} 554 et 832.

[2] L'édition de 1729 porte par erreur M. Béroalde, au lieu de madame Béroalde.

jusqu'à la fin, ayant un psalme en la bouche pour préservatif [1].

Le sieur d'Aubigné ayant faict un voyage en Guienne pour haster les forces, trouva son fils guéry, mais un peu desbauché, comme il est difficile, *Pacis artes colere inter Martis incendia* [2].

Un jour il envoya au compaignon par son despensier un habillement de bureau [3] avec charge de le mener par les boutticques pour choisir quelque maistier, puisqu'il quittoit les lettres et l'honneur. Nostre escholier prit à tel cœur cette rude censure, qu'il en tomba en fièvre frénéticque et faillit à en mourir; et puis estant relevé alla prononcer à genoux devant son père une harangue de laquelle les lieux pathéticques arrachèrent des larmes des escoutants, et sa paix fut marquée par quelque despence qui excédoit sa condition.

(1563) Sur la fin de l'année, le siége estant venu [4], et Beroalde estant logé dans le logis de la royne au cloitre Saint-Aignan, les soldats du père desbauchoient le fils, et le menoient mesme dans les mottines, comme il y estoit lors que M. de Duras fut tué.

---

[1] Voy. sur la peste d'Orléans, Bèze, t. II, l. VI, p. 149.

[2] Cultiver les arts de la paix au milieu des feux de la guerre.

[3] De bure.

[4] D'Aubigné, comme nous l'avons dit p. 3, commence toujours l'année à Pâques. Le duc de Guise mit le siége devant Orléans le 5 février.

Un jour il fut mené par son père voir le sieur d'Achon, qui aussi bien que le connestable estoit entre les mains du sieur d'Aubigné, comme les ayant menez prisonniers de la bataille de Dreux[1]. Achon logé dans la Tour-Neuve, qui avoit deux coulvrines sur le plancher de sa chambre, bien estonné de voir son petit prisonnier luy reprocher son inhumanité et touttesfois sans injures : car il respondit à ceux qui luy en vouloient faire dire qu'il ne pouvoit *insultare afflicto*[2].

En ces jours-là quatorze capitaines touchèrent en la main pour essayer la reprise des Tourelles[3], mais il n'y en eut que six qui tindrent leur promesse dans le retranchement. Là, le sieur d'Aubigné eut un coup de picque au-dessous de la cuirasse, et sa playe estant à demi guérie, il fut choisi pour la négociation de la paix qu'il traicta, passant en batteau à la Poule-Blanche du Portereau où estoit logée la royne. Aussi fut-il le quatriesme qui de son party entra dans le pavillon violet de l'Isle-aux-Bœufs où se fit la paix[4].

En faveur de ce traicté et de ses autres services, il luy fut donné l'estat de maître des requestes

---

[1] Le connétable Anne de Montmorency avait été fait prisonnier à la bataille de Dreux, livrée le 19 décembre 1562.

[2] Insulter à un affligé.

[3] Elles avaient été prises le 9 février. *Hist. univ.*, l. III, c. xvii.

[4] Le 12 mars 1563.

pour servir de chevalier en la Cause[1], en quoy le sieur de Chavanes succéda après sa mort. La paix faicte, il se retira, dit adieu à son fils, luy recommanda ces paroles d'Amboise[2], le zèle de sa relligion, l'amour des sciences et d'estre véritable. Ainsi le baisa hors sa coutume, puis demeura malade à Amboise, d'un sac qui se fit en sa playe. Là il mourut, ne regrettant rien des affaires du monde, sinon que l'âge de son fils ne luy permettoit pas de succéder à son estat, et dit ces choses tenant les lettres au poing, lesquelles il renvoya au prince de Condé, avec prière de ne donner cette charge à homme qui ne fust résolu de mourir pour Dieu.

Il arriva que six ou sept jours après sa mort, deux de ses gens s'en retournèrent à Orléans pour faire inventorier les armes et autres hardes qu'il y avoit laissées. Ceux-cy trouvèrent sous le portal du logis Aubigné, qui ne les vit pas sitost arriver que la mort de son père luy frappa au cœur. Il se cachea pour voir leur contenance en establant leurs chevaux, et delà se confirma tellement en son opinion qu'il fut trois mois se cachant pour pleurer, et nonobstant les assurances qu'on luy donnoit ne voulut porter habillement que de deuil.

(1565-1567) Il eut pour curateur d'Aubeville, lequel, pour les debtes immenses du père, le fit renon-

---

[1] C'est le nom que les protestants donnaient à leur parti.
[2] Voy. plus haut, p. 5.

cer à la succession de quatre mille livres de rente et l'entretint aux estudes, du bien de sa mère, le laissant encore un an entre les mains de Beroalde, et puis l'envoya à treze ans à Genève, pour lors faisant plus de vers latins qu'une plume diligente n'en pouvoit écrire. Il lisoit tout courant les Rabins sans points et explicquoit une langue sans lire celle qu'il explicquoit. Il avoit faict son cours de philosophie et de mathématicque, et, nonobstant, sur l'ignorance de quelques dialectes de Pindare on le remit au collége, ayant esté deux ans des publicques à Orléans. Cela luy fit haïr les lettres, prendre les estudes à charge et les chastiments à despit. Il s'adonna à des posticqueries [1] qui mesme le faisoient admirer. M. de Bèze les vouloit pardonner, comme tout estant de levron [2] et rien du regnard; mais les précepteurs estoient des obstacles ou des œbalies [3]. Dont advint qu'ayant esté deux ans à Genève, il s'en vint à Lion sans le sceu de ses parents, et se remit aux mathématicques et s'amusa aux théoricques de la magie, protestant pourtant de n'essayer aucun expériment. L'argent luy ayant manqué à Lion et son hostesse luy en ayant demandé, il prit à tel cœur son manque que, n'osant retourner au logis, il

---

[1] Malices.

[2] Jeune levrier. — On disait étourdi comme un levron.

[3] J'ignore d'où vient ce mot qui a peut-être été défiguré par le copiste. — Les éditions imprimées ont arrangé ainsi la phrase: Les précepteurs étoient sans miséricorde.

fut un jour sans manger, et cette mélancholie fut extrême. Estant en peine où il passeroit la nuict, il s'arrêta sur le pont de la Saone, et là, penchant la teste vers l'eau pour appaiser ses larmes qui tomboient en bas, il luy prit un grand désir de se jetter après elles et l'amas de ses desplaisirs, quand sa bonne nourriture [1] luy faisant souvenir à cela qu'il falloit prier Dieu devant toutte action, le dernier mot de ses prières estant *la vie éternelle,* ce mot l'effraya et le fit crier à Dieu qu'il l'assistast en son agonie. Lors tournant le visage vers le pont, il vit un valet duquel il connut premièrement la malle rouge, et le maistre bientôt après, qui estoit le sieur de Chillault, son cousin germain, qui envoyé en Allemaigne par M. l'admiral [2] portoit à Genève de l'argent au petit désespéré.

(1567) Bientost après commencèrent les secondes guerres. Aubigné retourna en Xaintonge chez son curateur, lequel voyant son pupille se battre à la perche pour quitter les livres, à bon escient le tint prisonnier jusques à la reprise des troisièmes armes.

(1568) Lors les compaignons luy ayant promis de tirer une harcquebusade quand ils partiroyent, le prisonnier, duquel on emportoit les habillements sur la table du curateur tous les soirs, se desvala par la fenestre, par le moyen de ses linceuls, en che-

---

[1] Éducation.

[2] Gaspard de Coligny, né en 1517, tué à la Saint-Barthélemy.

mise, pieds nus, sauta deux murailles, à l'une desquelles il faillit à tomber dans un puys, puis alla trouver auprès de la maison de Riverou les compaignons qui marchoient, bien estonnez de voir un homme tout blanc courir et crier après eux, et pleurant de quoy les pieds luy saignoient. Le capitaine Saint-Lau, après l'avoir menacé pour le fère retourner, le mit en croupe avec un meschant manteau sous luy, pource que la boucle de sa croupière l'escorchoit.

A une lieue de là, au passage de Reau[1], cette troupe trouva une compaignée de papistes qui vouloient gainner Angoulesme; cela fut desfaict avec peu de combat, où le nouveau soldat en chemise gainna une harcquebuse et un fourniment tel quel, mais ne voulut prendre aucun habillement, quoy que la nécessité et ses compaignons luy conseillassent; ainsi arriva au rendez-vous de Jonzac, où quelques capitaines le firent armer et habiller. Il mit au bout de sa cédulle : « A la charge que je ne reprocheroys point à la guerre qu'elle m'a despouillé, n'en pouvant sortir plus mal équippé que j'y entre. »

Le rendez-vous de touttes les troupes fut à Xainctes, où M. de Mirambeau[2], gouverneur du pays, in-

---

[1] Reaux, bourg de Saintonge, près de Pons (Charente-Inférieure).

[2] Voy. sur lui *l'Histoire universelle*, t. I, p. 92, 223, 264, 310, et t. II, p. 172, 220, 221, 251, 266, etc.

cité par les parens, le voulut retirer, premièrement
par remontrance et puis par son aucthorité; mais le
compaignon rompit le respect et dit pour raison
qu'il estoit de garde; et quittant ledit sieur Covriant,
son capitaine, qui consentoit à sa rétention, perça
toutte la compaignée, s'enfuit et portant l'espée à
la gorge du sien cousain qui le suivoit de plus près,
gaigna le logis du capitaine Anière, qu'il sçavoit
estre en querelle avec le sieur de Mirambeau, et le
lendemain à une esmeute qui se fit entre eux, fut
le premier qui coucha la mèche et faillit à tuer son
cousin du party de Mirambeau.

Durant cet hyver, qui fut fort rude, un soir que
le corps de garde d'Anière estoit à la teste de l'ennemy sur le bord d'un marest gelé, si bien qu'ils
transissoient loin du feu et auprès estoient en la
fange, un vieil sergent, Daulphin, vint fère allumer la mèche au jeune homme, et voyant qu'il
trembloit luy presta son escharpe, ce que le mort-
fondu accepta joyeusement; mais les plus grands
labeurs qu'il sentit furent en Périgort à la suitte du
régiment de Piles, puis au retour du siége d'Angoulesme[1], où il avoit donné à l'assaut du Parc et gainné
un fourniment dans la ville. Mais par les chemins
en venant à Pons, la lassitude le faisoit traisner la
nuict de feu en feu, puis ayant trouvé sa compaignée le matin, il oyoit battre aux champs de tous

---

[1] Angoulême fut pris par les protestants en 1568.

cotez. Tous ces maux ne l'empeschoient point qu'il ne tournast le visage, quand il voyoit passer ses cousins bien montez, craignant leurs reproches.

(1569) Estant à Pons, il fut encore à l'assaut et, de la prise, vengea une sienne tante qu'un capitaine Banchereau avoit voulu forcer ; il se trouva aux escarmouches de Jazeneuil[1], à la bataille de Jarnac[2], au grand combat de la Roche-l'Abeille[3] ; mais il perdit l'occasion de la bataille de Moncontour, s'estant retiré avec ceux de son pays, où il ne courut point moins de risque qu'à la bataille, pource qu'en mesme temps le sieur de Savignac fit l'entreprise que vous voyez escrite au premier tome de son Histoire[4] (*Appendice*, n° II), où il n'a pas voulu exprimer comment en cette nuictée il encourut tant de risques ; il se souvint de ses désobéissances à ses parents et, priant Dieu en ses angoisses, dit en s'accusant : *L'homme indompté sera dompté de mesme par maux.* Et ayant passé la Dordogne par le moyen d'un paysan qui estoit venu pour le tuer, son cheval, contre touttes espérances, la passa après luy, qu'il tira à grand peine des vases, et puis ayant

---

[1] En Poitou. — V. *Histoire universelle*, t. I, p. 273 et suiv.

[2] Livrée le 13 mars 1569. Les protestants y furent défaits et le prince de Condé tué.

[3] Dans le Limousin. — Ce combat, où les protestants furent vainqueurs, fut livré le 23 juin 1569.

[4] L. V., ch. XVI, p. 302.

passé l'Isle à l'Aubert-de-Mont[1], son guide le mena jusques à l'entrée du bourg de Coutras, mais n'osa passer plus avant. Soit dit en passant, qu'à la maison de Savignac on fit venir à Aubigné le paysan, nommé Perrot de Fargue, lequel il reconnut entre six qu'on luy présentoit, tant la peur a de bonnes tablettes.

A l'entrée de Coutras, d'Aubigné enfila la ruë, et puis descendit au guays[2]; mais voulant prendre conseil de passage, il vit courir à luy quatre harcquebusiers auprès du moulin qui couchoient la mèche et d'autres encore qui suivoient; cela le fit jetter dans le guays sans marchander, où il se trouva à la nage, il leva celuy de ses pistolets qu'il n'avoit point tiré à la charge, et ayant trouvé terre, passa malgré ceux qui le canardoient en l'eau et ceux qui venoient au devant. Les périls qu'il courut en cette affère se firent encore sentir, comme vous verrez en quelques lieux; mais tout cela ne le corrigea point; et pour vous donner une marque de sa liberté trop affectée, un jour, passant entre cinq cents harcquebusiers devant le prince de Condé, il apelloit bisoignes[3] ceux qui ostoient leurs chapeaux; de quoy s'apercevant le prince et l'ayant voulu reconnoistre, luy fit offrir une place en sa maison, cet honneur présenté par M. de la Caze en

---

[1] Laubardemont, dans le Bordelais.

[2] Gué.

[3] Recrues. Aujourd'hui nous dirions conscrits.

ces termes, qu'il le vouloit donner à ce prince. La responce de cet estourdy fut : « Meslez-vous de donner vos chiens et vos chevaux, » seconde cause que je vous remarque d'une rusticque liberté.

(1570) Il passa le reste des troisièmes guerres en Xaintonge, se trouva à la desfaicte de deux compaignées italiennes et de deux de l'Herbette à Jonzac, et là on commença de se fier en luy de mener vingt harcquebusiers, enfants perdus. La barriquade très eslevée et très advantageuse, fut bien desfendue et forcée par la vertu de Boisrond (*Appendice*, n° III).

Clermond d'Amboise, Ranty et autres estants venus se retrancher dans Archac[1], la Rivière Puittaillé, qui estoit à Pons avec cinq cornettes itallienes et quatre françoises, vint plusieurs fois attacquer l'escarmouche à cette noblesse, où il s'en passa de fort belles et où les gardes d'Acier servoient de précepteurs aux Xaintongeois. Là Aubigné eut l'honneur d'attendre un cavalier qui le desfioit ; il le tira de si près qu'il le porta par terre ; dès lors il refusoit plusieurs enseignes ; mais il vouloit, comme il l'eut après, avoir celle de la première compaignée. Archac fut assiégé, luy estant lors à Cognac ; mais il trouva moyen d'entrer dedans et d'y mener des soldats chargez de poudre, desquels l'un ayant voulu porter sa mèche mit le feu en son pacquet et en fut quitte pour la perte des yeux.

[1] Archiac, non loin de Pons (Charente-Inférieure).

(1570) Estant enseigne d'Anière, Blochard, depuis nommé Cluzeau, et luy menèrent les enfants perdus au siége de Coignac, où estant receus résoluement par des sergents dans la halle, ils furent meslez encore plus résoluement, principalement Aubigné qui, estant en pourpoint, commença la barriquade sur le bout du pont-levis, en levant un buffet et deux coffres et l'amena ainsi à contre-poil, non sans perte de bons hommes, vers le bourg; pour cette folie, Anière l'honnora de luy fère fère la capitulation (*Appendice*, n° IV).

A cette affaire, un gentilhomme fut enlevé par le pont-levis en la place et ne fut rendu qu'avec elle; et puis pour dernier traict de ses guerres, vous voyez la prise de Pons à la fin du xxive chapitre du Ve livre [1] (*Appendice*, n° V). Mais encore faut-il dire qu'au retour de là, durant que la paix se mesnageoit, le régiment d'Anière passant avec grande crainte auprès de Royan, nostre enseigne nouveau, ayant eu congé de mener à la guerre trente harcquebusiers à cheval, fit une si belle contenance à la teste du baron de La Garde qui marchoit pour desfaire le régiment, que tournant sur soy l'estchez [2] il sauva ses compaignons; mais, deux heures après, une fièvre continue le mit au lict; et là, estimant mourir, il fit dresser les cheveux à la teste des ca-

---

[1] Il faudrait lire du vingt-cinquième chapitre, car le chapitre porte à tort, dans l'imprimé, le n° 24 (t. I, p. 336).

[2] L'attaque.

pitaines et des soldats qui le visitoyent, ayant principalement sur son cœur les pilleries où il avoit mené ses soldats, et nottamment de n'avoir peu faire punir le soldat auvergnac qui avoit tué un vieux paysan sans raison ; là il faisoit valoir sa faute d'avoir ozé commander avant que l'aage luy eust donné l'aucthorité ; cette maladie le changea entièrement et le rendit à luy-mesme.

La paix des guerres civiles faicte [1], son curateur luy donna un peu d'argent et un bail de sa terre des Landes pour tous tiltres, et après cela (accompaigné d'une fièvre quarte) il s'envint à Bloys où il trouva qu'un maistre d'hostel du duc de Longueville s'estoit rendu son héritier, jouissant de son bien ; et ainsi l'ayant receu comme affronteur, offrit à luy prouver que Aubigné avoit esté tué à la charge de Savignac, dont il avoit bonnes attestations. Ce jeune homme prit cette nouvelle et autres sortes de peines tant à cœur qu'ayant eu recours à ses parents maternels du Bloysois [2] et qui tous luy tournèrent le dos en hayne de sa religion, sa maladie le mit en l'estat qu'on n'en pouvoit plus espérer que la mort. Aux fureurs de sa fièvre, il leur prédit qu'un jour ils luy fairoient hommage. Son fermier l'ayant visité, le reconnut estre bien luy-mesme à un charbon

---

[1] Le paix fut signée à Saint-Germain le 8 août 1570.
[2] Blaisois.

qu'il avoit eu au coin du front, à la grande peste d'Orléans; mais le voyant en si mauvais estat et sans apparence de vie, ce meschant se railla, avec les héritiers prétendus, de payer trois années à la fois, et lors le misérable, à qui les parents, l'argent, la faveur et la santé desfailloient, se fait porter demi-mort par bateau à Orléans et de là dans l'auditoire, où estant dans une chaire fort basse, il eut permission de playder sa cause; son exorde fut si patéticque et tellement aydé de sa misère, que les juges, regardant d'un œil furieux ses parties, ils se levèrent de leurs places, et s'estants escriez qu'autre que le fils d'Aubigné ne pouvoit parler ainsi, luy demandèrent pardon.

Ayant son peu de biens entre les mains, il devint amoureux de Diane Salviaty, fille aisnée de Talcy[1]. Cet amour luy mit en teste la poësie françoise, et lors il composa ce que nous apellons son *Printemps*[2], où il y a plusieurs choses moins polies, mais quelque fureur qui sera au gré de plusieurs.

(1572) Les guerres de Mons en Haynault[3] commencèrent, pour lesquelles il dressoit une compaignée,

---

[1] Jean Salviati, sieur de Talcy. Cf. *Hist. univ.*, t. II, p. 457.

[2] Cet ouvrage n'a jamais été imprimé, ou du moins on n'en connaît aucun exemplaire.

[3] Mons venait d'être surpris par Louis de Nassau. Voy. de Thou, l. LI.

et comme il estoit à Paris, en la saison des nopces [1], pour avoir sa commission, servant de second à un sien amy, en un combat près la place Maubert, il blessa un sergent qui le vouloit prendre, ce qui luy fit quitter Paris ; et la Saint-Barthélemy fut trois jours après [2].

Je veux donner un exemple de ce que Dieu s'est réservé sur les courages, c'est que sur la nouvelle du massacre, d'Aubigné, accompagné de quatre vingts des siens, entre lesquels on pouvoit tirer une douzène des plus hasardeux soldats de France, cette troupe se promenant sans dessein, et à une voix qui cria sans raison et sans advis, *les voicy*, tous fuirent comme une troupe de moutons, si bien que l'haleine leur faillit plustost que la peur ; puis s'estants pris par la main, trois ou quatre, chascun tesmoin du courage de son compaignon, se regardèrent couverts de honte et advouèrent que Dieu ne donnoit pas le courage et l'entendement, mais les prestoit. Le lendemain la moitié de ceux là allèrent au devant de six cents massacreux qui dessendoient par eau d'Orléans et de Boisgensy [3]; ils attendirent derrière la levée qu'une bonne troupe eust mis pied à terre, et se voyants descouverts, les menèrent tuants jusques

---

[1] Le mariage de Henri de Navarre avec Marguerite de Valois.

[2] Le 24 août 1572.

[3] Beaugency.

dessous les batteaux et sauvèrent le pillage de Mers¹.

Aubigné se retirant à Talcy², envoya quarante de sa compaignée dans Sancerre, et luy se réservant pour La Rochelle avec ceux qui aymoient mieux prendre ce costé, se cacha à Talcy quelques mois. Un jour il contoit au père de sa maistresse ses misères, et comment faute de moyens l'empeschoit d'estre dans La Rochelle; le vieillard répliqua : « Vous m'avez dit autresfois que les origi-
« naux de l'entreprise d'Amboise avoient esté mis
« en despost entre les mains de vostre père, et
« qu'en l'une des pièces vous aviez le seing du
« chancelier de L'Hospital qui, pour le présent,
« est retiré en sa maison d'Estempes; c'est un
« homme qui ne sert plus de rien et qui a désad-
« voué vostre party; si vous voulez que je luy en-
« voye un homme pour l'advertir que vous avez
« cet acte en main, je me fais fort de vous faire
« donner dix milles escus ou par luy ou par ceux
« qui serviroient contre luy. » Sur ces parolles, Aubigné va quérir un sac de veloux fané, fit voir ces pièces et, après y avoir pensé, les mit au feu; ce que voyant, le sieur de Talcy le tança; la responce fut : « Je les ays bruslées de peur qu'elles ne me bruslassent, car j'avois pensé à la tenta-

---

¹ A seize kilomètres de Blois.
² Non loin de Mer, dans le Blaisois.

tion. » Le lendemain, ce bonhomme prit l'amoureux par la main avec tel propos : « Encore que vous ne m'ayez point ouvert vos pensées, j'ay de trop bons yeux pour n'avoir point descouvert vostre amour envers ma fille ; vous la voyez recherchée de plusieurs qui vous surpassent en biens. » Ce qui estant advoüé, il poursuit ainsi : « Les papiers que vous avez bruslez, de peur qu'ils ne vous bruslassent, m'ont eschauffé à vous dire que je vous désire pour mon fils. » Aubigné respond : « Monsieur, pour avoir mesprisé un thrésor médiocre et mal acquis, vous m'en donnez un que je ne puis mesurer. »

De là, à quelques jours, Aubigné ayant mis pied à terre en un village de Beoces [1], un homme qui le chevaloit [2] monté sur un turc, ayant failly à le tuer dans la porte d'une hostelerie, Aubigné arracha l'espée d'un garçon de cuisine, et avec des pantoufles courut au-devant de l'autre qui retournoit à luy. La rencontre de la teste du cheval chocqua le piéton et l'estourdit ; puis se reprenant, porta un coup d'espée dans le corps à l'homme de cheval qu'il trouva armé ; redoublant, luy presta à demi pied d'espée au deffaut de la cuirasse, puis tomba en se jettant à quartier sur la glace ; l'autre ne fut paresseux à luy ve-

---

[1] Beauce.
[2] Chevaler, poursuivre à cheval.

nir relever et le blesser de deux playes, l'une profonde dans la teste. Le blessé se rejetta à l'autre et le corça ¹, mais le repart du cheval le laissa à terre ; et puis ayant connu sur soy aux mines du chirurgien que sa playe estoit douteuse, sans souffrir qu'on luy ostast son premier appareil, il partit avant jour pour aller mourir entre les bras de sa maistresse. La courvée de vingt deux lieues qu'il fit luy causa une fluxion de tout le sang, si bien qu'il demeura sans sentiments, sans veüe et sans poulx. Il demeura sans appareil et sans manger deux jours ; enfin il reprit vie avec les restaurents, et on a jugé de luy que sans le changement de sang, il n'eust peu soy mesme se supporter en la pétulence naturelle qui le dominoit.

Ses parents ² firent que l'évesque d'Orléans ³ envoya son promoteur avec six officiers de justice pour contraindre le sieur Talcy de mettre son hoste entre leurs mains ; mais n'en ayant sceu tirer aucune confession que palliative, le promoteur s'en retourna, et ayant refusé ceux de la maison d'une attestation, s'en alla menaceant de la destruire. Aubigné monte à cheval, joint ce train à deux lieues de là, et ayant le pistolet dans les dents, faict renoncer au promoteur tous les articles de la

---

¹ Saisit à bras le corps.
² C'est-à-dire les parents de son ennemi.
³ Mathurin de la Saussaye.

papauté; ce bourreau rachepta sa honte en faisant dans le chemin l'attestation qu'on demandoit.

L'amour et la pauvreté ayant empesché d'Aubigné de se jetter dans La Rochelle, le chevalier Salviaty [1] rompit le mariage sur le différent de la relligion, dont le desplaisir d'Aubigné fut tel qu'il en tomba dans une maladie si extrême, qu'il fut visité de plusieurs médecins de Paris et outre de Postel [2] qui, ayant convié le malade à se confesser, demeura à la garde pour l'empescher d'estre massacré.

(1573-1575) La paix de La Rochelle estant faicte [3], et les menées de Monsieur [4] et du roy de Navarre ayant commencement, le maistre d'hostel du dernier, nommé Estourneau, fict souvenir son maistre des services de deffunc d'Aubigné, et le conseille de se servir du fils comme d'un homme qui ne trouvoit rien trop chaut; ce marché se fit en secret sur le point des guerres de Normandie [5], et pour ce que ce roy prisonnier [6] estoit esclairé de trop prez, il voulut qu'Aubigné fist quelques voyages avec Fervac-

---

[1] François Salviati, chevalier de Malte, grand-maître de l'ordre de Saint-Lazare, en France. Il était l'oncle de Diane Salviati.

[2] Guillaume Postel, célèbre visionnaire, l'un des hommes les plus savants de son siècle, né à Dolerie, près Barenton (Manche), en 1510, mort en 1581.

[3] Le 6 juillet 1573.

[4] François, duc d'Alençon.

[5] 1574.

[6] Henri de Navarre était retenu prisonnier à la cour.

ques¹, lors grand ennemy des Huguenots, comme s'il l'eust receu de sa main ; et d'ailleurs Poupelière et un ministre de Normandie mirent en teste à Aubigné d'entreprendre de sauver le comte de Montgomery², ce qu'il pouvoit faire sans fraude, pourveu qu'il ne prestast point serment. Vous voyez ce qu'il fit pour cela soubs le tiltre de guidon de Fervacques et de l'escuyer du roy de Navarre, au second livre, tome II, chap. vii (*Appendice*, n° VI).

Le roy de Navarre, adverty de ces choses et sur le point de la mort du roy Charles³, rapella son jeune homme, qui, le voulant voir la nuit, fut trouvé par la royne mère sortant de la chambre ; elle, advertie par Matignon⁴ qui haïssoit Aubigné, pour luy

---

¹ Guillaume de Hautemer, seigneur de Fervacques, comte de Grancey, mort maréchal de France, en 1613. On trouve dans le tome III des lettres de Henri IV, publiées par M. Berger de Xivrey, le billet suivant adressé par le roi à Fervacques, vers le 10 mars 1590 : « Fervacques, à cheval, car je veux voir à ce coup-cy de quel poyl sont les oysons de Normandie. Venés droict à Alençon. »

² Gabriel de Montgomery. Ce fut lui qui, dans un tournoi, blessa mortellement Henri II. Fait prisonnier dans Domfront, en 1574, il fut, au mépris de la capitulation, envoyé au supplice le 26 juillet. D'Aubigné prétend qu'on n'avait fait à Montgomery que « des promesses captieuses. »

³ Charles IX mourut le 30 mai 1574.

⁴ J. Goyon de Matignon, maréchal de France, né en 1525, mort en 1597.

avoir présenté un pistollet à la teste, et qui estoit d'ailleurs criminel de son nom en la mémoire de cette royne, elle l'attaqua reprochant qu'elle avoit de ses nouvelles de Normandie et qu'il sembleroit [1] son père. Le galant ayant respondu : « Dieu m'en face la grâce ; » et ayant reconnu aux mines de la dame, accompagnée de Lansac seulement, qu'il ne lui manquoit qu'un capitaine des gardes pour luy mettre la main sur le collet, fit sa retraicte et la vouloit faire de tous poincts, sans la conjuration qu'il receut de son maistre; et Fervacques de retourner, lequel, avec forces remerciements, respondit pour son guidon qu'il ne laissa encore guerre [2] en la cour; mais le lendemain l'emmena, avec forces officiers du roy de Navarre, prisonnier. Cela fut cause qu'il se trouva à la prise d'Archicour en Allemaigne, où il entra le premier à l'escarmouche et combat du pont d'Aine, et le lendemain à la bataille de Dormans [3], tousjours sans prester aucun serment, pour le désir qu'il avoit de sauver le comte de Laval [4]. En cette meslée où il entra trente pas devant les rangs, il ne luy peut tomber aucun chef entre les mains, mais seulement un gentilhomme de Champaigne, nommé Des Ver-

---

[1] Ressembleroit.
[2] Guères.
[3] Les protestants furent défaits à Dormans par le duc de Guise, le 10 octobre 1575.
[4] Lisez de Montgommery.

gers, qui importuna son maistre de recevoir rançon; il la refusa quoyqu'il n'eust pas un escu ni un cheval, quoyque le sien fust blessé à la teste, mais il dit à son prisonnier :

> Hélas! combien m'est ennuyeuse
> Cette demeure malheureuse...

avec le reste du couplet.

Ce voyage donna une grande familiarité à Aubigné avec M. de Guise, ce qui ne nuisit point à le maintenir en la cour et à en accroistre une plus grande entre son maistre et le duc. Ces deux princes couchoient, mangeoient et faisoient leurs mascarades ensemble, balets et carrouzels, desquels Aubigné seul estoit inventeur; et dès ce temps il dressa le point de la *Circé* que la Royne-mère ne voulut pas exécuter pour la despence; et despuis le roy Henry troisième l'exécuta aux nopces du duc de Joyeuse[1] (*Appendice*, n° VII).

Il se rendit bientost connu parmis les dames par ses bons mots, comme, un jour, estant seul assis sur un banc, Bourdeilles, Beaulieu et Termes[2], trois filles de la Royne, qui toutes trois faisoient cent quarante ans, le sentents au nou-

---

[1] Anne de Joyeuse, amiral de France, duc et pair, l'un des mignons de Henri III, né en 1561, tué à la bataille de Coutras, en 1587. — Il épousa, le 24 septembre 1581, Marguerite de Lorraine, sœur de la reine Louise.

[2] Le manuscrit porte à tort *Tente*.

veau¹, le controloyent sur ses habillements; et l'une des trois luy ayant effrontément demandé : « Que contemplez-vous là, monsieur ? » (cela en parlant nazard.) Luy, respond de mesme : « Les antiquitez de la cour, mesdames. » Ces filles plus honteuses luy allèrent demander son amitié et ligue offensive et deffensive. Ce mauvais mot suivy d'autres le mit en familiarité des dames. Diverses querelles, une charge que luy quatriesme fit à trente badauts, la plupart halbardiers, une autre pour sauver les enfants du marquis de Tran² poursuivy de trente hommes, une autre sur les gardes du mareschal de Montmorency qui avoient assiégé Fervacques dans le *Chapeau-Rouge*³, une autre, comme luy-mesme et luy⁴, accompaignez d'un page et valets, furent chargez de gayeté de cœur par treze matois armez de jacques et de segrettes⁵, là où les deux furent blessez dans le corps; d'autres charges faites avec de Bussy au guet à cheval, la privauté prit avec ce cavalier après avoir esté second de Fervacques contre luy et encore la follie le poussa à mener quelques jeunes seigneurs de la cour comme le comte de Curson, Sagonne, Pequi-

---

¹ C'est-à-dire nouveau venu.
² Trans.
³ C'était probablement une hôtellerie.
⁴ Fervacques.
⁵ Coiffe en fer.

gny et autres à mettre dans les corps de garde de la ville l'espée à la main et sortir en les perçant et puis rentra de mesme par une autre porte ; à ce jeu de la boucherie et quelques gens qu'ils avoient apellez, il trouva moyen de délivrer son espée, se fit encore faire place et se sauva.

En un tournoy où le roy de Navarre, les deux guisards et l'escuyer de ce roy [1] parurent, Diane de Talcy assista, lors promise à Limeux, les premiers accords [2] estant rompus à cause de la relligion. Cette damoiselle aprenant et voyant à l'estime de la cour les différences de ce qu'elle avoit perdu et de ce qu'elle possédoit, amassa une mélancholie dont elle tomba malade et n'eut santé jusques à la mort.

La Royne-mère ayant reproché à son gendre [3] que Falesche, son premier maistre d'hostel, et ses laquays n'alloient point à la messe, pour remédier à cela, un mardy d'après Pasques, comme les princes jouoient à la paulme, le roy de Navarre demanda à Aubigné arrivé à la gallerie s'il avoit faict ses Pasques ? Luy surpris respondit : « Hé ! quoy donc, sire ? » Mais quand on redoubla, et « à quel jour ? » la response fut : « vendredy, » pour avoir ignoré qu'il n'y avoit que ce pauvre jour en toutte

---

[1] D'Aubigné.
[2] Avec d'Aubigné, voy. plus haut, p. 27.
[3] Le roi de Navarre.

l'année sans messe. M. de Guise disant tout haut que pour ce coup il n'estoit pas bien cathéchisé, les princes se mirent à rire, mais non pas la Royne qui le fit espier de plus prez. Or avoit-elle en ce temps là vingt à trente espions presques tous révoltez; un de ceux-là, nommé Le Buisson, avoit feint de suborner l'aisné d'Anjau [1] pour prendre le duc de Guise. Aubigné ayant descouvert comment ce galant vouloit perdre un homme de bonne maison, le conta à Fervacques à Lyon, qui conseilla de le tuer dans une ruelle où il menoit ordinairement Danjau conspirer; ce qui s'exécutoit sans que Nambut fut tué au mesme lieu pour un autre faict presque semblable, comme Le Buisson arrivoit en embuscade.

Despuis estant arrivé qu'Aubigné, en franc Gaulois, avoit faict des remonstrances à la dame de Carnavalet [2] sur son inceste avec Fervacques et sur l'empoisonnement de sa mère la comtesse de Morevert, Fervacques jura de le faire mourir; ce que pour exécuter, au péril d'autruy, il advertit le duc de Guise que Le Buisson qui estoit sien avoit voulu avec d'Anjau le trahir et le prendre et qu'Aubigné luy mintiendroit, et cela quoyqu'il sceust le dessein du Buisson. Aubigné engagé trouve le

[1] Jacques de Courcillon, seigneur de Dangeau.
[2] Françoise de la Baume, veuve de François de Carnavalet et cousine de Fervacques.

duc de Guise à son coucher et vint s'offrir à maintenir ce qu'avait dit Fervacques, qu'il pleust au duc l'enfermer avec ce traistre dans le jeu de paulme, qui, au commencement du propos, avoit une main sur une pomme de la chaire. Le duc de Guise fut si discret qu'il envoya Le Buisson voir ce qu'on faisoit au Louvre et dit à Aubigné : « Mon amy, ce n'est pas tout du poignard et de l'espée de laquelle ne penses desmesler cette affaire ; ce seroit combattre la Royne, car il se mesle d'un maistier que tu ne sçays pas ; mais il ne mangera jamais de mon pain. » Il falloit que ce prince joinnist beaucoup d'amitié à sa discrétion.

De là à quelques jours, Fervacques, voulant tenir promesse à sa cousine de tuer son adversaire, contrefit un soir le désespéré, et pria Aubigné de s'aller promener derrière la couture de Sainte-Catherine [1], luy donnant quelque soupçon pour l'avoir voulu empescher trop expressement de prendre un poignard que portoit son lacquays. Comme ils furent en un petit pont de voirie qui despuis a esté changé, Fervacques commença tel langage : « Mon amy, estant résolu de quitter le monde, je n'y regrette rien que toy, je suis venu icy pour me tuer, donne moy une embrassade et puis je mourray content. » Aubigné se destournant d'un pas luy respond : « Monsieur,

---

[1] Aujourd'hui la rue Culture-Sainte-Catherine.

vous m'avez autrefois dit que le plus grand soulas que vous sçauriez prendre en mourant seroit d'emmener avec vous le plus grand de vos amys, je vous conseille de ne mourir point, et pour un subject duquel l'estoffe et la façon ne valent rien ; mais trêve d'ambrassades pour ce coup. » A ce point, Fervacques tire l'espée et le poignard et donne la teste baissée vers Aubigné, et reniant Dieu : « Puisque tu te desfies de moy nous mourrons tous deux. » « Ce sera vous tout seul (dit l'autre) si je puis, » et en reculant trois ou quatre pas se met en garde, laquelle Fervacques n'enfonça point ; mais jettant son espée et son poignard à terre se mit à genoux et s'escriant qu'il estoit hors du sens pria sa partie de le tuer ; de quoy il fut refusé, ils se séparèrent. Mais d'Aubigné ayant esté si jeune de se réconsillier, de là à quelque temps il l'empoisonna dans un potage qui luy fit faire quatre-vingts selles dans un jour, tomber les cheveux et peler la peau, et de quoy il ne sceut l'auctheur que delà à quelque temps après, par un médecin nommé Stellatus, qui l'avoit traicté en cet accident et luy avoit comté comment Fervacques l'avoit menacé de coups de poignards s'il disoit que ce fust poison. Depuis il prit une humeur à cet homme refusé du gouvernement de Normandie de se donner au roy de Navarre, n'ayant oublié aucunes flatteries pour se réconcilier avec Aubigné, lequel lors possédoit l'esprit de ce prince entièrement; et de là vint la délibération que vous verrez despeinte au tome IIe de l'*Histoire*, livre II, chapitre XVIII. Les choses trop particulières qui n'estoient pas dignes de l'histoire sont celles-cy.

(1576) Enfin, après un assez long séjour à la cour, le roy de Navarre, dépité de tous les déboires qu'il y recevoit chaque jour et de la galanterie de sa femme, prit la résolution de se retirer au delà de la Loire. Pour cela il s'en fut à la chasse du côté de Livry, et puis s'en départit suivi d'un petit nombre de confidents, dont estoit Aubigné, vint passer la Seine, au pont de Poissy [1] et fit une petite repue en un village près Montfort-l'Amorré [2], où luy estant arrivé de faire ses affaires dans une met [3] une vieille qui l'y surprit, luy fendoit la teste par derrière d'un coup de serpe, sans Aubigné qui l'empescha et qui dit à son maistre pour le faire rire : « Si vous eussiez eu cette honnorable fin, je vous eusse donné un tombeau en stisle de Saint-Innocent; c'estoit :

> Cy gist un Roy par merveille,
> Quy mourut, comme Dieu permet,
> D'un coup de serpe et d'une vieille,
> Comme il chioit dans une met [4].

---

[1] Les huit lignes qui précèdent manquent dans les manuscrits; je les ai empruntées à l'édition de 1729.

[2] Montfort-l'Amaury.

[3] Ce mot, dans quelques provinces, signifie huche.

[4] Ces vers sont donnés un peu différemment dans les impri-

Il eut encore une occasion de rire la mesme journée, ce fut qu'un gentilhomme voyant approcher cette troupe de son village, vint picquer l'avoine pour l'en destourner, fut en grande peine pour choisir le capitaine, enfin choisit Rocquelaure qui avoit le plus de clinquant; son village luy fut accordé à la charge de guider la compaignée jusques à Chasteauneuf[1], (ce) qui estoit seullement affin qu'il ne portast pas nouvelles par les chemins; il entretint le roy de bonnes fortunes de la cour et surtout des princesses où il n'espargnoit pas la royne de Navarre. En arrivant la nuit aux portes de Chasteauneuf, il arriva à Frontenac de dire au capitaine L'Espine, mareschal des logis de ce prince, comme il parloit dessus la muraille : « Ouvrez à votre maistre. » Le gentilhomme qui sçavoit à qui appartenoit Chasteauneuf, entra en une grande peur, et Aubigné luy fit prendre un chemin esgaré pour se sauver et ne retourner de trois jours chez luy.

Le roy de Navarre ayant par Alençon[2] gainné Saulmur et, vivant sans profession de relligion, nul ne communia à la Cène que La Roque et Aubigné

més. Voyez, sur la fuite du roi de Navarre (laquelle eut lieu le 3 février 1576, suivant les uns, le 20 février, suivant les autres), le *Journal* de l'Estoile, p. 66, et à l'*Appendice*, n° VIII, la relation donnée dans l'*Histoire universelle*.

[1] Château-Neuf en Thimerais.

[2] Voy. *Lettres de Henri IV*, t. I, p. 83 et suiv.

qui, à l'arrivée de Laverdin, s'en alla avec luy à la guerre au Mayne, dont il rapporta la cornette de Saint Faleau, le roy de Navarre (estant) à Touars. Plus, desbaucha à la cour trente galants, se trouva au combat et affaires descriptes au chapitre xix du susdit livre II (*Appendice*, n° IX).

De là le roy de Navarre fit son voyage en Gasconne, où Fervacques fit plusieurs entreprises sur la vie d'Aubigné, lors mesme que ne pouvant demeurer près de ce prince, il demeura trois mois, après congé pris pour exécuter sa vengeance. Sur ce point, estants commencées les amours du jeune roy et de la jeune Tignonville [1], qui, tant qu'elle fut fille, résista vertueusement; le roy vouloit y employer Aubigné, ayant posé pour chose seure que rien ne luy estoit impossible. Cetuicy assez vicieux en grandes choses, et qui peutestre n'eust refusé ce service par caprice à un sien compaignon, se banda tellement contre le nom et l'effect de macquereau, qu'il nommoit vice de basace [2], que les caresses desmesurées de son maistre ou les infinies supplications jusques à joindre les mains devant luy à genoux ne le peurent esmouvoir. Ce prince, changeant de batterie, se servit de la querelle de Fervacques pour se le rendre nécessaire;

---

[1] Fille du baron de Tignonville. Il en est question dans la *Confession de Sanci*, liv. I, chap. v.

[2] Besace.

si bien qu'un jour, en bonne compaignée, il dit à Aubigné : « Fervacques dit qu'il n'a point commis contre moy la trahison que vous avez desclarée et qu'il vous combattera là dessus. » La responsé fut : « Sire, il ne me pouvoit faire porter cette honnorable parolle par un homme de meilleure maison; j'ay esté honnoré de son guidon, en cette considération je mettray la main au chapeau avant que la porter à l'espée. » Et ce roy faisant fort l'empesché pour la réconciliation, Aubigné fit ressouvenir son maistre du serment qu'ils avoient presté, quand il baisa à la joue ses compagnons [1].

En passant par Poictou, un joueur de lut, nommé Tougiras, qui avoit servy le père d'Aubigné, et lors estoit à la Boulaye, donna la connoissance de son maistre et de son cousin de Saint Gelays à Aubigné, dont advint que ces deux convièrent d'autres seigneurs et gentilshommes, comme Montdion, Bertauville et autres, à attendre sur des coffres et dans la garderobbe jusques à une heure après minuict Aubigné et l'accompaigner aux ambus-

---

[1] Le roi de Navarre, au moment où il résolut sa fuite, s'étoit enfermé avec six gentilshommes. « Les sept, dit d'Aubigné, se prestèrent serment assavoir les six au roy de Navarre, et lui à eux, de ne se desdire point, par quelque caresse qui se présentast, et d'estre ennemis jusques à la mort de quiconque décelleroit l'entreprise. Cela prononcé, le roy de Navarre les baisa tous six à la joue, et eux à la main droite. » Voy. le récit tout entier, à l'*Appendice*, n° VIII.

cades que Fervacques luy dressoit; premièrement descouvertes un soir à Lectore, que le Guet s'en retournant seul trouva Sacquenay, gentilhomme bourguignon; et l'autre qui avoit deux pistolets, le chien abattu, estoit au guet en un coin de rue. Il lui sauta à la gorge si dextrement qu'il luy osta les deux pistolets et ne luy voulut faire autre desplaisir, pource que Sacquenay, qu'il avoit autrefois mené à la guerre, lui tesmoinna estre là à contrecoeur, et lui descouvrit les autres desseins de Fervacques, lequel, les ayant tous faillis, abandonna cette cour ayant premièrement dit à Fecquieres [1], fille de Madame [2], qu'il avoit son coeur affligé de meschancetez commises envers son ancien amy, et qu'il vouloit dire à Dieu [3] pour lui demander pardon. Ce jeune homme [4] courut au logis du meschant pour prévenir cette bonne volonté; mais comme il montoit le degré de la chambre, La Rocque, qui en sortoit, le fit retourner bien viste luy disant : « Il vous a donné cette amorce et n'attant plus qu'à vous tuer pour s'en aller. »

Dès lors desclina la faveur d'Aubigné; ce que ses amys reconnoissant, ils luy faisoient plusieurs harangues affin qu'il s'accommodast au plaisir de son maistre. Un jour entre autres, Foulbon et un autre l'entre-

[1] Feuquières.
[2] Catherine de Bourbon, duchesse de Bar, sœur de Henri IV.
[3] Adieu.
[4] D'Aubigné.

prirent six lieues durant, alléguant que les papistes ne faisoient pas tant de difficultés à gainner le coëur de leurs maistres par ces plaisirs, ce qui faisoit dommage à sa relligion et aux Églises. Le sieur de La Personne luy desduisant l'excellence de son éloquence en discours, en vers et en prose et aux gentillesses de la cour, disant en concluant qu'il falloit employer ces choses pour posséder les bonnes grâces de son maistre, il respondit en descendant de cheval à tous les deux, Aubigné premier : « Vous dittes donc qu'il faut se bander pour le bien des Églises; et, vous, que Dieu m'a desparty de grands dons et pour en faire un macquereau. »

Le roy de Navarre, continuant en son dessein et jugeant que le point d'honneur retournoit à Aubigné en son opiniastreté, se servit de ce qu'une nuict il avoit failly de tirer l'espée contre les batteurs de pavé, et pour que cettuicy s'estoit jetté au devant de son maistre et avoit faict son debvoir, il l'engageoit pour sa seureté à l'accompaigner à quelques amours, et puis le contoit aux ministres et principaux seigneurs de son party. La malice le poussoit à luy faire toutes sortes de querelles, à luy empescher tous payements, et mesme à luy gaster ses habillements pour le réduire à nécessité.

(1577) Il (Aubigné) fut despesché pour préparer à la guerre les provinces et gouvernements de Guienne, Périgord, Xaintonge, Angoumois, Aunix, Poictou, Anjou, Touraine, le Mayne, le

Perche, Beauce, l'Isle de France, Normandie, Picardie, et puis pour donner dans l'Artois par quelques intelligences fort dangereuses. Aussitost la royne mère, advertie, luy mit à dos plusieurs dangereux revers, comme vous voyez descrits à la fin du chapitre IV et livre III du tome II (*Appendice*, n° X).

Nous dirons seulement qu'en passant il fit la harangue que le baron de Mirambeau prononça, et qu'en achevant son voyage ayant trouvé une troupe de noblesse qui marchoit à Saint Gelays, pour une entreprise, il se fit leur prisonnier pour aller plus seurement trouver son amy Saint Gelays, à qui ceux de Vansay le menèrent prisonnier, sur le point que M. D'Anville[1] marchoit à l'entreprise des roys, et Saint Gelays bailla à son prisonnier les coureurs à mener, sa casacque bruslée d'une harquebusade[2]. Arrivé en Gascoigne, ce fut luy qui exécuta avec La Noüe la folle charge que vous

---

[1] Dampville, fils d'Anne de Montmorency, né en 1544, maréchal de France, puis connétable, en 1593, mort en 1614.

[2] Les imprimés contiennent ici le passage suivant, qui manque dans les manuscrits : « D'Aubigné, revenu en Gascogne de sa longue pérégrination, le roy de Navarre lui donna, pour toute gratification, son portrait, au bas duquel il écrivit ce quatrain :

> Ce prince est d'étrange nature ;
> Je ne sais qui diable l'a fait.
> Il récompense en peinture
> Ceux qui le servent en effet.

voyez descripte au chapitre vi du mesme livre, allégué sous le tiltre du lieutenant de Vachoniere (*Appendice*, n° XI).

Seulement sçaurez-vous deux de ses vanitez qui ne valoient pas l'histoire : l'une, que se voyant seul de la troupe avoir des brassards il les despouilla avant la charge; l'autre, qu'au milieu du péril ayant dans le bras gauche un bracelet de cheveux de sa maistresse, il mit l'espée à la main gauche pour trouver ce brasselet qui brusloit d'une harquebusade.

(Le) capitaine Bourget, à qui il eut affaire entre autres, luy manda qu'il avoit reconnu cela, et l'autre (Aubigné), pour luy monstrer une telle froideur au combat, luy désigna un monde et une croix qu'il avoit sur son espée; de ce péril il ne demeura guère à courir celuy de Saint Macarys. Vous le voyez descript à la fin du mesme chapitre, sous mesme tiltre assez au long (*Appendice*, n° XII).

Les diverses recherches du péril et d'honneur briguées à toutes occasions adjoustèrent l'envie à la colère du maistre; cependant ce prince estant en doubte de l'estat de Languedoc, il y fut despesché et mit à fin la négotiation que vous voyés descripte au long au vii° chapitre du mesme livre (*Appendice*, n° XIII); et, au retour de là, il courut des risques en beaucoup de façons; il fit une faute nottable comme passionné partisan, car il ne debvoit dès l'entrée spécifier les infidelles, si non à

M. de La Noüe, qui fut son auditeur, mais les debvoit laisser tomber en la connoissance d'un maistre par divers accidents que vous voyés descripts au xiie chapitre du mesme livre (*Appendice*, n° XIV).

Icy veux-je seulement spécifier qu'Aubigné ayant sceu la résolution de le poignarder et le jetter en l'eau, prit un jour son maistre au souper et en grande compaignée, luy tint ce langage : « Vous avez donc, Sire, peu penser à la mort de celuy que Dieu a choisy pour instrument de vostre vie, service que je ne reproche point non plus que ma peau percée en plusieurs endroits; mais bien de vous avoir servy, sans que vous ayez peu faire de moy ni un flateur ni un macquereau. Dieu vous veille pardonner cette mort recherchée; vous pouvés connoistre au langage que je vous tiens combien je désire de l'avancer. » Cela fut suivi de telles aigreurs que le roy quitta sa table; soit dit cela pour vous chastier de telles libertez.

Nous n'avons pas aussi spécifié en l'Histoire qu'Aubigné n'estant encore bien relevé d'une fièvre de huict jours, il prit pour armes de duel, à cause de sa foiblesse, un poignard en une main et un pistolet en l'autre; l'affaire estant rompue, ses amys luy conseillèrent de se retirer, ce qu'il fit à Castel-Jaloux[1], où il avoit charge; et est à notter

[1] Ville de Guienne (Lot-et-Garonne), à vingt kilomètres de Marmande.

que plusieurs gentils-hommes de la cour de Navarre, Constant, Sainte-Marie, H. A. Rambure, leur servant d'exemples, l'accompagnèrent à un à Dieu qu'il alla présenter à son maistre, revenant du promenoir et sans descendre de cheval. Arrivé à Castel-Jaloux, il escrivit à Laverdin[1] en ces termes : « Monsieur, je vous fais ressouvenir de ma franchise d'avoir contre tous advertissements marché sur votre parolle qui est d'avoir mis l'advantage de l'appel de mon costé; or, quelque douteuse que vous ayez rendu, sinon votre foy, du moins vostre prévoyance, si le sieur de La Magdelaine a envie de fourbir sa pointe, il y a beau sable entre cy et Nérac, dans lequel je prendray heure et place que vous voudrez assigner, sans autres cautions. » Après ce jour-là se passa le périlleux combat que vous voyez escript au mesme chapitre XII. Au retour duquel Aubigné estant au lict de ses blessures, et mesme les chirurgiens les tenants douteuses, fit escrire sous soy par le juge du lieu les premières stances de ses *Tragicques*.[2]

Il ne faut pas vous cacher une grande marque de l'envie des princes. Le jeune Baccouë estant arrivé à Ageins[3] et estant interrogé du roy de Navarre comment ce combat s'estoit passé, ne garda

---

[1] J. de Beaumanoir, seigneur de Lavardin, mort en 1614.
[2] *Les Tragiques* parurent, pour la première fois, en 1616.
[3] Agen.

aucune modestie à louer Aubigné, ou pourceque les jeunes gens ne mettent point de bornes à loüer ni à blasmer, ou bien pour ce qu'il croyoit que ses compaignons et luy tenoient la vie de celuy qui par ses charges avoit payé pour eux : comme donc ce jeune homme disoit qu'il avoit veu Aubigné faisant entrer la moitié de son pistolet entre la cuirasse et le collet de beufle du capitaine Meteau avant que tirer, le roy l'appella menteur, qui fut cause que cetuy-cy ayant des parents à Castel-Jaloux, les pria de luy en escrire ce qu'ils en sçavoient. Il communiqua la lettre de responce à Laverdin qui portoit cela mesme, adjoustant que les deux Meges [1], Battavets et trois autres monstroyent les playes qu'ils avoient receues de luy au visage, la pluspart le voulant tuer par terre. Laverdin ayant dit ces choses au roy, y réplicqua que le capitaine Dominge y estoit et que cetuy-là y auroit esté à bon escient ; or, ce capitaine avoit faict serment de ne retourner à la cour qu'il n'eust aydé une fois à battre les ennemys, et pourtant Aubigné guéry les mena à la guerre vers Bayonne, au combat que vous voyez descrit au chapitre XIII (*Appendice*, n° XV).

Dominge, satisfait, alla trouver son maistre à Ageins dans un jeu de paulme avec Laverdin, qui

---

[1] Le plus jeune des deux mourut de ses blessures. Voy. l. III, chap. XIV.

quittèrent la partie pour l'interroger; cetuy-cy parla de cette affaire avec les louanges de son capitaine, non si relevées, mais plus judicieuses que celles de Baccoüe, et de ce coup perdit entièrement l'amitié de son maistre et la récompence de trente-huict harcquebusades qu'il avoit sur luy marquées, de quoy eschappent les grands et voire les meilleurs.

Après la mort de Vachonniere, ceux de Castel-Jaloux voulurent demander Aubigné pour gouverneur, ce qu'il empescha bien à propos, voyant la colère de ce prince tellement envenimée contre luy qu'ayant pris par escalades Castelneau-de-Maumes [1], advancé vers Bourdeaux, la dame du lieu s'estant insinuée au lict et en la bonne grâce de Laverdin fit aysément désadvouer les preneurs de tout ce qui s'estoit passé, quoyque les sieurs de Méru [2] et de La Noüe, au nom du Party, s'opposassent au désadveu. Ceux de Castel-Jaloux s'oppiniastrèrent à la guerre; la dame de Castelneau sollicita à Bourdeaux et fit advancer l'admiral de Villars [3] avec quatorze pièces, sur promesse du roy de Navarre qu'il n'y auroit point de secours. Comme

[1] Castelnau-de-Mesme (Gironde).

[2] Charles de Montmorency, troisième fils du connétable Anne de Montmorency.

[3] André de Brancas, amiral de Villars, livra Rouen au roi en 1595, et fut massacré par les Espagnols l'année suivante, à la prise de Dourlens.

l'admiral faisoit ses aproches, Aubigné entra dedans avec cinquante salades [1] et près de deux cents harquebuses à cheval, qui s'estant jettez à terre et ayant baillé leurs chevaux à ramener, cela fit une telle monstre que l'admiral, croyant que ce fust un secours contre la promesse, battit au champ et s'esloinna vers Manciet. Despuis, quelques soldars [2] de la garnison furent subornez par Laverdin, leur monstrant qu'en obéissant à leur colonnel on ne le pouvoit tenir pour traistre. Ce commandement estoit de prester la main à la Sale-de-Ciron, du party contraire, pour reprendre la place; ces soldats allèrent rapporter tels propos à leur chef, et instruicts par luy, il fit aller la garnison à la guerre, et luy estant entré de nuict receut les papistes; à quoy il fut blessé et y demeura quarante-six entrepreneurs. Le roy de Navarre prit cela à tel contre-cœur qu'il envoya sommer Castelneau qui tenoit pour luy, avec menace de quatre canons; la responce fut qu'ils en avoient mesprisé quatorze.

(1577) Peu de temps après, la paix se fit; et Aubigné se retirant escrivit un à Dieu au roy, son maistre, en ces termes :

« Sire, vostre mémoire vous reprochera douze ans de mon service, douze playes sur mon estommach; elle vous faira souvenir de vostre prison et que cette main qui vous

---

[1] C'est-à-dire soldats portant des casques nommés salades.
[2] Soudards.

escrit a desfaicts les verrouils et est demeurée pure en vous servant, vuide de vos bienfaicts et des corruptions de vostre ennemy et de vous ; par cet escrit, elle vous recommande à Dieu à qui je donne mes services passez et voüe ceux de l'advenir, par lesquels je m'esforcerai de vous faire connoistre qu'en me perdant vous avez perdu vostre très, etc. »

En passant par Ageins, pour remercier madame de Rocques qui luy avoit servi de mère en ses afflictions, il trouve chez elle un grand espaigneul nommé Citron qui avoit toujours accoustumé de coucher sur les pieds du roy et souvent entre Frontenac et Aubigné. Cette pauvre beste qui mouroit de faim luy vint faire chère ; de quoy esmeu, il le mit en pension chez une femme et luy fit cousdre sur le collet qu'il avoit fort prisé le sonnet qui s'ensuit :

> Le fidelle Citron qui couchoit autrefois
> Sur vostre lict sacré, couche ores sur la dure ;
> C'est le fidelle chien qui aprit de nature
> A faire des amys et des traistres le choix.
>
> C'est luy qui les brigans effrayoit de sa voix,
> Et de dents les meurtriers ; et d'où vient qu'il endure
> La faim, le froid, les coups, les desdins et l'injure,
> Payement coustumier du service des roys ?
>
> Sa fierté, sa beauté, sa jeunesse aggréable
> Le fit chérir de tous ; mais il fut redoutable
> A vos haineux, aux siens pour sa dextérité.

Courtisans, qui jettez vos desdaigneuses veües
Sur ce chien délaissé mort de faim par les rues,
Attendez ce loyer de la fidélité [1].

Ce chien ne faillit pas d'estre mené le lendemain au roy qui passoit par Ageins et qui changea de couleur en lisant cet escrit, mais plus, quand de là à quelque temps, à une assemblée de Sainte-Foy, ceux de Languedoc demandèrent où estoit Aubigné qui avoit sauvé leurs provinces. A leur requeste et sans contredit furent despeschez vers ce prince les sieurs Dyolet et de Pagery pour demander de la part des Églises qui estoit devenu un si utile serviteur de Dieu; il respondit qu'il le tenoit encore pour sien et qu'il donneroit ordre à son retour. Or le dessein d'Aubigné estoit de dire à Dieu à ses amys de Poictou, en passant vendre son bien, et s'attacher au service du duc Casimir [2]; mais il advint autrement; car arrivant à Saint-Gelays [3], mesme avant de descendre de cheval, il vit par une fenestre Suzanne de Lezay, de la maison de Vivonne, de l'amour de laquelle il fut tellement picqué, qu'il trouva son Allemaigne chez les sieurs

---

[1] Ce sonnet, avec quelques variantes, est imprimé dans les *Petites œuvres meslées* de d'Aubigné, p. 166.

[2] Jean-Casimir, quatrième fils de Frédéric III, duc de Bavière, amena plusieurs fois en France des troupes allemandes au secours des huguenots. Il mourut le 6 janvier 1592, à l'âge de 56 ans.

[3] Non loin de Niort (Deux-Sèvres).

de Saint-Gelays et de La Boulaye, qui prirent cette occasion aux cheveux, pour mettre entre les mains de leur amy divers desseins que l'un et l'autre avoient; d'autre part, cet amour nouveau fut meslé d'impatience de repos; en outre le désir de se rendre nécessaire ne luy permit de rien laisser en arrière pour se rendre recommandable aux siens et regrettable à son ingrat. Il alla donc reconnoistre Nantes et y faillit estre pris[1]; despuis il n'y bastit point de dessein, ouy bien sur Montaigu et sur Limoges, où il fut apellé par les sieurs du Prinçay et Du Bouchet, cherchants en luy (comme ils disoient), outre la suffisance, la créance des Huguenots. Or vous trouvez cette entreprise tout au long au livre IV, chapitre IV, à laquelle je n'adjousterays que la prédication qu'il fit aux deux misérables, leurs testes prestes à estre tranchées, jusques à spécifier combien de coups chascun d'eux auroit (*Appendice*, n° XVI).

Les reproches des Églises pour Aubigné et le sentiment de son absence avoient apporté du regret au roy, quelques infidélitez de ses ennemis descouvertes l'augmentèrent, à quoy se joinnit la jalousie et la crainte que print ce prince de voir au duc Casimir la protection des Églises, et puis plusieurs bons contes qu'à tous coups ce prince oyoit ou faysoit luy mesme. Tout cela réduisit le

[1] En 1578.

roy de Navarre à le r'apeller par quatre lettres qui toutes furent jettées au feu en les recevant; mais le mutin ayant sceu que son maistre, adverti du faict de Limoge et le tenant pour prisonnier, avoit faict mettre à part des bagues de sa femme pour le délivrer, ne s'esmeut point pour tout cela, mais oui bien quand il fut adverti que le roy le tenant pour avoir eu la teste tranchée, en monstra un grand deuil et en perdit quelques repas.

La Boulaye[1] devisant un jour avec la Magdelène[2] touchant leur querelle, et cet homme ayant confessé comme on les avoit voulu commettre sans raison, La Boulaye, encore fort jeune, le picqua et le convia à faire venir son amy pour le mettre aux mains. Aubigné, en estant adverti par luy, voulut faire cette entrée en la cour de Navarre, il escrivit à La Boulaye qu'il donnast à souper et à coucher à la Magdelène, affin qu'ils peussent partir ensemble au matin, et se trouver à moitié chemin de Barbaste et de Nérac, avec l'espée et le poignard, en chemise. Pour cet effect, il vint en poste de Mer près d'Orléans à Castel-Jaloux, et de là despescha un laquays qui luy raporta lettres de Barbaste, par lesquelles La Boulaye l'asseuroit que le marché estoit bouclé et que la Magdelène couche-

---

[1] Il avait été enfant d'honneur du roi de Navarre.

[2] François de la Magdelaine, marquis de Ragny, mort chevalier du Saint-Esprit, en 1626.

roit avec luy pour ne manquer à l'assignation.
L'autre[1] ayant prié Dieu et bien desjeuné, se trouve
à la place où ayant esté demie heure, il vit venir
deux chevaux. La Boulaye, qui galopoit devant,
luy cria de loin : « Miracle et point de guerre! »
pourceque son homme estoit tombé à la minuict d'un
catherre, perclus de tous ses membres : « Voilà (dit
le compaignon) l'effect de mes prières. » Et de faict,
huict ans après, Aubigné, trouvant la Magdelène
à Montaubans avec une espée et cheminant fort
roide, luy envoya Frontenac sçavoir s'il estoit assez
bien guéry pour tirer des armes dont il faisoit tant
de cas et grande profession; ayant respondu que
non, Frontenac vint quérir son homme qui l'attendoit hors la ville ; ce dessein (estoit) contre le conseil
de Reniers[2] et Favas[3] ; mais ce qui l'esmouvoit à
cet excez, c'estoit la grande réputation de son ennemy qui avoit tué huict gentilshommes, sans perdre une goutte de sang. La jeune noblesse de la
cour qui avoit fait une partie dans ycelle et s'apelloit *Démogorgonistes*, comme ils avoient apellé le
chef de leur folie *Démogorgon*[4], vint au devant du
réconcilié ; et encore faut-il conter comment un

[1] D'Aubigné.

[2] Latour-Reinier ou Renier.

[3] Jean de Fabas, baron d'Aurose. Voy. la notice de M. A. de Barthélemy, intitulée *les Deux Fabas*, 1853, in-8.

[4] *Démogorgon*, nom du génie de la terre, adoré en Arcadie.

valet de chambre nommé de Cour, homme très plaisant et très raillant, ayant esté donné au roy par Aubigné, ne peut jamais estre retenu par les prières de son prince, ni par celles d'Aubigné mesme, qu'il ne le suivist en son adversité; mais cette paix estant faicte [1], il estoit retourné huict jours auparavant. Le roy luy demanda d'où il venoit, il respondit qu'ouy, et ayant respondu de mesme ouy hors de propos à touttes questions ; « c'est enfin (dit-il) que ce qui oste les gens de bien d'auprès des roys est de n'avoir pas tousjours dit ouy. »

(1580) Aubigné receu du roy avec caresses et promesses expiatoires, la royne le receut en grande familiarité, espérant de luy ce qu'elle n'y trouvoit pas, et dans peu de temps le roy de Navarre, voulant résousdre une guerre sur le terme de la reddition de places, n'apella à cette délibération que le vicomte de Turaine [2], Favas, Constant et luy ; de ces cinq les quatre estoient amoureux, et prenant leur amour pour conseil, délibèrent la guerre que vous voyez descripte au chapitre IV du livre IV, tome II [3] (*Appendice*, n° XVII).

[1] La réconciliation du roi de Navarre et de d'Aubigné.

[2] Henri de La Tour, vicomte de Turenne, né en 1555, devint par son mariage, en 1591, duc de Bouillon et prince de Sédan, puis maréchal de France, en 1592, et mourut en 1623. Il fut le père du célèbre Turenne.

[3] Voy. l'*Appendice*. — Cette guerre fut appelée *la Guerre des Amoureux*. Elle commença le 15 avril 1580.

J'ay dit que l'entreprise de Limoge estoit un moyen de réconciliation entre le maistre et le serviteur ; je vous convie donc à lire cette entreprise tout du long au commencement du susdit chapitre. Il y a des nottables instructions, et, en suyvant celuy d'après, vous verrez la prise des armes, et puis au sixiesme, la prise de Montaigu, jusques à la fin du chapitre, où vous verrez les employs et périls de celuy que nous descrivons ; mais surtout au chapitre x du mesme livre, lisez fidellement l'entreprise de Blaye, où, s'il faut advoüer quelque faute au faict d'Aubigné, ce sera qu'estant revenu en la troupe qui avoit conclu le retour en son absence, il devoit s'asseurer mieux de ses eschelles ; et puis remarquez son esclat de vanité et la parolle audacieuse que Dieu chastia : parolle qui luy cousta bien cher, quand Pardillan[1] dit au roy de Navarre qu'il se donnast bien garde de donner jamais gouvernement à cet esprit audacieux (*Appendice*, nos XVIII et XIX).

Le comte de La Rochefoucault[2] ayant mené à Nérac Usson, gouverneur de Pons, les amys d'Aubigné l'advertirent qu'il avoit conté le faict de Blaye au désadvantage de l'entrepreneur ; luy donc prit avec soy Lallu et trois gentilshommes qui avoient assisté à cette affaire et avec grands dan-

[1] François de Ségur-Pardaillan.
[2] François, prince de Marcillac, tué devant Saint-Iriès-la-Perche, le 15 mars 1591.

gers, fit quatrevingts lieues qu'il y a de Montaigu à Nérac; là pria le roy de les affronter Usson et luy au conte de cette affaire. Lequel ayant esté desduict par sa bouche et advoüé de mot à mot par Usson, il luy fut permy de donner un desmentir à ceux qui voudroient y changer, et pourcequ'il y eut quelqu'un gourmandé de la suitte d'Usson, il en fallut faire un accord, et de là une desclaration du roy de Navarre que vous trouverez aux papiers du père et garderez comme tiltre d'honneur.

Ce voyage fut cause qu'Aubigné se trouva à Nérac à la bravade que luy fit le mareschal de Biron, marqué au chapitre II (*Appendice*, n° XX); et là trouvant une épidémie de peur aux Huguenots de Gasconne, il r'amassa quelques vieilles connaissances de Castel-Jaloux et fit l'honneur de la maison, qui parut plus qu'il ne méritoit aux yeux des princesses et des gens qui n'estoient pas lors en bonne humeur; puis, s'en retournant accompaigné de quinze harquebusiers à cheval de Castel-Jaloux, fut chargé par soixante chevaux-légers de La Haye, auprès de Cours. Nostre Aubigné choisit si bien ses advantages, que l'attaquant laissa trois gentilshommes morts, et de l'autre part n'y eut que deux blessez. Mais il faillit à recevoir une grande honte en suivant son voyage dans les vignes de Saint-Preux vers Jarnac; car marchants à minuict dans un sentier estroict, les cinq de Montaigu seulement, Aubigné vit venir le premier à luy des gens de cheval, qui, sans marchander, vinrent à coups d'espée; et il est certain que si ces gens[1] qui ne vouloient que passer eussent peu prendre le large, ils l'eussent faict, estants entre quatre garnisons ennemies, n'ayant rien de favorable au pays; cependant, c'eust esté une honte nottable; car ce n'estoient que deux prestres et deux autres yvroignes, qui avoient laissez leurs fourreaux en une taverne, s'estoient jurez de charger tout, de quoy ils furent assez chastiez.

(1580) Cette année se passa à Montaigu en gentils exercices de guerre; la cavallerie qui estoit dedans couroit en trois brigades; l'une à La Boulaye, gouverneur; l'autre au sieur de Saint-Estienne, et peu plus du tiers à Aubigné. Ceux là furent nommez au pays *Albanois*, pource qu'ils estoient toujours le cul sur la selle. Aubigné à une de leurs cources fut charger Pelissonnière, cornette blanche du duc du Mayne, qui ayant perdu huict des siens, se sauva avec un bras cassé d'un coup de pistollet. Aubigné, à une autre course, desfit avec les siens une compaignée du régiment de Bruere vers Angers; et cependant Montaigu fut assiégé.

Vous verrez aux chapitres xv et xvi les employs et les préparatifs jusques à la fin (*Appendice*, n° XXI).

---

[1] C'est-à-dire les gens de d'Aubigné.

J'adjousterays seulement que dix entreprises faictes sur Montaigu en un an, et qui touttes jouèrent la corde et le poignard, furent descouvertes par la science qu'Aubigné avoit en la phisionomie; après, qu'en trente sorties qu'on fit on vint aux mains, Aubigné les conduisit touttes, hormis une que Saint-Estienne fit avec les Bas-Poictevins pour contretester les actions de ceux qu'on appeloit les Albanois; mais ils luy servirent de lustre seulement, et sçachez pour la fin que ce capitaine que le comte du Lude [1] envoya quérir fut Aubigné, comme aussi les actions dépeintes sous un nom caché sont à remarquer estre de luy.

Après la paix [2], il trouva à Libournes une grosse cour de princes et l'occasion de traicter tout ce que vous trouvez au chapitre II du livre V (*Appendice*, n° XXII).

J'ay seulement à adjouster quelques galanteries que je n'ay osé donner à l'histoire; c'est que le connestable [3], se promenant avec Aubigné au bord de la Dordoigne, commença à jetter de grands souspirs, arracha de l'escorce, comme lors estant

---

[1] Guy de Daillon, comte du Lude, gouverneur de Poitou, mort en 1585.

[2] La paix fut signée à Fleix, le 26 novembre 1580.

[3] Le premier éditeur a substitué au mot *connétable* ces mots *le maréchal Dampville*. Mais il s'agit ici du connétable de Portugal, que d'Aubigné appelle dom Antonio de Virmiose. Cf. *Hist. univ.*, t. II, l. V, c. II, p. 411.

les arbres en sève ; sur cette escorce, après plusieurs souspirs et discours espaignols sur les regrets d'une dame, il escrivit ce qui s'ensuit :

> Occeani felix properas si, flumen, ad oras
> Littus et Hesperium tangere fata sinunt,
> Siste parum, et liquidas qui jam dissolvar in undas
> Me extinctum lachrimis ad vada nota feres.
> Sic poterit teneras quæ exurit flamma medullas
> Mersa tamen patriis vivere forsan aquis.

Comme il le vouloit jetter en l'eau, à genoux et fondant en larmes, Aubigné le prit par le poinct et promptement ayant prononcé ce distique, il traduit sur la mesme escorce en un sonnet lyrique l'exasticque latin :

> Fleuve, si le cours de tes eaux
> Va rendre l'Océan prospère,
> Si la Fortune moins amère,
> Après tant de morts et de maux,
> Permets aux bienheureux ruisseaux
> De l'Espaigne, ma douce mère,
> Mesler leurs ondes belles et claires
> Avec les flots et mes flambeaux ;
> Fais une pose pour me prendre
> Et me prens affin de me rendre
> A ces bords distillez en pleurs.
> Le feu qui brusle mes moëles
> Pourra sans noyer ses ardeurs
> Vivre en ses ondes naturelles.

Ses promptitudes consilièrent une grande amitié

du connestable et esmeut entre les deux estrangers un dialogue sur le faict de la relligion.

(1584) S'ensuit maintenant le service qu'Aubigné rendit, au faict de Lore, que vous voyez descrit au chapitre IV, livre courant (*Appendice*, n° XXIII).

En mesme temps le roy de Navarre fut en peine pour un grand amas [1] que faisoit d'une part le sieur de Lansac, de l'autre le vicomte de Aubeterre [2], sous couleur d'avoir querelle l'un contre l'autre. Lussan [3], qui estoit de la partie, pour ne voir pas un partage à son gré ou la peau de l'ours qu'on divisoit avant la mort, vint seul trouver le roy de Navarre à la chasse, luy descouvrit l'entreprise qui estoit sur La Rochelle, par la grisle qui est au devant des moulins de Saint-Nicolas. Aubigné, despesché, demanda qu'on en choisist trois avec lesquels il peust communiquer un secret. Les Rochellois ayant respondu qu'ils le désiroient sçavoir tous, sans choisir, qu'ils estoient tous fidelles : la responce fut que Jésus-Christ n'avoit donc pas si bien choisy qu'eux et qu'il leur baisoit les mains, s'ils ne vouloient faire autrement; par là estants contraints d'eslire les trois, ils trou-

---

[1] De troupes. — Gui de Saint-Gelais, sieur de Lansac. Voy. les *Mémoires* de Castelnau, édit. de Le Laboureur, t. II, p. 701.

[2] David Bouchard, vicomte d'Aubeterre, tué au siége de l'Isle (Périgord), en 1598.

[3] Claude Antoine de Vienne, seigneur de Clairvaux, colonel de reitres, tué au siége de Paris, en 1590.

vèrent les grilles toutes limées hormis deux barreaux, mais il ne peut jamais les résousdre à dresser une trapusse [1] aux entrepreneurs. De là à un mois, ces mesmes troupes remonstèrent à cheval, et Aubigné, ayant promis à son maistre de rompre le dessein tel qu'il fust, prit quelqu'uns des gardes et autres jusques à dix bien choisis, cela meslé de ces troupes vers La Rochelle; et, parce qu'ils [2] marchoient de nuict, il marchoit avec eux, prenant le jour quartier à part, avec délibération de se jetter de nuict aux portes de la ville qu'ils voudroient attaquer et s'estants fortifiez de quelques harquebusiers, venir recevoir les entrepreneurs à un quart de lieue, qui est un bon moyen de rompre touttes entreprises.

Le roy de Navarre passant à Cadillac, pria le grand François de Candalle, assez cognu par ce nom [3], de luy faire voir son excellant cabinet; ce qui fut accepté, à la charge qu'il n'y entreroit point de morgeurs [4]. « Non, mon oncle, dit le roy, je n'y « mèneray aucun qui ne soit plus capable de le « voir que moy. » Estant donc entré avec les sieurs

---

[1] Piége.

[2] Les ennemis.

[3] François de Foix, mort évêque d'Aire en 1594.

[4] Morgueur, suivant le Dictionnaire de Trévoux, signifie moqueur; mais ce mot doit avoir ici la signification d'*ignorant*.

de Clervaut, du Playcy[1], Saint-Aldegonde, Constant, Pelisson et moy, cependant que la troupe s'amusa à faire lever la pesanteur d'un canon par les machines entre les mains d'un enfant de six ans, Aubigné, gainnant le devant, s'arresta à un marbre noir de 7 pieds en carré qui servoit de tablettes à ce bonhomme, là ayant trouvé les pinceaux et ce qu'il falloit, Aubigné en prit un, oyant qu'ils disputoient des fardeaux escrivit :

> Non isthæc, princeps, regem tractare doceto;
> Sed docta regni pondera ferre manu[2].

Cela faict, il tira le rideau et puis se mesla dans la troupe qui, estant arrivée à ce marbre, M. de Candalle dit au roy : « Voicy mes tablettes. » Mais les ayant descouvertes et leu le disticque, il s'escria par deux fois : « O ! il y a icy un homme. » Le roy ayant replicqué : « Tenez-vous le reste pour des bestes ? » pria son oncle de choisir à la mine celuy qui auroit faict ce coup ; sur quoy il eut d'assez plaisants propos, auxquels je m'amuserois trop.

La cour vint conduire la royne de Navarre jusques à Saint-Maixans pour aller en cour (de France); elle, qui despuis Libourne faisoit tousjours de mau-

---

[1] Philippe de Mornay, seigneur du Plessis, dit le *Pape des Huguenots,* né en 1549, mort en 1623.

[2] Prince, n'apprends pas au roi à manier ce fardeau, mais à porter d'une main habile le poids du sceptre.

vais traits à Aubigné, l'ayant soupçonné d'une *sfrisata* [1] faicte à madame de Duras, ou au moins de l'avoir conseillée à Clermont d'Amboise, fit joindre la royne-mère à sa demande, et se jetta à genoux devant le roy, son mary, pour le prier que, pour l'amour d'elle, il ne vist jamais Aubigné, ce qu'il luy promit. Elle avoit sur le cœur quelques bons mots, entre autres cetuicy : La mareschalle de Rets avoit donné à Entraigues [2] un cœur de diamant, la royne, en ostant Entraigues à la mareschalle, avoit eu aussi le diamant pour en tryompher, et comme Aubigné maintenoit la maréchalle contre la royne, elle réplicqua trop souvent : « Mais j'ay le cœur de diamant. » « Ouy, dit le bon compaignon, il n'y a que le sang des boucqs [3] qui y puisse graver. »

Luy donc, feinnant d'avoir quitté la cour, passoit les nuicts dans la chambre de son maistre, et, par cette fausse alarme, fit preuve de ses faux amys, et prit ce temps pour aller faire l'amour, durant lequel le roy escrivoit des lettres à sa maistresse [4], lesquelles estants tenues pour contrefaictes par les rivaux et par quelques parents, le roy vint luy-

---

[1] Balafre. Voy. à ce sujet la *Confession du sieur de Sancy*, part. II, ch. vii, *in fine*.

[2] Charles de Balzac, sieur d'Entragues, mort en 1590.

[3] Le Ms. porte par erreur des *Louys*. Pendant longtemps on a cru que le sang de bouc chaud avait la propriété de mordre sur le diamant.

[4] C'est-à-dire à la maîtresse de d'Aubigné.

mesme et avec mascarades et courses de bagues, honnora la recherche de son domestique. Cet amour mit en liesse tout le Poictou, pour les balets, combats à la barrière, carrouzels et tournois qu'entreprit l'amoureux; et à quelqu'uns se trouvoient le prince de Condé, le comte de la Rochefoucault et autres en grand nombre. Cela ne faisoit que doubler l'envie et blasphémer le pays contre un courtisan qui, au lieu de plaire aux yeux des rustiques, les esblouissoit seulement. Je vous conterays, entre plusieurs, une ruse d'amour. Il emboucha Tiffordière, son amy, lequel, faisnnant se réconcilier de quelques riottots [1] avec Bougoin, curateur de la fille, luy tint un jour tels propos : « Vous estes importuné de plusieurs princes et seigneurs pour le mariage d'Aubigné ; je sçays que vous avez vos promesses et volontez ailleurs, si vous voulez m'asseurer de ne me desceler point, je vous ouvrirays un moyen de vous desfaire de luy, sans que personne s'en puisse plaindre. » Après les promesses et ambrassades, il suit : « Il
« faut que vous luy disiez l'assurance que vous
« avez que c'est honneur à vostre pupille de
« l'espouser, comme estant très-accomply gentil-
« homme et de bonne part ; mais comme il advient
« aux estrangers, ses rivaux font courir des bruits
« contraires qu'ils n'osent maintenant devant luy ;

---

[1] *Riotte,* dispute.

« que vous le priez de se souvenir comment en un
« festin où quelqu'uns avoient aportez des lettres
« de M. de Fervaques contre luy, il leur dit en
« barbe que s'il ne pouvoit leur enfler le cœur avec
« des desmentis, il enflerait leur joues avec des
« soufflets; il sçavoit qu'aucun ne repartit; il
« sçavoit aussi que telles affaires l'ont contraint
« d'envoyer un desmentir au sieur de Fervaques,
« et tout cela estant venu à la connoissance de
« madame d'Ampierre, de la duchesse de Rets, de
« madame d'Estissac, de la comtesse de La Roche-
« foucaud et autres parents de telle estoffe, il dé-
« siroit monstrer qu'il n'y avoit point procédé
« légèrement; il seroit besoin de faire un com-
« promis par lequel les parents s'obligeroient de
« signer le contract, ayant esté mis par devers eux
« quelques titres de noblesse et d'antiquité, avec
« promesse aussi, cela n'estant point, de s'en des-
« partir. Je sçay très-bien, dit Tiffordière, qu'il ne
« sçauroit fournir de telles pièces. »

Bougoin, ayant ambrassé et remercié le messager, luy tardoit bien qu'il n'eust exécuté, selon son advis, le compromis faict. Aubigné qui ne s'estoit jamais soucié de biens, ni de maisons ni de tiltres, les avoit recouverts avec quelques meubles du chasteau d'Archac, où ils avoient esté mis en garde, et par là, ayant apris son origine, il avoit dressé cette fourbe et, pour la mener à point, il choisit le sieur de Corniou, parent de sa maistresse, pour luy mettre en main son thrésor, protestant si quelqu'un des parents en aage de combat s'en mesloit qu'il auroit à faire à luy. S'estants donc assemblez les sieurs des Marets, de Bougoin, La Taillée et Corniou, ils trouvèrent une curieuse recherche faicte sur un procez et querelle qu'avoit eu le sieur d'Aubigné le père avec un gentilhomme, nommé Ardene, pour s'estre battus aux honneurs d'une procession, qu'il estoit de la maison d'Aubigné-en-Anjou, et pourceque ledit Ardene mit sur les bras à sa partie les francs-fiefs du roy, le procez ayant cousté plus de mille escus et duré trois ans, il fallut produire les contracts de mariage et les partages de six lignées, le tout descendant d'un Savary d'Aubigné, commandant pour le roy d'Angleterre au chasteau de Chinon, jusques à faire visiter une chapelle bastie par luy, bordée des armes de la maison qui porte de geules, un lyon d'argent rampant, armé et lampassé d'or. Ceux de La Jousselinière, descendus de mesme tige, ont depuis herminé leur lyon. Ces choses estants ainsy trouvées et Aubigné ayant exigé promesse que ces vieillars escriroient et signeroient leur jugement affin qu'il eust à qui s'en prendre, Aubigné, à son retour de la cour de Navarre, selon son compromis, espousa sa maistresse [1].

Trois semaines après, estant de retour à Pau, il

[1] Le 6 juin 1583.

trouve son maistre en une merveilleuse colère pour les vilains affronts que sa femme avoit receus à Paris, et y dépescha Aubigné, qui, ayant faict copier et vidimer sa commission, avoit envoyé en garde à sa femme l'original dans une boëte cachetée avec deffence de l'ouvrir, ce que, contre l'ordinaire de son sexe, elle observa en cour (*Appendice*, n° XXIV).

Dirays-je que Saint-Gelays, qui estoit à Pau, receut une telle mélancholie du voyage de son amy que les cheveux et la barbe luy en creurent outre mesure; dont le roy de Navarre, voyant arriver son messager au jardin de Pau, dit pour première parolle à un gentilhomme : « Allez dire à Saint-Gelays qu'il se face bretauder [1]. »

Le duc d'Espernon, quelques années après, travailla puissamment, à cause de ses affaires, pour réconcilier les deux roys, et les papistes qui estoient près du roy de Navarre dressèrent plusieurs artifices pour luy donner un prétexte d'aller à la cour, à quoy Ségur, chef du conseil, s'opposa vigoureusement et tousjours par l'industrie d'Aubigné. Les entrepreneurs, connoissants le naturel de Ségur, trouvent moyen de luy faire faire un voyage en cour, et là luy préparèrent tant de douceurs, qu'ils emportèrent cet esprit extrême à tout, si bien qu'il promit d'y mener son maistre; et, à son retour, n'avoit autre langage sinon que le roy estoit un

---

[1] Tondre.

ange et ses ministres des diables. Luy donc estant rallié avec la comtesse de Guiche [1], laquelle il diffamoit peu avant, voilà la cour de Navarre fort estonnée du voyage que leur maistre méditoit, voicy le remède qu'y apporta Aubigné qui sur tout connoissoit bien Ségur. C'est qu'un jour, comme il passoit par la salle où la jeunesse de la cour tiroit des armes, Aubigné, eschauffé de cet exercice, prit Ségur par la main, l'amène à une fenestre qui regardoit sur les roches de la Bayse, et luy monstrant ce précipice, luy tint ce lengage : « J'ay charge de « tous les gens de bien de cette cour de vous faire « voir ce sault qui est vostre passage le jour que « vostre maistre partira pour aller à la cour. » Ségur, fort estonné, dit : « Pourtant qui oseroit « faire cela ? » — « Si je ne puis le faire seul (dit « l'autre), voilà les compagnons qui y sont résolus. » Ségur, ayant retourné la teste, vit en mesme temps une dizaine des plus redoutables qui enfoncèrent le chapeau, instruits de cette contenance sans en sçavoir la particularité du discours. Cet homme, effrayé, s'en va trouver le roy, ne luy conta pas sa peur mais ouy bien qu'Aubigné apelloit ouvertement la comtesse de Guiche sorcière, l'accusant d'avoir empoisonné l'esprit du roy, comparant son

---

[1] Diane d'Andoins, dite la belle Corisande, veuve de Philibert, comte de Gramont, et maîtresse du roi de Navarre. Voy. l'*Hist. des amours du grand Alcandre.*

horrible face à l'estrange amour qu'elle avoit ambrassé, et que là-dessus le mesme avoit consulté le médecin Hottoman sur les filtres, à son occasion. Il adjousta qu'un prince des Huguenots avoit autant de controlleurs que de serviteurs [1]; luy conta de plus que M. de Belièvre [2], logé vis-à-vis de la comtesse et la voyant aller à la messe accompaignée seulement d'un macquereau, d'un bouffon esprit, d'une maure, d'un valet, d'un singe et d'un barbet, ayant allégué à Aubigné les honneurs qu'on rent à la cour aux amyes des roys, et luy ayant demandé comment les courtisans de Navarre n'estoient plus honnestes et pourquoy cette dame alloit avec si mauvais train; c'est (respondit ce médisant) « qu'il y a en cette cour une fort généreuse noblesse, mais il n'y a de macquereau, de bouffons, de valet, de singe ni de barbet que ce que vous voyés là [3]. »

Aubigné là dessus, ayant faict une course en Poictou fut adverty, à son retour, par La Boulaye et par Constant qu'il se gardast bien de retourner et que sa mort estoit promise à la comtesse et à Ségur; ayant receu cette lettre à Montlieu [4], laissa là son équipage, prit la poste et arrivant tout botté,

[1] Il y a ici, dans le manuscrit, les mots suivants, qui n'offrent aucun sens avec le reste de la phrase : « Chez le roy les sales voluptez, grands. »

[2] Pomponne de Bellièvre, chancelier de France, mort en 1607.

[3] Voy. *Confession* de Sancy, partie II, chap. VII.

[4] En Saintonge.

il trouve sous le logis de Madame, La Boulaye qui, effrayé, le pria à jointes mains de remonter à cheval ; mais l'autre ayant mis un poignard à sa ceinture, outre sa coutume, puis, suivant son dessein, surprit par les huis secrets le roy et la comtesse seuls dans le cabinet de Madame. Le roy chancela comme quoy il debvoit le recevoir. Aubigné avec un front d'airain, usant du terme de ses privautez, luy dit : « Qu'y a-t-il, mon maistre ? Pourquoy un « prince si brave se laisse il emporter à tant de « doubtes ? Je suis venu voir si j'ay péché, et si « vous voulez payer mes services en bon prince ou « en tyran. » Le roy tout troublé réplicqua : « Vous « scavés bien que je vous ayme, mais je vous prie « de rétablir l'esprit de Ségur. » Ce qu'il alla faire de ce pas, l'estonna tellement des reproches de sa lascheté et de la veue de ce poignard que Ségur vint dire au roy : « Sire, ce garçon est plus homme de bien que vous et que moy. » Et, pour preuve de cette réconciliation, luy fit payer deux mille cinq cents escus qui luy estoient deubs des voyages et qu'il n'espéroit jamais avoir.

La royne de Navarre estant retournée à son mary se réconcilia avec tous, hormis avec Aubigné ; et touttefois, luy apellé en un conseil, pour faire mourir cette royne[1], rompit par ses remonstrances une telle action, de quoy son maistre le remercia.

---

[1] Les éditions portent : « Pour le faire mourir. »

Par son mariage, il avoit donné asseurance d'achepter une terre en Poictou qui fut le Chaillou. Le roy, estant adverty par le secrettaire Parisière qu'il falloit empescher trois choses en ce pays-là : le mariage du prince de Condé à cause de Taillebourg, celuy d'Aubigné à cause de Marsay, et celuy de La Personne à cause de Denant[1], il y eut lettres despeschées pour ces trois affaires ; ces trois menées se firent, et celle du Chaillou (fut) vaincue par la honte que fit Aubigné aux gens du roy à Poictiers, que choses si indignes et si basses fussent données pour tâche au roy de ce temps-là.

(1585) Bientost après commença la guerre des *barricades*[2], sur le point de laquelle les princes de la relligion firent une nottable assemblée à Guittres ; vous avez au chap. vi du livre V ce qui s'y passa amplement et au vi [3] le périlleux et bigearre combat de Saint-Mandain[4] ; je n'ay rien à y adjouster (*Appendice*, n° XXV).

Et pour ce qui est du voyage du duc de Mercure[5] en Poictou, je diray seulement qu'Aubigné y ser-

---

[1] Moursac, en Saintonge. Denans, en Poitou.

[2] D'Aubigné est le seul historien qui ait donné le nom de guerre des barricades à la huitième guerre civile, qui éclata en 1585, et est dite *guerre des trois Henris*.

[3] Il y a dans *l'Histoire* deux chapitres vi.

[4] Saint-Mandé (Charente-Inférieure).

[5] Ph. Emmanuel de Lorraine, premier duc de Mercœur, né en 1548, mort à Nuremberg, en 1602.

vant de sergent de bataille, commença là à faire désirer les picques aux gens de pied, contre l'opinion de son maistre qui les haïssoit ; et tout cela est descrit sous le tiltre d'un maistre-de-camp.

Tost après, Saint-Gelays et Aubigné avec dix gentilshommes et l'autre quinze soldats, firent rendre trois compaignées de gens de pied à Briou, et, en leur faisant signer leur capitulation, y fut employée cette clause, « renonçant pour cet effect au détestable article du concile de Constance. »

(1585) Le prince de Condé ayant assiégé Brouage, fit l'entreprise de Angers que vous voyez descrite au chapitre XII du livre V, avec de grands risques d'Aubigné (*Appendice*, n° XXVI). Ce que vous en aurez de plus particulier, est que madame d'Aubigné ayant sceu par le bruit commun, continué trois semaines, que son mary estoit mort en un des combats que nous avons desduits, vit arriver en sa basse-cour quinze chevaux et sept mulets de son mary, son chapeau, son espée, et pour tel spectacle tomba à la renverse; et son bagage arriva ainsi en désordre, parce qu'en quittant le faux bourg d'Angers son équipage avoit suivy le régiment par son commandement, et luy n'avoit gardé qu'une coeffe à mettre sous le casque, pris une espée fort courte et une pertuysanne; et puis quand il arriva au pays, il partagea la joye de sa venue à sa femme par deux billets, l'un de dix lieues, apréhendant que d'une prompte joye on peut mourir.

(1586) Arrivé en son pays, il espéroit tirer de son dommage le profict du repos ; mais le duc de Rohen[1], les Rochellois, et sur tout les ministres en corps, le conjurèrent au nom de Dieu de redresser son régiment et de relever l'enseigne d'Israel, et cela avec présents nécessaires pour cet effect. Il commença donc par ses quatre compaignées qu'il avoit au siége, puis ayant choisy l'isle de Rochefort pour la seureté de son commencement, ayant mis ensemble onze cents hommes, marcha dans le Poictou, où il exécuta ce que vous voyez descrit au commencement du tome III, livre I, chapitre II. Est à notter qu'il s'alloit fortifier dans les isles de Vas et de Saint-Philbert sans les prières du sieur de Laval (*Appendice*, n° XXVII).

Estant lors en danger les affaires de Xaintonge et de Poictou, il se saisit d'Olleron, où je vous veux compter une faute nottable : c'est que Aubigné voyant quelque résistance à l'isle deffendit à ses capitaines que nul ne fust si hardy de mettre pied à terre avant luy, et, sur cette vanité, prit un batteau et avec soy Monteil, de l'isle, et le capitaine Prou qui ramoit.

Estants à trois cents pas de son navire, aprochant une barque de pescheurs, il fut tout eshahy que s'estoit un vaysseau de guerre dans lequel estoit le capitaine Medelin, renommé et habille soldat ; cetuicy avec soixante mousquets seulement,

---

[1] René de Rohan, mort en 1586, à l'âge de 36 ans.

connoissant bien la manœuvre et les sables, dès l'abord guinde ses voiles et donne droit au gouverneur futur d'Olleron. Prou luy crie : « Vous 'estes perdus, le seul moyen de vous sauver est d'aller passer sous le beaupré du traversier. » Cela accepté, Prou donne droit à eux; Medelin, connoissant sa résolution, faict affuster sa mousqueterie qui deschargea à plomb de vingt pas dans l'esquif; la chaleur de tirer fit que Monteuil n'eut que ses habillements percez, Prou une légère blessure, le tiers rien, et comme ils eurent passé de dix pas la pointe du traversier, Prou se leva debout en criant : « Pendez-vous, bourreau, car c'est le gouverneur d'Olleron. » A ce spectacle les navires n'oublièrent point de baisser leurs voiles ; mais inutilement, car ceux de Brouage ayant pris les rames jusques aux sables arrestèrent leur batteau et l'esquif frappa à terre, où accompaigné de soldats qui se jettèrent en la place, le peuple de l'isle s'enfuit.

J'adjousteray encore à ce que dit l'Histoire[1], que le premier soir de la présentation de l'armée, qui estoit de cinquante vaisseaux, deux chaloupes d'Olleron, chascune de vingt hommes, allèrent au milieu de la flotte, saisirent deux barques, chascune de quarante tonneaux, et parmy les cannonades des deux galères les tirèrent à part ; l'une des deux fut recourue et l'autre amenée en Olleron. Voilà ce

---

[1] Ce paragraphe manque dans les imprimés.

que j'adjouste au discours du livre I, tome III (*Appendice*, n° XXVIII).

Sçachez encore qu'à tous les combats d'Olleron, Aubigné ne fut qu'en chemise, hormis deux fois qu'il prit un casque, pour reconnoistre une aproche.

Ceux de l'isle avoient amassé quatre charetées de vivres où il y avoit trois douzenes de faysants pour en venir resjouir M. de Saint-Luc; mais quand ils furent près de la bourgade, ayant veu la chance tournée, ils s'en voulurent retourner, à quoi s'opposa un Rougé Bontemps, procureur de l'isle, qui amena les vivres avec cette harangue : « Monsieur, il ne « faut point desguiser les affaires, c'est pour celuy « qui demeurera maistre que nous avons amassé « ce présent. » La première action après la délivrance fut de casser le capitaine Bourdeaux, sergent-major, pource qu'ayant à deffendre la meilleure pièce de ses retranchements, il avoit résolu avec sa compaignée capituler à part, dont la résolution avoit esté prise de le mettre en pièces; mais un vieux capitaine, nommé La Berse, ayant remonstré que la saignée n'estoit pas bonne durant un si grand accez, Aubigné fit couler dans les corps de garde vingt gentilshommes qui rassurèrent la compaignée. L'excuse de Bourdeaux fut que sa troupe estoit de papistes la pluspart. De là on commença une citadelle qui fut en défence en quinze jours, et en trois mois eut un double fossé, l'un desquels s'emplit d'eau de fontaine, et l'autre de mer, avec poisson de deux eaux.

Le roy de Navarre, arrivé à La Rochelle, vint visiter Olleron, sans vouloir voir les soldats de l'isle au soir à leur parade, pour avoir esté adverty, par le comte de La Rochefoucault, qu'il y avoit deux cents paires de chausses d'escarlatte avec le passement, ce qu'ils gainné à la marine [1]; d'ailleurs les magnificques festins que Aubigné fit à tous les courtisans luy acquirent l'envie du maistre et des serviteurs. Ceux de Brouage firent cinq descentes en l'isle auxquelles ils furent toujours battus, si bien qu'il n'y avoit guère de soldats signalez qui n'eussent esté prisonniers et (n'eussent) tous quitté pour la paye, hormis ceux qui furent pris au grand combat, qui furent obligez à retirer des gallères le capitaine Boysseau et ses compaignons.

Cette félicité fut terminée par la prise du gouverneur, comme vous la voyés descripte à la fin du chapitre v (*Appendice*, n° XXIX).

De là suivit la résolution du retour en prison, Aubigné donna exemple nottable de sa foy. En l'extrémité de son péril, il fit une prière à Dieu [2]

[1] A la mer.
[2] Tom. III, liv. I, p. 21 et 22. Voy. aussi, à l'*Appendice*, la Prière de l'auteur, prisonnier de guerre et condamné à mort. Cette prière, d'après ce que dit d'Aubigné, doit être la traduction française de la pièce latine qu'il avait composée et qui n'a point été imprimée.

que le l'endemain, se voyant délivré, il tourna en une épigrame que vous verrez entre les siennes, et commence : *Non te cæca latent.*

Je vous ay dit un mot de l'envyeuse nature du roy de Navarre, en voicy quelque eschantillon : un enfant de bonne maison de La Rochelle desdaigna un pauvre soldat, l'anspsade [1] de la colonnelle, (et) avoit outragé celuy qui luy pouvoit commander dans le corps de garde, sur la moindre offence qui estoit : Je ne le connois point pour me commander. Les capitaines assemblez, après que cetuicy eut confessé avoir esté mené deux fois en faction par l'anspsade, fut condamné à estre passé par les armes; cette sentence despuis, à la prière des enseignes, modérée à estre desgradé et bany des bandes. Une tante de ce soldat qui avoit produit au roy une cousine, luy conta la rigueur dont son nepveu se plainnoit; le roy prit cette occasion pour faire un affron à son homme [2], envoya l'huyssier du conseil pour luy faire venir. Le gouverneur d'Olleron, ayant estimé que c'estoit pour prendre son advis sur l'approche du maréchal de Biron, fut bien estonné quand il vit son galant couvert de soye par le guayn de sa cousine, bien accompaigné du maire Guitton et vingt autres parents qui attendoient à la porte du conseil; à cette porte, le roy fit force révérences de risée à Aubigné, en

---

[1] *Anspessade*, bas officier d'infanterie.
[2] Aubigné.

disant : « Dieu vous garde, Sertorius, Manlius, « Torquatus, le vieux Caton, et si l'antiquité a « encore quelque plus sévère capitaine, Dieu vous « garde! » Cetui-la respondit promptement à l'autre, à sentir la morsure : « S'il y a un point de « discipline contre laquelle vous estes partye, per- « mettez moy de vous récuser. » Ce qu'il fit et passa en l'autre chambre. Aubigné, ayant refusé de s'asseoir, supprima les autres excès, n'allégua que le desny d'obéissance et (se) teut. Les advis pris, M. de Voix, qui y présidoit, après un grand remerciment à Aubigné, et un encouragement à deffendre la discipline des mauvaises mains où elle estoit, adjousta une seule chose : « Qu'avons nous à corriger? « c'est qu'ayant si justement condamné un rebelle « en lieu de faction à mourir, vous ayés pris la har- « diesse de commuer sa peine, ce qui n'apparte- « noit qu'au général. » Aubigné, bien aise d'estre sensuré de ce costé, remonstra au conseil que la séparation de la mer et sa commission, qui portoit de fondre artylleries et donner batailles, luy avoient permis le pardon, ce qui fut receu ; le roy honestement et longuement sensuré pour son inimitié à la police et juste jugement. De telles picquoteries et surtout la vendition du gouvernement d'Olleron aux ennemys, qu'Aubigné ne pouvoit endurer pour l'avoir acquis si chèrement, le réduisirent en sa maison, et un juste désir de vengeance l'amena à une juste pensée que l'affliction ni les périls n'avoient peu exciter en luy, ce fut de prendre un congé formel et puis mourir en la peine d'un des services grands et signalez. Mais voyant que le party estoit attaché à la religion et luy à elle, là le Démon prenant le temps à cette occasion, il se résolut de fouler aux pieds toute préoccupation d'enseignement et de nourriture, et estudier à bon escient aux controverses des relligions et chercher avidement si, en la romaine, il se pourroit trouver une miette de salut. La colère le fit eschapper et esclatter son dessein, qui donna envie aux sieurs de Saint-Luc, Lensac, d'Alas et autres ennemys papistes, de luy envoyer livres de tous costez.

Le premier qu'il entama fut Panigarolle [1], qu'il rejetta comme bavard; le second fut Campianus [2], duquel il admira l'éloquence; ce n'étoit pas ce qu'il cherchoit, et pourtant, en la rejettant, il mit sur le tiltre *Declamationes decem* au lieu de *Orationes;* puis luy tomba en main ce qu'on avoit lors de Belarmain [3]; il ambrassa la méthode et la force de ce livre, et prent goust à la candeur apparente de laquelle les lieux adversaires sont citez par ses

---

[1] Fr. Panigarola, évêque d'Asti, né en 1548, mort en 1594.

[2] Edmond Campian, jésuite anglais, supplicié en Angleterre, comme conspirateur, en 1581.

[3] Robert Bellarmin, cardinal, jésuite, né en 1542, à Montepulciano (Toscane), mort en 1621. On a, entre autres, de lui: *Disputationes de Controversiis fidei adversus hæreticos.* Paris, 1688, 4 vol. in-folio.

auctheurs ; il espère avoir trouvé ce qu'il cherchoit ; s'estant pourtant mis à une curieuse analise avec le secours de Witachier et de Cybrand l'Heubert [1], il s'affermit plus que jamais en sa relligion, et respondit à ceux qui s'enquéroient du faict de sa lecture et de son dessein, qu'il l'avoit destruit par son labeur, pource qu'il mettoit les genoux à terre auparavant [2].

Au bout de six mois, les affaires du party devinrent en un pitoyable estat ; son maistre le rechercha, et luy estant né un bastard il en voulut faire un présent de réconciliation [3] ; Aubigné n'en fit compte ; puis il (le roy) le convia à la reconnoissance de Talmon [4].

(1587) [5] Ce fut au point que le duc de Joyeuse s'apprestoit pour son premier voyage en Poictou, que les Albanois envoyèrent demander un coup de lance à vingt gentilshommes Escossois, comme vous le voyez descript au chapitre xi, livre I, tome dernier (*Appendice*, n° XXX).

J'y adjouste que Rusilles, parain des Albanois, ayant dit que si un des Escossois mouroit que les Albanois ne vouloient point dimminuer la troupe de vingt ; à quoy Aubigné repartant qu'en ce cas

---

[1] G. Witaker. — Sibrand Lubert.

[2] C'est-à-dire qu'il priait avant de se mettre au travail.

[3] C'est-à-dire qu'il voulut le donner à élever à d'Aubigné.

[4] Talmond, en Poitou. Cf. *Hist. univers.*, t. III, p. 37.

[5] Ce paragraphe et le suivant manquent dans les imprimés.

il estoit Escossois, l'autre ayant dit qu'il seroit aussi Albanois, Aubigné repartit : « Nous serons Escossois et Albanois sans que personne meure, » et là se touchèrent la main.

Ce voyage, avec l'honneur de l'armée, servit à la desfaicte des deux principales troupes du duc de Joyeuse, comme vous voyés au chapitre XII du mesme livre. De ces courvées et combats nostre homme tomba en une grande maladie de quatre mois, avant la fin de laquelle ayant advis de la bataille [1] qui s'approchoit, il s'achemina à Taillebourg, et, trouvant l'armée partie, faute de meilleure escorte, r'amassa quinze harcquebusiers desbendez, huict hommes de cheval et force valetailles, de quoy craignant les ambuscades de Xainctes, il fit la plus longue fisle qu'il peut, ce qui luy fut bien aisé pour le désordre accoustumé à telles gens; ce qui luy servit bien, ayant rencontré trois compaignées en trois ambuscades, à minuict, en bois fort esprès et chemin fort estroict; la longue fisle fut cause de lever les trois ambuscades, sans que ses bons hommes fussent enfermez, desquels il fit deux charges, et à la faveur de quelques coups d'espée, la canaille se desmesla; ceux de Xainctes emportèrent un lieutenant et une enseigne de compaignée morts, quelques blessez de coups d'espée; de l'autre costé, n'y en eut qu'un.

[1] La bataille de Coutras, où le duc de Joyeuse fut défait et tué, se livra le 20 octobre 1587.

Cette fusée desmeslée heureusement, Aubigné empoigna l'armée. Il servoit au roy d'escuyer à la bataille, tant qu'il fut sur ses courtaux, et fut cinquiesme à la disposition de l'armée [1], où le roy ne refusa point ses advis et se trouva bien, sur tout de garnir la main gauche, comme vous voyez descrit au chapitre xiv [2]. Le combat s'approchant, le roy changea de cheval et lors Aubigné prit place avec les maréchaux de camp, et après le premier effort à un ralliement, eut affaire à M. de Vaux, lieutenant de M. de Bellegarde qui, luy voyant le visage descouvert, ce qu'il avoit pour le reste de sa foiblesse, il luy donna un grand coup d'espée qui le rencontra à la mantonnière, et de Vaux en receut un au deffaut de la salade, dans l'œil droit, qui luy perça la teste. Il avoit eu affaire au mesme, en lieux signalez, trois ou quatre fois.

A la poursuitte se r'allièrent à luy dix gentilshommes de remarque qui le prièrent de les mener, ce qu'il fit en trois lieues de poursuitte où ils donnèrent le coup d'espée et empeschèrent un r'alliement.

Le roy de Navarre ayant ses coudées un peu plus franches, voulut exécuter un dessein en Bretaigne qu'Aubigné avoit voulu mettre quinze ans auparavant entre les mains de M. de La Noüe [3] et despuis

[1] C'est-à-dire au conseil où se discuta le plan de la bataille.
[2] Voy. l'édition de 1626, t. III, l. I, ch. xvi, col. 82.
[3] F. de La Noue, dit *Bras de Fer*, célèbre capitaine et écri-

du vicomte de Thuraine. Ce dernier mit les genoux à terre devant le roy pour le prier qu'il en fust l'exécuteur; mais ce prince, qui ne vouloit rien adjouster à la gloire de l'un ni à la puissance de l'autre, supprima longtemps ce dessein, et puis le voulut faire exécuter par un instrument plus fragile pour le casser, quand il reluiroit trop. Il mit donc l'affaire entre les mains de Du Plecy Mornay, et força Aubigné comme auctheur et nécessaire à la besoinne d'y assister. Par ce monstre d'honneur, il l'accepta et remonstra au roy qu'il faudroit (en) ce dessein[1], pourcequ'il avoit assujetty l'armée de mer au progrès de la terrestre, ce qui debvoit estre au rebours; et en arriva ainsy (*Appendice*, n° XXXI).

Cependant ce prince assiégea Beauvays-sur-Mer[2], où il voulut faire une tranchée à l'envy des maistres de camps; mais se voyant gainné par eux, il donna sa besoigne à Aubigné qui, pour gainner les devants, choisit huict capitaines, et à chascun six soldats portants des mantelets faits à la haste; il alla commencer sa tranchée par le bord du fossé. Vous en voyez quelque chose au chapitre VII du livre II[3].

vain calviniste, né en Bretagne, en 1531, tué au siége de Lamballe, en 1592.

[1] C'est-à-dire qu'il ne réussirait pas en ce dessein.

[2] Beauvais-sur-Matha, en Saintonge. Ce paragraphe manque dans les imprimés.

[3] T. III, p. 129 et suiv. Voy. l'*Appendice*, n° XXXI.

Au retour de là, entre Saint-Jean (d'Angély) et La Rochelle, le roy de Navarre, ayant faict mettre à ses costez M. de Thuraine et Aubigné, leur conta les perplexitez où il estoit pour se marier à la comtesse de Guiche, à laquelle il avoit donné une promesse absolue, pria l'un et commanda l'autre de se tenir prests pour le retour du l'endemain à luy en donner leurs advis, comme l'un de bon amy et l'autre de fidelle serviteur. La nuict, M. de Thuraine appréhendant ce pacquet, fist naistre une occasion pour donner vers Marans [1]; l'autre, attaché au maistier d'escuyer, se résolut à son debvoir. Au matin, dès le sortir de la ville, le roy ayant deffendu que nul n'aprochast près, prit son homme, et ayant dit un mot de la desfaicte du vicomte, fit un discours de deux heures et demie, dans lequel il employa trente histoires des princes anciens et modernes qui s'estoient bien trouvez de s'estre mariez pour leurs plaisirs à personnes de moindre condition, puis il toucha autant d'autres mariages par lesquels la recherche des grandes alliances avoit esté ruineuse à la personne et à l'estat, achevant par l'iniquité de ceux qui vouloient sans passion disposer d'un esprit passionné; enfin le roy dit à Aubigné : « J'ay à cette fois besoin de vostre rude fidélité; » et luy qui avoit pensé la nuict à la leçon, estant commandé de dire fran-

---

[1] C'est-à-dire pour s'en aller vers Marans.

chement, commença par la détestation de mauvais serviteurs qui avoient recherché telles histoires pour leurs maistres; inexcusables pourceque, sans passion, ils fomentoient une passion excusable.

« Ces exemples (dit-il), Sire, sont beaux et inu-
« tilles pour vous; car les princes que vous avez
« nommez estoient en estat paysible, non des-
« chassez, non errants comme vous, de qui l'âme
« et l'estat n'ont de support que de la bonne re-
« nommée. Vous devez, Sire, considérer en vous
« quatre conditions qui font autant de différences :
« Henry, le roy de Navarre, le successeur de la cou-
« ronne et le protecteur des Églises. Chascune de
« ces personnes a ses serviteurs à part, et lesquels
« vous devez payer en diverses monnoyes, selon
« leurs diverses fins; vous devez à ceux qui ser-
« vent Henry, commettre Henry à sçavoir les estats
« de vostre maison; aux serviteurs du roy de Na-
« varre les offices de vostre souveraineté; à ceux
« qui suivent le dauphin[1], les payer de l'espérance;
« comme l'espérance les attire, et par cette beauté
« les allécher dans le monstre de votre fortune.
« Mais la monnoye de ceux qui servent le protec-
« teur des Églises est difficile à un prince; c'est
« le zèle, l'intégrité, les bonnes actions; paye-

[1] C'est-à-dire l'héritier présomptif du trône; Henri l'était depuis la mort du duc d'Anjou, arrivée le 10 juin 1584.

« ment de ceux qui sont vos serviteurs en quelque
« esgard, entre autres sont vos compaignons; mais
« à cette condition qu'ils vous laissent la plus pe-
« titte part des dangers qu'ils peuvent, et des hon-
« neurs et advantages de la guerre l'entière dis-
« position. Je ne vous soupçonne pas, hayssant la
« lecture comme vous faites, d'avoir amassé les
« mauvais exemples que vous avez récitez; c'est
« un labeur infidelle qui devroit estre à ceux qui
« ont pris peine pour vous plaire en vous nuisant;
« car tous ces princes alléguez n'avoient point de
« serviteurs considérables qui fussent juges et sup-
« ports de leur maistre, mais fallut que les leurs
« passassent leur colère et leurs gronderies en pic-
« quant le bahu [1]; que vos pensées donc, Sire,
« soient mi-parties, et que vous en donniés la
« moitié pour le moins aux serviteurs par lesquels
« vous subsistez. Or ay-je esté trop amoureux pour
« penser pouvoir ny vouloir baisser vostre cœur
« par mes raisons. Vous estes possédé d'un amour
« violent; il ne faut plus consulter si nous chasse-
« rons cette passion; mais bien pour jouir de vos
« amours, je dis qu'il faut vous rendre digne de
« vostre maistresse; je vois à vostre contenance
« que vous trouverez ce mot estrange; je l'ex-

---

[1] Piqueur de coffres (ou de bahut), suivant le *Dictionnaire comique* de Le Roux, se dit d'un courtisan qui attend son maistre dans une antichambre, sur un coffre. Voy. plus haut, p. 39.

« plique ainsi : que vostre amour vous serve d'es-
« peron pour empoigner vos affaires vertueuse-
« ment; aymez vos conseils que vous fuyez ;
« employez le meilleur temps aux actions néces-
« saires; surmontez les petits vices domestiques
« qui vous font tort; et puis, estant victorieux de
« vos ennemis et de vos misères, vous prendrés
« l'exemple de ces princes quand vous leur sem-
« blerez[1] de condition. Monsieur[2] est mort, vous
« n'avez plus qu'un degré à surmonter jusques au
« throsne. Recevez encor un point de ma fidélité,
« c'est que vous ne faciez point à demy les af-
« faires présentes, sur l'espérance menteuse de
« l'advenir ; vous avez diminué le soin de l'estat
« qui est pour celuy qui sera (Dieu aydant). Mais
« si vous avez un pied levé pour monter l'eschelon
« avant qu'il soit vide, comme il advient en tirant
« des armes, un coup vous portera par terre, s'il
« vous trouve le pied en l'air. » Le roy de Navarre
le remercia, luy promit avec serment de faire deux
ans trèves de ses pensées avec la comtesse.

A l'arrivée de Saint-Jean, Aubigné ayant descendu son maistre, et sçachant que M. de Thuraine s'estoit mis au lict de lassitude pour le destour de son chemin, luy alla faire ce discours, la
fin duquel fut interrompue par le roy qui conta

---

[1] Ressemblerez.
[2] François, duc d'Anjou.

au vicomte tout le mesme ordre des propos susdits, non comme venus de la bouche d'autruy, mais de ses imaginations.

(1588) L'entreprise de Nyort estoit sur le bureau : Aubigné partant le dernier et ayant pris deux laquays pour renvoyer à son maistre, arrivèrent nouvelles de la mort de M. de Guise [1], laquelle il porta aux compaignons à trois lieues de l'entreprise.

La partie qu'il eut à la prise fut de tenir par le point le capitaine Christophle, aller mettre le feu au premier pétard, et puis s'estant faict toucher à la main aux sieurs de Saint-Gelays et de Parabelle d'estre suivy, il mena la première troupe, et par malheur se battit avec celle de Rambure, où de part et d'autre se perdirent trois gentilshommes et deux soldats et l'œil de son grand amy.

Vous avez au chapitre XVI du livre II (*Appendice*, n° XXXII), l'entreprise de Nyort et de Mallezays, où Aubigné demeura gouverneur, au regret de son maistre qui luy ordonna le plus misérable estat qu'il peut pour le faire desmordre; mais il estoit trop las de courir. Il fallut aller au secours de la Garnache [2], où M. de Chastillon ayant faict sa desmarche contre le conseil d'Aubigné, il mit en routte luy-mesme son armée à la nuict, et une par-

---

[1] Henri de Lorraine, duc de Guise, né en 1550, assassiné à Blois le 23 décembre 1588. Ce paragraphe et les trois suivants manquent dans les imprimés.

[2] En Poitou.

tie s'en perdoit sans les ralliements d'Aubigné. Au retour de là, le roy qui estoit demeuré malade à la Motte, voulant rire à sa guérison, avoit faict préparer un billet d'une grande entreprise sur Mallezays; le gouverneur en avoit faict contrefaire un tout pareil à ses gens pour se despestrer du roy à telles occasions, comme donc l'advis arrivoit, le roy luy manda : « Nous pensions vous donner l'alarme à « faux; mais il est venu un advertissement vray qu'il « faut que vous retourniez en vostre place promp- « tement. » Cette retraicte en riant fut le premier repos ou plutost le premier intervalle de labeurs que cet homme eut essayé depuis l'aage de quinze ans jusques à trente sept ou environ qu'il avoit lors, pouvant dire avec vérité, qu'hormis les temps de maladie et de blessures, il ne s'estoit point veu quatre jours de suitte sans courvées [1].

Après l'entrevüe des roys et le combat de Tours où Aubigné arriva[2], le roy ayant assiégé Gergense[3], ce fut Aubigné qui, sous le nom d'*un autre*, avec Frontenac, fit ce que vous voyez escrit au chapitre XXI

[1] Voy. à l'*Appendice*, n° XXXIII, une anecdote qui manque dans le Ms.

[2] L'entrevue du roi de Navarre et de Henri III eut lieu au Plessis-lès-Tours, le 30 avril 1589. — L'attaque du faubourg de Saint-Symphorien, par Mayenne, où les royalistes perdirent plus de trois cents hommes, eut lieu le 8 mai. Cf. d'Aubigné, *Hist. univers.*, liv. II, chap. XIX, t. III, p. 169 et suiv.; Davila, liv. X; de Thou, liv. XCV; Palma-Cayet, liv. I.

[3] Gergeau ou Jargeau, dans l'Orléanais.

du mesme livre (*Appendice*, n° XXXIV), qui mena les enfans perdus au siége d'Estampes ; et puis, posé devant Paris, entre les cinq vedettes que le roy mena de sa main, et encore estant levé et voulant apeller Sagonne [1], se desroba seul vers le Pré-aux-Clecs, où apellant le chevallier le plus advancé, qui se nommoit L'Eronnière, mareschal des logis du comte Tonnere, cetuicy ne respondit qu'injures et reniements, le deffiant au combat, lequel il pensoit pourtant impossible, à cause d'un fossé hors de toutte mesure qui estoit entre deux. Aubigné, qui vit à cet homme des armes argentées, se résolut de le voir de plus près ; mais à cause de l'Orge qui estoit entre deux, il n'avoit pas reconnu le fossé, bien estonné quand il s'en vit sur le bord de si près que, quoyqu'il voulust ou non, il luy fallut donner de l'esperon et hazarder tout ; bien luy servit d'avoir un cheval grand saulteur. L'autre le receut sur le bord d'un coup de pistollet, mais tout aussi tost il sentit celuy de son ennemy au défaut de la gorge qui luy fit demander la vie et se rendre de tout point, quoyque huict ou dix chevaux s'advanceassent à son secours. Il fut amené vif au prince de Conty et à M. de Chastillon, qui n'estoient point plus prez que Vaugirard. Le roy [2], au commencement de sa blessure, resjouy de cette

[1] Tué au combat d'Arques.
[2] Henri III, qui (2 août 1589) venait d'être assassiné par Jacques Clément. Il mourut le lendemain.

action, voulut voir le prisonnier; mais Aubigné, quoyque son maistre luy eust commandé (refusa) de faire, comme il disoit, le charlatan (*Appendice*, n° XXXV).

Le roy de Navarre, maintenant le roy, avoit mené la nuict dans la chambre du roy mourant huict des siens avec la cuirassine soubs le pourpoint; et, parmy les diverses peines où il se trouva, enferma dans une chambre La Force et Aubigné, qui parla comme vous voyez au chapitre XXIII du livre II (*Appendice*, n° XXXVI).

(1590) Le premier soir que les armées françoises et espaignoles se virent entre Cheles et Lagny[1], le roy commanda à Aubigné de lever les vedettes qui avoient servy le jour; les carabins espaignols le prenant pour homme de commandement, l'engagèrent en une escarmouche où il se fallut mesler en la desmeslant.

Le l'andemain, estant sous la cornette du roy, Pichery et luy se desrobèrent, pensants aller reschauffer l'escarmouche qui leur sembloit trop froide; puis servirent à Rouslet de ce que vous voyez à la fin, chapitre VII, livre III; et encore au mesme lieu, c'estoit luy qui faisoit le tiers entre le roy et le mareschal de Biron (*Appendice*, n° XXXVII). Au mesme livre, chapitre X, il exécuta les choses que

---

[1] Lagny fut pris le 6 septembre, par le prince de Parme, qui venait de forcer Henri IV à lever le siége de Paris.

vous y voyez desduites au tiltre de mareschal de camp, et encore ce qui est du capitaine qui causa la prise de Montreuil, chapitre x. C'est de luy que l'ambassadeur Edmont s'avança pour retirer; de luy encore, ce qui est d'un qu'Arambure sauva, jetté du bas de la chaussée par deux coups de lances (*Appendice*, nos XXXVIII et XXXIX).

En ce siége de Rouen [1], le roy l'honnora de sergent de bataille à la présentation du duc de Parme, et vous voyez l'honneur qu'il faict à son maistre aux despens de Roger Vuilley et de luy, au chapitre xxii (*Appendice*, n° XXXIX); la harangue qui suit celle d'O est de sa façon (*Appendice*, n° XL); à quoy faut ajouster qu'à l'escarmouche devant Poictiers, ayant reconnu Pluzeau, il le reprit de trotter aux harcquebuzades, de quoy il fut payé d'une grande mousquetade que son cheval receut à l'espaule droicte et qui sortit près de la cuisse derrière, sans perdre courage; c'estoit le mesme cheval qui avoit saulté le fossé du Pré-aux-Clerc, appellé le *passeport* [2].

Aubigné arriva pour le siége de la Fère [3] à Chauny, portant le deuil de sa femme morte quelques mois auparavant [4] et pour laquelle il fut trois

---

[1] Le duc de Parme fit lever le siége de Rouen le 20 avril 1592.
[2] Tout ce paragraphe manque dans les imprimés.
[3] La Fère fut prise le 22 mai 1596.
[4] Voy. le n° XLI de l'*Appendice*.

ans, ne passant guerre nuicts sans pleurer : or pourceque s'en voulant empescher, il se pressoit avec les mains le costé de la ratte, il se fit un amas d'un sang recuit, duquel il se deschargea un par le derrière en forme de saulmon de plom. Ce qui le fit aller à ce siége ce fut qu'ayant travaillé en quelque assemblée aux choses que vous verrez cy après, ses collègues disoient que sa fermeté n'estoit que pour désespoir de n'avoir jamais la bonne grâce du roy ni s'oser présenter devant luy; et pourceque le roy avoit juré en pleine table qu'il le fairoit mourir, luy, pour lever cette opinion, a faict six voyages dont cetuicy en estoit un. Estant donc arrivé au logis de la duchesse de Beaufort [1], où on attendoit le roy, deux gentilshommes de marque le prièrent affectionnément de remonster à cheval pour la fureur où le roy estoit contre luy; et, de faict, il entendit quelques gentilshommes disputants si on le metteroit entre les mains d'un capitaine des gardes ou du prévost de l'hostel. Luy se mit au soir entre les flambeaux qui attendoient le roy, et comme le carosse passa au perron de la maison, il ouït la voix du roy disant : « Voilà monsieur monseigneur d'Aubigné. » Mais que cette seigneurie ne luy fust guerre de bon goust! Il s'advança à la descente; le roy luy mit sa joüe contre la sienne, luy commanda d'ayder à sa mais-

---

[1] Gabrielle d'Estrées, née vers 1571, morte en 1599.

tresse, la fit desmasquer pour le saluer, et on oyoit dire aux compaignons : « Est-ce là le prévost de l'hostel? » Le roy donc, ayant desfendu d'estre suivy, fit entrer Aubigné seul avec sa maistresse et sa soeur Julliette[1], il le fit promener entre la duchesse et luy plus de deux heures, et fut là où se dit un mot qui a tant couru ; car comme le roy monstroit sa lèvre percée[2], au flambeau, il souffrit et ne prit point en mauvaise part ces parolles : « Sire, vous n'avez encore renoncé Dieu que des « lèvres, il s'est contenté de les percer ; mais quand « vous renoncerés du coeur, il percera le coeur. » La duchesse s'escria : « O les belles parolles, mais mal employées! » — « Ouy, Madame, dit le tiers, « pourcequ'elles ne serviront de rien. »

Cette dame, amoureuse de telle hardiesse et désirant l'amitié de l'auctheur, le roy le voulut establir avec de grands desseins pour l'eslévation et manutantion du petit Cæzar, aujourd'huy duc de Vandosme[3], lequel il fit aporter nu pour le mettre sur les bras d'Aubigné, qui le devoit trois ans enmener en Xainctonge pour le nourrir et appuyer entre les Huguenots ; et pourceque ce dessein s'en alla au vent nous y envoyons aussi les discours. Plus utile

---

[1] Juliette d'Estrées, mariée, en 1597, à Georges de Brancas, gouverneur du Havre.

[2] L'attentat de Chastel avait eu lieu le 27 décembre 1594.

[3] César, duc de Vendôme, fils de Gabrielle d'Estrées, né en juin 1594, mort en 1665.

sera d'adjouter, à la fin du chapitre XII[1], comment le roy, frappé de cette grande maladie[2], fit chercher Aubigné partant, l'ayant enfermé en sa chambre, après avoir mis deux fois le genouil en terre et prié Dieu, il luy commanda sur touttes les véritez qu'il avoit autrefois aigres, mais utiles en sa bouche, de luy prononcer s'il avoit péché contre le Saint Esprit. Aubigné, après avoir essayé de mettre un ministre en sa place, s'estendit sur les quatre marques de ce péché : la première sur la connoissance du mal en le commettant; la seconde d'avoir tendu une main à l'esprit de erreur, et de l'autre repoussé celuy de vérité; la troisiesme marque étoit d'estre sans pénitence, laquelle n'estoit véritable, si elle n'avoit la haine parfaite du péché et de nousmêmes à cause de luy; la quatriesme et dernière estoit quand la confiance en la miséricorde de Dieu estoit perdue par ces moyens. Le roy fut renvoyé à la connoissance de soy-mesme pour vuider cette question. Après un discours de quatre heures, et s'estre mis bien des fois en prières, ce dyalogue fut séparé, et le roi, se trouvant mieux le lendemain, ne voulut plus l'oüir parler.

Vous avés ouy que les colères du roy s'estoient esmeües pour les affaires de la religion; sçachés

---

[1] L. IV, t. III, p. 376.

[2] Le roi tomba malade à Traversy devant La Fère, en 1596. Voy. *Hist. univ.*, t. III, p. 376, et *Journal* de l'Estoile, p. 380.

donc que, quelques mois auparavant, à un synode de Saint-Maixant, Aubigné avoit relevé les affaires touttes perdues, en commençant par un souper de table ronde dont vous voyez les effects despeints aux chapitres x et xi du livre que nous courons (*Appendice*, n° XLII).

Despuis, à la grande assemblée qui dura près de deux ans à Vandosme, à Saulmeur, à Loudun, à Chastellerault, Aubigné, tousjours choisy entre les trois ou quatre qui s'affrontoient sur les tapys aux desputez du roy, fit plusieurs traits qui envenimèrent l'esprit de son maistre et plus encore toutte la cour contre luy. Le président Canoye, autrement Le Fraisne [1], en passant pour s'aller révolter et estant admis par le duc de Bouillon, autrefois vicomte de Thurenne, en la place des grands, cetuicy, voulant emporter plus de gloire que les grands hommes d'Estat qui traictoient à Chastellerault, fit de grandes propositions à l'exaltation de la puissance souveraine et au rabais du party ; sur quoy Aubigné, voyant que six qui opinoient avant luy avoient grandement rabaissé leur ton, il prit le sien plus hault que de coustume. Le Fraine Canoye se leva au milieu de son discours, s'escriant : « Est-ce ainsi que l'on traicte le service du roy ? » Celuy qui parloit repart, disant : « Qui estes vous, qui « nous voulez enseigner ce que c'est que du ser-

---

[1] Apostasier. Philippe Canaye, sieur du Fresne, mort en 1610.

« vice du roy, lequel nous avons eu en main
« avant que fussiez eschollier? Espérez vous par-
« venir pour faire chocquer le service du roy et
« de Dieu l'un contre l'autre? Aprenez à ne rom-
« pre point les voix et à vous taire quand il faut. »
Ils vinrent à de grandes aigreurs, et comme Le
Fraisne s'escria : « Où sommes nous? » l'autre répondit : *Ubi mures ferrum rodunt*[1]. Cela releva les
advis de l'assemblée bien à propos, estant lors
question des seuretez. Le président mal respecté
fit mal les affaires d'Aubigné près du roy, et comme
le duc de Bouillon voulut remonstrer qu'il falloit
révérer un tel magistrat : « Ouy, dit Aubigné, qui
s'en va révolter[2], » ce qu'il fit dans trois mois. Enfin
touttes les aigreurs et duretez de l'assemblée luy
furent imputées, et pour cela fut apellé le *Bouc du
désert*, pourceque tous deschargeoient leurs haines
sur luy.

Les colères que le roy prenoit de telles choses
n'empeschèrent point qu'estant mis sur le bureau
où on logeroit le cardinal de Bourbon, desclaré
roy de la Ligue, et qui battoit monnoye en France
sous le titre dixiesme[3], qu'on ne l'ostast de Chynon

---

[1] Où les souris rongent le fer.
[2] Canaye se convertit au catholicisme en 1600.
[3] Charles, cardinal de Bourbon, oncle d'Henri IV, reconnu roi par Mayenne et la Ligue, sous le nom de Charles X. Il avait été arrêté à Blois, lors de l'assassinat des Guises, en 1588. Il mourut prisonnier, à Fontenay-le-Comte, le 8 ou le 9 mai 1590.

à M. de Chauvigny pour le mener à Maillezays, et comme M. Du Plécy-Mornay allégua les grands mescontentements d'Aubigné et les perpétuelles riottes avec son maistre, luy fut respondu que sa parolle, prise comme il faut, estoit suffisant remède à tout cela. Ce roy cardinal estant donc prisonnier, la duchesse de Retz [1] envoya un gentilhomme italien qui, ayant pris sauf-conduit à deux lieues de Maillezays, porta cette lettre au gouverneur [2] :

« Mon cousin, je vous prie de recevoir par ce
« porteur, en bonne part, les tesmoinnages que
« nous vous pouvons rendre, M. le mareschal et
« moy, de l'amitié parfaicte et du soin cordial que
« nous avons de vostre eslèvement et du bien de
« nos cousins, vos enfans; monstrez à ce coup que
« vous estes sensible aux injures, en ayant chéry
« l'occasion par laquelle je désire me prouver
« vostre, etc. »

L'Italien ayant exposé sa charge, qui estoit de deux cents milles ducats comptants, pour fermer les yeux à laisser sauver le prisonnier, ou bien du gouvernement de Belle-Isle avec cent cinquante milles escus, la responce sans escrire fut : « Que le se-
« cond offre seroit plus commode, pour manger
« en paix et en seureté le pain de mon infidélité;
« mais pourceque ma conscience me suit de si

---

[1] Claude Catherine de Clermont, morte en 1603, suivant l'Estoile, et en 1604, suivant le P. Anselme.

[2] Aubigné.

« prez, qu'elle s'ambarqueroit avec moy quand je
« passerois en l'Isle, retournez-vous-en tout as-
« seuré que, sans ma promesse, je vous envoyerois
« au roy. »

Il y avoit à Poictiers un capitaine, Daulphin, qui exerçoit une grande pyratterie dans le marets de Poictou et Xainctonge ; cetuicy, maltraité pour une querelle par le comte de Brissac [1], eut envie de s'en venger sur le point que les Ligués faisoient force entreprises sur Maillezays pour sauver leur roy ; cetuicy, ayant faict sçavoir à Aubigné qu'il desiroit parler à luy en secret, il vint deux advertissements de Poictiers et un de La Rochelle fort exprès que ce Daulphin estoit employé par le comte de Bourbon [2] pour tuer Aubigné.

Nonobstant, ne voulant pas rompre un dessein qu'il avoit d'empoigner le comte, il voulut s'assurer du Daulphin par une étrange façon ; c'est que luy ayant donné rendez vous en une maison abandonnée pour s'y trouver au point du jour, le gouverneur sortit tout seul de sa place, fit lever les ponts après luy, et ayant trouvé son homme luy tint ce langage : « On m'a voulu desbaucher de
« parler à toy, comme employé pour me tuer ; je
« n'ay pas voulu rompre nostre entreprise, mais
« purger de soupçon par la voye de l'honneur,

---

[1] Charles de Cossé, gouverneur de Paris, livra cette ville en 1594 à Henri IV, qui le fit maréchal de France ; il mourut en 1621.

[2] Lisez de Brissac.

« voilà un poignard que je t'apporte pour choysir
« celuy là ou le mien, affin qu'à pareilles armes
« tu accomplisses ta promesse; si tu veux tu le
« peux avec honneur; voilà un batteau que j'ay
« faict venir pour te sauver au delà du marets. »
Daulphin oyant le propos jetta son espée aux pieds
d'Aubigné avec les bonnes sousmissions que pouvoit un brutal; ainsi entrèrent en confiance marquée avec ce comte, pour une de mes grandes fautes.

Du Plécy-Mornay eut, quelque temps après[1], sa conférence avec l'évesque d'Evreux[2]. Aubigné, arrivé quinze jours après à Paris, le roy le commit avec le mesme, où la dispute ayant duré cinq heures, en présence de quatre cents personnes de marque, l'évesque s'eschape des arguments par de grands discours; son adversaire forma une démonstration de laquelle il avoit pris les deux prémisses dans les susdits discours en parolles conceues. Ce nœud travailla tellement l'esprit de l'évesque qu'il luy tomba sur le frond[3], sur un saint Chrysostosme manuscrit, autant d'eau qu'il en pourroit ranger

---

[1] D'Aubigné se trompe ici sur les dates, car cette célèbre conférence eut lieu, à Fontainebleau, le 4 mai 1600. Cf. l'Estoile, p. 313 et suiv., et *Lettres de Henri IV*, t. V.

[2] Jacques-Davy Duperron, cardinal, né dans le canton de Berne, en 1556, mort à Paris, en 1618. Il avait abjuré le calvinisme.

[3] C'est-à-dire du front.

dans la coque d'un œuf commun. La fin de cette dispute fut par ce syllogisme : « Quiconque est faux en une matière ne peut estre juste juge en cette matière. Les Pères sont faux en la matière des controverses, comme il paroist en ce qu'ils se sont contredits, donc les Pères ne peuvent estre justes juges en la matière des controverses. » L'évesque approuva la forme et la majeure, la mineure demeurant à prouver. Aubigné escrivit son traicté : *De dissidiis Patrum* [1], auquel l'évesque ne respondit point, quoyque le roy se fust rendu pleige [2] pour luy.

(1601) Vous avez, à la fin du chapitre x du tome III (*Appendice*, n° XLIII), un discours nottable, sous tiltre d'un gouverneur de place, estimé violent partysant. C'est Aubigné qui monstra par là comment sa violence aux affaires des réformez ne le faisoit point consentir aux iniques moyens.

Bientost après mourut le duc de La Trémouille [3], accablé des haynes du roy, et Aubigné ne voyant plus personne, à cause des corruptions et pensions, à qui il peust se conjoindre pour deffendre sa vie en cas d'oppression, fit parer un traversier [4] à Ename où il avoit desjà envoyé

---

[1] Ce traité est perdu, ou du moins est resté manuscrit.
[2] Caution.
[3] Claude de La Trimouille, duc de Thouars, mort en 1604, à l'âge de 34 ans. Voy. de Thou, l. CXXXI.
[4] Traversier, petit bâtiment. « Il n'a qu'un mât, dit le *Dic-*

quatre de ses bahus; et comme il faisoit charger les deux derniers, il luy arriva un courrier du roy avec lettres escrites de sa main, suivies d'autres du duc de Bouillon, lors auprès de Sa Majesté, et encore du sieur de La Varene, confirmatives sur sa bienvenue à la cour. Les lettres du dernier et du moins digne lui donnèrent plus d'assurance, quoyque le roy luy escrivit de sa main avec les familiaritez du temps passé, et desquelles ses enfants ont plusieurs billets pour témoignage d'une non commune familiarité. Luy donc apellé, sous couleur d'ordonner à la Broue et à Bonouvriers, au premier les joustes et tournois, et au second les combats de barrière, fut deux mois en cour, sans que le roy ouvrist la bouche du passé; mais un jour que M. le Premier, de Lyancour[1], fit que l'escuyer qui estoit en quartier présenta sa place au doyen des escuyers[2], il l'accepta, et, en entrant dans le boys, le roy luy tint ce discours:

« Je ne vous ay point encore parlé de vos as-
« semblées où vous avez failly à tout gaster; car
« vous estiez bon et je corrompois tous vos plus
« grands, si bien que j'en ay faict un mon espion
« et vostre traistre pour six cents escus. Combien

« *tionnaire* de Trévoux, quoiqu'il ait souvent trois voiles, et va
« quelquefois à rames. »

[1] Charles du Plessis Liancourt, premier écuyer, mort en 1620.
[2] C'est-à-dire à d'Aubigné.

« de fois, en voyant que vous ne suiviez pas mes
« volontez, ay-je dit :

> O que si ma gent
> Eust ma voix ouye...
> Et puis j'eusse en moins de rien
> Peu vaincre et desfaire, etc.

« Mais quoy ! pauvres gens ! vous estiez peu qui
« travailliés à vos affaires, et le reste à leur bource
« et gainner mes bonnes grâces à vos despens. Je
« puis me vanter qu'un homme des meilleures mai-
« sons de France ne m'a cousté à corrompre que
« six cents escus. » Après plusieurs tels propos
Aubigné respondit ainsy :

« Sire, je suis tombé en élection que j'ay fuite,
« quand les autres la practiquoient ; on a tiré ser-
« ment de moy, qui eschet en tel cas que je ne
« sçays que c'est de l'oublier ni de l'explicquer ;
« seulement je sçays que tous nos plus apparents,
« hormis M. de La Trémouille, vendoient leurs
« peines à Vostre Majesté, comme estant là pour
« ses affaires. Je mentirois si je vous en disois au-
« tant ; j'y estois pour les Eglises de Dieu, avec
« autant plus de juste passion qu'elles étoient plus
« abaissées et plus affoiblies, vous ayant perdu
« pour protecteur. Dieu miséricordieux ne veille[1]
« pas laisser d'estre le vostre, Sire ! J'ayme mieux

[1] Veuille.

« quitter votre royaume et la vie que de gainner
« vos bonnes grâces en trahissant mes frères et
« compaignons. »

La réplicque du roy fut estrange : « Connoissez
« vous (dit-il) le président Janin [1] ? » Sur la négative, il poursuivit : « C'est celuy sur la cervelle
« duquel touttes les affaires de la ligue se reposoient, voilà les mesmes raisons desquelles il me
« paya; je veux que vous le connoissiés; je me
« fieroys mieux en vous et en luy qu'en ceux qui
« ont esté doubles. »

A ce discours j'en veux joindre un autre qui se
fit au despart. Après une grande ambrassade, Aubigné, congédié, retourna au roy et luy dit :
« Sire, en regardant vostre visage il me donne les
« anciennes hardiesses, suivant lesquelles j'ose demander à mon maistre ce que l'amy demande à
« l'amy; desfaites trois boutons de vostre estomach
« et me dites pourquoy vous m'avez peu haïr. »
Le roy ayant pasly, comme il faisoit à tout ce qu'il
prononçoit d'affection, dit : « Vous avez trop
« aymé La Trimouille. — Sire, cette amitié s'est
« faicte à vostre service. — Dam ouy; mais quand
« je l'ay hay, vous n'avez pas laissé de l'aymer.
« — Sire, j'ay esté nourry aux pieds de Vostre

---

[1] Le président P. Jeannin, célèbre homme d'État, né à Autun, en 1540, mort en 1622. Il a laissé des *Négociations*, souvent réimprimées. Tallemant de Réaux lui a consacré une de ses historiettes.

« Majesté, attaquée de tant d'ennemys et d'ac-
« cidents qu'elle a eu besoin de serviteurs ama-
« teurs des affligez et qui n'abandonnassent pas
« vostre service, mais redoublassent leurs affec-
« tions à mesure que vous estiés accablé par une
« puissance supérieure. Suportez de nous cet
« aprentissage de vertu. » Il n'y eut autre responce que l'ambrassade : « A Dieu. »

Il est bon, puisque nous avons parlé de M. de
La Trémouille, duquel vous verrez la probité au
livre V, chapitre 1 (*Appendice*, n° XLIV), de vous
dire que le roy ayant faict marcher quelques forces
pour investir le duc dans Thouars, il [1] escrivit à
Aubigné :

« Mon amy, je vous convie, suivant nos jure-
« ments, à venir mourir avec vostre très f...... »
La responce fut : « Monsieur, vostre lettre sera
« bien obéye ; mais je la blasme d'une chose, c'est
« d'avoir allégué nos promesses qui devoient estre
« trop présentes pour les ramentevoir [2]. »

Eux deux, courant pays pour rallier leurs amys,
passèrent par une bourgade où le jour auparavant
on avoit coupé quelques testes et mis sur la roue
quelques assassins. Aubigné s'apercevant que son
duc changea un peu de couleur, en regardant cet
équipage, le prit par la main, luy disant : « Con-
« templez de bonne grâce, et en faisant ce que

[1] Le duc
[2] Rappeler.

« nous faisons il se faut aprivoiser à la mort. » De là, à deux ans, on fit une assemblée à Chastellerault [1], à laquelle fut envoyé le duc de Sully. M. de La Noue et Aubigné furent, en leur absence, desputez à Saint Maixant; ce fut pourquoy ce dernier, estant arrivé à Chastellerault, pour s'excuser sur l'eslection non accoustumée et sur ce que la haine de sa personne nuiroit aux affaires qu'on luy mettoit en main, comme il estoit sorty cependant qu'on adviseroit là dessus, au lieu d'accorder sa demande, quelques excuses qu'il peust apporter, on luy donna la commission d'aller advertir le duc de Sully, qui prétendoit présider, à ce qu'il s'abstint de l'assemblée, sinon aux occasions selon lesquelles il voudroit parler de la part du roy.

A la fin de cette assemblée, le duc de Sully luy ayant faict commandement, de par le roy, de se disjoindre, par les menées d'Aubigné qui seroient longues à déduire, le duc de Sully fut contraint de partir luy-mesme, ayant laissé à l'assemblée le brevet des places qu'il nioit avoir, et refusoit, l'ayant monstré.

En cette mesme action, la compaignée ayant esté trois jours à desmesler une affaire pour Orange, tellement implicite que les intérests du roy, du prince d'Orange, des Eglises du Dauphiné

---

[1] En 1597. V. à l'*Appendice*, n° XLV, un passage de l'Estoile.

et du Languedoc, du mareschal des Diguières[1], de la ville d'Orange à part, du sieur de Morge, du sieur de Blasson et d'autres seigneurs nottables du pays se choquoient, la compaignée ne voyant chemin de demesler ces contrariétez, quelqu'un proposa qu'on commandast à un seul d'en faire la résolution, et qu'il seroit plus aisé de corriger sur l'escrit que sur les parolles qui s'en alloient en l'air. Aubigné, choisy pour cela, demanda trois jours de terme, et dès-lors sortant de l'assemblée prit du papier et, sur la mémoire fraische, esbaucha sa besoigne; et puis ayant considéré qu'après, sans y avoir pensé plus long temps, elle ne laisseroit pas d'estre controllée, il rentra dans la compaignée, blasmé de n'aller pas travailler à sa besoigne. Il la leur mit sur la table, et dans demie heure rapellé, après la sensure, trouva qu'on luy avoit troublé une syllabe seulement, et a tousjours estimé cet escrit le plus heureux de tous les siens.

Trois mois avant la mort du roy[2], Aubigné, arrivé à Paris, alla descendre chez M. Du Mou-

[1] François de Bonne, duc de Lesdiguières, connétable de France, né en 1543, mort en 1626, quatre ans après avoir abjuré le calvinisme. L'Estoile raconte qu'Élisabeth d'Angleterre dit un jour au marquis de Créqui que si la France eût fait naître deux Lesdiguières, elle en eût demandé un au roi. *Journal* de l'Estoile, édit. Michaud-Poujoulat, année 1601, p. 329.

[2] Henri IV fut tué le 14 mai 1610.

lin ¹, où il trouva MM. Chamiers ² et Durant, et quatre autres pasteurs jusques à sept. Ceux cy luy dirent qu'il estoit venu en un temps où on avoit la teste bien rompue pour l'accord des relligions, du quel on murmuroit plus que jamais, qui estoit signe de quelques nouveaux prévaricateurs gainnez ³. Sur quoy, ils accordèrent à ce nouveau venu quelques poincts qu'il leur proposa pour rompre ces traictez frauduleux, mais sur tout il leur demanda si ils le soutiendroient en une offre qu'il avoit pourpensé, c'est de réduire touttes les controverses de l'Eglise aux règles qui se trouvoient avoir esté fermement establies en l'Eglise primitive, jusques à la fin du quatrième siècle et au commencement du suivant. Chamiers s'advança de promettre qu'ouy et ayant esté suivi de tous, Aubigné va faire son entrée, trouve le roy au cabinet, qui, avant tout autre propos, luy commanda d'aller voir de ce pas Du Perron. Estant obéy, le cardinal receut l'autre

¹ Pierre Dumoulin, théologien protestant, mort en 1658, à Sédan.

² Daniel Chamier, l'un des plus grands théologiens du calvinisme, né en Dauphiné, tué au siége de Montauban, en 1621. « On ne peut qu'être surpris, dit Bayle, de voir que personne « n'ait fait sa vie. Il n'y a au monde que les François qui soient « capables d'une telle négligence. » — Un journal de son voyage à Paris en 1607 a été publié par M. Charles Read, dans les numéros 7 et 8 du *Bulletin du Protestantisme français* (année 1853).

³ Gagnés.

avec les caresses et baisements de joües non accoustumés; ces deux ne furent pas plus tost assis que le cardinal fit le pleureur sur les misères de la chrestienté, et demanda s'il n'y avoit point moyen de faire quelque chose de bon. Il respondit : « Non, car nous ne sommes pas bons.—Mais,
« dit Du Perron, obligez la chrestienté de faire
« quelque ouverture pour la mettre à un[1] de tant
« de pernicieuses controverses qui mipartissent les
« esprits d'un chascun, les familles et en suitte
« le royaume et l'Estat. » — Aubigné respondit :
« Monsieur, les ouvertures sont inutiles là où la
« dernière pièce que vous avez alléguée veust maistriser sur les doubtes des grands. » Après plusieurs tels exordes, Aubigné s'estant faict presser, s'advança en ces termes : « Puisque vous désirez
« que je m'advance, outre ma suffisance et ma
« condition, il me semble, Monsieur, que la sen« tence de Guixiardin[2] se debvroit praticquer en
« l'Eglise aussi bien qu'en l'Estat : c'est que les
« choses bien ordonnées venants en descadence
« se restituent en les amenant à leur première
« institution. Je vous fairoys donc une ouver« ture que vous qui couchez toujours de l'ancie« neté, comme si c'estoit votre advantage, ne
« pouvez refuser ; c'est que vous et nous prenions

[1] Pour la réunir.
[2] L'historien italien F. Guicciardini, mort en 1540.

« pour loys inviolables les constitutions de l'Eglise
« establies et observées en elle jusques à la fin du
« quatriesme siècle, et que sur les choses que chas-
« cun y prétent corrompues, vous qui vous dittes
« les aisnez, commenciez à remettre la première
« pièce que nous vous demanderons, que nous
« facions de mesme de la seconde, ainsi consécu-
« tivement tout soit establi à la forme de cette an-
« tiquité. » Le cardinal fit de grandes exclamations
sur le désadveü que les ministres fairoient de telles
propositions; à quoy l'autre ayant réplicqué qu'il
engageoit sa teste et son honneur à les faire valoir,
le cardinal, pensif, luy serra la main, disant : « Don-
« nez nous encore quarante ans outre les quatre
« cents ans. — Aubigné répliqua : Vous en de-
« mandez plus de cinquante, je vois bien que c'est
« le concile de Calcédoine [1]; mettez nous sur le
« tapis. » Et ayant concédé la thèse génerralle :
« Nous accorderons ce que vous demandez pre-
« mièrement, dit-il, car vous n'oseriez accorder
« à notre première demande l'eslévation des croix,
« receue sans difficultez au terme que vous avez
« précis. » — (Aubigné) répondit : « Nous les met-
« trons à l'honneur qu'elles estoient lors, pour le bien
« de la paix, mais vous n'oseriez, je ne dis pas ac-
« corder, mais seulement traicter sur nostre pre-
« mière question qui seroit de restablir l'aucthorité

---

[1] Le concile de Chalcédoine se tint en 451.

« du pape au point des quatre siècles et pour cela « nous vous donnerons deux cents ans pour vos « épingles. » Le cardinal, qui avoit esté empoysonné à Romme et en estoit revenu en colère, s'escria qu'il falloit faire cela à Paris, si à Romme il ne se pouvoit.

Tels propos remis à une autre fois, Aubigné s'en retourna au cabinet, s'arrestant fort peu de temps en chemin pour parler au président L'Angloys. A l'arrivée, le roy luy demanda s'il avoit donc veu son amy et de quoy ils avoient traicté; luy en ayant discouru, le cabinet estant lors tout plein de grands, il eschappa au roy de dire : « Pourquoy « avés-vous dit à M^r le cardinal, sur la demande « du concile de Calcédoine, que vous (le) luy « donneriez sur le tapys et non pas là? » La responce fut que « si, après les quatre cents ans concédez, les docteurs en demandoient encore cinquante ce seroit une tacite confession que les quatre premiers siècles ne seroient pas pour eux. » Quelques cardinaux et jésuistes, qui estoient dans le cabinet, commencèrent à gronder grandement, et le comte de Soissons, à qui il avoit parlé à l'oreille, dit tout hault que tels pernicieux propos ne se devoient point tenir. Le roy connut qu'il les offençoit, et fasché d'avoir descouvert comment le cardinal avoit envoyé leur privé propos, avant l'arrivée d'Aubigné, il luy tourna le dos et passa en la chambre de la royne.

A quelques jours de là, ce prince conseillé d'arrester ou d'esteindre un homme qui avoit troublé l'affaire de l'accord, car despuis il ne s'en parla plus, il dit au duc de Sully qu'il falloit mettre ce brouillon dans la Bastille et qu'on trouveroit assez de quoy luy faire son procez. Un soir, madame de Chastillon l'envoya prier qu'elle luy dist un mot : ce fut qu'après les obtestations de ne la ruiner point, elle le pria de partir en cette nuict, ou qu'il s'asseurast d'estre perdu. Aubigné ayant respondu qu'il feroit ce qu'on lui conseilleroit et qu'il alloit prier, ne prit point ses advis ; mais de bon matin va trouver le roy, luy faict un petit discours de ses services et luy demanda une pension, ce qu'il n'avoit jamais faict. Le roy, bien aise de voir en cette âme quelque chose de mercenaire, l'ambrassa et luy accorde ; et le l'endemain, le compagnon estant allé à l'Arsenal, le duc de Sully le convia et le mena voir la Bastille, lui jurant qu'il n'y avoit plus de danger, mais despuis un jour seulement.

Au sortir de la Cène, le dimanche d'après, madame de Chastillon, bien esmerveillée d'un si estrange remède, donna à disner à M. Du Moulin, à Aubigné et à mademoiselle de Ruvigny, femme de celuy qui commandoit en la Bastille. Cette-cy, oyant à table un propos qui luy plaisoit entre ces deux, regardant fixement le second, se mit à pleurer, et pressée de la cause de ses larmes, dit qu'elle avoit par deux fois accommodé une chambre, et, la dernière, attendu à minuict le condamné.

Le roy, en peu de temps, changea d'opinion et reprit Aubigné en telles grâces qu'il délibéra de l'envoyer en Allemaigne, comme ambassadeur général, avec charge aux agents particuliers de luy r'apporter deux fois l'an toutes leurs négociations; et puis ce dessein changea, lorsque le prince eut pris le sien grand [1], qu'il luy communiqua tout du long, contre les remontrances qu'Aubigné faisoit que telles pièces ne se devoient commettre qu'à ceux qui en portoient le fardeau. Or, pourceque lors il estoit vice-admiral de Xainctonge et de Poictou, il ne voulut point demeurer oyseux en un si grand mouvement. Il pressa le roy de jetter une branche de ses desseins vers l'Espaigne et donnant de tout costez sur les ongles à son ennemy, luy envoyer une flèche vers le coëur; et quand le roy, rejettant telle ouverture, eut allégué le vieil proverbe : « Qui va foible en Espaigne y est battu, et « qui y va fort y meurt de faim. » Aubigné luy ouvrit [2] un marché auquel il obligeoit un million d'or vaillant pour faire deux flottes qui rendroient, par le circuit d'Espaigne, dans les magasins du roy les vivres au prix qu'ils estoient lors à Paris; il adjoinnit à son party Descures, et cela fut arresté

---

[1] Le dessein que le roi avait formé de faire la guerre à la maison d'Autriche.

[2] Proposa.

après que le duc de Sully eut fort traversé l'affaire au commencement.

(1610) Donc, en prenant congé pour venir en Xainctonge y travailler, le roy ayant dit ces mots : « Aubigné, ne vous y trompez plus, je tiens ma vie temporelle et spirituelle entre les mains du saint Père, vray vicquaire de Dieu, » il s'en revint, tenant non seulement ce grand dessein pour vent, mais encore la vie de ce pauvre prince condamnée de Dieu. Ainsy en parla-il à ses confidents, et dans deux mois après arriva l'effroyable nouvelle de sa mort. Il la receut au lict ; et le premier (bruit) estant que le coup estoit dans la gorge, il dit devant plusieurs, qui estoient accourus en sa chambre avec le messager, que ce n'estoit point à la gorge mais au coeur, estant asseuré de n'avoir menty [1].

Voilà la royne [2] desclarée régente, par un consentement des assemblées provinciales, nul n'y résistant en celle de Poictou qu'Aubigné qui maintint que telle élection n'appartenoit point au parlement de Paris, mais aux estats ; et quoiqu'il fust remarqué pour cette parolle, il ne laissa pas d'estre envoyé de sa province pour faire les soumissions [3]. Estant à Paris, les députez de divers endroits s'attendirent jusques à ce qu'estant de neuf provinces, ils résolurent ensemble de se faire présenter par

---

[1] Voyez plus haut, p. 94, la prédiction de d'Aubigné au roi.

[2] Marie de Médicis.

[3] Voyez à l'*Appendice*, n° XLVI, un passage de l'Estoile.

le sieur Villarneau[1], lors desputé général. La dispute fut grande pour leur entrée et façon de parler. Enfin tous s'accordèrent d'Aubigné comme du plus vieux, plus expérimenté pour leur servir de miroir en cette action. Le conseil du roy fut scandalisé de ce que pas un ne s'agenouilla ni au commencement ni à la fin de la harangue que Rivet[2] eut ambition de faire et la fit en tremblant et mal à propos. Au sortir, M. de Villeroy s'attaqua à Aubigné, demandant pourquoy il n'avoit fléchy le genouil. La responce fut qu'il n'y avoit en leur troupe que nobles ou ecclésiastiques qui ne debvoient au roy que la révérence et non pas l'agenouillement.

Il prit un caprice à la royne, quatre mois après, de vouloir parler en privé avec Aubigné. Sur un billet qu'il en eut, contre les advis de ses amys, il fut deux heures enfermé avec la royne, la porte gardée par la duchesse de Mercure[3]; elle feinnoit vouloir prendre instructions de luy sur certains poincts, mais, en effet, c'estoit pour le rendre infidelle ou soupçonné à son party.

[1] Villarnoul.

[2] André Rivet, célèbre controversible calviniste, né à Saint-Maixent, en 1572, mort en 1651. — La Bibliothèque impériale renferme, sous le n° $\frac{8069}{2-4}$, du *Fonds français*, un recueil de lettres autographes, adressées par Rivet au jurisconsulte Sarrau, de 1645 à 1647.

[3] Mercœur.

Nous voilà à l'assemblée de Saulmeur [1], à l'ouverture de laquelle M. de Boissise [2], ayant faict de grandes promesses à Aubigné, eut pour responce : « J'auray de la royne ce que j'en désire, c'est qu'elle me tiendra pour bon chrestien et pour bon François. » Despuis on despescha exprès La Varenne pour luy, qui se courtisa d'une façon desmesurée, si bien qu'un des corrumpus luy disant devant M. de Bouillon : « Qu'est allé faire La Va-
« renne en vostre logis douze fois depuis hier ma-
« tin ? — La responce fust : Ce qu'il fit au vostre
« dès la première, et n'a sceu le faire au mien en
« douze fois. »

Là, il perdit l'amitié de M. de Bouillon qu'il avoit acquise et conservée pendant trente ans en bonnes occasions ; ce fut pour ce qu'il l'empescha de présider et s'opposa à luy en toutes les propositions sérieuses qui le perdirent de réputation ; sur tout sur ce que ledit seigneur duc, ayant faict une longue harangue pour faire que le Party se dessaisist de toutes asseurances pour se remettre en la disposition de la royne et de son conseil ; pour cet effect, après une longue et affectée louange de la saison du martyre, il ouït un autre discours tout contraire au sien, duquel la fin fut telle :

[1] En 1611.
[2] Thumery de Boissise, conseiller d'État, ambassadeur. Il y a diverses lettres de lui dans les tomes 64 et 802 des Ms Du Puy, à la Bibliothèque impériale.

« Ouy, le martyre ne se peut eslever par assez de
« louanges ; bienheureux sans mesure qui endure
« pour Christ; se préparer au martyre est le faict
« d'un vray chrestien, mais y engager ou y mener
« les autres, c'est d'un traistre et d'un bourreau. »

A la fin de l'assemblée, Aubigné contenoit[1] pour ne jamais dire à Dieu qu'à ceux qui se vouloient révolter ou mourir, dit devant tous à Dieu à Ferrier[2]; ce qui fut receu fort aigrement de Ferrier et plusieurs de la compaignée, jusques à sa révolte qui fut dans deux mois.

Dès lors commencèrent les affaires de la relligion et le Party tout entier à prendre une grande descadence, premièrement par la plupart des grands et puis par l'avarice des ministres, desquels trois ayant esté infidelles, Ferrier et Rivet furent punis de honte. Mais Rivet, descouvert en Poictou pour avoir pension sous le nom de son fils, fut détesté de peu de ses vieux confrères, courtisé des jeunes, ce qui fut accomparé à un mastin qui a mis la teste dans un pot de beurre, et les autres petits chiens qui lui viennent lécher les barbes par congratulation ; si bien qu'à l'assemblée synodalle

[1] Il y a probablement ici quelque faute du copiste. L'imprimé porte : Qui avait coutume de ne jamais dire...

[2] Jérémie Ferrier, mort en 1626. Il se convertit au catholicisme, après avoir été déposé par un synode tenu à Privas. On peut consulter sur lui l'historiette de Tallemant des Réaux, et l'article du dictionnaire de Bayle.

de Thouars qui estoit la reddition de compte de Saulmeur, les fermes y receurent quelques atteintes. Là on vit, du milieu de deux cents personnes assemblées, le ministre de Parabelle, nommé La Forcade, se lever debout huict ou dix fois pour interrompre les voix, en s'escriant : « Messieurs, gardons nous bien d'offenser la royne. » Là on voulut grabeller [1] les gouverneurs qui mettoient leur garnison [2] en la bourse, quelques jeunes ministres dirent : « Ils sont pourvoyants et pacifiques. » On voulut toucher à ceux qui, aux despens du Party, prenoient des pensions, un autre ministre disoit :

Principibus placuisse viris non ultima laus est [3].

Sur cette nouvelle farse, Aubigné prit congé de la compaignée, prenant occasion de son aage, disant qu'il estoit quitte des assemblées publicques, estant devenues telles que des femmes publicques [4].

Le duc de Rohen, hay et desfavorisé pour avoir bien faict à Saulmeur, se retira à Saint-Jean, faisant mine de se fortifier d'amys. Aubigné, de qui la garnison non plus que celle de Saint-Jean n'estoient plus payées, sept milles francs de pension

[1] Tourmenter, chicaner.
[2] La paye de leur garnison en leur bourse.
[3] Plaire aux princes n'est pas la dernière des gloires. (Horace, épitres, l. I, *ad Scævam*.
[4] La moitié de ce paragraphe manque dans l'imprimé.

ostés pour avoir refusé augmentation de cinq milles, fut contraint d'aller quérir son payement sur la riviére de Sepvre [1]. A cette occasion, estant lassé de siége [2] et ayant reconnu l'assiette du Doignon [3], se résolut de n'estre point la corvée d'un *pertuso* [4]; il achepta la petite isle, fit bastir une mayson dans Maÿllé pour deux milles escus. Parabelle [5] eut commission de l'aller visiter; Aubigné s'y trouva et le traicta.

L'année d'aprés, Parabelle ayant mesme commission pour visiter des vacheries qui se faisoient au Doignon, il convia le bastisseur à se trouver à les visiter; l'autre respondit que la besoigne n'en valoit pas la peine et que le commissaire cherchast qui luy donnast à disner; cette eslévation apprit à ce commissaire le mespris de l'affaire et respondre à la cour que ce n'estoit rien [6]. Mais un matin ar-

---

[1] C'est-à-dire en s'emparant des péages sur la Sèvre.

[2] L'imprimé porte : « Étant menacé de siége, » texte qui me semble préférable.

[3] Le Doignon, Donion ou Donjon, est situé dans une île de la Sèvre. On ne voit plus aujourd'hui que peu de traces des constructions élevées par d'Aubigné.

[4] *Pertuso*, pertuis. « C'est, dit le dictionnaire de Trévoux, un passage pour les bateaux, sur les rivières où l'on serre et rétrécit l'eau par une espèce d'écluse. — D'Aubigné veut probablement dire qu'il résolut se rendre maître du passage.

[5] Jean de Beaudan, sieur de Parabère, gouverneur de Niort, et lieutenant général du bas Poitou.

[6] C'est-à-dire, et fit répondre à la cour que...

rivèrent à la place trente massons, cinquante ouvriers, des tantes de toile, trois colvrines [1] et un magazin; cela mit l'alarme au camp, fit envoyer et escrire et lors n'y eut de responce que des résolutions à touttes extrémitez.

Le duc de Rohen ne demeura guerre à estre convié aux premyers remuements du prince de Condé, du duc de Bouillon; rassembla ses amys à Saint-Jean, et Aubigné, ne pouvant abandonner sa besoigne, fut prié de donner aux compaignons une responce aux princes et aux siens; il leur envoya pour touttes lettres ces deux lignes : « Nous « voulons bien mettre sur nos espaules le fardeau « de vostre guerre, délivrez nous de celuy de « vostre paix. » Cette première esmeute s'esvanouit en accord et oublyance [2] pour tous, hormis pour Aubigné qui, pour tous remèdes, fortifia ses deux places, et y mit la dernière en estat de prester le collet.

Cette année passée en diverses menées, vint à esclore la guerre du prince de Condé qui, ayant choisy Aubigné pour son mareschal de camp, luy envoya les despesches; mais luy ne les voulut pas recevoir de sa main, ouy bien des Eglises assemblées à Nismes. Le duc de Sully, gouverneur du Poictou, estant à Poictiers, s'obligea à la royne avec douze principaux que la province ne branleroit point pour le prince de Condé, et vint à

---

[1] Couleuvrines.

[2] Amnistie.

Maillezays pour faire consentir à mesmes choses, par promesses et par crainte, disant au gouverneur que tous les grands de Poictou maintiendroient bien leurs promesses. Il eut pour responce qu'il avoit oublié en cette assemblée un grand homme qui en diroit son advis, le l'endemain; il vouloit dire le premier tambour du régiment qu'il dressoit pour son fils et qui le l'endemain matin battit aux champs. Le jour mesme, le sieur d'Adé[1], avec la garnison de Maillezays prit Moureille[2] par pétards. De là, à quinze jours, le duc de Sully ayant armé de son costé, il arriva que quatre compaignées de ce régiment et la compaignée du duc avec un autre de carabins[3] arrivèrent en mesme temps à Vouilley[4] pour loger, mais les gens de pied chassèrent la cavalerie comme il appartenoit.

M. de Soubise fit son amas et marcha au devant du prince de Condé avec sept régiments faisant plus de cinq milles hommes. Un matin le duc de Bouillon, marchant pour le siége de Lusignan, rencontra Aubigné allant à la mesme besoigne, comme mareschal de camp; là s'appointèrent les différends de Saulmeur[5].

[1] Josué de Caumont, sieur d'Adé ou d'Adou, époux de Marie d'Aubigné, fille d'Agrippa.
[2] Moreilles, en Poitou.
[3] Chevau-légers.
[4] Vouillé; il y a plusieurs localités de ce nom, en Poitou.
[5] Voy. plus haut, p. 116.

Il n'y eut rien en cette guerre qui vaille la peine d'estre escript; seulement à la fin Aubigné, contre la volonté du prince de Condé, fit tant qu'on assiégea Tonnecharante [1], où s'estant bruslé la moitié du corps par un accident, il se fit porter aux tranchées. Ce mouvement n'apporta plus que le traicté de Loudun [2], qui fut une foire publique d'une généralle lascheté, d'une particulière infidélité.

Le prince de Condé, dans les conseils, apelloit Aubigné son père; luy ayant fait banqueroute, comme à tout honneur, luy cria par une fenestre: *à Doignon!* la responce fut: *à Dieu, la Bastille* [3] *!* Le prince, arrivé en cour, luy rendit, pour ses bons services, pour luy avoir causé un secours de cinq milles hommes avec despence de seize milles escus bien advoüez, et comptez et payez, et pour faire les salutaires conseils qui l'ont fait soupirer depuis en ses prisons, luy rendit ce témoignage dans le conseil secret qu'il estoit ennemy de la

---

[1] Tonnay-Charente (Charente-Inférieure).

[2] Le congrès de Loudun s'ouvrit le 13 février 1616. La paix fut signée le 3 mai suivant. Voy. Pontchartrain, *Conférence de Loudun*, à la suite de ses mémoires. Cf. les mémoires de Richelieu et de Fontenay-Mareuil, et Levassor, *Hist. de Louis XIII*, édit. de 1757, t. I, p. 499 et suiv.

[3] Le prince de Condé fut arrêté le 1er septembre 1616 et mis le 24 du même mois à la Bastille, d'où il ne sortit que le 20 octobre 1619.

royauté et capable d'empescher un roy de régner absolument tant qu'il vivroit. Le mesme prince fit envie au duc d'Espernon de lire les *Tragiques*, et luy ayant exposé le traicté du second livre comme escrit pour luy [1], fit jurer la mort de l'auctheur comme aussi elle fut practiquée de là et d'ailleurs en plusieurs façons.

Ce duc vint en ce temps faire la pyaphe de La Rochelle [2]. Les Rochellois ayant prié Aubigné d'armer, luy firent congédier et ramasser ses troupes jusques à trois fois, selon les incertitudes de leurs traictez avec leurs ennemys, qui, enfin, s'advancérent lorsqu'il n'y avoit plus à Maillezays que cent cinquante hommes. On sceut tout à coup que les forces de Xainctonge avoient passé et estoient à Mozays [3]; ce qu'Aubigné ayant sceu et le despartement d'un régiment pour la ronde, il eut grand mal au cœur de laisser piller une de ses dix paroisses, qu'il avoit, comme les autres, deffendues, exemptées de toutte incommodité de guerre. La sécheresse de cette année faisoit qu'il n'estoit plus

---

[1] Ce livre est intitulé : *Les Princes*. — *Les Tragiques* venaient d'être publiés (en 1616).

[2] En 1616. Voyez, sur l'entreprise de d'Espernon contre La Rochelle, de longs détails dans Levassor, *Hist. de Louis XIII*, t. I, p. 563 et suiv. — « Le monde, dit-il, applaudit au bon mot que d'Aubigné dit en cette occasion : M. d'Espernon est venu faire son entrée *devant* La Rochelle. »

[3] Mozac (Charente-Inférieure).

isle. Ayant donc reconnu que cent chariots de front pouvoient passer le marets, il ne laissa pas de s'y présenter avec ce qu'il avoit, et depuis, pour faire bonne mine en mauvais jeu, voyant arriver six compaignées de cavallerie au logis de Courson, il laissa les paysans du lieu armez en monstre sur un terrier, et luy, avec les cent cinquante hommes, à deux heures après midy, à la veüe des ennemys, (alla) faire un logis à Morvain, faisant fisler ses hommes à veüe et à mesure qu'ils arrivoient, se desrober au trot par derrière le village pour venir encore joindre la queüe, si bien que Reaux, qui commandoit comme maréchal de camp aux troupes qui s'advançoient en ces quartiers, despescha à son duc l'advertir qu'il avoit sur les bras pour le moins huit cents hommes. Cet advis le fit fortifier de quatre compaignées; encore Aubigné, ayant reconnu la misère de l'effroy leur fit quitter quelques logis où ils venoient fourrager, et ayant reconnu le logis de la Grève, alloit la seconde nuict pour l'enlever; il receut en marchant advis par ceux du duc de l'accord qu'avoient fait les Rochellois [1].

Deux gentilshommes lui aportèrent cet advis, se convièrent effrontément à venir disner au Doignon, et entrèrent en discours de la haine que leur duc portoit à leur hoste, racontant tout

---

[1] Ce paragraphe, fort important, manque dans l'imprimé. — Cf. Levassor, *loc. cit.*

haut, devant cinq cents gentilshommes, que, s'il ne le povoit autrement, il le convieroit à venir veoir en un pré une des bonnes espées de France; la responce fut telle : « Je ne suis pas si mal
« nourry que je n'aye apris les advantages des
« ducs et pairs et ce que nous leur devons, et pri-
« viléges qu'ils ont pour ne se battre pas; je sçay
« encore le respect que je dois au colonnel de
« France soubs lequel je commande des gens de
« pied. Mais si un excez de colère ou de valeur
« avoit poussé M. d'Espernon à me commander
« absolument d'aller voir cette bonne espée dans
« un pré, certes il seroit obéy; il m'en a autrefois
« montré une, sur les gardes de laquelle il y avoit
« pour vingt milles escus de dyamants, s'il luy
« plaisoit y porter celle là, je la tiendrois encore
« pour meilleure. » Un des gentilshommes répliqua que M. le duc avoit des qualités dont il ne se pouvoit despouiller pour venir à une telle épreuve de sa valeur. — Respondit : « Monsieur, nous
« sommes en France où les princes, qui sont nez
« en la peau de leur grandeur, s'escorchent quand
« ils la dépouillent; mais sçachés qu'on se peut
« desvestir de ses meubles et acquets; le duc d'Es-
« pernon n'a rien qui ne soit de telle nature pour
« se rendre impareil à moy. » Le plus vieux des gentilhommes adjousta : « Or bien, Monsieur,
« quand tous ces points seroient d'accord, il y a
« tant de seigneurs et gentilshommes autour de

« M. le duc qui l'empescheroyent de pouvoir vous
« asseurer un pré. » Aubigné eschauffé ne se peut
empescher de dire qu'il l'osteroit bien de cette
peine, et qu'il s'en asseureroit un, dans le gouvernement du duc, auquel luy mesme apporteroit la
seureté contre les amys de son ennemy. — Là
finit le propos, lequel, rapporté au duc d'Espernon, luy fit faire nouveau serment de vengence
avec exécrations.

Il y avoit long temps qu'Aubigné se rendoit ennuyeux par advertissements à tous ceux qui manioient les affaires, qu'il n'y avoit assemblée où il
n'escrivist ce que le long usage luy avoit apris; mais
plus particulièrement il avoit veu un tableau de tout
ce qui est arrivé depuis, entre les mains de Gaspard
Baronius, nepveu du cardinal [1], lequel (Gaspard)
ayant esté apellé à la connoissance de Dieu [2]. Cetuicy,
parvenu par la faveur de son oncle et par les grands
dons qu'il avoit à estre de la congrégation (*la Propagation de la Foi*), fut choisy pour un des trois que
ce conseil envoye tous les ans aux trois confins de
l'Europe, avec mémoire de tout l'estat de la chrestienté. Sur son partement pour Espaigne, bien
garny d'or et de despesches auctantiques, il se
sauva à Briançon entre les mains de M. d'Esdi-

---

[1] César Baronius.

[2] Le manuscrit ajoute : « Jugé à mort le petit capucin à
Romme, » phrase incidente assez obscure qui doit se rapporter
à Gaspard.

guières, qui le fit conduire par un conseil du lieu à Paris, et là le présenta à une assemblée qui se faisoit au logis de M. de Bouillon.

Aubigné et M. de Feugré estants choisis par cette troupe auditeurs du sieur Gaspard, il leur mit sur table les mémoires de toutte la chrestienté, distinguée par provinces, leur monstrant de chascune deux cayers, sur l'un desquels estoit escrit : *Artes pacis*, et sur l'autre *Artes belli*. Ces deux ayant demandé de voir les affaires de la province menacée de plus prez, cet homme leur fit voir premièrement *Rhetorum*[1] *commentarios* comme debvant la persécution commencer par là, et, avant, arborer l'estandard de la croisade. Voilà où Aubigné s'estoit fait sçavant en prédications et importants discours et non pas pour avoir eu chez luy le muet qu'on luy reprocha. Or est-ce chose assez merveilleuse pour, à cette occasion, vous faire connoistre ce muet.

C'estoit un homme (si homme se peut dire, car les plus doctes l'ont tenu pour démon encharné[2]) qui se monstroit aagé de dix neuf à vingt ans, sourd et muet, l'oëil très horrible, la face livide, qui avoit inventé un alphabet par les gestes et par les doigts, par le moyen duquel il s'expliquoit merveilleusement. Il a esté quatre ou cinq ans dans le Poictou se retirant à la Chevrelière et puis aux

[1] Rhœti. *Les Grisons.*
[2] Incarné.

Housches, admiré de tous pour deviner tout ce qu'on luy proposeroit, (et) faire recouvrer les pertes [1] du pays. On luy amenoit quelques fois trente personnes auxquelles il contoit toutte une généalogie, les maistiers des bisayeuls, ayeuls et grands pères, combien de mariages chascun, combien d'enfants, et enfin touttes les monnoyes, pièce par pièce, que chascun avoit en sa bource. Mais tout cela n'estoit à l'esgard des choses à l'advenir et des pensées les plus occultes, desquelles il faisoit rougir et paslir chascun; et sçachent MM. les théologiens, de qui la sensure est à craindre en cet endroit, que ce furent les ministres les plus estimez du pays qui donnèrent connoissance de ce monstre à Aubigné. Estant (le muet) arrivé en sa maison, il (Aubigné) fit deffence à ses enfants et domestiques, sur peine de punition, de ne enquérir le muet sur les choses à venir, et, comme *nitimur in vetitum* [2], ils ne l'enquéroient que de cela. Il faudroit une histoire à part pour vous dire comment cet homme là monstroit ce que faisoient tous les grands de la France, les propos qu'ils tenoient à l'heure qu'ils l'enquéroient. On eut soin de sçavoir de la cour, un mois durant, les promenades du roy, qui avoit parlé à luy le long du jour, avec les heures d'icelles; et cela confronté de cent lieues avec les responces

---

[1] Les objets perdus.

[2] Nous aspirons à ce qui est défendu. (Ovide, *Amores*, lib. III, eleg. IV.)

du muet ne manquoit jamais. Les filles de la maison l'enquirent combien viveroit le roy et de sa mort : il marqua trois ans et demi, le carosse, la ville, la rue et trois coups de couteaux dans le coëur ; il leur marqua tout ce que faict aujourd'huy le roy Louys, comme les combats maritimes de La Rochelle, son siége, son desmentellement, sa ruine et celle du party[1], et plusieurs autres choses que vous pourrés voir dans les espitres familières qui s'imprimeront. Vous sçaurez par plusieurs, nourris dans la maison où vous estes, la vérité de ces choses.

Les ennemys d'Aubigné, pour rendre inutilles ses pourvoyances, dirent qu'ils les avoit aprises du muet, et par tel soupçon rendirent vains ses salutaires advis. Or, la vérité est qu'il observa relligieusement de ne demander jamais à cette organe une seule chose à venir : mais son employ aux affaires et sa longue expérience lui faisoient dire ce qu'on a senti depuis. Il se pourveut donc à deux assemblées de La Rochelle, pour déposer ses charges et places entre mains de personnes fidelles et les oster au duc d'Espernon et à l'évesque de Maillezays[2], qui, par hommes interposez, faisoient traictez avec luy. Une partie de l'assemblée y entendit

---

[1] Ce passage prouve que d'Aubigné écrivit ses mémoires postérieurement à la prise de La Rochelle, qui eut lieu le 30 octobre 1628.

[2] Henri d'Escoubleau de Sourdis.

volontiers ; mais la Maison de ville de La Rochelle se rendit partie contre luy, et les cindicqs du peuple qui estoient pour luy ayant choisy l'advocat Bordonin, pour joindre à ses demandes, l'advocat corrompu conclut au rasement de Doignon et Maillezays, s'il se pouvoit; si bien que, de là à un mois, M. de Villeroy escrivit à Maillezays en ces termes : « Que diriés vous de vos amys pour « lesquels vous avés perdu huict mille francs de « pension, refusé l'augmentation de cinq milles, « perdu encore la bonne grâce du roy et de vous « mesme tant de fois. Ils nous demandent impor« tunément qu'on vous rase vostre maison sur vos « oreilles; je ne change rien aux termes de vos « amys; si c'estoit à vous à faire responce à une « telle demande, quelle seroit-elle ? J'en demande « votre advis? » La responce fut : « Monsieur, s'il « vous plaist que je sois vostre commis pour la « responce à la requeste des Rochellois, elle sera « en ces termes : Soit faict comme il est requis « aux despens de qui le requiert. » — M. de Villeroy ayant porté au conseil ces deux lignes, le président Janin dit en jurant qu'il les entendoit bien, c'est à dire, dit-il, qu'il ne craint ni vous ni eux.

Telles parolles, accompaignées d'effects et de pourvoyances à la deffence des places, firent qu'on donna charge à Vignosle [1], maréchal de l'armée

---

[1] Bertrand de Vignoles, chevalier de l'ordre du Saint-Esprit, mort en 1636.

du roy, de voir sur quoy se fondoit l'audace d'Aubigné. Il le vint donc voir comme amy et comme ayant esté nourry chez le roy sous luy. Il raporta deux choses, l'une l'importance et la force du Doignon, disant pour le premier point que La Rochelle, de laquelle le siége se méditoit dès lors, ne pouvoit estre assiégée que la rivière de Sèvre, possédée par ses deux places et qui nourrit les deux tiers d'Espaigne, ne fust libre pour le pain de l'armée du roy, laquelle d'ailleurs auroit les pains bien chers, s'il falloit que les vivandiers passassent, à la miséricorde de ces places, le destroit d'entre Surgères et Mauzay [1], et qu'elle ne receut vivres qui ne fussent escortez ou perdus. Il adjousta d'autres choses à la conséquence ; mais La Force raporta que Maillezays cousteroit tousjours un bon siége royal, et le Doignon plus à estre assiégé que La Rochelle à estre prise. Voilà sur quoy on despescha des maistres de requestes pour traicter. M. de Montelon en eut la première charge, et, à défaut de luy, La Vascherie. Il fairoit bon voir touttes les ruses par lesquelles ce traicté fut protelé [2] environ deux ans, sur la fin desquels le duc d'Espernon, par le moyen du marquys de Brezes [3], fit offrir jusques à deux cents milles francs comtants et en payement faict sur la foy du ven-

---

[1] Mauzé (Deux-Sèvres).

[2] Du latin *protelare*, prolonger.

[3] Brézé.

deur. Mais Aubigné desposa ses places entre les mains de M. de Rohen pour cent milles livres, moitié comtant, moitié à venir¹. De là il faict sa retraicte à Saint Jean d'Angely où s'estant meublé, il achève l'impression de ses Histoires, tout à ses despens, tint à grand honneur de les voir condamnées et bruslées au collége royal à Paris.

Ce fut à ce point que commença la petite guerre de royne ², pour laquelle M. de Rohen fit venir le gouverneur de Saint Jean et huict autres amys du duc, à Saint Maixant, comme pour prendre advis d'eux s'il se devoit engager en cette guerre; mais la proposition qu'il mit sur table n'estoit point de cette sorte. Il demanda particulièrement à Aubigné les prévoyances et pourvoyances qu'il fit à l'armée de la royne, pour, avec soixante milles hommes, assiéger Paris. Aubigné, apellé deux fois pour les préparatifs de ce mesme siége, (dit) qu'il se souvenoit au plus près comment on s'en estoit aydé ³, mais qu'au lieu de respondre à ces inespérées propositions, il prioit le duc de regarder à la confusion qui dissiperoit ce party dès

---

¹ En 1619. Voy. à l'*Appendice,* n° XLVII, une lettre de d'Aubigné à ce sujet.

² La guerre entre Louis XIII et sa mère commença après que Marie de Médicis se fut évadée de Blois, le 22 février 1619, et fut terminée le 30 avril par le traité d'Angoulême. Elle recommença l'année suivante.

³ Lors des siéges de Paris par Henri III et Henri IV.

son entrée ; et pour luy faire provision d'un bon pis aller et pour se rendre encore plus fascheux, protesta qu'il ne porteroit point les armes pour ce party et ne tireroit point sa petite espée du crochet.

Or, en reprenant congé du duc, il dit aux deux frères [1] : « Je vous ay protesté n'estre point « du party de la royne, mais je seray du party de « Rohen à vostre extrémité, et vous me trouverés « bien à propos. » Cela faict, il se retira à Saint Jean, où les esmotions de la ville, ayant sceu comment les assiégeurs de Paris avoient esté mal menez au Ponts de Sef [2], se mutinèrent et chassèrent l'aucthorité du duc, son lieutenant et ses capitaines. Le duc escrivit à son amy pour le faire souvenir de la promesse d'extrémité. Aubigné trouva les deux frères et La Noüe avec eux, avec deux régiments qui faisoient quinze cents hommes et quelques cents chevaux en tout. Tout cela n'ayant où se retirer qu'à Saint Maixant, s'achemina vers le Bas-Poictou, sans avoir lieu préparé pour résister deux jours. Il prit par la main ces devoyez et leur détourna la teste à un dessein asseuré que luy, qui s'estoit advancé, exécutoit la nuict, dont le soir auparavant arriva la paix faicte avec la royne-mère et ceux de son party qui s'en voudroient ser-

---

[1] Les ducs de Rohan et de Soubise.

[2] L'armée des princes lignés fut défaite au Pont-de-Cé le 9 août 1620.

vir [1]. Là dessus, le roy ayant en diligence remply le Poictou de son armée, Aubigné prit sa résolution de venir prendre le chevet de sa vieillesse et de sa mort à Genefve.

Ceux de la faveur [2] qui le cherchoient partout, ayant envoyé billet aux principales villes pour l'arrester et surtout aux passages des rivières, il partit avec douze chevaux bien armez, et usant de la bonne science qu'il avoit des chemins, passa la première nuict, au travers de trois régiments et trois corps de garde de l'armée, eut en son voyage quelques heurs bien à propos ; comme trouvant un régiment qui l'arresta dans les faux-bourgs de Chasteauroux, un paysan de rencontre luy fit passer la rivière en lieu inespéré ; de mesme son train ayant esté coupé par la moitié au passage de Bourges en lieu non accoustumé, par une guide de rencontre, le mesme heur luy arriva en ce que plusieurs gentilshommes et ministres auxquels il s'adressoit pour leur demander des guides, sans les connoistre, poussés de quelques sentiments luy en servoient eux mesmes. Le pasteur de Saint Léonard, le conduisant à Conforgien [3], le destourna pour luy faire voir en un village le miracle d'une femme de septente ans, de qui la fille estant morte en couche, elle pressa son petit fils contre

[1] La paix fut signée le 13 août 1620.
[2] C'est-à-dire les partisans du duc de Luynes.
[3] Confergien (Côte-d'Or).

son sein, s'escriant : « O Dieu! qui te nourrira? » A ces mots, l'enfant empoigna un des bouts des mamelles de sa grande mère, qui furent à l'instant pleines de laict, duquel elle l'a nourri deux mois parfaictement bien. Cette histoire, avant qu'estre imprimée, a esté vérifiée par l'acte public de l'église.

A Conforgien, le baron du lieu ayant employé un nommé Petit Roy, pour la conduite de son hoste, ce galant amassa la nuict quelques gentilshommes du pays pour leur mener une ambuscade. Petit Roy, au matin, ayant parlé à Aubigné, il lui prit un mal de coëur, se désista de la conduite et donna un autre guide qui changea de route; et cecy fut confessé par un jeune gentilhomme qui en demanda pardon en mourant à sa mère, laquelle l'avoit nourry à sa relligion.

Faisant passer dans Mascon ses gens deux à deux, un vieillard, au milieu de la ville, arresta un des siens luy disant à l'oreille : « Vous faites « bien de passer ainsy deux à deux. » De là, M. Fausiat luy donna adresse à M. D'Asnière, et l'accompaigna jusques à Genefve, et encore y eut une mutinerie à Gex, qui luy fit courir fortune, pour le port des armes qui n'est pas permis en ce pays là. Ceux de la garnison saultèrent au col de quelques gentilshommes qui l'accompagnoient fort habillement, et luy en faisoient autant sans sa résistance. Il fut si heureux qu'il s'en desmesla sans en tuer aucun, autrement il estoit pris et perdu ; car il n'eust peu estre si peu arresté que le marquis de Cypière ¹ qui le poursuivoit, ayant son pourtraict, ne l'eust enlevé comme lieutenant de roy.

Enfin il arriva à Genefve, le jeudy premier de septembre 1620, où il fut receu avec plus de courtoisie et d'honneur que n'en recherchoit un réfugié. Outre les courtoisies ordinaires que recevoient en cette ville tous les estrangers nottables, il fut visité en son logis par le premier cindic ; et le mesme le mena au presche pour le loger en la place du premier (syndic) de l'an passé, qui est le siége que l'on donne par honneur aux princes et ambassadeurs de roy. On luy fit un festin public, auquel la seigneurie entière et quelques estrangers furent conviez. A ce festin, y eut de fort grands maspains portants les armoiries du nouveau venu. Après avoir esté quelque temps chés les sieurs Pallissary et de Tournes, le logis de M. Sarrazin, depuis acheté par les princesses de Portugal ², luy fut loué aux despents de la ville jusques à ce que il en eust acquis un par mariage. On luy fit voir tous les magasins et secrets. Ayant désiré voir en monstre touttes les bandes qui sont seze, cela luy fut accordé, chose qui n'avoit esté faicte de vingt ans.

¹ Charles de Marsilly, marquis de Cipière.
² Voy. dans les *Petites œuvres meslées*, p. 169, des vers chantés dans un concert donné par d'Aubigné aux princesses de Portugal.

On fit un conseil de guerre de sept testes seulement, auquel on luy donna toutte aucthorité, et cet ordre dura jusques à ce qu'on demanda à cette compaignée serment de fidélité et de secret. Aubigné ayant appris que ses collègues (estoient) obligés de communiquer les affaires principales au petit conseil, consentit de prester serment de fidélité, mais non celuy de secret, si ses collègues n'estoient jugés d'estre cachés à tous. Les forces de Savoye s'estants esloignées, le conseil cessa pour les susdites difficultez[1].

En ce temps, toutte la ville fut employée aux fortifications qu'il luy pleust ordonner, tant vers Saint-Victor que devers Saint-Jean.

Il ne fut six semaines à Genesve que l'assemblée generalle de la Rochelle ne luy despeschast par deux voyes un tesmoignage nottable combien ils se repantoient de l'avoir iniquement traicté, car ils luy envoyèrent premièrement par la voye de Paris et puis par le sieur d'Avias, un des desputés qui estoient de leur corps, une procuration généralle pour engager tout ce que les Églises pouvoient en corps et tout le pouvoir des Rochellois en particulier pour les affaires que nous desduirons. Puis après, lettre de créance à chascun des quatre cantons protestants, à la ville de Genesve, en général aux Hansiatiques[2], à tous les princes pro-

---

[1] Une partie de ce paragraphe manque dans les imprimés.
[2] Aux vil'es anséatiques.

testants, vingt des dittes lettres, le nom en blanc, le cachet volant, nouvellement mis en usage par la ditte assemblée, et encore lettre à part pour les corps des Églises et ministres signalez, tout cela aux fins d'aucthoriser leur procureur. Après, il avoit ses instructions tendantes à esmouvoir les Souisses au présent d'une levée gratuite et favoriser le passage des forces que ledit procureur pourroit lever par autres moyens, joint à cela une commission pour commander l'armée; et de touttes les pièces y avoit quatre copies en parchemin, deux par chascune des voyes, hormis des lettres missives desquelles il n'y avoit qu'une copie seulement.

Le sieur d'Avias estant arrivé, habillé en paysan, Saint-Julain envoya son homme vestu de mesme pour prendre lieu de conférence, estant bien adverty combien le respect de la France tenoit Genesve en subjection. Il fut logé dans les cabanes faictes de nouveau pour fortifications, et là se firent les responces de l'assemblée. Aubigné avoit demandé aux vingt-cinq élections ceux auxquels il peust commettre quelque secret, mais ces deux voulant dire tout au gros, il fut contraint de les fortifier des deux principaux.

En ce temps là, M. Sarrazin avoit receu lettre du conte Mansfeld[1] qui, malmené en Boëme, luy

---

[1] Ernest, comte de Mansfeld, l'un des plus grands généraux du dix-septième siècle, né en 1586, mort en 1626.

demandoit un maistre. Cette demande réitérée, Aubigné traicta avec luy, conjoinctement avec les deux ducs de Wiamar[1]. Après plusieurs voyages d'une part et d'autre et grandes despences sur la bource du procureur[2], les trois furent obligez à emmener douze milles hommes de pied, six milles chevaux, douces pièces d'artillerie, moitié de batterie, ponts et attalages nécessaires jusques à la rivière de Saulne[3], pour y joindre trois régiments, de chascun deux mille hommes, tels que les pourroit amasser Aubigné; lequel, tant que les forces seroient jointes, serviroit de maréchal de camp général; et tous devoient marcher sur la foy de l'assemblée jusques à ce que l'armée, estant en Forest[4], recevroit deux monstres, qui n'estoient qu'une, pour ce que, par le traicté, ils ne debvoient recevoir que la moitié de leur paye jusques à une paie, qu'ils toucheroient le tout asseuré sur les salines d'Aiguemorte et Peguay[5], lors encore possédées en apparence par le party.

Touttes ces choses aggréées d'une part et d'autre, et Mansfeld advancé jusques en l'Alsasse, Aubigné qui attendoit deux cents milles livres par lettres d'eschange de La Rochelle, fut adverty que

[1] Weymar.
[2] Aubigné.
[3] Saône.
[4] Dans le Forez.
[5] Pecais, non loin d'Aigues-Mortes.

quelques gentils esprits de la Rochelle avoient proposé que cette grande affaire seroit mieux entre les mains de M. le duc de Bouillon, ce qui fut suivy gaillardement. Le comte tourna donc vers Cedam[1] et en arriva ce que vous apprendrez en l'histoire ; le premier marchant[2] demeurant en croupe avec cinq cents pistolles de despences. Ses enfants seront soigneux de garder les pièces justicatives de tout ce que dessus.

(1621) Les Bernois avoient durant cette négotiation envoyé à Genesve le fils du premier (avoyer), pour requérir Aubigné de les visiter, sur le point que Francandal[3] estoit assiégé, ce qu'il accorda ; et fut receu avec festins, partout canonnades et autres honneurs desquels il blasma l'insolence. Et ce premier voyage l'obligea à un second qui fut de trois à quatre mois.

En jettant l'œil sur Berne, il entreprit contre l'advis de tous les grands capitaines qui l'avoient veu, de la fortifier; c'estoit encore contre le vouloir des principaux du conseil du peuple, contre leurs loys et serment, mais selon le besoin. Le duc de Bouillon luy en escrivit et à quelques-uns des principaux conseillers, alléguant la desfaveur de la situation et qu'elle estoit au cœur du pays.

---

[1] Sedan.
[2] D'Aubigné.
[3] Frankenthal.

Il eut pour responce que le sith¹ se trouveroit très advantageux et que ce coëur n'estoit qu'à un doigt des costes. Le peuple de la ville estoit tellement ennemy du mot de fortification et imbu de celuy de bataille qu'aux premières promenades qu'ils virent faire, quelques yvrognes portèrent leurs halbardes, criant qu'il falloit jetter dans la rivière les François qui estoient venus pour violer leurs coustumes. A tous ces empeschements l'entrepreneur, porté par Graffrier, Erlac et quelque peu d'autres, pratiqua les ministres, desquels le principal, ayant accompaigné la seigneurie pour aller visiter le dessein, sur quelque esmotion de volonté, demanda de rendre grâces à Dieu sur le champ de la bonne et salutaire délibération; et ce disant et mettant le genouil en terre, la seigneurie et la grande foule qui les avoit suivis de mesme, et par là engage presque toutte la ville. Se trouva le lendemain au mesme lieu, où le ministre ayant faict une exhortation, après un chant de pseaumes et une grande prière, Aubigné fit advancer ces picquets, avec une profonde révérence, en présence d'un M. Manuel qui, voulant céder ce premier ouvrage à l'inventeur, le refusa. Il fallut tenir conseil sur ces courtoisies; et, lors contraint à le poser, il² jetta son chapeau à terre, y mit un genouil et dit tout haut en donnant le premier coup de maillet : « Soit à la

¹ Le site.
² D'Aubigné.

« gloire de Dieu, à la conservation des Suisses con-
« fédérez! » Ainsy le premier avoyé et tous les seigneurs de la suitte plantèrent les picquets de la fortification, qu'aucune de l'Europe ne surpasse en advantage naturel. Sous couleur de venir à ce travail, les Bernois firent voir les forces de tous leurs baillages, estimez jusqu'à quarante huit milles hommes.

En après, se fit la visitation de toutes les villes du canton, la reconnoissance de campements desclarez jusque à sept, et un réservé. Pour relever une conversation, M. de Graffrier, dans le conseil, mit la plume entre les mains d'Aubigné pour signer le serment de capitaine général, ce qu'il refusa, s'excusant sur l'ignorance de la langue; et lors estant pressé d'en nommer un aux Bernois, il leur bailla le choix de trois, à sçavoir : du vidame de Chartre, du sieur Mumbrun et du compte de La Suse; le dernier (fut) choisy.

La seigneurie de Basle voulut estre conseillée de mesme main, le sieur de Lutzelmant envoyé pour la conduite[1]. Mais de vingt et deux bastions qui leur furent tracez par le sieur de La Fosse, ils se contentèrent d'en faire quatre, laissant la vieille[2] en l'imperfection où elle est.

Durant ces voyages, l'ambassadeur Scaramel en-

---

[1] C'est-à-dire pour accompagner d'Aubigné.

[2] C'est-à-dire la vieille fortification. Peut-être faut-il lire : *la ville*.

tra en traicté de la part de la Seigneurie[1] pour le faire général des François à leur service, et tout se concluoit favorablement quand Myron[2], ambassadeur du roy en Souisse, fit escrire à celuy de Venise qu'ils seroient en l'inimitié du roy, s'ils se servoient d'un homme tant hay de Sa Majesté. Les amys eurent beau à alléguer que les causes des haines des roys devoient estre aux républicques cause de charité, la crainte prévalut sur le désir d'accepter la fidélité.

Miron, ayant rompu cette affaire, entreprit de desloger Aubigné de Genesve par quatre diverses menées : la première en se plainnant qu'il semoit la ville de mauvais propos, à quoy le remède fut d'en demander une exacte inquisition; la seconde attaque fut par lettres du roy, lesquelles désignoient la personne sans la nommer. A cette fois, la Seigneurie[3], avec advis de l'accusé, escrivit après les affaires de la ville : « Quant au reste de vostre
« lettre qui s'employe contre quelqu'uns retirés en
« cette ville, convaincus et condamnez de crimes
« atroces et de plus d'avoir faict des traictez, des
« menées contre l'Estat de France et n'avoir pas
« porté le respect deu à la majesté du roy, nous
« vous dirons, en faisant distinction de ces deux

[1] De Venise.
[2] Robert Miron, mort en 1641. Il a laissé des Mémoires qui sont encore inédits.
[3] De Genève.

« poincts, que jamais aucun particulier n'est venu
« former plainte en cette ville (ce que vous pouvés
« sçavoir estre arrivé à plusieurs) qui n'y aye receu
« bonne justice, aussi prompte et aussi sévère qu'en
« lieu où il se fust peu arrester. Quand il plairra à
« ceux qui se pleinnent envoyer en ce lieu homme
« capable de se rendre partie avec les pièces néces-
« saires à cela et principalement sur le commande-
« ment du roy et vostre recommandation, nous
« nous efforcerons de respondre au renom de la
« bonne justice qu'ont acquis nos devanciers. Mais,
« en ce qui regarde le roy directement, nous nous
« y porterons avec la vigeur et rigeur qu'il faudra
« pour monstrer à quel prix nous avons un nom si
« précieux. Nous la fismes paroistre, l'an passé,
« qu'un gentilhomme retiré en cette ville nous fit
« pleinte d'un raport qui vous avoit esté faict de
« mesme ce que vous touchés; promptement furent
« déléguez deux seigneurs au conseil et anciens
« cindicqs pour faire une soigneuse perquisition
« ou à la descharge ou à la condamnation de l'ac-
« cusé. Cette enqueste a duré six mois durant les-
« quels le gentilhomme a gardé pour prison les
« murs de la ville. »

Durant ces choses, Aubigné achepta et bastit la
terre du Crest, qui en tout luy revint à onze milles
escus; et est à remarquer qu'estant par dessus le
cinquiesme estage et ayant rompu d'un sault l'eschaffaut, il s'empoinna d'une main à une pierre plus

grosse que le poing, assise fraischement. Cette main, blessée de deux playes, porta tout le corps et luy donna loysir de voir deux bords très-poinctus qui l'attendoient pour l'empaller, si le secours des siens eust tardé, Dieu ne voulant en aucun temps ni lieu le laisser sans péril.

Ces atteintes continuelles de la cour firent désirer son esloinnement pour n'estre point en charge à une ville à laquelle il avoit voüé sa vie; mais les perpétuelles menaces et apparences d'un siége luy retenoient tellement qu'il se servoit du Crest, pour une absence que ses amys luy conseilloient.

La troisiesme attaque fut rude, car sans estre adjourné, encore moins ouy, on le faict condamner à avoir la teste tranchée pour avoir revestu quelques bastions de pierres d'une église ruinée, l'an 1562, qui estoit le quatriesme arrest de mort pour crimes pareils qui luy ont tourné à gloire et à plaisir. Ce fut une invention pour le rendre odieux à Genesve, et, outre cela, une praticque pour empescher un mariage qu'il avoit commencé à traicter : c'estoit avec la vefve de M. Barbany, de la maison des Bourlamasqui de Lucques[1]. Ce mariage

[1] Renée, veuve de César Balbani, morte en 1641. Elle était fille de Michel Burlamachi et de Claire Calandrini. Le mariage eut lieu en 1623. D'Aubigné avait alors soixante-onze ans.

On lit dans les *Œuvres diverses* de Segrais (Amsterdam, 1723, in-8, t. I, p. 123), l'anecdote suivante au sujet de ce mariage : « Comme c'est la coutume chez les calvinistes de faire les mafut commencé par la voix du peuple, qui n'avoit rien à souhaiter pour une personne grandement aymée, tant pour la probité, charité et bienfaicts envers tous que pour la race très-noble et les biens et commoditez à suffisance. Cette nouvelle venue, le jour devant qu'on pensoit passer le contract, le persecuté pensa ainsy : « Si j'ay affaire à un esprit « et courage commun qui ne soit pas prest à expo- « ser sa vie pour les causes qui font condamner la « mienne, elle rompera sur cet effroy. Mais si j'ai « rencontré une âme par-dessus le commun, et « telle qu'il la faut à un courage résolu de ne ployer « point, voicy de quoy me la faire paroistre et me « rendre bien heureux. » Sur cette résolution, il porte luy-mesme la nouvelle et eut pour responce : « Je suis bien heureuse d'avoir part avec vous à la « querelle de Dieu; ce que Dieu a conjoint, l'homme « ne le séparera point. » Et ainsy fut accomply le mariage, sur lequel M. Fossia donna ces quatres vers:

Paris te dresse un vain tombeau;
Genesve, un certain hyménée:

riages devant ou après la prédication, il arriva que le ministre prit pour son texte ces paroles de l'Évangile : *Seigneur, pardonne-leur, car ils ne savent ce qu'ils font*. Et ce fut par un pur hasard, parce que c'étoit la suite de ce qu'il avoit entrepris d'expliquer. Cependant d'Aubigné le prit pour lui et s'en fâcha fort. Il s'en plaignit même au sénat de Genève, qui obligea le ministre de lui aller faire des excuses, et le ministre lui protesta qu'il n'avoit eu aucune pensée de l'offenser, et qu'il avoit pris ce texte parce que c'étoit la suite de son Évangile. »

A Paris, tu meurs en tableau;
Icy vis au sein de Renée [1].

Quelque temps avant son mariage, il congédia et contenta quatre gentilshommes qu'il avoit jusque-là entretenu et se réduisit au mesnage avec sa femme, quittant aux seigneurs l'honneur et commodité de leur logis, comme aussy ne voulant plus estre en butte pour les places du presche, pour lesquelles les comtes allemans murmuroient contre luy. La Seigneurie luy donna le lieu le plus commode du temps, où il avoit veu autrefois un prince palatin et plusieurs grands capitaines françois.

Il est temps de dire qu'ayant trouvé aux fortifications de Saint-Victor deux cornes merveilleusement bien placées par M. de Béthunes, mais faictes à la haste et à l'espargne, il les voulut affermir par les pièces qui s'y peuvent voir; et pour ce que le flanc de courtine estoit trop esloinné pour le dedans des cornes, il désigna entre les deux une pièce de conjunction, sans la vouloir exécuter, que dans la nécessité, tant pour ce qu'elle se pouvoit faire à

---

[1] On lit dans l'imprimé le passage suivant, qui manque dans le manuscrit et qui ne me parait pas avoir pu jamais être écrit par d'Aubigné : « Outre ces vers, d'Aubigné fit les suivants à l'honneur de son épouse :

> Quand d'Aubigné se vit un corps sans tête,
> Il maria son tronc pâle et hideux,
> Très-assuré qu'une femme bien faite
> Auroit assez de tête pour tous deux.

la veüe des ennemys, comme aussy pour espargner les possessions [1] et l'inimitié qui naist de telles choses. Mais le possesseur puissant en la ville, comme fils d'un des meilleurs scindics que eust Genesve, et luy procureur général, ayant parlé de son intérest trop tost au gré des seigneurs, ils firent un arrest prompt, commandant à leur ingénieux de tracer dans deux heures la pièce de conjunction, selon l'ordre qu'il en avoit, sur peine d'estre cassé. La Seigneurie marcha, pour y mettre promptement les ouvriers, et Aubigné qui y accourut pour faire différer. Mais ses prières et raisons furent emportées par la résolution, et luy ne laissa pas d'avoir pour ennemy une famille si puissante que quand l'un d'eux avoit un procez, en deux cents les proches estoient recusez.

Cette animosité se continuant prit diverses occasions pour se venger, comme sur l'impression de l'*Histoire,* de laquelle la haine irritoit (comme ils disoient) la France ; comme aussi à la première retraite que fit à Genesve le vieux marquis de Baden [2], on fit courir le bruit qu'il venoit par la practique d'Aubigné pour dresser une armée et par là irriter l'Empereur ; mais il parut que jamais il n'y avoit entre ces deux ni connoissance de veüe ni practique par l'escrit. Cette accusation fit voir une mauvaise volonté en plusieurs qui en ont eu honte, voyant le

---

[1] Les propriétés.
[2] Georges-Frédéric, né en 1573, mort en 1638.

marquis très-bien receu et veu à Genesve depuis cinq ans, hormis son voyage en Dannemarcq.

On luy fit encore plusieurs niches, comme persuader au peuple que cet estranger avoit conseillé aux seigneurs de le tenir bas, inventé quelque fourbe et autres telles choses trouvées fausses, et luy reconnu pour celuy qui s'estoit retiré hors de France pour avoir esté trouvé républiquain. Mais la dernière entreprise eschauffa le plus ses ennemys et estonna presque ses froids amys; c'est que Rozet, desputé en cour avec M. Sarrazin, mesnagea si bien Herbeau, secrétaire d'Estat, par ses lettres et celles qu'il fit escrire aux députez mesme, au temps que la perte de La Rochelle, les affaires de Languedoc, (la) ruine d'Allemagne effroyoient les moins fermes, que le seigneur du Crest y passa trois mois, non sans peine, pource qu'en mesme temps quelqu'un qu'on soupçonna estre le duc d'Espernon ou l'archevèque de Bourdeaux [1], ou les deux, (d)effrayèrent jusques à dix assassins qui ont, par deux ans, faict grand vacarme dans le pays, renyants leur salut où ils n'avaient guerre part, s'ils ne le mettoient à mort. Mais celuy qu'ils guettoient l'accompaignoit et le cherchoit [2] et escrivit à M. de Can-

---

[1] François d'Escoubleau, cardinal de Sourdis.

[2] Il y a évidemment ici dans le manuscrit une faute de copiste qui rend la phrase fort obscure. L'imprimé porte : « Mais le « proscrit qu'ils guettoient se tenoit sur ses gardes et ne sortoit « que bien accompagné. »

dalle[1], le priant d'advertir son père qu'il employast de meilleurs ouvriers. Enfin il ne fut rien prononcé à Genesve, ce qui fut la séparation, pource que les meilleurs prévaleurent et la moitié du peuple fut considérable.

Quelque temps auparavant, M. le connoistable[2], estant à la guerre de Gênes[3], envoya le conseiller d'Estat Bullion[4] vers Aubigné, quoyque leur dernière veüe, qui avoit esté à Saulmeur, les eust laissés en une grande querelle ; c'estoit pour une entreprise pour la Franche-Comté, à l'exécution de laquelle on debvoit donner à ce pauvre Desterradau trois vieux régiments de gendarmes. Mais cela se sentit de la fin, car il disparut au reste de cette guerre là.

Peu après, passèrent par Genesve le comte de Carlile, ambassadeur extraordinaire, et son frère, le chevalier, revenant de Constantinople, desquels Aubigné ayant receu des honneurs outre mesure et convié avec beaucoup d'ardeur de faire un tour en Angletterre, le désir luy en prit, ayant obtenu place au batteau que le comte faisoit faire à Strasbourg pour son retour. De quoy il fut destourné par la même raison qui desjà par deux fois luy avoit faict

[1] Fils du duc d'Épernon.
[2] Lesdiguières.
[3] En 1624. Voy. Levassor, t. II, p. 672 et suiv.
[4] Cl. de Bullion, surintendant des finances et ministre d'État sous Louis XIII, mort en 1640.

rompre ce projet. (C')estoit pour la grande aparence qu'il y avoit d'un siége à Genesve, laquelle cette année là estoit despourveüe de toutes choses à la fois. Or ce nom d'Angletterre et ce qui se passa entre le comte de Carlile et luy m'engage à un compte que j'eusse bien voulu supprimer.

Comme Dieu ne veust pas que ses grâces soient attachées à la chair ni au sang, Constant[1], fils esné et unique d'Aubigné, fut nourry par son père avec tout le soin et despence qu'on eust pu employer au fils d'un prince, institué[2] par les plus excellents précepteurs qui fussent en France, jusques à estre choisis et soustraits des meilleures maisons en doublant les gages. Ce misérable premièrement desbauché à Cedam par les yvrogneries et les jeux, et puis s'estant destraqué des lettres, s'acheva de perdre dans les jeux, dans la Hollande. Peu de temps après, en l'absence de son père, se maria à La Rochelle à une malheureuse femme que despuis il a tuée. Le père le voulant engager hors de la cour, luy fit donner et luy dressa à ses despens un régiment à la guerre du prince de Condé. Mais rien ne pouvant satisfaire à l'insolence d'un esprit perdu il se jetta à la cour, où il perdit au jeu vingt fois ce qu'il avoit vaillant, et à cela ne trouve remède que

[1] Constant, baron de Surineau, fils aîné de d'Aubigné et de Suzanne de Lezay, né après 1584, mort à la Martinique vers 1645. — Il fut le père de madame de Maintenon.

[2] Élevé.

de renoncer sa relligion. Il fut très bien reçeu pour estre un esprit sublime sur tous ceux de son sciècle. Le père, adverty de sa grande fréquentation avec les jésuistes, luy desfendit par lettres telle compaignée; il respondit qu'à la vérité il entretenoit le père Arnou et du Mets. Le vieillard répliqua que ces deux noms luy faisoient peur. Tant y a qu'il eut un bref du pape pour fréquenter les presches et participer à la céne de la relligion prétendue réformée; et là dessus vint en Poictou pour empoigner les places de son père, qui, pour le mieux retirer, luy donna sa lieutenance dans Maillezay; et luy, s'estant retiré au Dognon, luy en laissa l'entière administration. Maillezay fut bientost un berlan, un bordeau et une boutique de faux monnoyeur, et le galant se vante à la cour qu'il n'avoit plus de soldats qui ne fussent pour luy contre son père; lequel, adverty de toutes ces choses par les églises, et plus particulièrement par une dame de la cour, met des pétards et quelques eschelles dans un batteau, et arrivé dans le derrière de Maillezay s'advance seul travesty pour gainner la porte de la citadelle; à quoy la sentinelle voulant faire refus, il luy saulta au collet avec un poignard, se fit maistre et chassa ceux qu'il estimoit infidelles. Ce méchant, deslogé, se retira à Nyort à l'ombre du baron de Neuillan, révolté comme luy, et là commença à faire des entreprises sur le Doignon, qui dès lors estoit vendu à M. de Rohen et gardé par le sieur de Hautefontaine, qui avoit un lieutenant presque tousjours bien fidelle mais inutille à toutes factions.

Une après disnée, le gouverneur de Maillezay estant dans un lict, détenu de la fièvre, ouït un capitaine révolté et qui suivoit son fils, mais qui se sentant obligé des bienfaits du père lui aprit qu'il marchoit avec quatre-vingts hommes par eau et une troupe par terre pour prendre, cette nuit là, ou Maillezay ou le Doignon. Le malade demande ses choses [1], et avec trente-six hommes qu'il peut tirer de la garnison, despourveu lors de lieutenant et de sergent, monté sur un bidet, résolut d'aller guetter son fils à un passage commun ; et, sa fièvre redoublant, vint à luy au galopt M. d'Ade, son gendre, avec deux hommes. Cetui-cy se mit à genoux devant luy et à grand peine impétra avec plusieurs raisons de le renvoyer en son lit ; et luy, ayant pris la leçon du père, à deux heures de là trouva son beau-frère marchant à l'entreprise du Doignon, deux fois plus fort que luy, le chargea et prent seze prisonniers mis entre les mains de M. de Rohen, lors gouverneur de la province, qui ne peut jamais en obtenir justice.

Constant, à qui le roy avoit dit qu'ayant perdu son père il luy seroit le sien, se trouva en peu de temps en exécration à tous les siens et en horreur et mespris à ceux qui le servoient, chassé de tous,

---

[1] Ses chausses.

hormis de Brosse, signalée macquerelle, et de putains qui le nourrissoient. Il fit parler à son père de réconciliation ; la responce fut que sa paix estant faicte avec le Père celeste, le terrestre y soubsigneroit. Il vint à Genesve, se présenta au ministre, fit là en Poictou et à Paris touttes les reconnoissances qui lui furent enjoinctes, escrivit en vers et en prose furieusement contre la papauté, obtint de l'argent et une pension telle que pouvoit donner un père hors de son bien. On luy conseilla d'aller trouver le roy de Suède avec un moyen certain d'y avoir charge incontinent après son arrivée ; mais cela estoit trop esloinné de ses prétentions, il convertit donc ce voyage en celuy d'Angleterre. Nottez que le père soupçonnant tellement ce méchant esprit qu'il ne peut obtenir pour luy lettre ny au roy ni au duc de Bouquinquan [1], mais seulement à quelques amys avec toutte restriction. Luy se présenta, excusant son manquement de lettres sur le danger des chemins ; c'estoit autant pour luy que pour les affaires de La Rochelle. Le roy d'Angletterre, pour résousdre la guerre [2], n'apella que le duc de Bouquinquan, quatre milords [3], hors le sieur de Sainct Blanquart, envoyé de M. de Rohen, et ce malheureux comme despesché de son père. Cette assemblée résolut la guerre et les plus pesantes

---

[1] Buckingham.

[2] La guerre entreprise pour secourir La Rochelle, en 1627.

[3] Le Ms. porte *quatre milles*, ce qui n'offre aucun sens.

particularitez. L'une fut d'envoyer quérir Aubigné; la comission s'en donnoit au chevalier Vernon, mais le galant luy osta comme fils [1].

Arrivé en Genesve, après avoir conté à son père de sa charge, (fut) enquis plusieurs fois s'il n'avoit point passé dans Paris et l'ayant nié avec toutte sorte de serments; car c'estoit la clause expresse de la continuation d'amitié jurée par le serment du fils au père, qui sçavoit bien que la cervelle de ce misérable n'estoit plus sienne dans le bordeau. Il fallut parler du voyage, dans la discrétion duquel le père prit un soupçon en choses de fort peu de conséquence et telle résolution de ne faire point de voyage, renvoya son messager chargé de choses bonnes et génuralles, mais non de la particularité qu'il tenoit précieuse; ce que le fils sentit; s'en pleinnant, n'en eut autre chose.

En venant, il avoit passé à Paris et veu de nuict M. Chomberg [2], et, au retour, luy et le roy de nuict aussy, et leur descouvrit les affaires d'Angleterre en payement d'avoir receu tant d'excez d'honneur; voilà ce qui a deschiré l'amitié d'entre le père et le fils. Le vieillard, pour garantir sa personne des puentes actions de son proche, délibéroit de passer en Angletterre et avoit accepté la commodité du

[1] C'est-à-dire Constant se fit charger de la commission, en sa qualité de fils de d'Aubigné.

[2] H. comte de Schomberg, maréchal de France, né en 1583, mort en 1632.

batteau du comte [1]. Mais la guerre de Mantoüe [2] ayant remply d'armes les bordures de France, d'Italie et d'Allemagne, en une année où Genesve estoit à sec de bled, de sel et autres nécessitez pour ne pouvoir porter le siége un mois, les ennemys sçachants toutes ces nécessitez à point nommé, et lui estant hay pour avoir despuis cinq ans crié et importuné pour y aporter du remède, jugeant bien qu'il n'y avoit point de capitulation pour luy, ne laissa pas se résouldre de quitter tous autres desseins, pour chercher dans Genesve une honnorable mort.

[1] De Carlisle. Voyez plus haut p. 150.
[2] La guerre pour la succession du duché de Mantoue éclata en 1628.

FIN DES MÉMOIRES.

APPENDICE

I

PRÉFACE DE LA PREMIÈRE ÉDITION
DE L'HISTOIRE UNIVERSELLE [1].

Ayant assez long temps appréhendé la pesanteur de l'histoire, et redouté ce labeur pour les rigoureuses loix qui lui sont imposées : après avoir considéré à combien de sortes d'esprits doit satisfaire celui qui expose son talent sur un eschaffaut si eslevé, où il a pour spectateur l'univers, autant de juges que de lecteurs; desquels les uns cherchent un langage affecté, qu'ils appellent fleuri; les autres le concis, tout hérissé de poinctes; quelques-uns s'attachent à la cadence des périodes, ne veulent pas qu'elles entrecouppent l'haleine du lecteur pour estre trop courtes, ni aussi que, pour estre trop longues, elles amusent les esprits à démesler la construction des paroles quand il faut trier celle des affaires : les moins judicieux désirent des phrases poëtiques et molles parmi les roides et masles

[1] Cette préface a été reproduite presque sans changements dans l'édition de 1626. — Dans tous les passages que nous tirons de l'*Histoire universelle,* nous avons enfermé entre crochets les phrases qui ont été ajoutées dans la seconde édition.

discours. Il y en a qui se gorgent de lettres et de harangues, d'autres qui s'en dégoustent, et donnent du pouce au feuillet pour aller chercher les combats. Enfin parmi les esprits de tant de sortes, il s'en trouve qui aiment mieux un historien pathétique et faux, qu'un astorge et véritable, amateurs des panégirics qui n'ont d'histoire que le nom.

N'estant possible de plaire à tous à la fois, j'ai estimé qu'il se falloit régler aux meilleurs, et n'attendre pour juges œquanimes de ma louange, que ceux qui l'ont méritée pour eux. Et si quelqu'un reproche à mon Histoire qu'elle n'a pas le langage assez courtisan, elle respondra ce que fit la Sostrate[1] de Plaute, à laquelle son mari aléguant pour vice, qu'elle n'estoit pas assez complaisante et cageoleuse : « Je suis, dit-elle, matrone et femme de bien; ce que vous demandez est le propre des filles de joye. » Laissans donc ces fleurs aux poësies amoureuses, rendons vénérable nostre genre d'escrire, puis qu'il a de commun avec le théologien d'instruire l'homme à bien faire et non à bien causer; estendans nos rameaux, jadis beaux de fleurs inutiles, et maintenant riches de fruicts savoureux, moins agréables, pource qu'ils ne monstrent point de feuilles, tant ils sont rangez près à près.

Certes, en voyant les livres monstrueux qui courent, sales de flatteries impudentes, de louanges prophéti-

---

[1] La mémoire de d'Aubigné l'a trompé ici, car il n'y a dans les pièces de Plaute aucun personnage portant le nom de Sostrate. Il aurait dû dire Cléostrate. La phrase qu'il cite se trouve dans la pièce intitulée *Casina*, acte III, scène III.

ques, de mesdisances affectées, d'abus en la recherche des conseils, d'ignorance en la description des succès, soit pour les termes d'escolier, ou pour n'avoir rien veu en soldat; voiant mettre sans honte le nom d'histoire sur le frontispice d'un ouvrage, dans lequel, la porte passée, vous ne trouvez que des enfileures de mémoires, receus de tous venants, dictez par leurs intérests; la recherche des actions particulières, indignes de lumière publique : et y voiez traitter avec nonchalance, ou du tout oublier les générales, desquelles l'histoire doit prendre ses mouvements et mutations. Aiant veu, mesmes en celui [1], à la diligence et labeur duquel nous devons tous, un livre entier pour assiéger une abbaye par deux compagnies, et le mesme oublier une bataille qui a eu de commun avec Iules Cæsar et le roi François une deffaite des Suisses indomptez [2], quoi que les batailles soient les arrests du ciel, qui changent l'estre des grands affaires : voiant des narrations reprises par trois fois, faire mourir un prince plus d'un coup et en divers lieux. Mais au delà de tous ces péchez (qui seraient encores véniels, comme l'on dit) aiant rencontré la prévarication achetée, comme nous ferons voir en quelque endroit (servitude que

---

[1] Lancelot Voisin, sieur de La Popelinière, historien calviniste, né en 1540, mort en 1608. Son principal ouvrage est l'*Histoire de France* depuis l'an 1550. La Rochelle, 1581, 2 v. in-fol., ouvrage qui lui attira de vifs reproches de la part des huguenots. Voy. plus loin le texte d'une lettre inédite, à lui adresée par d'Aubigné.

[2] La bataille de Marignan.

nous avons reprochée en face à son autheur et qu'il nous a confessée avec larmes) : sur toutes ces connaissances j'ai fait courage de colère, et mon estat de remplacer les deffaux de la suffisance par l'effort de ma fidélité. C'est ce que chacun proteste à son commencement; chacun se vante de liberté, de fouler aux pieds sa passion ; et tel qui monstre sa teste tondue, sa plume et sa conscience vendües dès son commencement.

Or, puis qu'il a fallu toucher à regret les deffaux de Poupelinière, il en faut dire avec plaisir les vertus, n'aiant connu en mon demi-siècle (au jugement des plus doctes) depuis du Haillan [1], que deux qui aient mérité le nom d'historiens, savoir lui et M. de Thou. Le premier a porté le faix et les frais des recherches de tous costez, sans avoir devant les yeux un corps d'histoire qui le relevast aux defflauts, ce que M. de Thou ni moi ne pouvons soustenir : à cet exercice, il a despendu [2] non seulement les biens faits de la roine-mère, mais encore son patrimoine entier, qui n'estoit pas mesprisable ; et puis il a esté abandonné après avoir jetté la pierre qu'il eust bien désiré et ne pouvoit r'appeller : son labeur est sans pareil, son langage bien françois, qui sent ensemble l'homme de lettre et l'homme de guerre, comme il s'est signalé et monstré tel en trois actions dignes de lumière. Il estoit

[1] Bernard de Girard, seigneur du Haillan, né en 1535, mort en 1610. Son principal ouvrage est une *Histoire générale des rois de France jusqu'à Charles VII*. Paris, 1576, in-f°.

[2] Dépensé.

de grande lecture, l'abondance de laquelle l'a porté à trop de conférence des choses anciennes aux présentes, ce que plusieurs désirent seulement en une leçon publique. J'ai encore à dire de lui qu'on lui donna de mauvais commissaires pour chastier son livre, qui laissèrent passer les choses qui devoient estre relevées, et presque par tout le corrigèrent injustement.

Quant à M. de Thou (plein de vie et d'honneur)[1], s'il y a en son œuvre excellent quelque chose à désirer autrement, c'est ce qu'il a pris du premier sans l'examiner, comme vous verrez en son lieu. Plusieurs ont pour désagréable la trop ennuieuse recherche des hommes de lettres de son temps; les capitaines se plaignent d'y estre mal partagez; qu'il ne falloit rendre cet honneur qu'aux Scaligers, aux Turnèbes et gens de telle marque, et non à une autre classe de plus obscure condition : on y reprend encores quelques affectations contre la maison de Lorraine, et puis un changement à sa première édition, qui monstre ou précipitation ou foiblesse de courage. Nous lui avons remonstré la longueur des harangues, entre autres celle de la Regnaudie, choisi pour soldat déterminé, et il lui fait faire, pour encourager ses gens de guerre, une concion[2] des affaires d'entre les familles des Valois, de Bourbon et Lorraine, avec une longueur qui n'est pas du mestier : il s'est deffendu sur le naturel de la Regnaudie, qui aimoit tels discours. Et certes ce qui m'a fait chiche de harangues, c'est que nous n'oserions

---

[5] J.-Aug. de Thou mourut en 1617.
[6] *Concio,* discours.

affermer qu'il n'y ait rien du nostre; ne pouvans en cet endroit nous souvenir que de la sentence de Sénèque : *Quis unquam ab historico juratores exegit* [1]? Il a souffert d'autres répréhensions plus aigres et plus injustes par les grands, que les jésuistes animoient contre lui. Tout cela sont petits poreaux peu apparens en une face digne de tant d'amour et d'honneur, et n'empeschent point qu'il ne faille laisser ici à la mémoire ce qu'il m'a fallu soustenir dans le cabinet du roi, plein de princes, cardinaux et jésuistes, qui lui dressoient un inique procés; c'est que la France n'a jamais produit un esprit puissant comme cettui-là, pour opposer aux estrangers et surtout aux Allemans nous reprochans qu'il sort bien des François quelque chose subtile et délicate, mais jamais d'œuvre où il paroisse force pour supporter un labeur, équanimité pour estre pareil à soi-mesme, ni un puissant et solide jugement. Toutes ces choses sont tellement accomplies en cet autheur sans pareil, que nous requérons maintenant en eux, ce qu'eux autrefois en nous. En lui vous trouverez un soin encor plus général qu'en Sleidan, les agréables recerches de Guichardin, et les merveilleuses lumières de Machiavel : vous trouverez qu'il a mis le nez aux conseils plus avant que les sieurs du Bélai [2] et de Commines, lesquels je nomme tous pour les perles de nostre aage. Je ne mets point l'In-

---

[1] « Qui a jamais exigé d'un historien des témoins assermentés? » Sénèque, *De morte Claudii Ludus*, c. 1.

[2] Guillaume et Martin Du Bellay.

ventaire de Serres [1] en ce rang, quoique docte et éloquent, puisqu'il s'est contenté du labeur et de l'honneur que porte l'Inventaire. Pour tous les autres qui ont escrit, ils sont récusables, comme s'estans monstrez parties, et surtout Mercure gallo-belgique [2], et quelques uns de nos ministres, qui de bons théologiens se sont faicts mauvais historiographes; et n'y a pas un de ceux-là qui ne se soit monstré aussi passionné que Paul Jove; tous-jours en protestant contre la passion. En attendant que plusieurs autres content mes fautes, je ne protesterai pas davantage : car voici Rhodes et le saut, pour n'ennuyer le lecteur de sédules [3] quand il faut payer contant.

Je commence mon œuvre à la naissance de Henri quatriesme, justement surnommé le Grand. Il n'est dédié à aucun qu'à la postérité : mon dessein s'estend autant que ma vie et mon pouvoir. Je ne m'excuserai point par crainte ni par espérance, plus empesché à chastier l'excez de ma liberté qu'à me guérir du flatteur. Nourri aux pieds de mon roi, desquels je faisois mon chevet en toutes les saisons de ses travaux, quelque temps eslevé en son sein, et sans compagnon en privauté, et lors plein des franchises et sévéritez de mon village, quelquesfois esloigné de sa faveur et de

---

[1] Jean de Serres, calviniste, né en 1540, mort en 1598, auteur de l'*Inventaire de l'histoire de France.* Paris, 1597, 2 vol. in-16.

[2] *Mercurius Gallo-Belgicus,* Cologne, 1596 et suiv., 35 v. in-8°.

[3] Cédule, billet.

sa cour, et lors si ferme en mes fidélitez, que mesme au temps de ma disgrâce il m'a fié ses plus dangereux secrets. J'ai receu de lui autant de biens qu'il m'en falloit pour durer, et non pour m'eslever : et quand je me suis veu croisé par mes inférieurs et par ceux mesmes qui, sous mon nom, estoient entrez à son service, je me suis payé, en disant : « Eux et moi avons bien servi ; eux à la fantaisie du maistre, et moi à la mienne, qui me sert de contentement. »

Les imprimeurs sont curieux de représenter en taille douce les autheurs aux premières pages de leurs livres : tel soin est inutile, car il ne profite point au lecteur, de voir le visage et les linéamens de celui qui l'enseigne, mais bien ceux de l'âme, pour recevoir les jugements des choses avec le trébuchet en la main. Donc, en la place de mon portraict, je demande à mon lecteur la patience d'un petit conte, avec promesse que, hors la préface, il n'aura plus de moi ces privautez : c'est qu'en l'an 1577, le roi ayant pris entre la forest de Thouvoie [1] et le parc, un grand cerf, qui, au lieu d'une des branches de sa teste, avoit son endouiller retroussé en la meulle [2] en forme d'un vase, à l'autre ramure on pouvoit dire qu'il portoit dixhuict mal-semé : il s'eschauffa long-temps à louër cette teste, à la considérer, bien brunie, bien perlée, et à délibérer de l'envoyer iusques en Gascongne ; et puis en retournant au parc pour faire la curée, il me disoit que cette rencontre devoit estre

---

[1] Touvois, près Chantilly.

[2] Meule, suivant le Dictionnaire de Trévoux, « est une espèce de bosse sur le haut de la tête du cerf, bosse d'où sort la ramure. »

en son histoire; et me conviant à l'escrire, je lui respondis trop fièrement (comme non content des actions passées) : « Sire, commencez de faire et je commen-
« cerai d'escrire. » Je vous donne cet eschantillon pour garentir les loüanges non communes, que ce prince mené à la vertu par la nécessité, comme vous verrez, a receu de ses faicts et non de mes paroles, de son histoire et non de moi en qui vous ne verrez ni disgressions ni exclamations, n'estant mon mestier que d'escrire sans juger des actions, comme les præmisses d'un argument, duquel celui qui lit amasse la judicieuse conclusion.

Sur ces gages, acceptez la peinture d'un temps calamiteux, plein d'ambitieux desseins, de fidélitez et infidélitez remarquables, de prudences et téméritez, de succez heureux ou malheureux, de vertus relevées et d'infâmes laschetez, de mutations tant inespérées, qu'aisément vous tirerez de ces narrations le vrai fruict de toute l'histoire, qui est de connoistre en la folie et foiblesse des hommes, le jugement et la force de Dieu. Nous tirons un prince du berceau encourtiné d'espines, d'elles armé et picqué tout ensemble. Comme une fleur qui a langui long temps dans un hallier d'horties et de serpens, son matin n'a veu le soleil qu'entre les nuées, qui l'ont noyée en l'esclaboussant : son midi a esté effroyable de tonnerres et d'orages sans repos : sa force plus douce nous a donné loisir de pendre nos habillemens mouillez devant l'autel du Dieu de paix. Quant à la nuict qui lui a fermé les yeux d'une façon aussi peu commune que sa vie, nous la laissons sous le rideau, jusques à l'heure d'en parler. Les deux racines de ce laurier lui furent arrachées dés son printemps. Ce navire n'eut point plustost appareillé, que ses boursets [1] et pavillons n'ayent esté embrasez par le foudre, souvent mis sur le cousté par la première houlle et par la seconde relevé. Quand nous considérons la florissante vie d'un Alexandre, nous le voyons avancé par les avantages de Philippes; né dans les armes victorieuses, n'avoir eu affaire qu'à se laisser dériver au courant et à la favorable marée de sa prospérité. Ce conquérant [2] du sien propre, fils d'un père duquel la vie estoit précaire, eslevé aux pieds des Valois, qui tenoient sur sa teste un sceptre défavorable, n'ayant à ses costez proches que condamnez ou ennemis : et quand il a peu estre nourri entre les bras des siens, il n'a rien eu si familier que les desroutes et pauvretez : de là jetté dans les massacres de ses domestiques et partisans. Et pour dernière preuve d'une vertu bien opprimée, juge la postérité quelle espérance à lui, quelle croyance de lui, pouvoit donner la prison dure et honteuse d'une vrayement belle-mère, qui, pour vestir la prudence et le courage des hommes, avoit despouillé les craintes et les storges [3] communes à son sexe, n'ayant rien de médiocre en vices, ni en vertus : qui nourrissoit ses propres enfants, de façon qu'ils deussent tous-jours emprunter d'elle la conduite et la

[1] Mâts.
[2] Henri.
[3] στοργή, affection.

puissance, et elle d'eux le nom et le sceau. Elle ne lui laissa voir le jour qu'autant qu'il en falloit pour efféminer son courage par les délices, et les desseins martiaux par amoureuses vanitez. Si quelqu'un estoit capable de dire un mot à l'oreille à ce prince, lui montrer un tableau de ses obligations naturelles, de ses devoirs envers amis et ennemis et du péril qui le menaçoit à la première aube de sa vertu, cettui-là estoit promptement et curieusement chassé : et la roine qui se vantoit qu'il n'y avoit maison de dix milles livres de rente en France où elle n'eust un serviteur, ne laissoit coucher à la chambre de son gendre aucun homme de marque qui ne respondist de sa personne : les chefs et soldats de ses gardes, au lieu de gardes estoient geoliers. Je ne descri point ces choses en apprentif, mais comme ayant esté choisi de Dieu pour instrument de la liberté de mon prince, qui avoit, un temps, le cœur grillé comme sa chambre, jusques à estre contraint, par l'infidélité d'un sien compagnon en fortune et par les confesseurs, de déceler à la roine les premiers qui lui désillèrent les yeux et lui osèrent parler d'eschapper. Mais l'exemple des morts pour cette cause n'effraya point les courages qui avoient voüé leurs vies au salut de leur maistre. Bien-heureux le prince à qui Dieu donnera de ces cœurs vrayement françois! Nous garderons à vous faire voir ces choses plus au long en leur place. S'il se void quelque condition semblable en la succession d'Henri le Grand, le sceau du respect nous ferme la bouche; et l'amour, nous ouvrant les yeux, nous fait voir comment ces courages royaux, par une vigueur et nature outre le commun, brisent, quand Dieu le permet, tous ces obstacles, lorsque le sang s'accorde avec le sens.

Les romans et quelques histoires nous ont dépeint des princes nourris par des bergers, et quelques uns par les bestes; et ces vertus opprimées n'ont pas failli d'esclatter en leur temps : ceux-là ont dompté les monstres, en nous apprenant que des berceaux qui donnent des jalousies parsèment de trophées leur tombeau. Il falloit donc de la générosité pour desmêler les ruses du monde ; et puis que le ciel s'employast à vaincre les malices des dæmons, armez d'amour et de beautés, qui l'attaquoient par la partie la plus tendre, et dont se deulent[1] le plus souvent les courages les plus eslevez. Il a fallu mesmes que ce prince se soit caché dans ses vices, ou au moins dans une vie enfantine (dure feinte aux grands courages et aux grands esprits) pour de là eschapper aux grandes choses, avec un cœur reprenant sa force pour les entreprendre, un esprit reprenant sa vigueur pour les diriger, et un corps r'afermi à supporter les labeurs.

Avant la couronne de France escheue, il a eu quatre personnes à soustenir : celle de Henri, celle du roi de Navarre, puis aprés du successeur de la couronne, et enfin du protecteur des Églises réformées. Pour la première, il lui a fallu la discrétion de confier Henri à qui aimoit Henri, c'est-à-dire, sa personne : mais à ceux-là refuser bien souvent les choses deuës à ses subjects, pour ne violer ce qu'ils appellent leur for.

[1] *Dolere,* se douloir, s'affliger.

Mais il y avoit bien plus de peine à concilier les deux autres qualitez ; car ceux qui suivoient le successeur blessoient les nécessitez présentes pour les espérances esloignées, vouloient respecter et mesnager ce qui accabloit le parti : les derniers au contraire, en quelque façon compagnons de leur maistre, fouloient aux pieds les intérests esloignés, pour les nécessitez de plus près. Là dessus manquans les nerfs de la guerre, il les falloit tirer d'un corps à conserver : il est vrai que les derniers estoient si utiles serviteurs, qu'ayans pour solde leur passion et leur nécessité, ils portoient quelquesfois les fardeaux que leur prince abandonnoit, et contribuoient aux victoires par leurs propres mouvemens. Mais à ces maladies complicites, où les médecines des unes estoient poison aux autres, il falloit l'entendement et l'heur d'un Auguste, pour joindre ces extrémitez.

Les judicieux remarquent en ce roi plus de mérite, pour avoir foulé aux pieds les passions du dedans, ennemies de ses affaires, caché la pauvreté, demeslé les mutineries domestiques, satisfaict aux mescontentemens des siens, calmé l'esmeute des peuples abusez, desquels le propre est d'attribuer à soi l'heur des succez, les défaux aux princes ; dissipé les partis qui naissoient en son parti, que d'avoir passé sur le ventre des grosses troupes et deffait les armées qui l'ont affronté. J'ai vu qu'ayans mangé à la fuitte de ce chef la moitié de nos équipages, la promesse d'une bataille nous faisoit encores partager le reste ; et certes non sans quelque raison : car il nous donnoit pour monnoye ce qui estoit le soulas de ses labeurs. Encor en sa paix, ce cœur nourri de victoires a voulu vaincre l'antiquité en marque de sa mémoire et tous siècles en fœlicitez. Toutes ces choses couronnées de tranquilité ont dissipé le monde et l'enfer, pour me donner ce digne sujet de mon agréable peine; duquel, comme autrefois, j'ai desdaigné la bassesse, maintenant j'en redoute l'eslévation.

Voilà en petit le tableau que je vous promets en grandeur; et pource qu'un prince belliqueux, par exemples, par émulations, et plus par contagion d'affaires esbranle tout ce qui atteint sa renommée, ou comme un astre incline par aspects le reste de l'univers, j'ai osé généraliser mon histoire, m'attachant avec expressitude aux choses plus proches de temps et de lieu; aux esloignées plus légèrement. Me soit en cela autant permis qu'aux peintres, qui n'oublient aucune proportion ni symmettrie dans le cœur de leurs tableaux, et tracent dedans les bords les rapports et circonstances à petits traits non mesurez. J'ai eu quelque avantage naturel à mon entreprise, n'ayant pris les armes qu'un an avant qu'elles fussent permises à mon roi; parvenu par les petites charges aux subalternes quand il a eu les souveraines, et mesmes ayant administré celles qu'on met en la place des yeux. Aux batailles, grands combats et siéges de remarque, honoré de lui entre trois ou quatre pour l'accompagner au placement des armées, aux reconnoissances ou aux piquets des trenchées : au temps de son repos, admis en ses conseils, dépesché aux plus chatouïlleuses négociations. Si quelqu'un sent ces discours à la vanterie, je le prie de considérer que mon livre veut aller au chevet des rois, et je lui donne ses plus beaux habits, de peur que l'huissier ne lui ferme la porte. Si depuis la grande tranquilité de la France j'ai esté moins souvent prés de sa majesté, ç'a esté aux saisons où le repos de Capuë ne demande que la plume des flatteurs. Ainsi véritablement tesmoin des yeux et des oreilles, j'escrits de la main qui a quelque petite part aux exploicts, depuis les serpens qui ont servi de simois[1] à ce berceau, en passant par les monstres abatus en la fleur de la jeunesse, jusques aux derniers labeurs et aux hydres renaissantes, desquelles nostre Alcide trouva la jointure et le deffaut mortel en la division, espérant planter deux collomnes sur ce tombeau, non de tuffe[2] venteuse que la lune et l'hyver puissent geler, mais d'un marbre de vérité, de qui le temps ne void la fin. Je laisse aux miens, s'ils en sont dignes, l'honneur de couronner ces pilliers par un arc triomphal sacré à la postérité, leur donnant pour loi celle que je pren pour moi-mesme; c'est qu'en cerchant la gloire de ce précieux instrument, ils aient pour but principal celle du bras qui l'a desploié et ploié quand il lui a pleu. Car toutes les loüanges qu'on donne aux princes, sont hors d'œuvre et mal assises, si elles n'ont pour fueille et fondement celle du Dieu vivant, à qui seul appartient honneur et empire à l'éternité.

[1] Dès six mois.
[2] Touffe.

L'IMPRIMEUR AU LECTEUR

M'estant permis d'employer ce fueillet, j'ai estimé à propos de rendre compte au lecteur de la disposition suivie en cet œuvre; car c'est une des parties, avec les matières non ouïes ci devant, par lesquelles nostre autheur se rend recommandable. Il fait trois tomes de ses Histoires; le premier des guerres qui ont esté menées par Louïs de Bourbon et l'admiral de Chastillon; cette première partie moins agréable, pource que, selon sa promesse, elle se sent de l'abrégé, hors mis en la description des batailles. Le second tome entre un peu devant la Saint-Barthélémi, et achève aux premiers exploits apparens de la Ligue, où commence le troisième, pour se reposer au grand repos de la France, quand Henri le Grand s'est veu paisible roi. Le dernier donnera plus de contentement, pour y estre les affaires plus diligemment exprimées, pource que l'autheur estoit lors parvenu à plus de connoissance et d'authorité. Chacun de ses livres finit par une fin de guerre, ayant pour sa borne un édict de paix, ou chose équipolente : et lors que les affaires sont avancées à la conclusion d'un traitté, nostre histoire prend l'essor, premièrement par un chapitre qui lie les affaires de France avec ses quatre voisins, et puis court en quatre autres les quatre parts du monde, gardant le dernier pour les conditions de la paix; avec telle porportion, que qui voudroit prendre par collomnes tous les chapitres avant le dernier de chaque livre, trouveroit en sa main une histoire de tout le Septentrion en bonne forme; de celui qui précède, une de l'Occident, et ainsi des autres deux. Telle observation a peu rendre en ordre des choses bien désordonnées; et eussions peu nous passer de l'indice, si tous esprits eussent esté capables de distinguer. Encor veux-je tirer quelque gré de ceux à qui l'ouvrage plaira, pour avoir aidé, selon mon petit pouvoir, à r'encourager l'autheur à sa besongne, abandonnée pour les raisons que je desduirai. Il y a quinze ans que le roi Henri-le-Grand fut induit par un jésuite de deffendre à M. d'Aubigné le travail de l'histoire ; M. le cardinal du Perron au contraire poussa Sa Majesté à permettre et puis à commander expressément la poursuitte de ce labeur, en usant de ces termes, qu'il ne connoissoit aucun autre qui pust fournir aux parties nécessaires pour un tel ouvrage : si bien que le roi en veint à promettre une somme raisonnable pour faire un voyage aux lieux esloignez, voir les places, desquelles le sit ¹ a contribué aux succez des siéges et combats, à fin de mettre le plan au lieu des descriptions, faittes inutilement, et qui ne représentent point comme l'optique. Ces promesses estans diférées et mal solicitées par un esprit bandé ailleurs, furent renduës vaines par la desplorable mort de ce grand roi; si bien que depuis il ne s'adonnoit qu'à polir plusieurs livres plus agréables et moins laborieux, nous disant quelquefois, que nous le ferions devenir d'un ballot cheval de charrette. Enfin il s'est rangé à ce mestier moins

¹ Site.

plaisant, et qui a plus d'utilité. Et pource que le dessein est trop glorieux pour estre sans envie, j'ai un mot à dire sur le coup de dent que lui ont donné ses rivaux, en tenant le mulet[1] à la porte du temple de mémoire. C'est d'autant que l'autheur se trouve soi-mesme à tous les coups en son chemin, ils ont dit que l'histoire est vraiement sienne, pource qu'elle est de lui principalement. Je respons, apologue[2] de mon Mœcene, qu'aiant commencé son premier siége dans Orléans 1562, et pourtant esté soldat cinquante-quatre ans; capitaine, cinquante; mestre de camp, quarante-quatre, et maréchal de camp trente-deux années, il auroit esté trop lasche ou trop malheureux, s'il n'avoit à respondre en son nom de plusieurs exploicts; je dis en son nom, pource que là où il a peu le taire sous quelque qualité, comme d'escuier du roi, enseigne ou lieutenant de compagnie, ou sous le mot vague de quelqu'un, et cela aux plus hazardeux traits de sa jeunesse, il a laissé cette connoissance à ses plus proches et familiers, la desrobant au reste de ses lecteurs; ce que, où il a eu tiltre de chef et s'est trouvé responsable des gestions, il n'a peu ni deu faire, et ne l'a voulu aux négociations qui cèdent aux coups d'espée en vanité. Nous avions voulu notter les endroits où il a desguisé son nom par sa marque qui est un *Aleph*, il le refusa; en quoi j'espère lui désobéir à la seconde édition[3]. Je l'ai pourtant ouï deffen-

[1] Tenir le mulet, attendre.
[2] Apologiste.
[3] C'est, en effet, ce qui a été exécuté dans l'édition de 1626.

dant les Commentaires de Cæsar et ceux de Monluc, aléguant que le plaisir de dire est juste après la peine et le péril des actions et que la modestie d'un courtisan pesant et froid est ordinairement secouée par la teste gaillarde d'un soldat. Il adjoustoit qu'estre exact à conter ses actions estoit vanité, n'oser produire son nom une immodeste modestie et une trop vaine et lasche discrétion. Je vous ferai encores présent de deux sonnets, lesquels sont alléguez et non exprimez en son Histoire, pour n'avoir voulu desguiser sa prose des mignardises du passé, et aussi qu'il les soupçonnoit de sentir la vieille poësie et le jeune poëte en mesme temps. Ils sont touchez à la sortie de Monsieur et du roi de Navarre au second tome : le premier donné quelque temps auparavant au roi Charles, fit soupçonner à la cour nostre autheur, qui voiant les sanglants conseils prés à esclorre, escrivit ainsi :

L'Égypte fut stérile, et fut neuf ans sans eau,
Quand Buzire[1], incité du malheureux Thrasie[2],
D'offrir à Jupiter ses hostes en hostie,
Paya le conseiller de son conseil nouveau.

   Sous Assuere, Aman a filé son cordeau,
Comme l'autre fit voir à l'Égypte la pluye :
L'autheur de Montfaucon[3] sa potence a bastie,
Et Perille esprouva le premier son taureau[4].

[1] Busiris, roi d'Égypte.
[2] Thrasius, devin de Chypre.
[3] Enguerrand de Marigny, pendu en 1315 au gibet de Montfaucon, qu'il avait fait construire.
[4] Perilus avait construit un taureau d'airain pour Phalaris, tyran d'Agrigente.

> Sire, vostre France est tant sèche et tant stérile;
> Elle nourrit près vous mains Thrasie et Perille,
> Thrasies en conseil, qui n'ont pas telle fin;
> Ils offrent aux faux dieux le plus cher sang de France.
> Hé! punissez de feu ces boutefeux, afin
> Que l'artisan de mort en gouste la science [1].

L'autre fut donné pour estresnes et pour âme d'un bouquet portant emblesme :

> J'estrenerai mon roi de trois sortes de vers;
> Un pasle, un vif, un brun; nul des trois ne s'estonne;
> Mais plus doux et plus fort et plus beau rebourgeonne
> Au vent et au soleil et au froid des hyvers.
> Moins que ce verd encor se flestriront mes vers,
> Pour un roi, qui de paix ses sujets environne;
> Qui vainqueur establit par le fer sa couronne,
> Ou qui avec l'Estat met sa vie à l'envers.
> Sage, brave, constant : mon prince, fais ton conte
> De régner, vivre, ou bien ne survivre à ta honte.
> Si tu donnes la paix, je te donne l'olive;
> Si tu vaincs, saches qui, le laurier vient après;
> Si tu meurs, le ciprès couronne l'âme vive;
> Sinon rends tout, olive, et laurier, et ciprès [2].

[1] Ce sonnet et le suivant ont été réimprimés avec quelques variantes dans les *Petites œuvres mêlées*, p. 159 et 167. — Le second a été composé en 1576, au moment où le roi de Navarre formait le projet de s'évader de la cour. Voy. plus loin, n° VIII.

[2] Il s'agit certainement de ce sonnet dans le passage suivant du journal de l'Estoile :

« Le samedi 27 novembre (1608), M. D. P. (Du Puy) m'a envoié un nouvel escrit d'un feuillet seulement, qu'on appelle

II

Mémoires, p. 17.

(1569) Pource que j'ai parlé des amusements de Xainctonge, je vous conterai pour un, comment le baron de Savignac aiant fait quelques quatre-vingts chevaux, que Casenauve, la Chappelle et Aubigné lui menèrent, fit une cource vers Libourne, où il deffit en Fronsadois deux compagnies qui se levoient pour le régiment de Masbrun ; puis fut chargé la nuict dans un village nommé le Soldat, tant par ce régiment et garnison du païs que par les compagnies de gens d'armes de Lozun et Vaillac. De ces quatre-vingts, ne se sauvèrent que cinq, savoir trois des capitaines que nous avons nommez, un soldat et leur chef ; les trois pour s'estre mis en faction, n'aiant peu tirer ce devoir de la lassitude de leurs gens. Savignac estoit tellement paralitique depuis les cuisses en bas, qu'il n'avoit touché du pied à terre il y avoit dix ans. La fraieur le fit sauver de vitesse et son cœur le portoit de chercher à cheval en tel estat toutes occasions de combattre, et c'est ce que

les Étrennes du Roy (M. Daubigné aucteur), qui est un sommaire abrégé de sa vie, nourriture, guerres, peines et travaux qu'il lui a fallu soutenir ; et finalement les triomphantes victoires et mesme la plus insigne qui est celle de la paix qu'il en a rapportée. Ce petit discours est bien fait. Lequel encore que j'aie opinion qu'on l'imprimera, si est-ce qu'au hazard, de peur qu'il ne m'eschappast, en ay fait faire une copie par T. Delestoille, mon fils (édit. Michaud-Poujoulat, p. 486). »

nous avons senti plus digne de l'histoire que la grandeur du combat [1].

III

Mémoires, p. 19. — Combat de Jonzac (1570).

Toute la Xaintonge parsemée de petites garnisons qui se voioient tous les jours, semble désirer que nous disions quelque chose pour le moins des combats à drappeaux arborez. Les compagnies d'Anieres, Bretauville et Arerat, à la solicitation et rapport de Boisrond, firent partie pour aller à une diane attaquer deux compagnies françoises et autant d'italiennes logées et retranchées dans Jonsac; où est à remarquer que les capitaines S. Richer et Aubigné qui menoient les premières trouppes, sans choisir par où donner, allèrent, à l'envi l'un de l'autre, attaquer un retranchement fait de double estage de pippes, où ils trouvèrent les Italiens combattans sur un couridour de planches, l'espée à la main. Ils avoient à main droitte un terrier eslevé et taillé assez droit, mesme pour les gens de pied, et pourtant les Italiens n'avoient mis sur ce terrier qu'une suitte de barriques. Boisrond, voiant les siens qui faisoient à la barrière pour plaisir, présente le terrier à un Turcq [2], qui en donnant du ventre et se relevant gravit sur le haut : là dessus aiant fort peu de terre pour prendre pied il franchit la barriquade. Ce cavalier seul, armé le corps seulement, vint jouer

---

[1] *Hist. univ.*, l. V, ch. xvi, t. I, p. 302, 303.

[2] Un cheval turc.

d'une espée large dans la barriquade, si bien que les attaquans eurent loisir de monter sur les espaules les uns des autres, et, par ce coup hazardeux, les compagnies furent deffaittes, horsmis ce qui se sauva dans le chasteau [1].

IV

Mémoires, p. 20. — Siége de Cognac (1570).

Un trait hazardeux m'a empesché d'oublier ce siége : c'est qu'Anieres aiant fait partir de la main pour aller faire brusler l'amorce, les capitaines Blanchard (despuis nommé Cluzeau) et Aubigné, avec chacun vingt hommes trouvent dans la halle deux sergens et cinquante arquebusiers, qui, couverts des pilliers, les receurent rudement. Trois chevau-légers du Chaillou se mettent avec leurs gens de pied qui avoient perdus quelques hommes dans la halle, prenent envie d'entrer pesle-mesle avec ce qu'ils avoient trouvé dehors ; un des trois nommé la Mothe ne donnant pas moien aux gens de pied de le suivre, fut enlevé avec le pont dans la place, fort blessé et n'en sortit que par la capitulation [2].

V

Mémoires, p. 20. — Prise de Pons.

Anières, ne pouvant faire assiéger Pons, obtint seu-

[1] *Hist. univ.*, t. I, p. 327, l. V, ch. xxiii (édit. de 1626, ch. xxv).

[2] *Hist. univ.*, t. I, p. 334, l. V, ch. xxiv (édit. de 1626, ch. xxvii).

lement de faire parer le canon et l'atelage comme pour y marcher le lendemain; et lui poussa son régiment le soir mesme jusques à Collombiers. Là Aubigné, qui portoit sa première enseigne, obtint à penne congé pour aller (comme il disoit) faire gagner des chausses aux compagnons; il va mugueter le fauxbourg, et jugea à un grand bruit qui estoit vers les Aires qu'il y avoit effroi ou mutinerie. Il en veint là que s'estant avancé à cafourchons sur les gardes du Pont, après avoir jetté des pierres à la guérite, il voit par une fente un homme qui portoit des hardes d'une maison en l'autre; il l'appelle, le fait cognoistre par son nom, lui dit que tous ceux du païs estoient au fauxbourg et qu'il leur falloit ouvrir pour empescher la ville d'estre pillée. Par le moien de cet homme, trois habitans, de ceux qu'ils appelloient huguenots souffrans, lui apportent les clefs; il laisse sur la porte un corporal [1] qu'on lui avoit donné pour talbot [2] et qui l'importunoit avec un autre soldat; et lui, avec vingt-deux hommes qui lui restoient, gagne la porte de l'autre costé qu'il trouva ouverte, y laisse deux des siens et deux de la

---

[1] Caporal, suivant le Dictionnaire de Trévoux. — On nommait aussi corporeau un soldat de la milice bourgeoise. Voy. dans le *Recueil de chants historiques*, de M. Leroux de Lincy, t. II, p. 275, une chanson satirique sur les *corporeaux*.

[2] J'ignore le sens exact de ce mot, que je n'ai rencontré nulle part. Peut-être a-t-il la même signification que Talevasier. On appelait ainsi le soldat qui portait un de ces longs boucliers (talevas) destinés à protéger, dans les siéges, les travailleurs et les archers.

ville pour cercher de quoi la fermer, donne dans le fauxbourg, empoigne quelques soldats qui pilloient une maison et en poursuit d'autres qui se sauvoient jusques à l'hospital. Là il vit le chemin et les deux champs des deux cotez pleins de mèches et d'hommes en alte, consultans pour r'entrer, pource qu'ils venoient de rencontrer huict compagnies conduittes par le comte de Losun. Cet estourdi troubla ce conseil d'une douzaine et demie d'arquebusades, et puis deffendit tout haut de tirer; les autres lui envoient une cinquantaine à coups perdus et mettent à grand haste leur quatorze compagnies dans le chemin de Plassac, ce pendant que le jeune capitaine garnissoit sa courtine bien cler semée, et envoie quérir son mestre-de-camp pour le faire gouverneur [1]...

VI

Mémoires, p. 28. — Voyage de d'Aubigné avec Fervaques (1574).

Fervaques, partant de Paris, avoit juré au roi de Navarre que s'il pouvoit faire plaisir au comte de Montgommeri aux despens de Matignon il le feroit. Ce prince aiant un escuier (Aubigné) fort engagé aux affaires que nous avons dittes, print cette occasion pour le prier de l'emmener, dequoi l'escuier fit refus, comme estant oppiniastre huguenot. Mais on lui apprit que, ne prestant point de serment, il pouvoit sans reproche laisser penser à ses ennemis ce qu'ils vouloient, et estre de-

[1] *Hist. univ.*, t. I, p. 336, l. V, ch. xxv (édit. de 1626, ch. xxvii).

dans leur armée comme ennemi mesmement, s'il se pouvoit garder de prononcer parolles desrogeantes à ce qu'il estoit. Cettui-ci se résolut d'essaier à sauver le comte, et pour prendre créance dans l'armée avoit deux fois hasardé le paquet, si bien qu'on lui donna à commander les quatre compagnies près de la poterne[1]. Fervaques qui les lui mettoit entre mains (à qui cettuici avoit descouvert sa pensée), ordonna bien aux capitaines de lui obéir, mais n'exigea aucunes parolles du commandant, mais bien de ne faire rien par son quartier. Cettuici donc part la nuit avec arme d'ast[2] comme pour reconnoistre le fossé, si bien que par le moien de la sentinelle il fit venir un gentilhomme sien confident nommé le Portal; par cette entremise le comte se rendit le lendemain au fossé, auquel l'escuier offrit de le tirer de péril, et quant et quant tout ce qui estoit dans Donfront, pource que l'armée avoit commandement de quitter tous siéges, où la personne du comte ne seroit point. Pour ce fait il l'avertissoit de la prise d'Alençon par les refformez, le jour d'auparavant, et qu'il y pouvoit séjourner cinq ou six heures pour passer en la Beauce où il y avoit deux cents bons chevaux pour lui. Le Breuil, qui assistoit à ce pourparler avec le Portal, solicitoit le comte de prendre créance du gentilhomme, duquel la fidélité ne pouvoit être suspecte; mais autrement estoit

[1] L'armée royale assiégeait alors Domfront, où était renfermé le comte de Montgommery.

[2] *Hast*, désignait principalement les armes offensives comme piques, hallebardes, pertuisanes, etc.

escrit au ciel. Le comte convia celui qui le vouloit délivrer à s'enfermer avec lui sur l'espérance des Reistres qui s'avançoient, et autres choses vaines. Le Breuil et l'autre prindrent l'offre et firent preuve qu'il estoit bon. Sur la fin du discours, ils virent arriver les régimens de Laverdin et de Lussai, Sainte-Colombe et Lussan, ensemble quelques compagnies des gardes et autres nouvelles, le tout faisant quelques cinq mille arquebusiers [1].

VII

Mémoires, p. 30. — Aubigné, dans son *Histoire*, parle en ces termes du ballet de la Circé, composé par lui.

Durant les entreprises de balets et autres galanteries où j'ai dit que nous nous employions, la roine-mère, voulant estonner les estrangers de la magnificence françoise, eut entre d'autres progrez celui d'une Circé, que je vous conterois, si je n'avois honte quand je trouve une histoire dégénérant à conter les couleurs des robes et employer les parties de l'argenterie ; j'en dirai autant qu'il faut pour monstrer le luxe du règne et ce qui sert à l'instruction. C'est donc que cette Circé présentée à la roine par un mémoire bien ample, accompagné des stances, des odes et cartels que l'inventeur emporta avec le roi de Navarre, le tout plut merveilleusement à la roine et au roi, horsmis que la roine de Navarre estoit idée d'un tel poëme et le but de l'invention : mais quand la roine aprit qu'il faloit

---

[1] *Hist. univ.*, t. I, l. II, c. VII, p. 125.

30,000 escus pour l'exécution, cela lui fit peur, et se contenta de ce qui se fit aux Tuilleries. Mais le roi, mémoratif de ce qu'il avait ouï, fit recercher en Gascongne des personnes qu'il n'aimoit pas, et multiplia tellement les despenses, que j'ai ouï affermer au roi de Navarre que les musiques et ce qui les acompagnoit avoit passé 300,000 escus en despense[1].

VIII

Mémoires, p. 36. — Fuite du roi de Navarre (1576).

Nous avons traitté au livre précédent comment aprés les zizanies que semoit la roine entre ses deux prisonniers[2], Monsieur fut emporté plus par les intérest de ses gens, que par les siens mesmes. Qui aura esté nourri près des princes sçaura combien légères causes et petis instrumens les poussent à pesantes résolutions et grands effets; je di cela pource que le roi de Navarre aiant esté destitué des personnes plus relevées de son ancien parti, il lui fut force de communiquer ses secrets et d'emploier à ses desseins ceux qui se pouvoient couvrir de leur petitesse. [Le dessein de sa liberté avoit pour première difficulté qu'il ne pouvoit estre doubteux, quand la fuite des deux premiers ne pouvoit laisser obscure la volonté du tiers.]

La roine, soupçonnant le vigoureux esprit et le corps laborieux de son gendre, détenoit la dernière de ses

---

[1] *Hist. univ.*, t. III, p. 41, l. I, ch. xi (édit. de 1626, ch. xiv).
[2] Le roi de Navarre et François, duc d'Anjou.

parties par les gardes qu'on lui avoit données, qui estoient soldats choisis, passionnez Katholiques et qui la pluspart avoient exécuté au massacre[1]. Elle avoit aussi ceux qui commandoient en la chambre et en la garde robbe, tous affidez à la détention de ce prince, duquel la courtoisie et agréable conversation fit de ses geoliers ses gardes, et (pour la pluspart) exécuteurs de ses volontez. Il sçeut bien rendre les espions doubles et se servir de ses ennemis, horsmis des plus eslevez, qui, en cette idée de lieutenance génkralle[2], espéroient les charges subalternes, et de qui les pensions avoient lié le cœur : l'autre partie prisonnière estoit arrestée par amourettes, que la roine mesme suscitoit, aiant de long temps reconnu que c'ettoit la partie la plus tendre de ce prince. Ce fut cette chaisne qui le r'amena en sa prison, en un dessein qu'il avoit fait pour se sauver au bois de Vincennes, et mit en fuitte ceux qui l'avoient assisté en cette affaire, où (il) rendit fort étonnez ceux qui, par oppiniastreté, demeurèrent prés de lui, qui furent Jonquères, son maistre d'hostel, Aubigni, son escuier, et Armagnac, son premier vallet de chambre : encores de ces trois le premier fut eslongné en Picardie, l'autre se maintint quelque temps, aiant accés aux grands pour son savoir en choses agréables, mesmement le roi l'aiant fait de son Académie (c'ettoit une assemblée qu'il faisoit deux fois la semaine en son cabinet, pour ouïr les plus

[1] A la Saint-Barthélemy.
[2] On parlait de donner la lieutenance générale du royaume au roi de Navarre.

doctes hommes qu'il pouvoit, et mesmes quelques dames qui avoient estudié, sur un problème toujours proposé par celui qui avait le mieux fait à la dernière dispute). Ce jeune homme se maintint encores et estoit uniquement aimé des deux frères Guisars pour la dance, pour les balets qu'il inventoit, et les entreprises qu'il leur dressoit à cheval et à pied; comme aussi il leur servoit d'un des meilleurs hommes de barrière de son temps[1]. Il ne trembloit que de la roine-mère, qui n'entendoit point ses railleries, le menaçoit souvent et qui faillit à l'envoier en prison quand son maistre estoit grillé. Un jour que ce prince faisoit voller des cailles à un émerillon dans sa chambre, cettui-ci au sortir de là trouva la roine qui lui demanda que faisoit son maistre : « Madame, dit-il, il passe son temps à la vollerie[2]. » Ce fut à faire courir Losses, son gardien, et puis à cercher le compagnon qui avoit voulu rire; le duc de Guise fit cette paix. Mais pource qu'autant de fois qu'on promettoit la lieutenance générale les desseins de partir estoient renversez, ces deux qui restoient au roi de Navarre se préparoient à quitter sans dire à Dieu, quand un soir Armagnac, aiant tiré le rideau du lict, où son maistre trembloit d'une fièvre éphémère, comme ces deux avoient l'oreille prés du chevet de leur maistre, ils l'entendirent souspirer, et puis plus attentivement ouïrent qu'il achevoit de chanter

---

[1] L'édition de 1626 porte : de barrière, de tournoi et de bagues de son temps.

[2] Ce qui pouvait s'entendre : Il est sorti pour chasser au vol.

le pseaume 88, au couplet qui desplore l'eslongnement des fidelles amis. Armagnac pressa l'autre (Aubigné) de prendre ce temps pour parler hardiment. Ce conseil suivi promptement et le rideau ouvert, voici les propos que ce prince entendit :

« Sire, est-il donc vrai que l'Esprit de Dieu travaille et habite encor en vous? Vous souspirez à Dieu pour l'absence de vos amis et fidelles serviteurs, et en mesme temps ils sont ensemble souspirans pour la vostre et travaillans à vostre liberté. Mais vous n'avez que des larmes aux yeux, et eux les armes aux mains. Ils combattent vos ennemis, et vous les servez; ils les remplissent de craintes véritables, et vous les courtisez pour des espérances fausses; ils ne craignent que Dieu, vous une femme, devant laquelle vous joignez les mains quand vos amis ont le poing fermé; ils sont à cheval, et vous à genous; ils se font demander la paix à coudes et à mains jointes : n'aiant point de part en leur guerre, vous n'en avez point en leur paix. Voilà Monsieur chef de ceux qui ont gardé vostre berceau et qui ne prennent pas à grand plaisir de travailler sous les auspices de celui qui a ses autels à contrepoil des leurs. Quel esprit d'estourdissement vous fait choisir d'estre vallet ici au lieu d'estre le maistre là, le mépris des méprisez, où vous seriez le premier de tous ceux qu'on redoute? N'estes-vous point las de vous cacher derrière vous-mesmes, si le cacher estoit permis à un prince nai[1] comme vous? Vous êtes criminel de vostre grandeur et des offences que vous avez

[1] Né.

receües : ceux qui ont fait la Sainct-Barthélemi s'en souviennent bien, et ne peuvent croire que ceux qui l'ont soufferte l'aient mise en oubli. Encores si les choses honteuses vous estoient seures, mais vous n'avez rien à craindre tant que de demeurer. Pour nous deux, nous parlions de nous enfuir demain, quand vos propos nous ont fait tirer le rideau. Avisez, Sire, qu'après nous les mains qui vous serviront n'oseroient refuser d'employer sur vous le poison et le couteau. »

De tels discours ils entrent en propos de ceux que le roi[1] tenoit aux despens de son beau-frère parmi les dames, lesquelles ceux-ci entretenoient tous les jours, pour en apprendre quelques nouvelles et les rapporter à leur maistre sans diminution des termes ; sur tout cette lieutenance générale, qui de promesse avoit passé en risée, comme Fervaques lui rapporta le lendemain, l'aiant appris de la dame de Carnavalet ; l'émulation de Monsieur et du prince de Condé louez par elle-mesme et autres dames qui commençoient dès ce temps-là à haïr le roi pour quelques amours estranges desquelles elles l'accusoient.

La roine de Navarre, partisanne de Monsieur et de quelques gallants d'auprés de lui et ennemie de son aisné, le fit eschauffer en nouvelles haines contre son mari, en lui faisant sçavoir qu'il l'accusoit de vilain péché, choses qu'on creut aisément estre dittes pource qu'elles étoient vraies. Cette mesme roine faisoit soigneusement rapporter à son mari par la dame de Sauve les récriminations de son frère. Elle avoit un

---

[1] Henri III.

médecin nommé Saint-Pont, par lequel elle lui fit dire deux choses, l'une qu'on l'avoit essaié pour travailler à l'empoisonner, et l'autre que le tiltre de protecteur des Églises n'appartenoit point à Monsieur. Toutes ces choses préparent l'âme de ce prince à répudier les délices, et son cœur à espouser les dangers.

Il arriva là-dessus que Fervaques et Laverdin mescontants, l'un trompé d'un gouvernement de Normandie, offensé des termes que lui tint le roi après la victoire de Dormans, l'autre abusé du régiment des gardes, firent sentir leurs désirs de changemens à ceux qui traffiquoient le départ du roi de Navarre. Le premier de ces deux se descouvrit à Aubigné, à qui il donna son guidon, avec charge de l'engager ; l'autre fit porter les mesmes asseurances par Roquelaure ; et pour conférer en liberté de ces choses, le roi de Navarre et ces deux se promenèrent en un coche fermé des deux costez par les rues de Paris. A la fin de leurs propos, Aubigné, à qui son maistre avoit demandé ses étrennes, lui donna un bouquet d'olive, de laurier et de cyprés, avec un sonnet qui servoit d'âme à cet emblesme [1], qui n'estoit que renouveller la devise que la roine avoit prise et donnée aux principaux de son parti. Ce sonnet est au commencement du premier tome et s'explique ainsi : *Seure paix, vaincre bien, ou mourir en honneur* [2].

Là fut arresté de se voir une après-souppée au logis

[1] Voyez le sonnet plus haut, p. 176.
[2] L'édition de 1626 porte : *Seure paix, victoire entière, mort honorable.*

de Fervaques à la Cousture-Sainte-Catherine, peu fréquentée en ce temps-là, ajoustant à ceux que nous avons nommez un gentil-homme nommé La Porte. Donc les sept enfermez et s'estans délivrez de plusieurs fascheux sous quelque couleur vicieuse se prestèrent serment; assavoir les six au roi de Navarre et lui à eux, de ne se desdire point par quelque caresse qui se présentast, et d'estre ennemis jusques à la mort de quiconque décelleroit l'entreprise. Cela prononcé, le roi de Navarre les baisa tous six à la joue, et eux à lui la main droitte.

Le dessein estoit qu'au vingtiesme de février, dix-huit jours après le complot, Laverdin se saisiroit du Mans; Roquelaure, son lieutenant, amassant la compagnie, assisté de Marrolles et autres, empoigneroit Chartres, et le guidon de Fervaques, par l'assistance de Belle-Fontaine et de Poupelière, feroit de mesmes à Cherbourg. Et cependant, leur maistre aiant fait un bon semblant de s'asseurer de la lieutenance, comme il avoit fait depuis peu de jours, estendroit ses longes jusques à aller chasser aux forests de Sainct-Germain, estant tousjours sous la garde de Sainct Martin[1], maistre de la garderobe, et de Spalungue, lieutenant des gardes. Le lendemain, au point du jour, le roi de Navarre s'alla jetter dans le lict du duc de Guise, et avec les alliances qu'ils avoient fait de maistre et de compère, eurent plusieurs familiers discours; ceux du Béarnois tendans à ce poinct, qu'aux despens de plusieurs vanitez et vanteries de ce qu'il seroit général,

---

[1] L'édition de 1626 ajoute : D'Anglouse.

le duc courut en apprester à rire au roi [comme il avoit desja faict auparavant, sur d'autres vanitez eschappées sans artifice. Mais à ceste fois qu'il parloit par une feincte estudiée, il lui en donna autant qu'il falloit pour le mespris]. Ils le tenoient donc prisonnier de cette espérance ; et ainsi il trompa à son tour par la mesme feinte qui l'avoit trompé. Car on a sceu pour certain que, sans ce coup de langue, on faisoit naistre un affaire pour lui rompre cette chasse, où il n'alla de tous les conjurez qu'Armagnac.

Aubigné alla le lendemain au soir au cabinet du roi [pour prendre congé], où il trouva entr'autres Fervaques fort attaché à l'oreille du roi, et le roi attentif à son discours, tellement qu'on avoit esté plus d'une heure et demie à lui gratter les pieds sans qu'il pensast à se coucher. D'ailleurs l'attention de son esprit sauva la vie au preneur de congé ; car encores que le roi eust la face tournée droit à la porte, cela n'empescha qu'il ne trouvast moyen de la regagner, en se couvrant de l'huissier, et feignant de se vouloir promener à la lune, où il guetta Fervaques jusques à deux heures aprés mi-nuict. Au sortir du chasteau, il lui empoigne le bras en sursaut, disant : « Qu'avez-vous fait, misérable ? » Cet homme ainsi surpris ne put desguiser ; et aprés avoir conté les bienfaicts qu'il recevoit, qu'un autre prince ne pouvoit remplacer : « Allez, dit-il, sauvez vostre maistre. »

Pour à quoi parvenir il fallut courir à l'escurie, où depuis trois semaines, par prévoyance, on avoit accoustumé de picquer des chevaux en une carrière couverte. Comme cela se pratiquoit, les escuiers voient passer le prévost des marchands que le roi avoit envoié quérir pour ne laisser rien eschapper aux portes de la ville. Mais avant l'ordre mis les chevaux sortirent. De là Roquelaure fut averti pour prendre la poste et le chemin de Senlis, ce qu'il ne se fit pas dire deux fois. Puis aiant empoigné les escuyers auprès de Luzarche, il sceut de l'un d'eux que tout estoit descouvert. Partant il s'avança porter au roi de Navarre cette nouvelle et la nécessité qui le pressoit de partir, en attendant celui qui en savoit plus de particularitez.

Ce prince donc achevoit sa chasse, et avoit couru dès le soleil levant, quand il trouva ses chevaux au faubourg de Senlis qui avoient repeu; à l'abord il demanda à son avertisseur, qu'y a-t-il? La response fut : « Sire, le roi sait tout par Fervaques, qui me l'a confessé. Le chemin de la mort et de la honte c'est Paris ; ceux de la vie et de la gloire sont par tout ailleurs, et pour les lieux les plus commodes Sedan et Alençon. Il est temps de sortir des ombres [1] de vos geôliers pour vous jetter dans le sein de vos vrais amis et bons serviteurs. » « Il n'en faut point tant » (respond ce prince). Sans plus long discours, il se deffait de Sainct-Martin et de Spalungue, que deux des siens vouloient tuer, il aima mieux s'en servir à retarder les poursuites du roi. Il appela Sainct-Martin le premier, lui enjoignant d'aller dire comment Roquelaure l'estoit venu advertir de certains bruits qui couroient à la cour de lui, comme voulant aller trouver Monsieur; il ne demandoit que la moindre

[1] L'édition de 1626 porte : Des ongles.

parole du roi, ou de retourner à la cour, pour esteindre ces bruits, ou de continuer sa chasse. Cettui-là dépesché, il fit semblant de se loger et de vouloir ouyr des commédiens passans par là, que les premiers venus avoient fait apprester. Après quelque temps escoulé, il appelle Spalungue, lui dit que le roi devoit aller à Beauvois-Nangi, de quoi il ne s'estoit pas souvenu en dépeschant Saint-Martin, qu'il allast donc à Charanton, où, s'il ne trouvoit le roi passé, il lui porteroit confirmation à Paris du premier message. Cela servit beaucoup; car Sainct-Martin trouva l'allarme au camp, qu'on alloit dépescher aux compagnies pour battre tous les chemins, et tout fut arresté à la venue du premier, qui fut au lever du roi. L'autre qui laissa le grand chemin, s'esgara vers Sainct-Maur, et ne vint qu'à l'après-disnée. A la vérité, quand la roine vid le second espion envoié, elle ne douta plus de la fraude. Mais les advertissements ne vindrent que le jour couchant, et vous verrez où estoit le roi de Navarre à ce poinct-là; car dès le soir, ayant jetté les yeux sur ce qui lui estoit plus fidèle, il emmena le comte de Grammont, Caumont, fils de La Vallette et depuis duc d'Espernon, Chalandrai, le Mont de Maras et Poudins, ou pour les engager à son parti ou pour diminuer les avis de la cour. Il y eut de la peine à démesler les forests en une nuict très-obscure et fort glaceuse : le secours de Frontenac lui fut en cela fidèle et bien à propos.

Il passe donc l'eau au poinct du jour, à une lieue de Poissi, perce un grand païs de Beausse tout semé de chevaux-légers, repaist deux heures à Chasteauneuf, là prend son mareschal-des-logis l'Espine pour guide, à l'heure que les compagnies pouvoient estre averties, et le lendemain il entra d'assez bonne heure dans Alençon. Au matin d'après, son médecin Caillard lui offre son enfant, afin qu'il fust de sa main présenté au baptesme, ce qu'il accepta, et cette nouveauté le fit recevoir sans nulle autre façon ni cérémonie. On chanta ce jour-là au presche le pseaume qui commence : *Seigneur, le Roy s'esjouira d'avoir eu délivrance.* Ce prince s'enquit si on avoit pris ce pseaume exprès pour sa bien-venue; aiant seu que non, et qu'il estoit à son ordre, il se souvint que un des siens qui avoit passé seul avec lui au batteau près Poissi, lui avoit fait chanter ce mesme pseaume, comme ils promenoient chacun son cheval par la bride en attendant les compagnons. Dedans trois jours, arrivèrent à Alençon 250 gentils-hommes et entr'autres Fervaques, par l'accident que je vous vas conter.

Ce pendant que les deux escuyers (à Paris) préparoient leurs chevaux, comme je vous ai dit, Grillon [1] passa devant eux au trot, et un d'eux l'aiant suivi le vid arresté devant le Croissant, et appellant Fervaques par la fenestre. C'ettoit pour lui dire (et non sans jurer) : « Escoute : dès que tu as esté sorti du cabinet le roi s'est jetté dans le lict tout en feu, et nous dit : « Voiez-vous « ce traistre? il a mis la fuitte en la teste de mon beau-« frère et mille meschans desseins avec cela, et puis me « l'est venu descouvrir pour trahir tous les deux en-« semble; je ne lui ferai pas trencher la teste, mais il

[1] Crillon.

« sera pendu. » Cela certifié à la sausse des reniemens, « à Dieu, dit-il, songe à toi ; pour moi je ne veux pas « qu'on me trouve ici ; ne me ruine pas pour t'avoir fait « un trait d'ami. » Ce fut à Fervaques à s'habiller et à se cacher chez Du Tillet, qui le fit sortir par la porte de Bussi ; il vint d'une traitte chez son lieutenant De-Maidavid, d'où il escrivit à la roine que le roi l'aiant voulu payer de mort pour rescompense de sa fidélité, et ne voulant pour cela quitter son service, qu'il avoit pensé ne pouvoir mieux faire que de se ranger près du fugitif, où il promettoit de faire plus de service que les deux meilleurs régiments entretenus pour Sa Majesté. Arrivé à Alençon (quoi que le gentil-homme (Aubigné) qui l'avoit veu au cabinet du roi et parlé à lui hors du Louvre lui maintint sa trahison), s'estant excusé que la femme de Carnavalet avoit adverti la première et l'avoit engagé à descouvrir, le roi de Navarre prit cette excuse, l'accepte à son service et l'envoia vers Monsieur.

Je sens quelqu'un me reprendre d'estre trop exprès [1] en cet endroit, l'ayant esté moins en d'autres, et freschement à la sortie de Monsieur. Je n'aléguerai point comment je suis hors les bordures de mon tableau et en cette pleine face d'histoire, où j'ai promis de peindre touttes choses selon mon pouvoir en leur proporportion, mais en confessant que la sortie de Monsieur nous estoit plus cachée [je dis aussi qu'elle estoit beaucoup moins conséquencieuse, à cause du peu de durée qu'eut sa résolution] ; je dis aussi que le dernier

[1] Détaillé.

des prisonniers¹ estoit bien plus curieusement veillé et environné de plus de difficultez. J'adjouste pour un lecteur judicieux que ceci est le desnouement d'un prince sans pareil, qui va d'ici [faire sentir sa vigueur à toutes les pars de l'Europe et] remplir le siècle de plus de traverses et de combats, ou près de lui ou sous ses auspices et commandements, bien qu'en peu d'espace, et en meslant le passé à l'avenir, qu'Alexandre, Hannibal et Cézar n'en ont livré en la grande estendue de leurs conquestes. C'est le cœur de mon histoire, bien que je n'en face pas mon idée² [et mesmes qu'à la peinture de ce beau visage je n'aye point oublié les taches et les signes]. Il y a de tout en sa vie, et pourtant les courtizans et négociateurs y trouvent quelque pièce de leur mestier, bien que mon labeur soit voué aux gens de guerre principalement³.

IX

Mémoires, p. 38. — Combat près de Pithiviers (1576).

J'ai encores un combat de gens d'armes, et un trait de chevaux légers, qui ne desplaira point au lecteur. Quelques gentilshommes et capitaines d'auprés du roi de Navarre prièrent un escuier de mesme maison (Aubigné) qui dressoit compagnie et qu'ils estimoient sçavoir du mestier, les vouloir mener à la

---

¹ Le roi de Navarre.
² Idéal.
³ *Hist. univ.*, t. II, p. 183 et suiv., l. II, ch. xviii (édition de 1626, ch. xx)

guerre. Marché fait, leur troupe de trente ne trouva rien pour donner coups d'espée plus prés que la porte Bannière d'Orléans, où ils congnèrent une suitte de vingt chevaux et en prindrent trois; de là ils enfilent le grand chemin de Paris jusques à quatre lieues d'Estampes, prenans seulement à costé à l'endroit des Villettes, et viennent se relaisser ¹ à Tignonville. Ils estimoient que la feste de Pasques leur avoit fait trouver le chemin désert; mais ils apprirent que c'ettoit la grande armée des reistres qui estoit desjà entre là et Montargis, et que le duc de Guise estoit arrivé à Estampes avec plus de deux mille chevaux. Comme il estoit avancé pour la jalousie des places aussi bien que les trois régimens, nos trente estradiots demeurent dans le logis voir si l'occasion ne les viendroit point trouver, et à deux heures aprés midi se donnent au chemin de Pluviers ², d'où, estans à une lieue, ils descouvrent une suitte de cavallerie de bien huit cents chevaux qu'un village leur avoit caché et ne demeurent guères à en voir soixante destachez du reste, qui venoient pour demander leur nom. Les voilà bien empeschez; car de quitter le chemin c'estoit desbander tout aprés eux, et qui estoit pis faire monter à cheval la grosse garnison de Pluviers pour leur coupper la retraitte. Voici la résolution où les porta l'extrémité : celui qui commandoit (Aubigné) monstre à un nommé de

¹ Relaisser, terme de chasse. Il se dit, suivant le Dictionnaire de Trévoux, « lorsqu'un lièvre est tellement couru qu'il s'arrête, étant lassé, et ne va pas au gîte. »

² Ancien nom de Pithiviers.

Cour un vallon à main droite où il y a un moulin, et lui dit : « Donnez devant au galop gaillard, et tirez vos coups de cent pas à ceux qui se pourmesnent aux barrières de la ville, et puis enfillez le chemin à main droitte, et allez r'aliez passer l'eau du moulin pour m'attendre là. » Cela ainsi fait, la seconde trouppe de quinze donna un peu plus avant Fors et Tignonville jusques dans les barrières et à l'ombre de la poudre et de la fumée, tout se desroba au ruisseau, lequel passé et suivi demie lieue osta de veue les compagnons. Le meilleur capitaine du monde estant dans la ville ne pouvoit prendre ces galants avec leur gaieté que pour premiers coureurs de la grand troupe qu'ils voioient ; ce fut donc à garder la courtine, et les plus mauvais garçons les barrières de dehors pour recevoir à mousquetades les seconds et premiers. Il y en eut deux blessez de ceux qui s'avançoient pour demander nouvelle de leur chasse, il y eut un quart d'heure de discours avant que Clermont d'Antragues (qui vouloit sortir avec sa compagnie) eut reconnu le vieil Sainte-Colombe, qui avoit là une compagnie de chevaux-légers, et tous les harquebusiers à cheval des régimens qui estoient vers Paris envoiez d'Estampes par le duc de Guise, pour aller taster quelques logis. Tout cela reconnu, Clermont d'Antragues sort aux trousses de ces trompeurs, pert leur piste au moulin, et puis s'estant espendu en la campagne, ils virent ce qu'ils cerchoient n'allant qu'au trot pour un gentil homme et deux chevaux blessez. Ceux qui les virent les premiers, n'attendans point le gros, furent arrestez et un des

leurs par terre. Le soleil estant couché, et puis les ta-
lopes¹ de la forest d'Orléans qui commençoient à se
trouver, séparèrent l'affaire².

X

Mémoires, p. 42 et suiv. — Voyage de d'Aubigné à Blois (1576).

Les trois chefs³ qui restoient aux confédérez firent
d'un coup diverses dépesches vers le roi pour se
plaindre de leur patience jusques à l'extrémité; les
uns aux autres pour se communiquer les affaires; et
puis à tous les seigneurs et gens de marque leurs confidens, pour les convier à s'approcher. Entre ceux là
un escuier (Aubigné), qui avoit charge de visiter le duc
de Rohan, le comte de Laval, la Normandie et la Picardie, et passer jusques aux Païs-Bas, trouva les Picards
qui formoient desjà leurs compagnies; et en Artois quelques uns qui tenoient desjà les champs pour se joindre
aux Picards; sur quoi il regagna Paris pour achever
quelques affaires, avertissant son maistre par un cour-
rier⁴.

...Celui que nous avons dit avoir esté envoié par le
roi de Navarre jusques en Artois, arriva sur ce point⁵

¹ Taillis?
² *Hist. univ.*, t. II, p. 193, l. II, ch. XIX (édit. de 1626, ch. XXI).
³ Le roi de Navarre, le prince de Condé et le maréchal Dampville.
⁴ *Hist. univ.*, t. II, l. III, ch. IV, p. 233, 234.
⁵ L'assemblée des états généraux à Blois.

à Blois, desguisé, aiant charge de parler à Monsieur et au mareschal de Cossé. Comme il eut accosté ce dernier avec beaucoup de périls, le vieillard lui dist à l'oreille : « Mon enfant, vous courez un grand péril pour parler à un homme, qui signeroit sa sentence pour estre pendu (si on lui présentoit) et n'oseroit faire autrement; c'est bien loin de vostre offre pour me faire sauver. » Cettui-ci (Aubigné) sortant de la chambre du mareschal fut reconnu par Atrie, nonobstant voulut, par impudence, essaier d'accomplir sa charge; il court à son logis s'abiller pour le bal, où il avoit eu vogue autresfois, et ne faillit point de s'y présenter, quoiqu'accusé d'avoir donné au roi de Navarre non seulement le moien, mais aussi la volonté de quitter la cour. Comme il estoit entre les gallants, Vitri (fille de la roine) part de sa place, pour l'avertir de se sauver, en lui monstrant Magnane, lieutenant des gardes, et la Bonde exempt, qui venoient de recevoir commandemens pour lui mettre la main sur le collet. Le compagnon en riant avec Vitri se coulle derrière les majestez, et de là, par le cabinet de la roine, gaigne un coin de la basse cour, où il change d'abits avec son vallet, et estant sorti parmi les suivans de Fontenilles, gaigne l'escurie au Fois, où il se sert de Quergrois, qui sans penser mal faire lui fit bailler un batteau. Ce fut le mesme qui arrivé aux Chasteliers, trouva la Nouë préparant un festin au duc du Maine avancé au grand Pressigni, pour instruire de leur devoir la noblesse de Touraine et de Poictou. Il y eut bien de la peine à faire partir du giste la Nouë, ne respirant que la bonté de Monsieur, les bons désirs du roi, les changemens de la roine et la lassitude de tous; mais il fut enfin paié de raisons si expresses qu'il laissa le festin aux autres, et gaigna le Poitou [1].

XI

Mémoires, p. 43. — Siége de Marmande (1577).

La Nouë estant venu de Xainctonge, eut charge d'investir Marmande sur la Garonne, ville en très-heureuse assiette, franche de tous commandemens, qui avoit un terre-plain naturel, revestu de briques. Les habitans y avoient commencé six esperons et s'estoient aguerris par plusieurs escarmouches légères que le roi de Navarre y avoit fait attaquer, en y passant et repassant. Il leur avoit appris aussi en feignant de les assiéger, ou en les assiégeant à demi, à digérer la frayeur d'un siége; n'oubliant rien de ce qu'il falloit pour aguerrir ses ennemis et changer des communes [2] en soldats, comme il y a paru depuis. [A l'instruction des capitaines qui ont à faire aux populaces, lesquelles il faut destruire avant qu'instruire.]

Le jour que la Nouë vint pour les investir, n'aiant que six vingt chevaux et soixante harquebusiers à cheval, les habitans jettent hors la ville de six à sept cents hommes, mieux armez que vestus, pour recevoir les premiers qui s'avanceroient. La Nouë aiant fait mettre pied à terre à ses soixante harquebusiers et à quelques

[1] *Hist univ.*, ibid., p. 238, 239.
[2] Des gens de communes.

autres qui arrivèrent sur l'heure de Tonnins, attira cette multitude à quelque cent cinquante pas et non plus de la contr'escarpe; puis aiant veu qu'il n'y avoit point de haies à la main gauche de cette harquebuserie qui leur pust servir d'avantage, il appela à lui le lieutenant de Vachonnière (Aubigné), lui fit trier douze salades de sa compagnie. Lui donc avec le gouverneur de Bazas et son frère, faisans en tout quinze chevaux, défend de mettre le pistolet en la main et prend la charge à cette grosse trouppe; mais il n'avoit pas reconnu deux fossez creux sans haies, qui l'arrestèrent à quatre-vingts pas des ennemis, qui firent beau feu sur l'arrest, comme fit aussi la courtine; de là deux blessez s'en retournèrent. Cependant le lieutenant de Vachonnière aiant donné à la contr'escarpe, et reconnu que par le chemin des hotteurs qui faisoient un esperon, on pouvoit aller mesler, en donne incontinent advis à la Nouë, aussitost suivi. Cette trouppe donc passe dans le fossé de la ville, et sort par celui de l'esperon, quitté d'effroi par ceux qui estoient dessus, [et, après avoir beu ce que la courtine qui avoit rechargé leur envoya, vint] pour aller mesler cette foule d'harquebuserie, dont les deux tiers se jettèrent dans le fossé de l'autre costé de la porte; mais le reste mit l'harquebuse à la main gauche et l'espée au poing; avec eux quatre ou cinq capitaines, et sept ou huict sergens firent jouer la pertuisane et l'halebarde. Pourtant les cavaliers [s'opiniâtrans] leur firent enfin prendre le chemin des autres, hormis trente qui demeurèrent sur la place. La Nouë fit emporter deux de ses morts, r'amenant presque tous les siens blessez, plusieurs de coups d'espée, lui avec six harquebusades heureuses, desquelles l'une le blessa derrière l'oreille.

[Si vous trouvez ceste charge racontée plus expressément, c'est pource qu'elle est estimée la plus desraisonnable de celles qu'a faites le plus hazardeux capitaine de son siècle[1].]

XII

Mémoires, p. 43. — Attaque de S. Macaire (1577).

Le mareschal de Biron allant trouver le roi de Navarre pour traiter de paix arriva à Agen, où il trouva la cour de Navarre triste pour l'accident de S. Machari; c'est une ville sur Garone, élevée sur une roche de cinq toises de haut, sur laquelle est un mur de dix-huit pieds qui clost le fossé d'entre la ville et le chasteau. On peut monter du bord de la rivière qui est au pied du rocher jusques au pied de la muraille par le costé du terrier; tout cela fait un coude dedans lequel Favas desseigna une escalade en plain jour, assavoir pour passer la muraille qui estoit sans corridor, et pourtant falloit porter un autre escallot[2] pour descendre au fossé d'entre la ville et le chasteau, où il y avoit encores peine pour remonter à la ville. Monferrant se fit exécuteur du dessein, ce pendant que Favas donneroit l'allarme par terre. A cette entreprise se conviè-

---

[1] *Hist. univ.*, t. II, p. 257, 258, l. III, ch. vi. (Édit. de 1626, ch. viii.)

[2] Échelle.

rent de gaieté de cœur quarante gentilshommes de la cour du roi de Navarre, quelques capitaines choisis par les garnisons, et les deux gardes y furent envoiées; le tout ensemble faisoit deux cent soixante hommes, qui, embarquez à la Réolle avec deux batteaux couverts de voiles, arrivèrent entre dix et unze heures du matin au pied de la roche que nous avons descritte. Une sentinelle parla d'assez loin, on respondit à son *qui va-là* que c'estoit bled; puis il vid aussi tost la marchandise, hommes et eschelles, desquelles Genissac print une avec Sarroüette, le lieutenant de Vachonnière (Aubigné) et Castera l'autre. Ils portent les deux eschelles sur le roc, et encore qu'elles se trouvassent courtes, ils s'aidoient l'un l'autre à sauter dedans, quand les fenestres du chasteau, qui regardoient sur la muraille, et la première maison de la ville parurent bien garnies. Le lieutenant de Vachonnière receut une harquebusade, et en mesme temps le capitaine More l'envoia d'un coup de chevron sur la teste au bas de la rivière [1], et en roulant un tour du rocher dans le bord de la rivière, son pistolet demeuré dans la ville. Castera prit sa place et Sarroüette celle de Genissac, abbattu d'une harquebusade. L'opiniâtre chaleur de ces gens fut telle, que se voians percez de tous costez, et mesmes d'un fauxbourg tout plain d'harquebuserie qui flanquoit, que ceux-mesmes qui estoient tombez du rocher retournèrent à l'eschalade, trouvans plus seur (si la hauteur des eschelles leur eust permis) de se précipiter en la ville que de retourner en leurs bat-

---

[1] L'édition de 1626 porte : Au bas de l'eschelle.

teaux, à quoi il fallut en fin revenir. Mais il n'y en eut que trop d'un pour la retraitte, où ils perdirent force hommes, entr'autres Guerci, tué d'une barrique qu'une femme lui jetta sur la teste. Les gardes du roi de Navarre aians pris parti de se retirer en une roche, sur l'asseurance qu'ils estoient katholiques, furent prisonniers de guerre. Ce qui se jetta dans le batteau mourut la moitié, et estoit tout perdu sans la Cassagne, qui, aiant l'espaule brisée d'un coup de mousquet, seut manier la peautre [1] et mettre à l'eau le vaisseau. Il ne sortit de cet affaire que douze hommes, qui ne fussent morts, blessez ou prisonniers, tant l'appast estoit bien préparé ; aussi Roquetaillade estoit du conseil du roi de Navarre et frère d'Aubiac, gouverneur de la ville [2].

XIII

Mémoires, p. 43. — Négociations de d'Aubigné en Languedoc (1577).

Le mareschal d'Anvile [3] (par les menées de son secrétaire Chartier) fit un voiage en Savoie, où il vid premièrement le mareschal de Belle-Garde, à lui obligé de son élévation. Chartier et Marion, autre secrétaire, après une course à la cour, font que la mareschalle empoigna à bon escient la réconciliation de son mari avec

[1] Gouvernail.
[2] *Hist. univ.*, t. II, p. 263-264, l. III, ch. vi (édit. de 1626, ch. viii).
[3] Le commencement de ce chapitre est un peu changé dans l'édition de 1626.

le roi. Tous ses voiages et menées donnèrent soupçon de ce qui estoit, avec les vanteries des négociateurs, aians exalté le fait à la cour. Un ami secret des Refformez leur en donna advertissement, sur lequel ceux de Mompelier mirent en deffiance quelques petites places, où furent refusées les portes aux Albanois du mareschal : et en mesme temps la mareschalle aiant receu quelque discourtoisies en passant par les villes des Refformez, soit qu'elles fussent par accident, ou qu'elle-mesme les eust artificiellement pratiquées, en irrita son mari ; ce qui mit le mareschal en division ouverte avec le parti. Mais il fut r'avisé qu'il ne falloit pas sortir d'avec les confédérez, ni revenir au service du roi les mains vuides; ainsi estant mis en eschole, il montre de la repentance, déteste sa colère, promet de chasser Chartier à la demande des Refformez et mesnage si bien qu'il les r'apèle à Pézenas, où ils députèrent auprès de lui Clauzonne, et les ministres Pagezi et Melet[1]. Le roi de Navarre envoie, d'autre costé, à cette réconciliation Ségur Pardaillan, homme facile, qui prit tel goust aux raisons du mareschal que, dès son arrivée, il escrivit à son maître ces mots: *Le mareschal en cet affaire est juste comme un ange, et les autres iniques comme diables.* Et pource qu'en ces jours il fut résolu à Blois, comme nous avons dit, de traiter une paix, ou à bon escient ou pour alentir les desseins des refformez, le roi de Navarre avoit reçu des saufconduits pour l'acheminement des députez. Il se servit de l'occasion et de la seureté

---

[1] L'édition de 1626 porte : Clauzonne et Melet, conseilliers, et le ministre Payan.

pour envoier en Languedoc quelqu'un qui seust desrober le dessein du mareschal, à quoi il dépêcha Aubigné, avec charge à l'oreille d'arracher la vérité avec quelque moien que ce fust. Il lui donna double instruction, l'une pour l'acheminement des députez, celle-là pour monstrer; l'autre avoit trois chefs, assavoir pour exiger du mareschal une protestation nouvelle par escrit et authentique, faire avancer ses forces vers l'Auvergne, pource que l'armée levée pour Monsieur tournoit desja la teste de ce costé-là ; puis pour l'envoi de quelques deniers.

Cettui-ci ainsi dépesché arriva à Thoulouze, et entra en la ville, s'apprivoisant de ceux de la garde, tellement qu'on ne donna point avis de lui à Cornusson gouverneur; et pource qu'il contrefaisoit fort proprement le Lombard qui veut parler François, il se fit aisément soupçonner d'estre à la roine et venir de Blois.

Il arriva qu'un vieux conseiller du mareschal, venant pour traitter avec Cornusson, descendit en mesme hostellerie, voulut savoir des nouvelles des Estats : après que nostre Piémontois contrefait en eut dit assez pous entrer en propos, il parla ainsi : « Monsieur, sur
« l'asseurance que Sérignac (avec lequel vous m'avez
« trouvé) m'a donné de vos qualitez, j'ai pensé ne
« pouvoir faillir de vous exposer la peine où je suis;
« c'est qu'estant envoié par la roine pour traitter
« avec monsieur le mareschal de poincts assez capri-
« cieux, je me suis arresté tout court sur la nouvelle
« de sa réconciliation avec les rebelles, résolu de m'en
« retourner si je n'appren quelque chose autrement. »

Le vieillard, qui ne voioit pas beaucoup à douter en cette occasion et craignant que les affaires ne demeurassent en arrière faute de lui avoir donné asseurance, lui laissa couler des secrets notables, qui seroient longs à desduire, pour certifier et cautionner comment le mareschal estoit fidelle au roi et non aux autres, n'attendant qu'à faire son pacquet de quelques villes refformées, pour ne se retirer point inutilement. Aubigné dépescha à son maistre et lui manda en chiffre que, sur la teste de son serviteur, il fist ses affaires, comme tenant le mareschal déserteur; qu'il alloit achever pour en rendre meilleur compte, comme il fit.

Le vieil conseiller ne faillit pas d'estre au lever de Cornusson, à qui il parla du courrier italien, comme devant croire qu'il l'eust veu; ce que connoissant autrement, il pria le séneschal d'envoier après, pource (disoit-il) qu'il a emporté quelque chose légère de moi; mais il ne faut pas souffrir cette villonnerie. Cornusson prit cela à tel cœur, qu'il fit sonner à cheval, et avec quatre vingts sallades donne à Castelnau-d'Arri, où il prit le compagnon repaissant; et sachant par Arques, qu'il trouva en son chemin, que son père estoit à Carcassonne, il mena là son prisonnier; auquel par les chemins il arriva qu'estant agacé de force calomnies contre le roi de Navarre, il donna un desmenti sous la cornette, si bien que les chefs eurent grande peine à le sauver.

Cornusson, avant le présenter au gouverneur, lui faisoit son procés, quoi voiant le criminel, prend en sa poche une lettre de son maitre addressante à Joieuse, et, se jettant hors de ceux qui le gardoient, avance la main et la lettre, et ce seigneur courtois, fit quelques pas au devant de lui pour le recevoir : lors il fut receu à dire contre ses deux accusations, que, pour le passage de Toulouze, estant du parti contraire, ce n'estoit pas son devoir d'instruire les gardes au leur : qu'à la vérité il a appris de son entretien que le mareschal d'Anville tient encor en incertitude le roi de ses comportements, et que la mareschalle est aprés à oster Ségur, qui retient son mari en intelligence du roi de Navarre. Ce peu de poisson pris donna contentement aux escoutans ; et que pour le desmenti, il l'avoit donné sous la cornette ; mais en maintenant l'honneur de celui à qui la cornette doit honneur : d'ailleurs qu'il est tout prest (aiant déposé ses affaires entre les mains du mareschal) de revenir entre celles du lieutenant de roi, et entre quatre picques maintenir ce qu'il a dit. [C'estoit pour un livret qu'on avoit faict imprimer du massacre de Lyon et d'un grand violement de femmes, chose tellement inventée que la moindre petite part n'en avoit pas de commencement. Et pour ce que le certificateur estoit de ce bal, il en pouvoit respondre avec fermeté.] Joieuse, paié de cette deffence, lui offre toutes courtoisies, et lui donne de ses gardes pour le passer delà Narbonne.

Aubigné arrivé à Pézenas, dans le logis de Ségur, lui manda par un de ses gens, que quand le mareschal sçauroit sa venue et lui en parleroit, qu'il respondist en sousriant, et comme mesprisant l'envoié. A mesme fin, il avoit la nuit auparavant contrefait des mémoires nouveaux, de si peu d'importance qu'on les eust peu envoier par un va-de-pied : ces mémoires présentés au mareschal avec quelques propos mal suivis, il tarda bien au messager qu'il ne fust à follastrer avec le fils de Bellegarde et autre jeunesse qu'il avoit connue à la cour; et passa dix jours à la bague, aux fleurets et au jeu, mais les nuicts d'autre façon, en la chambre de Clauzonne avec les autres députez dépeschant sans cesse pour parer les places aux desseins qui estoient sur elles : prenant sur sa teste ce qui pourroit arriver mal à propos sur une mutation, laquelle ses ministres trouvoient de mauvais goust, principalement veu l'âge de leur garend.

Donc, pour ce que son soupçon n'estoit pas bien receu de ces gens-là, non plus que son billet l'avoit esté des principaux conseillers de son maistre, qui avoient apelé impudence la hardiesse d'un jeune homme, qui avoit osé, premier que d'estre au lieu, desdire les asseurances d'un tel homme que Ségur Pardaillan, il falloit donc faire rompre avec le mareschal et donner de meilleurs gages pour cela, que les opinions d'une teste de vingt-trois ans [1]. Je prie mon lecteur de ne s'ennuier point si je suis long en ce négoce, qui n'est pas commun; et en donnant la pluspart de mon labeur aux gens de guerre il faut quelque chose pour les négociateurs.

En cette cour estoit la dame d'Usés, à qui prés de

---

[1] D'Aubigné se trompe, il avait alors vingt-cinq ans.

cent années n'empeschoient point un esprit ferme, et
deslié, qui d'ailleurs portoit affection aux refformez. Aubigné, l'aiant gaignée par quelque gentillesse du temps,
l'emploia à sçavoir en termes exprés les raisons que le
mareschal de Bellegarde et la mareschalle (arrivez de
nouveau) avoient apportées pour exalter la bonne grâce
du roi, et despriser les affaires des esloignez de la cour.
Cette femme habille donnoit à Bellegarde la gehenne
de colère, le pressant de tant de raisons, qu'il eut recours à son instruction, où la vieille emploia les
yeux et la mémoire, tant des termes que de l'ordre
pour en faire son rapport. Là dessus elle et lui bastirent des articles des paroles bien retenues, et aux
autres points, prirent le jargon de la cour et, les suasions de la roine mère : cela estant posé pour estre
l'instruction du mareschal de Bellegarde, un jour
qu'il gardoit la chambre Aubigné frappe à la porte,
bien tost ouverte, en espérance d'un conte pour rire,
mais au contraire, avec une contenance sérieuse il
tint un tel langage :

« Monsieur, s'il vous plaist de me jurer sur la foi et
« preud'hommie de laquelle vous faites profession, de
« ne me contraindre par aucune voie à dire les au-
« theurs de ce que j'ai à proposer, vous orrez de moi
« chose très-importante. » Le serment receu en sa
main, il poursuivit : « Monsieur, les instruction qu'on
« vous a données pour remettre le mareschal d'An-
« ville en la bonne grâce du roi m'ont esté envoiez de
« la cour : par elles, je suis demeuré fort estonné, en
« voiant comment on destruit vostre honneur avec

« celui d'un des plus notables chevaliers de la chres-
« tienté ; on veut faire tomber sa fortune en ruine sur
« la vostre, de lui, di-je, qui a tendu la main à vostre
« grandeur. Toutes les promesses qu'on fait sont faus-
« ses et vaines, l'exécution demeurant aux mains des
« prometteurs, qui ont perdu la virginité de la foi, la-
« quelle ne se perd jamais qu'une fois. Vostre ami, qui
« estoit un des chefs du plus ferme parti de la chres-
« tienté, devient serviteur d'un Estat esbranlé, desja
« divisé, bien tost tirannisé par les anciens ennemis
« de la maison de Mommorenci, Estat que vous per-
« dez par vostre désunion, et qui n'avoit plus remède
« qu'en vous-mèmes conjoints. Si la pitié du roiaume
« ne vous rend avisez, soiez-le pour vous-mesmes. Les
« desseins du roi, ou ceux des Guisards vaincront ;
« si le premier, il sera soigneux d'abattre les testes
« qui ont esmeu tant de membres ; l'offenseur ne
« pardonnera point, comme estant prince, les maux
« qu'il a faits ou voulu faire ; l'assassinat et le poi-
« son que le mareschal a eschappé par mon avertis-
« sement (bien qu'oubliez de deça), demeureront sur
« le cœur du roi, qui (en un mot) n'est pas si haut de
« courage, que de laisser durer un parfait ennemi,
« abattu par fraudes et non par vertu. Si les Guisards
« viennent à bout de leurs desseins, ils ne seront
« de longtemps si bien establis qu'ils puissent ni
« vueillent user de miséricorde tant que leurs craintes
« dureront : vous, monsieur, serez traité de la répu-
« tation, comme supplanteur de vostre ami, auquel
« desja par d'autres voies on promet (comme je vous

« monstrerai) l'estendue de pouvoir aux despens
« de vostre authorité. On a tasté le roi mon maistre
« et le prince de Condé de promesses plus spé-
« cieuses que celles que vous apportez; plus hon-
« nestes, car on ne les convie point de trahir ceux
« qui dorment en leur sein ; plus hautes, comme de
« toute puissance sur les armes de France ; plus
« seures, pour ce qu'en leur paix on fait celle de leur
« parti. Ils estoient plus nécessitez d'entendre aux
« mutations, aians la violence de la guerre sur les
« bras, qui n'est point ici ; desnuez de finances, qui
« abondent en ce lieu ; et ainsi les espérances et les
« nécessitez leur ouvroient l'oreille, que la foi et la
« vertu ont fermée. Mesmement quant on les soli-
« citoit de traitter au deceu de leur compagnon, qui
« maintenant ne rend pas la pareille à plus grand
« que lui, sans voir que (tout honneur laissé à part)
« avec les conférérez toutes promesses estoient seures,
« et convertibles en effets, mais aux divisez et fra-
« giles par la division tout est fragile, selon le vieil
« testament de Scilurus. Il est temps de voir la soli-
« dité des articles particuliers que vous lui apportez :
« pour le premier, non pas en ordre, mais en consé-
« quence, quelle apparence y a-il de desloger Joieuse
« du gouvernement où il est affermi, authorisé, aiant
« le parlement de Toulouse pour partisan, soustenu
« de la faveur de son fils Arques, aimé du roi ardem-
« ment? d'oster Rieux de Narbonne? de Béziers Spon-
« dillan? comme s'ils n'avoient point appris de Ruffec
« et de tant d'autres à tenir ferme aux commande-

« mens secrets et mespriser les publics. Considérez
« combien de sortes d'intérests on appreste contre les
« exécutions, combien de plaintes on vous prépare pour
« vous faire haïr, quand vous auriez esté aimé jusques
« là ; regardez à qui on promet, et aux despens de qui ;
« ne sentez-vous point que vaut le propos de despouil-
« ler Monsieur pour vous ? »

Le mareschal de Bellegarde reconnoissant en ce
langage les termes de son instruction, troublé, ne
s'amusa plus à débattre qu'il n'avoit point telle charge,
mais bien à secoüer l'opprobre de tromper son ami, et
pourtant rendre vallides les promesses dont il estoit
chargé ; et là (par occasion) Aubigné, pour rendre sa
confession plus ample, pressa et reprit la seureté de
telles promesses, conjointes à celles du roi de Navarre ;
de là il s'estendit sur la pauvreté continuelle que ce
prince souffroit, et ses serviteurs par conséquent, qu'il
expérimentoit beaucoup d'amitié de son maistre, mais
sans effet ; que lui et ses compagnons n'estoient point
si mal avisez d'attendre autre chose que misères tant
que ce prince seroit absent de la cour, où il pouvoit
faire plus de bien aux siens par la bourse du roi, qu'ils
n'en pouvoient attendre en toute leur vie autrement.

Ce fut une occasion au mareschal de le taster et
de dire (après un grand souspir) qu'à la vérité il voioit
plus de seureté aux promesses du roi, si en mesme
temps les princes en recevoient de pareilles ; ce que
mesmes il confirma par raisons ; y ajoustant que si
Aubigné vouloit travailler aussi ardemment à ramener son maistre à la cour, comme il avoit fait à l'en

oster, on pourroit retarder le traitté et unir les affaires de Languedoc à celles des princes. Aubigné respond qu'il ne se vouloit aucunement engager à cette promesse, comme n'estant pas assez puissant, mais si on lui monstroit quelque moien solide, pour assurer son maistre contre les ruses de la cour, et que d'ailleurs il peust estre fortifié de ceux qui possédoient le roi de Navarre, qui voulussent prendre pour dessein son repos et son asseurance, qu'alors il monstreroit combien il estoit las de la pauveté; mais que pour l'heure il ne promettoit rien. Ce vieux capitaine serre la main à son homme, lui nomme Laverdin, [Roquelaure,] Begolle et autres de mesme maison que lui, qui travailloient pour le roi près de son beau-frère, et, s'estendant sur plusieurs promesses, eut encores pour responce qu'il ne promettoit rien, sinon le devoir d'un homme de bien.

Le mareschal sur ces persuasions envoia quérir le capitaine Rousines, pour retarder une exécution, à laquelle il estoit prest de marcher. Aubigné de ce pas descend au cabinet du mareschal d'Anville, montrant des mémoires plus conséquentieux que les premiers, afin qu'il n'y eust que Ségur, qui par concert s'estoit trouvé là. Il joüa de mesmes estœufs [1] qu'il avoit fait vers l'autre mareschal, duquel il n'oublioit point les termes ni aussi la proposition de faire courre mesme risque au roi de Navarre. Le mareschal d'Anville voulut au commencement se mettre sur de vieux contes,

---

[1] Éteuf, balle de jeu de paume.

mais oiant les termes particuliers du traitté de Bellegarde, desquels s'estoit emplumé celui qui le pressoit, et depuis voiant l'ouverture que son compagnon avoit prise de cercher l'honneur et seureté en la conjonction du roi de Navarre, avoüa de ses affaires ce qu'il n'en pouvoit celer, exorta Ségur et l'autre à faire joindre leur maistre; à quoi les deux aians respondu qu'ils ne promettoient rien, mais donnans autant d'espoir qu'il s'en pouvoit par le silence et la docilité à escouter, ils furent remis au lendemain pour en traitter plus amplement. Ségur raporta aux députez ce qu'il avoit ouï, assez pour les faire partir à portes fermées d'un costé, et Aubigné vers Castres, d'où il envoia pour à-Dieu au mareschal d'Anvile des remonstrances qui ont fort couru, sur lesquelles plusieurs fois il souspira, dit à Janin que s'il les eust veuës huict jours auparavant elles eussent empesché sa défection[1].

XIV

Mémoires, p. 44. — Combat près de Marmande (1577).

Les querelles de Laverdin et de la Noue rendirent les animositez plus apparentes : les Refformez s'eschauffèrent sur le rapport des affaires du Languedoc, et des intelligences que nous avons touchées entre le mareschal d'Anville et ceux-ci. Les katholiques associez tournèrent leur courroux sur Aubigné et en vindrent

[1] *Hist. univ.*, t. II, p. 267 et suiv., l. III, ch. VII. (Édit. de 1626, ch. IX.)

là (aprés plusieurs embusches) de le vouloir tuer la nuit en son lit; ce qu'estant descouvert, comme il estoit en la chambre du roi pour prendre ses commissions des Sévènes (car c'estoit lui qui avoit esté choisi pour y aller commander), Laverdin l'appella[1]; et, comme il le menoit au duel sur sa parolle, Serido, capitaine de la citadelle, descouvrit dix-huit katholiques des gardes, qui, aians laissé le mendil[2] jaune, s'estoient venus cacher en une petite maison à propos pour faire le hola. Il fit prendre les armes à sa compagnie, lever les ponts, et sans le duc d'Anville et la Nouë il y eust eu grande batterie dans Agen. Laverdin, aiant prié son homme de se retirer, gagna l'évesché. Le vicomte, qui s'estoit jetté dans Villeneuve-d'Agenés, au refus de Laverdin, prit la poste pour venir porter en croupe son partisan. Le roi de Navarre ne se voulant point séparer des accusez, ausquels il se disoit plus obligé qu'à ceux qui guerroioient pour leur religion, se monstra leur partisan en beaucoup de façons, brigua pour cette querelle ceux à qui il donnoit du pain, fut refusé tout à plat de la plus-part des refformez, et par telles procédures les esloigna de lui, et parmi eux l'autheur de sa liberté (Aubigné), qui, avec les plus confidens, fit sa retraite à Castel-Jaloux, où Vachonnière l'avoit auparavant fait son lieutenant[3].

Cet affaire nous mène à quelques exploits de guerre,

[1] En duel.
[2] Manteau.
[3] L'édition de 1626 porte : Où il avait auparavant accepté (par commodité) la lieutenance de Vachonnière, bien qu'il eust commandé 100 chevaux auparavant.

dont cette petite ville a esté fertille de tout temps. Vachonnière, solicité par les compagnons d'aller cercher (à la mode du païs) de quoi faire fumer le pistollet, quatre jours aprés ce que nous avons dit, monta à cheval avec trente-huit salades, et quarante harquebusiers, prit le chemin de Marmende, comme lieu où les ennemis estoient plus forts et plus aisez à convier, où le devançoit son lieutenant avec quinze salades, secondé par le capitaine Dominge avec autant d'arquebusiers. En mesme instant le baron de Mauvezin, qui avoit appelé les Méges de la Réolle, les capitaines Massiot et Metaut, l'un d'Esguillon, l'autre de Saint-Macari, et ainsi avoit vingt salades bien choisies outre sa compagnie de gens-d'armes, faisoit dessein de trier sept cent cinquante harquebusiers tant de Marmende que d'autour, pour laisser en embuscade au moulin de la Bastide et là attirer la garnison de Castel-Jaloux par divers eschauffemens.

Sur les dix heures du matin, les coureurs des refformez mirent le nez sur le chantier de la rivière, où ils descouvrent tout à coup tout le rivage qui est à la main gauche de Marmende noirci de gens de guerre, desquels la première battelée de soixante hommes achevoit de passer l'eau, et arrivoit à Valassins. Le coureur crie au capitaine Dominge qu'il face jetter ses soldats à terre, et puis donne à tout ce qui estoit passé, qui furent tuez ou noiez, sans que les refformez perdissent qu'un cadet; et eurent ce bon marché pource qu'il n'y eut que la moitié des autres qui peussent accommoder la mèche.

Vachonnière, aiant reconnu la grande trouppe qui estoit preste à s'embarquer, se vouloit contenter, et aiant fait de ses coureurs sa retraite, s'en revenoit au pas. Son lieutenant (bien qu'un peu blessé), avant le suivre, voulut rendre compte de ce que ses gens de guerre devenoient; puis aiant reconnu qu'ils s'embarquoient à la foulle, et en se laissans dériver à la rivière venoient mettre pied à terre à un petit village nommé Cousture, qui depuis a esté fortifié par eux, il retourne à son capitaine le prier de prendre le trot jusques à une petite plaine qu'ils avoient remarquée en venant, et là attendre le combat, préparez et à pied tenu, ne sachans point encores avoir affaire à la cavallerie; car celle de Mauzevin estoit encores derrière la ville, et quand les trompettes avoient sonné à l'estendart, les uns avoient pris l'autre pour écho de la leur.

Vachonnière approuva bien le conseil, mais quelques volontaires le troublèrent, pour le désir qu'ils vouloient monstrer de venir aux mains en quelque lieu que ce fust. Ce gentilhomme, pris par feu d'Andelot pour enseigne colomnelle de France et partant d'un courage bien esprouvé, faisoit profession d'une modeste froideur, laquelle fut aisément estouffée par le bruit de ces turbulents. Cela fut cause que, sur les incertitudes d'attendre, d'aller au pas ou de s'avancer, ceux de la retraitte se virent sur les bras deux sergents avec chacun quarante harquebusiers et le capitaine Bourget qui les soustenoient avec soixante; ces deux premiers sautèrent des deux mains les terriers qui enfermoient le chemin, et laissent Bourget au milieu; et tout cela ensemble n'eut pas rechargé deux fois que toute la foulle prit le mesme ordre qu'eux. Voilà donc les terriers et les haies quand et quand garnies par les plus volontaires, qui eschappoient du gros sans capitaines qui disposassent de tout cela ; mais chacun suivant sa chaleur, et prenant les avantages du païs comme l'occasion l'instruisoit.

Je suis aprés à vous compter un des plus oppiniastrés combats que j'aie veu, leu, ni ouï dire ; mais cela n'est pas le plus grand proffit que vous y puissiez faire ; c'est d'apprendre en quels lieux et comment les gens de pied peuvent engager la cavallerie, contre le vieux proverbe qui dit leur estre deffendu de la poursuivre : ne dédaignez point donc cet affaire, pource que les hommes n'y sont pas comptez à milliers ; c'est à la confusion des batailles où il y a le moins à proffiter.

En l'estat que nous avons dit, le capitaine de retraitte (Aubigné), qui lors le devoit estre du tout, voiant que les harquebusades troubloient leur conseil, et prévoiant qu'un homme ou un cheval blessé en engageoient trois à l'estre, cria à son chef qu'il allast cercher la pleine au trot sans oublier ses harquebusiers. De mesme temps sortent du ventre des Marmendois dix-huit salades, lesquelles aussi tost veuës, aussi tost furent enfoncées dans le milieu de leur gros ; cela dit en passant que, comme les katholiques tournèrent teste, et quelques uns en firent un esclat de joie, il fut dit par quelqu'un (Aubigné) : *ils auront tantost leur livé*.

Cependant les refformez se desmeslèrent très bien de

cette première charge; mais voulans regagner leur trouppe, ils trouvèrent que, par l'importunité des criars, Vachonnière avoit fait mettre pied à terre à ses quarante harquebusiers, et que Beauvoisin avec sa trouppe avoit resuivi ceux de Castel-Jaloux jusques à leurs gens qui estoient à pied. Il fallut donc en tirer une salve, et puis aller au combat pour les desgager, ce qui se fit encores heureusement; mais la mesme faute faitte encores une autre fois, sous la faveur d'un ponterau, et contre les collères du chef de retraitte, il la falut paier. Vachonnière quitte sa trouppe, se vint joindre à la droitte de son lieutenant en la place d'un Basadois mort; et Bacouë (cause du désordre) gagna par un fossé le premier rang.

Adonc le baron de Mauvesin, assisté de ceux que nous avons nommez, donna avec six de front seulement, pource que le chemin n'en tenoit pas davantage, et un sepliesme qui se jetta dans le fossé pour entretenir Bacouë. Les sergens de Marmende les plus avancez avoient desja garni d'harquebusiers les haies des deux costez; de ceux-là quelques uns levoient le mendil avant tirer, et firent tout le meurtre; nonobstant le combat fut tellement oppiniastré, que le premier rang fut par trois fois rempli, à l'une de quatre et à l'autre de cinq, et à la troisiesme de quatre encores; tout cela combattoit cousu, de façon que les testes des chevaux alloient jusques aux arçons des ennemis.

Vachonnière aiant les reins couppez d'une balle ramée et de plus bruslant de quatre harquebusades, estant entre les jambes du cheval de son lieutenant (Aubigné), le pria se sauver; mais ils furent bien tost compagnons de cheutte, et tous les deux couverts de trois morts des leurs ; ce combat estoit comme à une barrière, sans mouvoir. L'aisné Brocas et un Desguillon se coupèrent la gorge avec des poignards. Bacouë et son homme en firent autant dans le fossé, hormis que le premier fut achevé par quelques hallebardiers qui s'estoient approchez par les deux fossez. Comme les refformez quittoient le jeu, Dominge vid le lieutenant laissé pour mort, qui s'estant despestré d'un de ses compagnons tombé sur lui, tout couché, le bras droit en haut, jouoit de l'espée, un temps garenti par des chevaux qui s'estoient entrepris sur lui, et puis par les blessures que reccurent de lui Metaut, Bastanes et le jeune Mége, qui en mourut. Dominge donc r'alie le jeune Castain et deux autres; ces quatre font quitter le lieutenant, le montent sur le premier cheval; à cent pas de là tournent teste à l'aisné Mége et autres qui les poursuivoient ; là ils croisent encores leurs espées ; mais à peu de combat, pource que la foulle de Marmende y arrivoit, et aussi que le lieutenant estoit blessé en cinq endroits.

Ils reviennent donc à la plaine tant de fois demandée, où les refformez aians mis leurs blessez dans un chemin se trouvèrent huit salades et vingt-huit harquebusiers, tout cela résolu de prester encores le collet; mais le baron de Mauvesin blessé fit sonner la retraitte. Là moururent vingt-sept de ceux de Castel-Jaloux, et cinq seulement des autres, hormis la charge de Valasins. Sachent les jeunes capitaines que les retraites ne se font plus aux harquebusades et pistolades comme du temps des coups de main, pource (comme nous avons dit) qu'une cheutte en engage deux ; et d'autant que Vachonnière se perdit par la froideur de ses commandemens, sachent que se résoudre à demi, est se perdre tout entier; aussi que la modestie bien séante à la table et au cabinet, ne l'est pas où il se faut faire obéir, et partager son expérience et son courage aux compagnons ; et encores que, dans les païs couverts et de nuit, celui qui mène les coureurs doit estre creu et obéi.

J'ai été assez chiche des augures et prodiges, de la quantité desquels plusieurs historiens fleurissent; et comme nous avons dit, en se parants de miracles, ils se dépouillent de créance et d'authorité; mais je ne puis me retenir qu'entre plusieurs songes et prédictions de la mesme journée je ne me rende pleige d'une que j'alléguerai. C'est que la demoiselle de Baccouë courut après la trouppe demander à jointes mains et en pleurant, l'aisné de deux enfans qu'elle y avoit, pour avoir songé qu'un prestre arrachoit les yeux à un sien cousin nommé la Corége, et que le mesme achevoit de tuer son fils dans un fossé, et puis après un resveil se rendormant sur mesme songe, elle le vid estendu mort sur un coffre plein d'avoine, derrière le portal de Malvirade, ce qui fut avéré en tous ses points [1].

[1] *Hist. univ.*, t. II, p. 288, l. III, ch. xii. (Édit. de 1626, ch. xiv.)

XV

Mémoires, p. 46. — Guerre de Bayonne (1577).

Ceux de Castel-Jaloux avoient fait une course vers l'armée de Villars, et pris quelques prisonniers auprès de Sabres; mais ils n'eurent pas loisir de faire leurs affaires, pource que Pouyanne aiant lors ensemble une trouppe de Grandmont et quarante salades que lui amenoit La Haie, eut le vent d'eux, si bien qu'ils se mirent à leurs trousses avec près de cent quarante salades et les harquebusiers à cheval de Lartigue; et les autres qui n'estoient que quarante-cinq salades et trente harquebusiers, prirent parti de retraitte; bien leur prenant que ce fut sur le soir. Comme ils passoient par un village, leur chef (Aubigné) envoia la trouppe, et avec douze des mieux montez fit allumer des feux dans le village, fit une charge légère aux coureurs, et toutes les contenances qu'il falloit pour persuader que la trouppe estoit logée. La ruse succéda[1]; car Pouianne se prépara à enfoncer le logis, fit mettre pied à terre, et durant les cérémonies propres pour cela, les autres gagnèrent la maison de Castain, qui faisoit la guerre.

Puis, aians appris par leurs prisonniers que l'armée se séparoit, retournèrent sur leurs pas, pour en avoir quelques pièces; si bien qu'aiant percé la nuit, ils se trouvèrent à soleil levant dans la grand lande, guères

---

[1] Réussit.

loin de Genquillet et descouvrirent une trouppe un peu moindre que la leur.

Leur façon de courir en un païs si plat veut estre considérée ; car au lieu que dans les païs couverts il faut faire la trouppe des coureurs gaillarde et leur marcher sur les talons, et de mesme la nuit, en ces lieux descouverts ils poussoient premièrement deux chevaux, à cinq cens pas de là, trois. Et en mesme espace cinq et le reste fort esloigné ; mesmes quelques fois à la veue de ceux qu'ils ne vouloient pas faire fuir, les premiers mettoient pied à terre dans la bruère, et menoient leurs chevaux par la bride. Ces estradiots usèrent de tous ces stratagèmes pour approcher la trouppe que nous avons ditte, laquelle se voiant engagée par les dix premiers, se résolut au combat ; ils jettèrent leurs harquebusiers en un petit bois de sapins et quarante armez se mirent en haie à la faveur de ce flanc : les autres sur l'arrest de leurs coureurs se mettent aussi en bataille à cent cinquante pas, envoient leurs harquebusiers dans le bois pour estre quittes du flanc, donnent et passent sur le ventre à la haie que nous avons ditte. Il n'y eut rien d'opiniastré ; car c'estoient vingt chevaux légers du vicomte d'Orte, et le reste hommes r'amassez à Bayonne et Dax, pour conduire trois damoiselles condamnées à Bourdeaux d'avoir la teste tranchée, et qu'ils emmenoient pour cet effet. Comme la pluspart s'estoient jettez par terre pour demander la vie et que l'on eut connu de quelle part ils estoient, le chef de la troupe appela à soi tous ceux de Bayonne, cria aux compagnons qu'ils traittassent le reste en mémoire des prisons de Dax. Ils mirent donc en pièces vingt-deux de ceux de Dax qui furent empoignez, et firent aux autres reprendre leurs armes et leurs chevaux, firent penser leurs blessez à La Harie, avec charge de dire au vicomte d'Orte, leur gouverneur, qu'ils avoient veu le différend traittement qu'on faisoit aux soldats et aux bourreaux. C'estoit en souvenance de la responce qu'avoit faitte ce vicomte au roi, quand il receut le commandement du massacre[1], comme nous avons dit en son lieu[2]. Quand aux damoiselles condamnées, la trouppe les conduisit jusques à Castillon où elles avoient leurs parens. De là à huit jours, vint un trompette de Bayonne, à Castel-Jaloux, qui apporta des escharpes et mouchouers ouvrez pour toute la compagnie; c'est pour n'emplir pas tousjours mon livre de choses horribles et desnaturées; et sur cela j'ai encores à dire que les affaires n'estans point bien pacifiées, il print une gaillarde humeur au roi de Navarre d'aller lui septiesme dans Bayonne à un festin qui lui fut préparé, où tout ce peuple environna sa table de danses de différentes façons. La Hilière, leur gouverneur, menoit la première, cela accompagné de divers présents, et sur tout de

[1] La Saint-Barthélemy.
[2] Voy. dans l'*Hist. univ.*, t. II, p. 28, la réponse du vicomte d'Orthez, gouverneur de Bayonne, à Charles IX. Il s'y trouve cette phrase, à laquelle d'Aubigné fait ici allusion : « Je n'ai trouvé dans la ville que bons citoiens et braves soldats, mais pas un bourreau. » L'authenticité sinon du fait au moins du texte de la lettre a été révoquée en doute.

coques de nacre de perles bien dorées ; et de plus ce peuple sachant que le capitaine de Castel-Jaloux (Aubigné) estoit un des sept, ils lui rendirent des remerciemens sans nombre, avec plus de paiement de sa courtoisie qu'il n'avoit mérité.

D'autre costé ce prince et les siens n'aians autre propos de table, aux despens du reste de la France, eslevèrent dans le ciel l'action rare et sans exemple et la gloire des Bayonnois. Encor pour leur donner plus de lustre, ceux de la ville et La Hilière mesme leur gouverneur r'apportèrent en cette compagnie plusieurs actes pareils à celui de Dax, qu'ils appeloient franchement inhumanitez et barbaries : entr'autres fut récité par un gentilhomme de Bigorre, une estrange histoire de Sainct-Sevé, assavoir qu'un homme de pratique du lieu aiant seu qu'on avoit commencé quelque tuerie, s'en alla suivi de sa femme et de ses enfants pour gagner le logis d'un sien cousin germain ; outre la parenté ils avoient exercé ensemble une amitié sans interruption et sans picque. Comme donc ce misérable eut gagné la chambre haute de son parent, il remercia Dieu dequoi il estoit arrivé entre mains amies ; mais l'autre, riant froidement, lui annonça que touttes les amitiez estoient esteintes de ce jour-là ; pour tesmoignage dequoi, il lui passa son espée à travers le corps, qu'il jetta par la fenestre comme sa famille arrivoit, laquelle il exposa aux tueurs [1].

[1] *Hist. univ.*, t. II, p. 290 et suiv., l. III, ch. XIII. (Édit. de 1626, ch. XV.)

XVI

Mémoires, p. 51. — Entreprise sur Limoges (1579).

Il y avoit à huit ou neuf lieuës de Limoges deux gentils-hommes courageux, l'un nommé Prinçai, et l'autre le Bouchet. Ceux-ci estans souvent persuadez par Ballot de Limoges (qui se faisoit appeller le capitaine Mas) de faire une entreprise sur sa ville, le premier de ces deux (qui estoit katholique) y entendit à bon escient, et pria l'autre de vouloir qu'ils commissent l'affaire entre les mains de quelque refformé qui eust suffisance et créance, pour fournir d'hommes et autres nécessaires à un tel exploit. Pour cet effet ils choisirent la Boullaie, plain de hauts désirs et favorisé du roi de Navarre pour avoir esté nourri enfant d'honneur avec lui. La Boullaie envoie quérir Aubigné en sa maison auprès d'Orléans : ceux-ci lui aians conté leurs affaires, l'amènent à la Tour d'Oiré, et de là (après avoir juré qu'ils ne passeroient d'une ligne ce qui seroit avisé par lui) le font trouver à Prinçai, et le capitaine Mas à mesme jour. Ce dernier fut interrogé de trois choses : pour quoi il vouloit vendre sa patrie, comment il le pouvoit faire, et quelles assurances il pouvoit donner? Pour le premier point, comme il s'estendit sur les querelles qu'il avoit avec les plus gros de la ville, sur plusieurs batteries et procès, en suitte desquels il avoit esté banni et depuis condamné à mourir, son auditeur (qui n'estoit pas là pour le descourager) et sur ce que les gentils-hommes l'assuroient cela estre vrai, se porta pour content du premier point, et fit venir au second, que le Mas vuida ainsi : « La garde de la ville se fait en façon qu'il n'y a point de corps-de-garde en aucune des quatres portes, pource qu'estant flancquée de tourelles, un corps-de-garde surpris ou suborné feroit entrer les ennemis en la ville avec les loisirs et commoditez que peut une citadelle ; mais toutes les nuits la Garde-du-Bois (qui est premier consul) y fait une ronde ou donne les clefs à un de ses compagnons, qui entrent dans les portaux pour les visiter. Ce consul là et Vertemond sont de l'entreprise, estant en mesme querelle que moi pource que le corps de la ville a soustenu et fait gagner le procès criminel à Marmagnes contre eux et moi. Il faut donc que vous choisissiez six ou sept gentils-hommes de grand courage, ausquels le consul donnera à souper, et puis aiant joué si tard, qu'il ne demeurera là que les confidens, lesquels aiant menez à sa ronde il laisseroit dans le portal, là où eux aussi pourroient envoier quérir quelques bons soldats qu'ils auroient amenez pour vallets ; un de nous trois servant de messager et conducteur, de peur de rencontre ; cela donc ainsi exécuté en la nuit assignée pour le rendez-vous de vos troupes, il n'y a que Dieu qui puisse empescher le succès. »

Cela estant fort approuvé par les exultations de Bouschet et Prinçai, le tiers (sans en juger) pria le Mas de passer au reste, ce qu'il fit en disant : « Quand à la seureté, vous choisirez de Vertemond ou de moi lequel il vous plaira pour s'aller mettre en ostage, au rendez-vous, que vous ferez le plus proche de la ville, c'est à dire le jour auparavant. Je vous offrirois le mesme du consul s'il pouvoit donner les clefs à un autre; marchez donc avec confiance, et poignardez vostre ostage si vous me trouvez menteur en un seul point. » A cela aiant ajousté les bons compagnons de la ville qui se joindroient à leur parti, les prisonniers de vingt, de cinquante et de cent mille escus, les buttins de toutes choses, et sur tout des armes pour dresser des régiments, Aubigné respond, qu'il estoit suffisamment paié des deux premiers points, mais nullement du troisiesme; sur quoi ses compagnons aiant maudit les deffiances, et fait plusieurs contenances de mescontentemens, passa outre sans s'esbranler, changeant l'affaire en ce point : que le consul au lieu des six gentils-hommes et de leurs soldats mettroit seullement dedans la porte un soldat et deux lacquais avec une eschelle de corde et toutes les clefs de la porte, lesquelles seroient bien reconnues par le soldat qui feroit la ronde, comme c'est la coustume en celle du sergent major. Mais quand aux ostages, il vouloit Vertemond et lui, qui se rendroient à Montaumar la veille de la Toussaints pour exécuter, la nuit des Morts qu'ils appellent. Cela fut ainsi arresté, et le Mas voiant ces deux jeunes hommes maugréer et se repentir d'avoir choisi un si meffiant négotiateur, leur dit qu'ils ne sçavoient ce qui leur estoit bon, et que pour lui il loüoit Dieu d'avoir affaire à un homme de guerre. Il resta un petit scrupule qui estoit de parler à la Garde et à Vertemond, et pourtant, maugré les jeunes gens, fut arresté qu'au samedi prochain, des trois lieux qui furent nommez on leur en nommeroit un à porte ouvrant pour traitter sans procureur avec les conjurez. Le jour dit et le rendez-vous choisi à la Couriera, Aubigné (accompagné de la Vallière, cousin du Bouschet, homme de probité et d'expérience) s'avance à la veuë du village, où il envoie un grand laquais de Prinçai, sans autre commission que de regarder s'il verroit dans la ruë des femmes et des enfants, marques d'un lieu où il n'y a point d'ambuscade. La Vallière, estant demeuré pour voir ce qui venoit à dos, le Mas sort du village, et Aubigné s'approchant de lui au pas, lui porte un pistollet dans les dents, avec la trongne la plus furieuse qu'il pût, disant : « Traistre, il faut mourir. » Le Mas (sans changer de visage, mais s'esclatans de rire) respond : « A d'autres, vous vous fiez trop en moi. » Cela passe en raillerie, et la Vallière venu, le compagnon se plaint qu'ils estoient arrivez un peu tard, qu'il n'avoit pû amener les consuls; mais que c'estoit pour une si bonne cause que l'excuse en seroit agréable. « C'est (dit-il) qu'hier au soir arriva dans la ville un des Restignats. Vous avez sceu comment la noblesse du païs a pris Figeac; ils demandent quatre canons, et deux coullevrines que nous avons pour battre la citadelle; le consul la Garde du Bois et Vertemond vous mandent par moi, que vous leur envoiez la responce qu'ils doivent faire; ils s'assurent tant de leur crédit, qu'ils la feront passer; mais il y a commodité et incommodité d'une part et d'autre : car si nous prestons nostre canon, nous l'accompagnerons de cinq ou six cents de nos meilleurs hommes; et partant nous aurons bon marché du combat; d'ailleurs six pièces de batterie que nous perdrions sont de grand estime en ce païs ici. »

Les deux aiant consulté ensemble, en partie pour bien faire à leurs partisans de Figeac, respondirent qu'ils aimeroient mieux trouver mille hommes d'avantage à combattre et que le canon ne partist, puis ne desmordant point le désir de voir en face les deux consuls, prirent un second rendez-vous à quatre jours de là.

Le Mas donc partit : le conducteur de l'affaire[1] donna à la Vallière un mémoire escrit de sa main, et lequel estant porté au roi fut veu et estimé par les capitaines, c'estoit un moien de faire couler de Poictou, Xaintonge, Guienne, et mesme du haut Languedoc de quinze à seize cents hommes bien choisis, et entre ceux-là les gardes du roi de Navarre, du prince de Condé, du vicomte de Turenne et de Chastillon; faisant marcher cela de telle façon qu'ils ne portoient allarme qu'à leur exécution; avec cela estoit la forme du combat de la ville, duquel il prenoit pour soi les enfans perdus; il les prioit donc d'estudier avec la Vallière ce mémoire, cependant que lui alloit hazarder sa vie pour assurer les leurs.

Cela fait, il va à Limoges se fourrer dans l'ostellerie des Trois-Espées, qui est du faux-bourg, tout contre la barrière de la porte la Reine; il envoie par le lacquais de Prinçai quérir le Mas, lui dist qu'il estoit venu là pour

[1] Aubigné.

reconnoistre leurs avenues, le dedans et le dehors, qu'il y voulloit passer quelques jours en attendant l'assignation, qu'il prioit le Mas de lui faire voir bonne compagnie de dames, à quoi il l'avoit plusieurs fois convié; que, pour ce jourd'hui, il le prioit de venir coucher en l'hostellerie, et qu'il emploiroit le reste de la journée à visiter le dehors. Le Mas respond que cela estoit bon, mais lui ne devoit point assister à cette reconnoissance, parce que l'affaire seroit trop remarquable; cependant il feroit un tour en la ville pour lui préparer du plaisir au lendemain. Ils se séparèrent donc à l'entrée de la porte, et le reconnoisseur descent à main gauche sur le bord des fossez, au petit pas, et s'amusant à toutes choses. Il n'eut pas fait quatre cents pas qu'il part du corps-de-garde un homme qui faisoit les mesmes arrest et avances que lui, et toutes fois l'outrepassa de peur de lui donner l'allarme; puis pour l'attendre fit semblant de pisser contre une porte de jardin. Là, estant parvenu le meffiant, et n'aiant rien veu de mouillé, tint pour dit que celui qui l'espioit le faisoit avec charge et connoissance. Il prit soudain une résolution qui sembleroit bien contraire à sa peine : ce fut de tirer des tablettes de sa pochette et tirer le plan de la ville ou au moins en faire les contenances, c'estoit pour dire qu'il marchoit d'assurance et ne se sentoit point descouvert; de là il regaigne le logis pour essaier de sauter sur la selle de son cheval; mais le Mas y arrivoit en mesme temps, qui le receut avec parolles folastres et grande gaieté de visage.

Aubigné le tire appart et lui dist ainsi : « Je viens de reconnoistre tout ce que vous m'avez dit si véritable ; pardonnez mes soupçons, comme aiant en main la vie et les honneurs de tant de gens de bien, vous n'y en verrez plus, en tesmoin de quoi, j'abrége le jour pris au quinziesme d'octobre, et au lieu des deux ostages que j'ai demandez envoiez-nous deux vallets habillez de satin ; car il est certain que la présence de vous seulement peut augmenter nos buttins de cent mille escus, que nous perdrions par vostre absence ; ces vallets que vous envoirez en vostre place seront pour asseurer les plus soubçonneux, et mesmes le prince de Condé, que je vous déclare devoir marcher à l'entreprise. Quant à l'entrevue, nous la ferons s'il vous plaist ; mais il faut haster. »

Le gallant, resveillé de ses derniers propos, rompit discours, et prenant excuse sur ce que la porte alloit fermer et qu'il vouloit avertir à son logis qu'on ne l'attendist pas, print sa course vers le corps-de-garde. En sa place entrèrent quatre ou cinq consuls de la ville, ou capitaines ou archers du prévost, avec de mauvais manteaux. L'un portant quelques livrets à vendre, un autre de la mercerie, un autre des tavaiolles[1], qui en vendit une à celui qui n'en avoit que faire. Comme la chambre s'emplissoit encores, le Mas r'entre qui, aiant dit un mot en passant au marchant de tavayolles, r'envoia tout en la ville, en leur disant que la porte seroit fermée. La vérité est

---

[1] Toile bordée de dentelles.

qu'il coulloit desja vers la porte plus de quarante hommes et le prévost à leur teste; ausquels le Mas aiant dit les derniers propos de son pigeon, et l'espion du fossé aiant assuré qu'il lui avoit veu peindre la ville en homme qui ne se tenoit pour reconnu, joint à cela qu'ils le devoient mener au bal le lendemain, et qu'il ne falloit pas perdre la prise de tant de saumons pour une sardine, la partie fut remise. [Le prévost opiniastrant de ne laisser point aller le poisson pris. Enfin, sur l'apparence qu'avoit donné Aubigné de n'avoir point l'alarme, tout se déperdit.]

Le pont de la ville estant levé, nostre entrepreneur lui trouva le dessous plus agréable que le visage de sa maistresse, et après avoir bouffonné avec le Mas, déclamé contre la perte du temps, il le mena par degrez à consentir que, dès cette nuit, il partist pour aller mettre ordre aux affaires; encor le Mas l'accompagnant jusques hors les faux-bourgs, il eut deux fois la main sur le pistolet pour le tuer. Mais prévoiant (comme il parut bien après) que cette mort l'eust descrié parmi tous les siens, il aima mieux ne rompre point la paille, et ainsi se sépara en propos de l'entrevuë.

Bouschet et Prinçai qui attendoient aux Lesses, receurent cette histoire avec un grand mespris, jettans des ris meslez de despit, sur les frivolles craintes de leur curateur; lequel les paiant de plusieurs raisons, les arresta, entr'autres sur un assavoir sur le peu d'apparence que le premier consul et le riche Vertamond feussent compagnons d'un pendart (comme de fait le

Mas fut pendu depuis) et voulussent hazarder [avec leur vie, pour la destruction de leur patrie] leurs conditions si eslevées, sans espérer augmentation en leurs richesses, mais toute perte en leur honneur. Là dessus ces jeunes gens jurèrent de ne conférer plus avec le Mas qu'en présence de leur conducteur, et pour mener pendre le double traistre sur les fossez de Limoges. La mesme nuict de cette entreprise, il s'en faisoit une autre sur Montaigu en bas Poittou, conduitte par le mesme architecte (Aubigné), que lui-mesme fut contraint de venir rompre. En son absence, Prinçai et Bouschet aians remémoré les parolles, les raisons, les gestes et familières contenances du Mas, se mirent à détester les rudes précautions de leur tuteur, qui n'avoit pas connu ni la bonne ame, ni les obligations de ce malheureux envers eux : car ils lui avoient sauvé la vie, le retirant plusieurs fois en leurs maisons. Sur ces gages, [contre leur serment faict] ils s'en vont à Limoges, et en la mesme hostellerie et mesme chambre des Trois Espées, arrivèrent les mesmes merciers et marchants de tavaiolles, et leur obligé aiant saisi leurs espées, qu'ils avoient mises dans un coin, les marchands leur sautent au collet. Leur procès fait en deux heures, fut (à cause du dimanche) remis à exécuter au lundi matin, qu'ils furent décapitez. Ceux qui ne comprendront pas combien il y a en ce discours de leçons pour les courages qui se confient aux intelligences, me blasmeront de ma longueur; mais ceux qui en auront plus de connoissance m'en remercieront[1].

---

[1] *Hist. univ.*, t. II, p. 329 et suiv., l. IV, ch. IV.

XVII

Mémoires, p. 54.—Conseil de guerre tenu par le roi de Navarre (1580).

La cour du roi de Navarre se faisoit florissante en brave noblesse, en dames excellentes ; si bien qu'en toutes sortes d'avantage de nature et de l'acquis, elle ne s'estimoit pas moins que l'autre ; l'aise y amena les vices (comme la chaleur les serpens). La roine de Navarre eut bien tost desrouillé les esprits et fait rouiller les armes. Elle apprit au roi son mari, qu'un cavalier estoit sans ame quand il estoit sans amour, et l'exercice qu'elle en faisoit n'estoit nullement caché, voullant par là que la publique profession sentist quelque vertu et que le secret fust la marque de vice. Ce prince (tendre de ce costé) eut bien tost appris à caresser les serviteurs de sa femme, elle à caresser les maîtresses du roi son mari, les instruisant qu'elles avoient en leurs mains la vie d'une maistresse et la disposition des plus grands affaires de la France : si bien qu'en concertant avec elles, la paix et la guerre de la France estoient entre leurs mains. J'eusse bien voulu cacher l'ordure de la maison ; mais aiant presté serment à la vérité, je ne puis espargner les choses qui instruisent, principallement sur un point, qui, depuis Philippes de Commines, n'a esté guères bien connu par ceux qui ont escrit, pour n'avoir pas fait leur chevet au pied des rois, comme lui et moi : c'est que les plus grands mouvemens des roiaumes et les tempestes qui les renversent, prennent souvent leurs premières ondes aux cerveaux de personnes viles et de peu.

Nous avons touché la haine de la roine de Navarre contre le roi son frère; cela fit que, pour lui remettre la guerre sur les bras, à quelque pris que ce fust, cette femme artificieuse se servit de l'amour de son mari envers Foceuse, jeune fille de quatorze ans et du nom de Montmorenci, pour semer en l'esprit de ce prince les résolutions qu'elle y désiroit. Cette fille, craintive pour son aage, au commencement ne pouvoit bien pratiquer les leçons de sa maistresse; elle la faisoit aider par une fille de chambre nommée Xainte, avec laquelle le roi de Navarre familiarisoit. Cette-ci hardie, rapportoit sans discrétion force nouvelles que la roine de Navarre recevoit (ou inventoit) de la cour, soit les parolles de mespris que son frère disoit en son cabinet, soit les risées de Monsieur et du duc de Guise, qui se faisoient à ses despens devant la dame de Sauve; d'ailleurs elle (la roine) séduisit les maistresses de ceux qui avoient voix en chapitre; elle-mesme gaigna pour ce point le vicomte de Turenne. Tous leurs discours n'estoient que mespris par la paix, et par la guerre hautes espérances et exultations. Les esprits ainsi préparez, il se présente un dillème qu'il falloit vuider; assavoir rendre les places de seureté pour avoir paix, ou les deffendre par la guerre. Le roi de Navarre disoit souvent que les prises d'armes avoient esté infructueuses, pource qu'elles n'avoient jamais esté secrettes, estans communiquées à trop de gens et la pluspart qui n'estoient pas gens de guerre. Pour essaier de faire mieux, il n'appella à son secret que le vicomte de Turenne, Favas, deux autres [1], et le secrétaire Marsillère. Il leur propose le dillème que nous avons dit en termes qui sentoient la conclusion (selon sa bonne coustume). Tous ceux qu'il avoit appelés, pour en dire leur avis, estoient amoureux et partant plains des instructions que nous avons marquées, qui tous ne pouvoient respirer ne conspirer que guerre. Mais Favas (qui n'estoit pas de cette escolle [2]) prit son raisonnement sur l'horreur de la guerre, par les maux qu'elle apportoit, sur la puissance des ennemis, sur la foiblesse du parti; sur tout il incista à desduire le schisme qui se faisoit par toute la France entre les liguez et le roi, division qui valloit mieux que toutes les places de seureté, laquelle (disoit-il) nostre tollérance fomentera et nostre impatience convertira en la réunion de nos ennemis. Marsillère lui voulut aider; mais le maistre le fit taire, en disant, qu'il n'estoit pas là pour dire son avis, et que si on eust peu se passer de lui pour faire les dépesches, on ne l'eust pas appelé. Favas reprit la parole sur les moiens de prolonger la reddition des places; mais n'estans point trouvez, et de fait n'estans point certains, il falut conclure aux armes, au temps et aux moiens de faire joüer plus de soixante entreprises, que de divers endroits on estoit venu communiquer en la cour de

[1] Ces deux autres étaient, suivant l'édition de 1626, Constans et Aubigné.

[2] L'édition de 1626 porte : Hormis Favas, que l'aage avoit guéri de l'amour et les labeurs passez du désir des nouveaux. Cettui-là n'estant pas de l'escole des dames, etc.

Navarre. Le jour fut pris au quinziesme d'avril, et des deux que je n'ai point nommez, l'un (Constans) fut dépesché pour faire exécuter au haut et bas Languedoc, aux Sévènes, Vivarets, Provence et Dauphiné; l'autre (Aubigné) pour faire joüer en Périgort, Xaintonge, Angoumois, Poictou, Bretagne et Anjou : le vicomte demeura pour les choses de la Gascongne. Ainsi fut résolue la guerre, qui pour les raisons susdites fut nommée la *guerre des Amoureux*. [Ce nom à la cour, mais au loin on l'appella la *guerre de Montagio* [1].]

XVIII

Mémoires, p. 55. — Guerre des Amoureux (1580).

Pource qu'à la main gauche de ce département le feu s'esprit le plus, nous vous dirons de cette branche que Pons et Saint Jean d'Angeli receurent le commandement rejeté des Rochelois, comme nous dirons. L'avertisseur (Aubigné), tombé malade à Sainct-Jean, ne laissa pas d'aller à l'exécution de Montagu, qui fut prise par un moien assez nouveau. Le gascon de Pommiers avoit familiarité avec les mortes-paies de Montagu ; ils le convièrent à quelques volleries sur les chemins de Nantes, ce qu'il accepta par le conseil des entrepreneurs; et qui, plus est, se trouva à destrousser un marchant de deux cens escus qui, depuis, lui furent rendus. Ce compagnon (rusé et persuasif) exhorta les mortes-paies

---

[1] Montaigu. *Hist. univ.*, t. II, p. 344 et suiv., l. IV, ch. v.

à ne faire plus ces petis coups, par lesquels ils pouvoient estre descouverts et ruinez, comme par un plus grand; pourtant il leur promit de les tenir avertis d'un marchant qui, au retour de la foire de Fontenai, logeoit tousjours à Vieille-Vigne près la demeure de Pommiers. Il les avertit doncques à point nommé, ajoustant qu'ils estoient quatre marchands ensemble, et par ainsi qu'il falloit venir pour le moins autant. A ce mandement ne faillit de se trouver Urban (qui commandoit au chasteau) accompagné de cinq autres; tout cela estant au guet en la forest de Grala, fut investi par Vrignaie et Goupilière, accompagnez de huit ou neuf. Ces volleurs menacez de mort, s'ils ne faisoient ouvrir la poterne du chasteau à l'heure et en la façon qu'ils avoient accoustumé, donnèrent le mot [de matelot] qu'ils avoient pour faire ouvrir la porte. Tout cela fut gardé en une maison jusques à la nuit d'après, que la Boullaie, Bastarderaie et celui qui leur faisoit prendre les armes, aians donné à Pommiers cinq bons hommes, mènent Urban lié, et ne furent si tost à la poterne, qu'aiant respondu *au qui va là? Matelot*, et fait parler Urban, que Pommiers se jetta dans le guichet demi ouvert. Ainsi fut pris le chasteau, où la Boullaie fut bien estonné, quand de tant d'amis qu'il avoit conviez, il se trouva dixseptième; encores falut-il de ce petit nombre saisir la ville, dans laquelle il y avoit un assez grand peuple, et entre cela plus de soixante capables de tirer une arquebusade. Il fut bon aux entrepreneurs de donner en la ville avant jour, pource qu'estans contez ils estoient perdus : ainsi le bruit fut partisan du petit nombre, et presque tous les hommes s'en estans fuis, on se trouva plus empesché à garder, qu'on n'avoit esté à conquérir....

En cet estat furent ceux de Montaigu six semaines, sans pouvoir amasser plus de 36 hommes de guerre. Ils vindrent donc par force à essaier le conseil de la Vallière et son compagnon (Aubigné), qui eut permission de mener à la guerre 20 salades et 10 harquebusiers à cheval, ne laissant dans la ville que la Boullaie, 5 maistres et la valetaille. Nos 30 chevaux partis devant jour, enfilent en trois troupes trois chemins de Nantes, un jour de marché; puis, s'estans r'alliez, trouvent qu'ils avoient 60 et tant de prisonniers à cheval. Ils rompent trois ou quatre églises, arborent deux bannières en cornettes et vont mettre dans la prairie, à main droitte de Pillemil, leurs prisonniers en bataille, gardez par lesdits harquebusiers à cheval et un de deux trompettes qu'ils avoient. Les 20 salades qui venoient de prendre la Janière et un procureur du roi, aians appris par eux que quelques gentils-hommes de la compagnie de Vandré se sauvoient dans le fauxbourg, l'enfillèrent tout du long. Quelques-uns passans la tour de Pillemil jusques au commencement du pont et furent long temps là avant que ceux de la tour leur envoiassent quelque mauvaise harquebusade. Ce buttin amené à Montaigu, cette mesme trouppe ne fit que changer de chevaux pour faire une autre course sans passer la Sèvre. A cette fois ils ajoutèrent au pillage le bruslement de 6 ou 7 églises. Sur cette nouvelle Montaigu se vid dans dix jours quatorze cens soldats, et Landereau avec les Roches-Bariteaux et la troupe de bas Poitou (qu'ils appeloient la ligue) ne se vint plus pourmener devant Montaigu, pour monstrer des cordeaux à ceux de la garnison, comme ils faisoient auparavant.

Voilà cette ville esquippée en guerre ; on ordonne en la ville les compagnies du gouverneur de Jarrie, de Moquart, de Nesde, de la Serpente et Jamoneau ; desquels quelques unes ne se parfirent pas. Au chasteau fut mis Vrignais avec une compagnie de cent vingt hommes, quelques autres petites trouppes mal complettes, comme celle de chevaux-légers de Grand-Ri et les harquebusiers à cheval de Deslittes ; tout cela (comme aussi tout le reste de la garnison) presta serment d'obéir hors les murailles à Aubigné, qui n'avoit nulle charge au dedans. Landereau avoit commencé à fortifier Sainct-Georges : ceux de Montaigu aiant mis leurs forces aux champs firent quitter cela premièrement ; de là ils prennent d'effroi le chasteau de l'Abergement, grand et assez bon ; puis ils tournent vers Mortagne, escallent de nuit le chasteau ; et ces troupes se parfirent et rafraischirent dans la ville. En mesme temps, ils marchent vers la Garnache, où quelques gentils-hommes s'estoient retirez, escallent la ville, prennent le chasteau d'effroi ; et de force prisonniers (qu'ils espéroient y trouver) n'empoignèrent rien que le ministre [1].

[1] *Hist. univ.*, t. II, p. 346 et suiv., l. IV, ch. vi. Les huit dernières lignes du dernier paragraphe manquent dans l'édition de 1626.

XIX

Mémoires, p. 55. — Entreprise sur Blaye (1580).

Si les entreprises traversées de plusieurs accidents sont capables d'instruire les jeunes capitaines, je n'ai peu leur desrober celle de Blaie, bien que faillie par moi, qui en cela me soubsmets aux gens de guerre et à leur jugement. Trois gentils-hommes ou soldats de marque, nommez Nivaudière, Turtrie et la Leu, nourris en la maison du baron d'Hervaux, lors gouverneur de Blaie, sur quelques mescontentemens receus de lui, et aians ouï estimer la garnison de Montaigu, s'y en viennent; et comme voisins de la Boullaie (à cause de la tour d'Oiré) lui parlent du moien de prendre Blaie. Eux estans renvoiez pour cet affaire à Aubigné, la Boullaie et lui en lieu secret les entendirent disant qu'ils estoient de naguères à Blaie, comme familiers amis, et l'un d'eux parent de Villiers y commandant et lieutenant du baron; qu'il n'y avoit dans le petit chastelet que 8 soldats d'ordinaire pour le plus, et tels quels, si bien qu'eux trois entreprendroient bien d'en venir à bout, pourveu qu'asseurez d'estre secourus à propos; davantage, qu'en discourant avec Villiers ils lui avoient fait quelque envie de servir le roi de Navarre, soit pour l'estime de ce prince ou pour son parti, dans lequel les soldats faisoient mieux leur proffit qu'en l'autre. Ils ajoustoient que cet homme leur avoit donné espérance de s'y joindre avec eux, pourveu qu'ils eussent fait leur condition bonne avec quelque chef des refformez, par ainsi que si on vouloit entendre à les soutenir bien, au péril de leur vie, ils se rendroient les plus forts dans le chastelet. Aubigné ne leur fit pas tant de questions comme il avoit fait au capitaine Mas [1]; seulement fut d'avis de commencer cet affaire aprés s'estre assuré du temps et de la façon d'y donner, en faisant ressouvenir Villiers de leur proposition pour entrer au service du roi de Navarre; que sur ce qu'il leur en avoit dit ils s'estoient avancez d'esseurer leur condition avec quelques chefs refformez, que s'ils le trouvoient en mesme résolution leur affaire estoit très-aisé; que s'ils le trouvoient changé, qu'ils avisassent à leur seureté de leur vie et de l'entreprise; que lui, aiant cette commission, ne leur manqueroit pas d'une minutte, estant observateur de ses parolles mesmes au péril de la mort. La Boullaie aiant certifié cela mesme par son serment, ils remettent à une autre fois, pour (aprés avoir bien estudié les circonstances) venir toucher à la main.

Deux entreprises qui furent à peu de temps l'une aprés l'autre sur Montaigu, retardèrent le partement pour exécuter l'autre; la première fut par un gentil-homme nommé de Butterie, enseigne de Jarrie. Cettui-ci esperduement amoureux de la sœur de Pelissonnière, ne refusa point d'acheter sa maistresse par la trahison de Montaigu, donna rendez-vous à toute la Ligue de bas Poictou pour se trouver devant le chasteau deux heures aprés minuit, promettant avec l'aide de quatre soldats

---

[1] Voy. plus haut, p. 228, 239.

(desquels deux estoient de Genève) de coupper la gorge au corps-de-garde du chasteau, demandans d'estre secourus quand il auroit à la veuë des entrepreneurs jetté les morts par dessus les murailles, et non plus tost. Sur le soir de l'entreprise, quelqu'un (Aubigné) aiant connu à la mine de ce jeune homme qu'il avoit un grand débat en son âme, et mesmes qu'il avoit un pourpoint de maille, cettui-là mesmes qui avoit accoustumé de mener les compagnies à la guerre, commanda à la Butterie de tenir prest 6 bons hommes, et qu'il se falloit desrober par la poterne du chasteau. De Butterie saisi par Bastardraie, son cousin germain, par lui-mesmes interrogé et pressé confessa tout, et sans que son cousin lui promist la vie, bien qu'il en eust pouvoir; des 6 qu'il avoit menez, il n'avoit pas failli de choisir 4 des exécuteurs. La Boullaie, aiant fait prendre tout cela, n'oublia pas de faire exécuter tous les signaux que ces marchans descouvrirent : de sonner contre une grille, d'alumer un feu sur le haut du donjon, et à l'arrivée des conjurez (qui ne manquèrent pas) les 4 soldats poignardez furent précipitez du haut du chasteau. De Butterie, attaché par un pied, se pourmenoit à leur veuë les encourageant : toute la garnison, hors-mis quelques-uns, sur la muraille présentoit l'escalade au chasteau, mettoient le feu au pont-levis; ceux de dehors voioient les morts et les blessez contrefaits, comme l'on les traisnoit dessus la contr'escarpe; mais quoi qu'ils vissent une farce bien jouée, ils firent sagesse de froideur, et de Butterie fut jetté aprés eux.

La seconde entreprise fut de Vrignés, qui pour 50000 francs (assurez par le mareschal de Rets) devoit mettre le chasteau (où il commandoit) entre ses mains : la Boullaie averti envoia quérir Vieille-Vigne, Sainct-Estienne, et leur aiant communiqué l'affaire, quoi qu'ils fussent parens de Vrignés, quelqu'un (Aubigné) aiant saisi le corps-de-garde habillement, le marchant fut poignardé.

Ces deux accidents et le dernier fait de Limoges refroidirent quelque peu les entrepreneurs sur Blaie; mais en fin la valleur de l'affaire les fit passer outre, et résoudre qu'Aubigné prendroit de Montaigu quarante gentilshommes, et deux fois autant d'arquebusiers à cheval, mèneroit avec lui les trois qui le quitteroient auprés de Sainct-Jean d'Angeli pour aller à leur besongne, et que là il se prépareroit les forces du païs, où il avoit crédit, pour se trouver sur la contr'escarpe du chasteau le premier mecredi de juillet à six heures du soir, à point nommé, plustost tardant qu'avançant; y aiant bien plus de péril de parestre un quart d'heure avant le coup fait, qu'une heure après. Les trois promirent de jetter les morts par dessus la muraille, et le gouverneur mesmes, s'il les refusoit, et puis qu'un des trois descendroit du bastion qui est devant le chastelet, pour donner assurance aux secourans. Le jet des morts ne fut conté pour rien veu la leçon de Montaigu; mais, sur la descente d'un des trois, tout fut juré et conclud, à la charge que la moitié des utillitez[1] du gouvernement appartiendroient à la Boul-

[1] Revenus.

laie (bien qu'absent), pour ce qu'il faisoit la plus part des frais.

En accomplissant tout ce que dessus, la trouppe que nous avons ditte s'achemine; les trois la laissent à Briou, s'en vont passer à Angoulesme, où Nivaudière demeure malade; les autres deux poursuivans leur chemin et leur dessein furent pris dans la garenne de Montendre et menez prisonniers à Ponts. Aubigné avec le tiers de sa trouppe s'y en court, et comme il vouloit paier deux cents escus pour la rançon de ces deux prisonniers et les faire passer outre, le capitaine des preneurs lui demanda pardon du malheureux coup qu'il avoit fait, par lequel il avoit rompu, ou esloigné, le plus grand service qu'on peust rendre à la cause de Dieu. Vous pouvez penser si cette honnesteté fut bien receuë, joint à cela que tout le bruit de Ponts et du païs estoit desjà commun, qu'on avoit pris des hommes qui alloient pour surprendre Blaie. Sainct-Mesme escrivit de Sainct-Jean le mesme bruit, et qu'il n'estoit plus d'avis de prester des hommes pour faire joüer une mine esventée. Sur ce point, les deux prisonniers reçoivent un billet de Nivaudière, guéri et arrivé à Blaie, par lequel il conjuroit ses compagnons de chevir[1] de leur rançon, que Villiers (qui bien avoit sceu leur prise) la paieroit, que jamais ils n'avoient estimé leur affaire si facile qu'il estoit, qu'il falloit seullement prolonger de huit jours et renoüer le dessein comme il estoit. Sur ce billet, les prisonniers avec

---

[1] Traiter.

sermens exécrables promettent plus que jamais, et sollicitent leur chef pour l'exécution. Lui leur remonstre leur péril d'entrer seulement dans le chasteau, sur le renom qu'ils avoient dans tout le païs d'y entrer pour le trahir; au contraire ils se font fort d'une telle amitié avec Villiers, qu'ils l'auroient trahi dix fois avant qu'il en eust creu l'une; toutes ces assurances outre raison donnoient autant de crainte à l'entrepreneur; car cette grande amitié lui devoit causer autant de doutes qu'elle donnoit aux autres de seuretez. Les gouverneurs de Sainct-Jean et de Ponts protestoient de ne lui donner point d'hommes : Bertauville (qui avoit grand créance au païs) fut le premier qui conforta Aubigné en la résolution d'y donner, et les garnisons de Sainct-Jean et de Ponts deffoncèrent maugré leur gouverneur pour suivre : celui de Ponts, Uson, s'y achemine; les compagnons en partant ajoustèrent que les coureurs s'arrestassent au moulin de la GardeRolland, et que là on feroit du chasteau un signal d'un linceu [1] attaché à une pique droitte si les preneurs du chasteau estoient fort pressez, et abattu s'ils estoient ignorans ou estonnez. Les trouppes de l'entreprise, aians marché toute la nuit, se rafraichissent à Croupignac jusques après midi. Aubigné menant ses coureurs arrive un peu avant six heures au moulin susdit, mais tant s'en falut qu'il pust voir le signal, qu'ils ne pouvoient discerner une tour d'avec l'autre, à cause d'une vapeur qui se lève presque tous les jours

---

[1] Drap.

une fois à la rencontre de tant d'eaus, que douces que sallées. Plusieurs chefs de trouppes s'escrièrent lors qu'il ne falloit pas aller plus avant sur la parolle de personnes, ou très infidelles à leur ancien ami ou à ceux qui les emploient maintenant ; ajoustans que les manquemens qui paroissoient dès le commencement, estoient autant d'avertissemens pour se garder d'estre empoignez.

Celui qui conduisoit la besongne (engagé de sa foi) marchoit cependant et rencontra trente ou quarante lacquais, messagers et escolliers ; c'estoit une battelée qui venoit d'estre deschargée dans les fauxbourgs de Blaie ; tous ceux-ci interrogez assurèrent qu'il n'y avoit aucune esmotion dans la ville ; cela donna encores à crier contre le dessein, car tous ces gens mentoient, l'affaire estant au point que nous allons dire. Aussi tost que les deux compagnons furent arrivez et mesmes dès le jour devant, de la part d'Allas, de Xaintes et de Cognac, estoient venues lettres et messagers exprès, pour avertir comment les prisonniers n'avoient rien paié à Ponts, mais estoient partis aiant donné espérance de faire un coup dont il seroit parlé. D'ailleurs, les forces de Sainct-Jean, Ponts et Roian, jointes à celles de Montaigu, marchoient à l'entreprise. Il ne passoit aucune heure sans billets qu'on donnoit à Villiers, et lui à Turtrie pour les lire, pource qu'il ne lisoit pas, quelquesfois les avis lui estoient desguisez, quelquesfois on lui faisoit sçavoir l'entreprise, mais en termes généraux, tout cela mesprisé pour la confiance de Villiers en ses hostes. Mais ceux de la ville n'estans pas tant aveuglez, vindrent au chasteau sur les neuf heures, pour presser le gouverneur de regarder à ses affaires, lui déclarans que pour eux ils estoient tous en armes. Ceux-là estans renvoiez, Villiers (qui avoit disné de bon matin) se vint asseoir sur un lit, et Turtrie se mettant auprés de lui, le fit ressouvenir des propos qu'ils avoient eus ensemble pour se mettre au service du roi de Navarre. Villiers n'eut pas si tost respondu qu'il estoit fort esloigné de cela, que Turtrie le tua de quatre coups de poignard; et en mesme temps Nivaudière et Laleu en vont faire autant à trois qui estoient à la porte; il n'en restoit plus dans le chastelet que trois, desquels l'un (qui estoit de leur ancienne connoissance) leur promit fidélité; les autres deux furent mis dans une basse fosse. Cela achevé dès les dix heures du matin, ceux de la ville (où quelques uns de Croupignac estoient arivez, aians veu les forces) s'en allèrent vers le chasteau environ midi et demandèrent d'entrer. On leur fit respondre par le soldat nouvellement gagné, que la porte ne leur seroit point ouverte, et qu'on sçavoit bien qu'ils vouloient surprendre le chastelet, pour le remettre entre les mains de Lansac. Ceux de la ville qui s'estoient assemblez au matin pour dépescher à Bourdeaux se voient encor ensemble et résolurent de forcer le chasteau, comme ils l'essaièrent entre deux et trois heures, font venir quelques charrettes chargées de bois, mettent le feu au pont-levis et firent leurs efforts jusques aprés quatre heures. Mais les trois compagnons et le quatriesme ajoint qui faisoit son devoir en apparence, les firent desmordre, et sur les cinq heures estans renforcez de ceux de Bourg, de Sainct-Andreaux, de Vitrezais, et de Medo, ils se préparoient à un plus grand effort, quand l'alarme du dehors et la crainte que les faux-bourgs ne fussent pillez, les firent emploier aux barricades ; à quoi ils eurent une heure seulement de loisir, paroissant incontinent après six heures une grosse trouppe de cavallerie, au visage du plus proche des faux-bourgs, où Aubigné se voiant accablé de reproches, que son ambition l'aveugloit à faire perdre force gens de bien, se desroba seul, pour essaier à prendre prisonnier quelque soldat, de sept qui s'avançoient fort dans le chemin. Il s'aprocha si près qu'ils le tirèrent, et il en entreprit un, en sautant un grand fossé que guères de chevaux n'eussent osé franchir. Ce soldat s'oppiniastra de façon qu'il ne pût estre amené, aimant mieux demeurer sur la place. Durant cette course, le conseil tint entre tous les chefs de trouppe où, après avoir discouru sur les faux-bourgs retranchez et jugé que si les Blaiois eussent eu peur de leur chasteau, ils ne se fussent pas amusez à cela, il fut résolu de tourner visage ; et Bertauville envoié pour en avertir Aubigné. Lui au contraire se tournant vers la première troupe où estoient les siens et quelques autres gentils-hommes de bonne volonté, aprés avoir dit : « Que ceux qui sont venus ici pour l'amour de « moi facent comme moi ; il faut que ma vie aille quérir « ma foi où elle est engagée, » ils mettent pied à terre, et fit là son unicque faute ; c'est qu'il se contenta de dire qu'on fist marcher son équipage, et ne fit pas mettre dans sa trouppe les deux eschelles qu'il avoit fait porter jusques-là et qui y demeurèrent sur l'oppinion qu'on n'alloit plus que piller les faux-bourgs.

Bertauville voyant qu'on alloit donner aux barricades s'y en vint, et à son exemple les deux Boisronds, tous en pourpoint et à cheval ; tout cela vint essuier les costez d'Aubigné, qui leur cria : « Vous y arriverez et retournerez les premiers. » Ceux-là donnèrent de la teste de leurs chevaux à la première barricade, et puis firent place aux gens de pied qui l'emportèrent de plain saut, comme estant la dernière entreprise, et la plus mal deffenduë ; il ne s'y perdit que deux hommes, et les capitaines Cercé et Mouvans blessez : à l'autre se trouva deux cents qui la maintenoient, sans qu'on fit avancer par les costez deux bonnes troupes. Il en resta encore une plus près de la ville, où ceux de Ponts, menez par le capitaine Marsaut, donnèrent si gaillardement qu'ils la firent quitter et retirer une grosse trouppe d'harquebuserie jusques par de là la porte. Cependant (après la seconde barricade) Aubigné huictiesme sort du faux-bourg et s'en vint sur le bord du fossé à l'endroit du petit chastelet, et là aiant deschargé sa rondache et son casque (qu'il ne pouvoit plus porter) sur un petit fumier, il prenoit autant d'halaine qu'il lui en falloit pour s'en retourner, aiant accompli sa promesse, comme croiant avec les autres n'y avoir plus rien dans le chasteau [qui fust à eux]. Comme donc quelques harquebusades l'ennuioient, il reprenoit son casque pour le retour, quand Nivaudière l'appella, lui criant qu'il fist ses affaires à son aise, et qu'ils n'avoient de haste jusques à minuit, qu'il envoiast une eschelle au bastion par laquelle un d'eux descendroit, et que cependant on jetteroit le gouverneur mort. Ce fut à souspirer pour les eschelles laissées, et à promettre deux cents escus à deux soldats pour les aller querir. Il prit lors un effroi aux mortes-paies et habitants, qui gagnoient les batteaux pour s'enfuir, sans quelques vieux soldats qui les r'amenèrent à l'attaque du chasteau; ceux de dehors estans fortifiez sur la contr'escarpe deffendoient les trois parts de ce carré, disans tousjours aux quatre compagnons qu'ils n'eussent soin que du devant; aussi firent-ils quitter l'escalade après y avoir tué quelques uns des assaillants. Sur ce point arrivent les deux eschelles; et Aubigné aiant pris un pennache blanc pour marque (enflé de vanité) s'escria en descendant dans le fossé, et en jurant Dieu, qu'il estoit Roi de Blaie. Voilà ce que je dis, pour n'espargner point l'autheur; car Dieu le paia de sa folie, en ostant tout d'un coup le courage à ses mauvais garçons, desquels Laleu se jetta le premier dedans le fossé, si esperdu que jetant ses armes, Aubigné ne le pût arrester, et s'en courut sans prendre haleine à une grosse trouppe de cavallerie que Husson tenoit dans les champs à huit cents pas de la place. Aubigné (qui avoit creu au commancement qu'il se fust jetté pour lui tenir promesse) aiant reconnu l'effroi, passoit vers le bastion, quand les autres deux firent le mesme saut, Turtrie le dernier avec les clefs du chasteau en la main. Cettui-ci (détestant contre ses compagnons) s'offrit à remonter le bastion, et cela se faisoit sans que le quatriesme, qui avoit fermé la poterne du bastion, fit connoistre à force harquebusades que le nid estoit pris; ce fut à retirer les morts et les blessez [1].

XX

Mémoires, p. 56. — Attaque de Nérac par Biron (1580).

Le mareschal de Biron marcha devers Francisquas, et, avec quatre mille hommes de pied, six cents chevaux et deux coulevrines, vint prendre place de bataille sur le haut des vignes de Nérac, et se logea en croissant dans un champ fort incommode, pource que de la ville on alloit par rideaux de cent pas en cent pas jusques aux pieds de cette cavalerie. Mais cet avantage ne fut point pris pour je ne sai quelle épidemie de crainte, qui par tout afflige les armées quelques-fois. Quelques gentils-hommes [2] qui estoient venus de Montaigu, où la maladie estoit au rebours, r'alièrent quelques quarante soldats; et aians receu l'armée de plus loin que du costau, furent réduits à force d'infanterie à un des rideaux que nous avons dit, et l'opiniastrèrent deux heures durant; au bout desquelles le mareschal, aiant fait tirer sa volée dans la ville, desmarcha pour aller prendre logis à Mezin. La roine de Navarre, Madame et les filles de la cour, estans venuës dans des guérites pour avoir le plaisir d'une

[1] *Hist. univ.*, t. II, p. 357 et suiv., l. IV, ch. x.
[2] L'édition de 1626 porte : Quelque gentilhomme (Aubigné) estoit venu de Montaigu...

escarmouche s'en allèrent mal édifiées, et de la froideur de leurs gens, et d'un coup de canon qui avoit donné demi brasse à la muraille sous les pieds de cette roine [1].

XXI

Mémoires, p. 57. — Diverses expéditions de d'Aubigné (1580).

Blaic estant faillie et les troupes de Montaigu s'estans retirées, les refformez se trouvèrent en peu de temps dans cette ville jusques à quinze cents hommes, avec lesquels ils délibérèrent d'estendre leurs *fimbries* [2], premièrement par un fort à Sainct-Georges, puis après par la prise de Labergement, assez grand chasteau, qui fut emporté par le moïen de deux soldats hasardeux, lesquels se jettans de plain jour sur le pont-levis, l'empeschèrent de baculer, et bien suivis emportèrent le reste. De là ils s'estendirent à Mortagne, qu'ils prirent par une escalade mise sur des rochers devers la rivière, en une nuit fort noire, et la sentinelle ne pouvant les ouïr à cause des freins de l'eau et du grand bruit qu'elle fait en cet endroit. Ils trouvèrent dans la ville plusieurs commoditez qui leur firent grand bien au siége; puis après ils emportèrent d'escallade la ville de la Garnache, et le chasteau par effroi, tout se sauvant hors-mis le ministre du lieu qui fut seul leur prisonnier, et quitte pour leur prescher; ce qui

---

[1] *Hist. univ.*, t. II, p. 364, l. IV, ch. xi.
[2] Leurs bordures, dit l'édition de 1626.

leur estoit nouveau ; car le roi permettant lors plus que jamais toute liberté en France pour les presches, les ministres estoient contre eux, si bien qu'en estans despourveus, ils vindrent prendre par force, à Sainct-Fulgent, la Tousche, ministre de Mouchant, et l'emmenèrent à Montaigu, où lui aiant veu des gens de guerre sans blasphèmes, sans garces, sans dez, sans querelles, sans pilleries, hors-mis ce qu'ils faisoient au loin, avec le droit de la guerre, les prit en amitié et voulut y demeurer jusques au siége : j'ai dit au loin, pource que les chevaux légers de cette garnison l'ont renvié par dessus tous les coureurs du siècle, courans vers Rouan et Paris familièrement, si adextres et discrets où il falloit, qu'ils ont une fois logé vingt-sept chevaux dans une maison, de laquelle le devant faisoit front de veuë en un faux-bourg à soixante pas de la porte de la ville, trouvans moïen d'enfermer en une chambre quatorze personnes de la maison, les tenir sans bruit, et enserrans encores ceux de la ville qui y arrivoient pour affaires jusques au soir que les compagnons aians veu passer Pelissonnière, leur ennemi particulier, pour avoir quelques jours devant chargé et tué de sangfroid Granri (il portoit la cornette blanche du duc du Maine), ils se mettent sur ses erres, et le viennent charger dans le village de Ruperoux, où ils tuèrent la pluspart des siens. Il se sauva sur un cheval qui avoit un coup de pistolet au travers la jambe, et lui qui d'un autre avoit le bras en pièces. J'ai voulu vous monstrer à ce logis la dextérité des gallans ; mais encore ne puis-je vous taire, qu'estans auprés de

Glené, et aians veu de loin vingt chevaux qui marchoient serré, le capitaine de ces coureurs (Aubigné) en choisit six pour les engager. Mais, comme il voulut mesler, trouva des gens qui eurent bien plus tost la main au chappeau, qu'au pistolet qu'ils avoient presque tous ; c'ettoit un sinode qu'ils amenoient[1], sans qu'eux osassent se déclarer ; en fin estans reconnus ils en furent quittes pour reproches. Ces mesmes estradiots chargèrent deux compagnies de Ré et de la Rochelle, qui marchoient avec enseignes desploiées à la foire de Sainct-Benoist, ils y laissèrent les armes et drapeaux : telle estoit la division entre les refformez[2].

Mémoires, p. 57. — Siége de Montaigu ; mort du frère de d'Aubigné (1580).

Toutes les petites conquestes de La Boulaie et leurs garnisons prenoient l'effroi et commençoient à se desrober, quand il envoia une bonne trouppe pour les lever honorablement et les conduire seurement. Il est bon de savoir comment Landreau et ses amis avoient en six mois ou jetté ou gagné des hommes dans Montaigu jusques à dix entreprises, desquelles chacune cousta la mort à quelques-uns. Après la neufiesme et sur le bruit du siége, le conseil de la ville se résolut de juger à la mine et à la façon de vivre tous ceux qu'ils trouvoient tristes, pensifs, conférans

[1] L'édition de 1626 porte : C'estoit un synode d'où ils venoyent de s'assembler et les emmenoyent...
[2] *Hist. univ.*, t. II, p. 374, l. III, ch. xv.

ensemble ; et de ceux-là en choisirent trente, qu'ils jettèrent sous la charge d'un capitaine Chesne dans l'Abergement. Ils choisirent si bien, que le Chesne voiant qu'on lui avoit donné tous ceux de la faction, et un autre nommé La-Bourgongne, envoié là-mesme, et y trouvant tous les siens, s'estans confessez l'un l'autre et s'estans reconnus vingt-neuf traistres, ils chassèrent le trentiesme, qui estoit un boulenger, lequel ne se trouva pas de leur menée, et avec un coup d'espée sur la teste l'envoièrent à Montaigu. L'abandon que l'on faisoit de ces petites places refroidit si bien le courage des compagnons, qu'il n'en arriva pas le tiers dedans la ville, où encor s'estant mis l'effroi par les remontrances des gentils-hommes du païs, quelques capitaines prindrent leurs quaisses et leurs tambours, et firent un ban en ces termes : « A tous poltrons à qui le siége fait mal au cœur, qu'ils aient à vuider, et on leur donnera passe-port pour s'en aller à tous les diables. » Tant y a que de quinze cents hommes qu'il y avoit, il n'y demeura que trois cents-cinquante harquebuziers et quarante-cinq salades. Le conseil de la ville partagea la noblesse qui y estoit en trois escoüades, pour avoir tousjours un corps d'hommes armez au secours de ce qui seroit attaqué, sous les charges du gouverneur de Sainct-Estienne et d'Aubigné, lequel aussi fut esleu lieutenant collonel des compagnies des gens de pied, assavoir de celle de Vrignez, poignardé à une des entreprises, pour avoir vendu le chasteau au mareschal de Retz ; cette compagnie donnée aprés à Goupilière : celle de Jarrie, qui en avoit une dedans Poictiers au siége, et qui, au lever du siége, fit encores monstre de trois cents hommes : celle de Grand-Ri, laissée à son lieutenant : celles des capitaines Moquar, Jean Monneau, Nesde, et celle du gouverneur que je mets la dernière, pour avoir esté la moins complette.

Comme les trouppes approchèrent, il y eut peu de nuicts qu'il n'y eust quelque corps-de-garde enfoncé. Aubigné partit avec quarante chevaux et alla charger une compagnie du régiment Des Bruères, comme il venoit au siége, tout contre le puits Nostre-Dame, avec quelques autres petits exploits de peu de compte : tant y a, qu'aiant appris d'un capitaines Des Brueres prisonnier, qu'on leur donnoit huict jours de loisir pour venir au siége, lui aussi ne hasta point son retour, et lui arriva un soir chose qui sera attestée par six ou sept hommes d'honneur encore vivants : C'est qu'estant couché sur la paillasse entre Beauvois de Chastelleraudois et les Ousches de Melle, il fit la prière selon leur mode, en achevant laquelle, sur ces mots, *Ne nous indui point en tentation,* il receut trois coups d'une main large, comme il jugeoit au sentiment; ces trois coups bien distinguez, si résonnants, que toutte la compagnie à la lueur d'un grand feu eut les yeux fichez sur lui dès le premier coup. Les Ousches, encores en vie quand j'escris, le pria de recommencer, ce qu'il fit; et sur les mesmes mots il receut trois autres coups plus grands que les premiers, aux yeux de tous, et quelques uns s'estans approchez pour voir le prodige. J'eusse supprimé cet accident s'il eust esté sans tesmoin; je garderai les diverses interprétations pour les familières instructions de ma maison, estant la vérité que le mesme soir le capitaine Aubigné, mon cadet, venoit d'être tué, comme nous vous dirons.

Landereau aiant seu que la troupe la plus redoutée de Montaigu en estoit dehors, pria Briandière, chef de soixante gentil-hommes liguez et de la meilleure troupe de l'armée, de lui aider à presser le comte du Ludde, pour, avec les forces qu'ils avoient, aller commencer le siége et brider toutes les avenuës, pour n'avoir affaire qu'à ce qui estoit dedans. Ceux-là pressèrent tellement les affaires, que le dernier samedi de septembre l'armée gagna les logis de Sainct-Georges, la Barrillère, Mateflon, la Lande, la Bretonnière, la Borderie, les Oulières et la Patissière : Sainct-Georges pour le général, avec trois compagnies de cavalerie et six gens de pied ; à la Barrillère cinq compagnies, assavoir, de Derville, Chemaux, le capitaines Joüannes et Mespieds. Ces cinq compaignies sont nommées pource que les autres ne se battoient pas souvent, estans distribuées trois à trois ou deux à deux en tous les lieux que nous avons nommez, le gros s'estant avancé vers le fauxbourg de la porte Jallet. Les refformez s'amusèrent de ce costé-là à une escarmouche assez froide, ce qui fut cause que tous les autres logements se firent sans combat.

Le dimanche, les assiégez aians mis le feu dans le faux-bourg, le comte marcha pour le faire esteindre ; et là on se vid de plus près, mais il n'y eut point moïen de gagner les jardins du faux-bourg, pour estre oppiniastrez. Le lundi, l'armée estant venuë à la Barrillère, s'attaqua une meilleure escarmouche, réchauffée par le capitaine Pericart qui amenoit au siége près de trois cents hommes. Le baron de Neubourg, son enseigne, donna si brusquement à la queuë de l'Estang, qu'il enferma Sainct-Estienne avec vingt gentils-hommes; mais comme ils estoient prests de se rendre, l'enseigne de Jarrie avec trente des siens perça tout pour les desgager, et, comme il faisoit sa retraitte, Landreau et Briandière avec leurs trouppes prindrent la charge. Un vieil soldat pressant ce capitaine[1] de se retirer lui cria : « Voici de la cavallerie; la response fut : Ce ne sont que des bestes de plus. » Ce jeune homme fit bien sauter la haye à tous ses harquebusiers, mais lui ne daignant quitter le chemin eut Landereau sur les bras, lequel il abbatit par terre d'un coup d'espieu, son cheval pris par ceux de la ville ; et puis ceux qui suivoient Landereau vengèrent sa cheute de quelques coups d'espées à travers le corps du jeune Aubigné, qui estant recouru, mais mort, fut enterré dans les sépultures des ducs de Thouars, chose qui a depuis esté agréable aux seigneurs. J'en dis beaucoup; mais c'est un frère, duquel vous saurez encor, qu'au premier jour que la Hunaudaie avoit paru avec deux cents lances et cent vingt harquebusiers, cettui-ci avec trente hommes, encores soustenu de dix salades, avoit apporté tel désordre aux cent vingt harquebuziers et les avoit si

---

[1] L'enseigne, suivant l'édition de 1626.

rudement menez entre les jambes de leur cavalerie, que ces lanciers ne pouvans pas venir à la charge à cause d'une haye, et se voians desjà plusieurs hommes et chevaux blessez, pour prendre une place plus favorable, gagnèrent le chemin, que les dix chevaux enfilèrent à leur cul, et les trente harquebusiers, qui avoient mis en fuite les cent vingt, gagnèrent les costez des haies et mirent tel effroi, que tout s'en courut au galop demie lieuë et plus, et les dix qui meslèrent dans le désordre en tuèrent plus qu'ils n'estoient et emmenèrent six prisonniers. Pour ce trait et quelques autres, l'aisné, partant pour aller à la guerre, dit à son cadet : « Tu as gagné réputation de soldat, ne sois pas avare de ta vie, mais mesnager. » La response fut : « J'aurai bien tost le plaisir d'estre honoré ou celui de n'estre point. »

Durant ces choses, les quarante aiant appris à Chemilli par leurs prisonniers que le siége estoit commencé, se résolurent de s'y venir jetter, et pour cet effet vindrent repaistre à Villiers-Boivin, où ils prindrent quelques gens-d'armes de Chemeraut, et puis arrivèrent à veuë de la ville sur la mi-nuict. Le chef (Aubigné) de ces estradiots l'aiant veuë bien ceinturée de feux, partagea à Danvers et à Charbonnières (qui faisoit lors son apprentissage) à chacun dix soldats, et lui mit pied à terre avec dix autres et autant de carabins, laissant entre les mains de leurs vallets (qui estoient bien armez) les chevaux et les prisonniers qu'ils avoient. En cet équipage, il prend résolution d'aller sentir les corps-de-garde de la Barrillère; mais les trouvant trop bien garnis, il prit à main droite du costé de Mateflon, où il n'y avoit que deux compagnies, donna la teste baissée sur celle qui estoit en garde à sa main droite; le corps de garde après fort peu d'harquebusades gagna bien tost la maison; avant qu'ils fussent secourus, lui et ceux qui estoient à pied ouvrirent une clie[1] et ostèrent quelques branches pour enfiler le chemin, qui le mena sans contredit jusques à la contr'escarpe. Là il fut receu d'une sentinelle perduë, qui, sans parler, lui planta une harquebusade dans l'estomac de sa cuirasse, et comme il le reconnut lui apprit la mort de son frère.

Le conseil empescha touttes sorties jusques au dimanche; mais ce jour-là le comte du Lude vint faire la monstre génaralle de son infanterie dans le champ de la Barrillère: estant permis aux nouveaux venus de sortir, six soldats bien en poinct s'estant coulez par dessous le rocher, montent dans le champ de la Barrillère, demandent si on les vouloit recevoir, et quand et quand donnent chacun une harquebusade dans le bataillon; vingt ou trente gentilshommes qui estoient là mettent les espécs à la main et courent confusément aux six. Nesde, qui s'estoit avancé avec quinze, aiant tiré aux plus avancez, reprend la pente du roc pour recharger. Lancosme demande quatre cents harquebusiers; ce fut à dire que tout s'esbranla, et voilà près de trois mille hommes de pied qui prennent la course dans la vallée, au fond de laquelle ils trouvent vingt gentils-hommes une hallebarde à la main, six vingts harquebusiers triez,

[1] Claie.

et un peu plus haut, en gagnant vers la ville, Jarrie avec quatre vingts en lieu plus avantageux. Tous ces capitaines qui avoient pris leur course ne se peurent ou ne voulurent pas s'arrêter, que dix-huict ou vingt qu'ils estoient, n'aians armes que le satin, avec plus de quatre cents harquebusiers, ne meslassent les six vingt. Là se donnèrent force coups d'hallebarde et coups d'espée : d'abordée le mestre de camp des refformez fut porté par terre entre les capitaines Chemaux et Joüannes, relevé par Charbonnières et Nesde; Derville et Courtigni blessez, avec quinze ou seize de leurs croizez sur la place : tout ce qui avoit couru gayement perdit sa colère au bout des espées des autres, si bien qu'ils leur donnèrent loisir de repasser le pré et se partager aux deux costez du chemin. Lors toutte la foule de l'armée estant arrivée, tout donne à l'envi les uns des autres et au chemin et aux deux costez : là fut blessé à mort Goupilière, et quatorze ou quinze de dedans tuez ou blessez. Mais les hommes de main qui estoient là, bien soutenus par leurs harquebusiers, vindrent aux mains si heureusement, que d'abordée ils mirent à leurs pieds trente mauvais garçons, entre ceux-là les capitaines Chemaux et Joüannes, frère du mestre de camp; et sur cette bonne bouche remontèrent encores vers la ville quelques quarante pas, et puis à un ormeau qui estoit abattu au chemin fermèrent leur retraite; sur cet arbre les uns et les autres mirent les pieds; un sergent de la Brosse nommé la Borde, seul le passa et s'en desmesla en bon compagnon.

Les assiégeans aians reconnu l'opiniastreté et verdeur de ces gens, et voians qu'ils ne pouvoient avoir que quatre mille hommes, changèrent le dessein du siége en blocus seulement, et refusèrent le canon qu'on leur préparoit à Nantes, ne pensants peut-estre pas avoir affaire à si peu de gens. En ce siége de blocus, se passèrent en quatre mois quarante ou cinquante escarmouches, fort peu desquelles se desmeslèrent sans coup d'espée. Et pource qu'il n'y va que de quatre cents hommes d'un costé, je n'en oserai particulariser que trois.

Quelques gentils-hommes, estans allez voir les capitaines Ponts et Arragon[1] à la Bretonnière, leur demandèrent moyen de donner un coup d'espée; ceux-là vindrent avec trente harquebusiers de chaque compagnie choisis auprès de la Lande, la rivière entre deux, et là se mirent à l'escoupeterie avec les Ousches, Nivaudière et quelques soldats qui estoient de l'autre costé. Un des chefs (Aubigné) de la ville mande à Nesde qu'il le suivist avec vingt harquebusiers, et lui neufiesme passe l'eau, et s'estant coulé jusques où les capitaines Pont et Arragon estoient, se voiant descouvert, il va aux mains avec ses neuf, mesle la première trouppe qui estoit sur le bord de l'eau, et sans la desmordre va mesler à l'entrée d'un chemin quelques espées dorées qui firent ferme. Comme il estoit aux mains et que les premiers qui avoient fui se r'alioient pour retourner à lui, Nesde arriva avec ses quinze bien à propos, et lors les assiégez rompans tout, ne laissèrent

---

[1] L'édition de 1626 porte : Ages.

sur la place que deux morts, mais emmenèrent ou tuèrent (pour espargner le foin) quarante-six chevaux [que perdirent autant de volontaires qui, à l'ouyr de l'escarmouche, s'estoyent venus convier d'y prendre part].

Du mesme costé de la Lande soixante harquebusiers de la ville ostèrent à cinquante harquebusiers [conduits par le capitaine Arragon] dix chartées de munitions, et les vinrent passer à cent cinquante pas de la Lande; les compagnies des blocus y accourent; les soixante, estans renforcez d'encor autant, font teste à droite et à gauche à ceux qui s'avançoient et emmènent tout à Montaigu.

Il y eut une autre grande escarmouche à la porte Jallet, où l'ordre de dix hommes de commandement, qui en avoient chacun vingt affidez [et marchoient séparez pour recevoir les commandements], renversa plus de huict cents hommes jusques derrière leur blocus; pource que dans le milieu de la confusion ces dix faisans un corps de deux cents bien serrez, avec une menace de vingt-cinq chevaux que la Boulaie et Sainct-Estienne amenèrent; à mesme temps tout ce qui estoit confus fut réduit à la fuitte.

La dernière des escarmouches fut la plus glorieuse, pource qu'elle se fit contre raison sur le dessein de l'ennemi; car telle estoit l'audace des assiégez sur les autres, qu'aians veu de dessus une tour loger sur le ventre quatre cents harquebusiers dans un bois à leur gauche comme on va à la Barrillère, et puis voians venir Mespieds avec sa compagnie pour attaquer à la mode accoustumée en se retirant, les assiégez se plaignoient de ne venir plus aux coups d'espée. Mais celui (Aubigné) qui commandoit aux sorties, aiant choisi cent cinquante hommes, parmi cela quinze ou seize armez, aiant envoié les capitaines Paillez et Mocquart avec soixante convier Mespieds à se retirer, lui prend sa course dans le bois, et mesle tellement cette embuscade, qu'en faisant demeurer trente sur la place, il mène le reste dans le fossé de la Barrillère : et pource que les vallets de la ville estoient courus pour buttiner au bois, on leur fit emporter le capitaine Sourcil, qui pour avoir rendu plus de combat que les autres, fut enterré par les assiégez hors de la ville, avec les enseignes et beaucoup d'honneur.

Les coureurs de Montaigu ne laissoient pas pour le siége de faire des équipées assez loin; comme en ce temps-là neuf des leurs deffirent une compagnie de gens de pied marchans dans un chemin creux auprès de Pont-Rousseau ; et les mesmes furent chargez par dix-huit chevaux de l'armée, que les neuf tuèrent tous, hormis le capitaine la Coste, qui [pour avoir porté le chef (Aubigné) par terre et avoir très-bien faict, fut sauvé par lui : il] a depuis servi à Fontenai : tous les traits que nous disons faits hors d'apparence, par l'estime en laquelle estoient les refformez de ce costé-là envers leurs ennemis; mais parmi ces choses qui seront louées, j'en ai une à dire qui sera blasmée des plus judicieux; c'est que Guebriand du costé de la Hunaudaie, aiant envoié demander un coup de lance, il arriva que celui (Aubigné) qui receut le trompette, comme estant fortuitement préparé à cela, s'avança avec lui, et mit le marché au poing, ce qui ne s'exécuta pas, pource que le chef de ce costé l'empescha. Les Poittevins de Sainct-Georges se firent de feste, pour réparer ce deffaut; cela vint, par divers cartels que je supprime, jusques-là que les assiégez estans deffiez pour se trouver dix des principaux dans le champ de la Barrillière, qui est à dire entre les mains de leurs ennemis, avec espée et pognard, ces gens furent si francs du collier, qu'aians pris la parolle de la Brosse et de Mespieds, ils se vindrent mettre dix en chemise entre deux rangs de leurs ennemis, qui faisoient six cents hommes au lieu dit, et une heure avant l'assignation. Or comme le cartel estoit signé par le conseil du comte, aussi furent envoiez Lagor et Guimenière du conseil de l'armée pour compter et visiter les combattants; et puis aiant agréé toutes leurs conditions, ils s'en retournèrent comme ils disoient pour leur envoier de quoi passer le temps. Aians demeuré là cinq heures ils receurent une lettre d'excuse; les soldats des compagnies frémissans et crians la honte la plus évidente que jamais armée eust receu, se convièrent à tenir la place de leurs chefs; et comme ils furent acceptez, les capitaines la Brosse et Mespieds se jettèrent entre deux, et jurèrent avant se départir de se venir mettre dans le régiment de la Boullaie, que Monsieur avoit desjà prattiqué pour la guerre de Flandres; ces promesses leur estans permises par le bruit certain de la paix.

Aussi fut-elle receue par le comte du Lude le lendemain, et comme l'on disputoit à qui la feroit publier le premier, le comte fit cet honneur à un capitaine des assiégez (Aubigné) d'en vouloir prendre son avis, et pourtant mit Roussière-Cul-de-Braie en ostage pour lui. Cettui-ci fit voir deux choses : l'une que tous les mouvemens et commencemens de trefves et parlements estoient bien séants aux maistres de la campagne, et non aux autres : d'ailleurs que par la paix les assiégez entroient en l'obéissance du comte, ne devans rien auparavant : que pour leur première reconnoissance il estoit bien séant qu'ils receussent non seulement la paix, mais encores de lui l'exemple de la paix : entre autres discours, on lui demanda s'ils se prévaudraient de l'appel des dix. Cettui-ci, quoique principal en la partie [comme depuis le coup de lance accepté, ayant maintenu la querelle seul et deffié Landereau, lui à pied et armé en capitaine de gens d'armes], respondit : « Que si leur chef les traittoit à la rigueur des anciennes loix, n'aiant pas tenu à eux qu'ils n'aient perdu la place pour leur fait particulier, il leur feroit trancher la teste à tous dix[1]. »

XXII

Mémoires, p. 58 (d'Aubigné et le comte de Vimiosa).

Aubigné estoit venu de Montaigu, et ayant à un premier voiage trouvé la cour (de Navarre) à Cadillac, au second venant de rendre la place (Montaigu), il trouva

---

[1] *Hist. univ.*, t. II, p. 377 et suiv., l. IV, ch. XVI.

toute l'assemblée susdicte selon le projet à Libourne, horsmis le roi de Navarre, qui dès-lors s'attachoit aux amours de la comtesse de Guiche, vefve de Grandmont[1].

La reine de Navarre aiant esté descouverte à Cadillac en ses privautez avec Champvallon, avoit estimé qu'Aubigné avoit donné cet avertissement en se vengeant de quelque deffaveur dont il n'avoit pas eu sentiment; elle donc prit un moien pour le ruiner, que nous donnerons pour un plat du mestier à nos lecteurs courtisans.

Elle donc sachant qu'il estoit arrivé à portes ouvrantes, elle l'envoia quérir, se fascha à lui, lui reprochant que la guerre l'avoit rendu barbare ou au moins sauvage, que ce n'estoit pas à lui à attendre la reine à lever, mais entrer à toutte heure, comme conservant son estat de dame d'honneur. Après ces privautez, elle lui fait apporter un siége pour ouïr le discours qui s'ensuit : « Vous estes, dit-elle, venu très-à-propos, si
« ce n'est un peu tard, pour un affaire qui sera fort
« sensible au roi vostre maistre et mon mari : c'est
« qu'il y a en cette ville un prince portugais qui s'ap-
« pelle dom Antonio Virmiose, connestable de Portu-
« gal, celui que vous avez ouï conter avoir fait si gé-
« néreusement en Barbarie, à la bataille des trois Rois.
« Pour l'estime que je fais du personnage, je veux
« que vous-mesmes en jugiez avant que vous en dire

---

[1] Ce commencement étant fort incorrect dans la première édition, nous avons pris le texte de la seconde.

« mon sentiment; je sais bien que vous ne vous amu-
« serez pas à ses mauvaises révérences, ni à sa ma-
« nière de danser; c'est un prince qui dit en bons
« termes, recommandable en touttes sortes de galan-
« teries et pour l'amour, sur lequel il le fait bon
« ouïr. Vous avez seu le misérable estat du Portugal
« et du roi dom Antonio, le danger où il est de perdre
« touttes les isles, tant Assores, Fortunées que touttes
« les Occidentales, Philippines et Moluques, comme
« aussi ce qu'il possédoit en Affrique vers le Castel-
« de-Mine, que ses autres conquestes aux Indes dans
« le continent; tout cela demande secours, on est en
« branle de subir le joug des Espagnols, par lesquels
« ils sont menacez et pressez. Vous ne doutez pas que
« ce ne soit la fortune d'un grand prince; mon frère,
« qui est un dangereux brouillon, comme vous savez,
« empiète cela pour les tromper, et craignant que ce
« connestable ne parle aux plus avisez, feignant de
« le garder contre les 40,000 ducats que le roi d'Es-
« pagne a mis sur sa teste, Alferan, qui a charge de
« recevoir les estrangers, a six Suisses pour cet effet,
« tellement qu'il y a de la difficulté à le voir, sinon
« pour ceux de l'embarquement. Or, je sais que cette
« difficulté ne fera que vous eschauffer pour faire un
« grand service à vostre maistre, en faisant que le
« roi de Portugal jette ses affaires dans le sein de vous
« autres Huguenots, desquels seuls on se peut fier, pour
« les affaires qui sont contre l'Espagne et l'Italie;
« d'ailleurs il y a quelque danger de former une ini-
« mitié entre mon frère et le roi mon mari, c'est ce

« qui me tient en perplexité et de quoi je me soula-
« gerai sur vostre expérience et fidélité. »

Voici quelle fut sa réponse :

« Madame, vous avez ici Languiller et Beaupré, con-
« seillers ordinaires du roi vostre mari, plus autho-
« risez et plus vieux que moi, je prie Votre Majesté les
« vouloir faire pour le moins participans de ce far-
« deau, et me commander absolument, sans me don-
« ner un chois dangereux et un faix sous lequel je
« succomberois. » Elle se défit de cela, disant de Lan-
guillier que ses discours ne passoient point le maistre
d'hostel, de l'autre qu'il s'attachoit à Monsieur, et se
démesla laissant le pacquet sur la teste du compagnon, qui s'estant retiré, se mit à penser ainsi : « Cette
femme a quelque irritation contre moi ; pour se venger, elle me donne un dangereux chat par les pattes,
préparée à accuser ce que je ferai, ou d'avoir laissé
perdre à mon maistre l'accomplissement de ses désirs,
ou d'avoir brizé l'union des frères ; il n'y a remède
pour moi que de faire devant elle un faux choix et la
préparer à mesdire de ce que je n'aurai point fait. »
Il la vid donc encores une fois, protestant aimer mieux
estre paresseux que malfaisant, lui estant plus par-
donnable d'avoir privé son maistre d'une guerre, que
de lui en donner une contre son frère et la maison
de Valois.

Aiant donc seu que tous les matins Strosse, Lansac,
Richelieu et le baron de la Garde entroient en conseil
avec le connestable, il changea de manteau et de chappeau avec son valet, et entré dans ce logis à la queuë

de ce train, se cacha en un coin où on nourrissoit de la poulaille, où aiant demeuré une heure, comme cette trouppe sortoit, gagna la chambre du connestable, dit à l'huissier que c'ettoit un gentilhomme du roi de Navarre envoié par lui ; entré qu'il fut, il s'approche du lict où estoit le comte, en lui disant : *No mirais, segnor, al sombrero, ma à lo que se parte de la cabeça*, et ainsi suivit à couvrir son desguisement de la nécessité. Le prince entend à demi mot, défend de laisser entrer Alferan, et aiant fait donner une chaire au mal couvert, qui ne la refusa point, le comte lui respond en ces termes : *A buenos ojos, segnor, no puede el mal sombrero defigurar la buena gana*. De telle entrée Aubigné se met en discours comme il s'ensuit :

« Il y a six choses, très-excellent Seigneur, qui doi-
« vent convenir en celui qu'on recherche pour lui
« mettre en main le secours d'un Estat contre un
« autre : la probité connuë, l'expérience aux armes,
« la créance des gens de guerre, la proximité, les in-
« thérests communs de haine avec l'opprimé contre
« l'oppresseur, et, s'il se peut, touttes voies de récon-
« ciliations avec l'ennemi comme impossibles et hors
« d'espoir. Vous vous jettez entre les mains de Mon-
« sieur, duquel hier de fraiche mémoire la reine de
« Navarre disoit : que si toutte l'infidélité estoit ban-
« nie de la terre son frère la pourroit repeupler. Sa-
« chez, Monsieur, comme vous pouvez desjà avoir
« fait, de quelle monnoie ce prince a paié le parti,
« dans lequel il n'a pas seulement sauvé sa vie et

« son honneur, mais s'est fait partager la France,
« et puis a espousé le service de ses ennemis, pour
« picquer de mort le sein qui l'avoit réchauffé. Pour
« l'expérience, il n'a jamais commandé que l'armée
« qui assiégeoit la Charité, mais y prestant son nom
« seullement; et le duc de Guise, qu'on lui avoit
« donné pour curateur, faisant touttes les fonctions.
« De créance aux gens de guerre, il en est aimé
« comme il les a aimez, si bien que de la haine qu'ils
« lui portent ils lui attribuent touttes sortes de vices
« contre nature, et que je ne puis croire comme
« François. Les affaires de ce duc sont touttes éloi-
« gnées de la frontière ; il n'a nulle cause d'inimitié
« avec l'Espagne, mais au contraire consanguinité,
« et de plus intelligence; tous les jours il y conforme
« les mœurs et les habits de lui et des siens, et pour
« le dernier poinct, le moindre nonce du pape qu'on
« lui découplera le mènera de genoux à la réconci-
« liation.

« La probité du roi mon maistre en l'amitié des affli-
« gez, et en ce qu'il a mieux aimé quitter la cour, où
« on lui promettoit la lieutenance générale, contre
« Monsieur mesme, pour venir espouser les misères de
« ses partisans et une guerre, où il n'a rien opposé
« à une si grande imparité de forces, que l'avantage de
« sa vertu. Dans ce parti ruiné, il a tellement desploié
« cette vertu; et soit dit pour le second poinct, qu'il
« a desjà forcé toutte la France à trois pacifications.
« Tousjours le premier au combat et le dernier aux
« retraittes; en quoi faisant, il a gagné cette créance

« que nous mettons au troisiesme lieu : ses courtisans
« sont les meilleurs capitaines de France ; les grades
« de sa maison sont partagez aux prix qu'ont mérité
« ceux de la guerre : tellement affectionné par la no-
« blesse qui le suit, que quand ils ont mangé auprès
« de lui un tiers de leurs esquipages, il ne leur pro-
« met qu'une bataille pour les faire engager au reste.
« Toutes ses principales forces voient la mer Occi-
« dentale de leurs fenestres, ou les monts Pyrénées,
« et cette proximité redouble l'injure de Pampelune[1] :
« si bien qu'outre les commoditez que le voisinage
« apporte en telles similitudes de causes, et pour la
« similitude en telle union, vous auriez de ce costé
« des partisans, non-seulement de la solde, mais aussi
« de la passion. Pour le dernier poinct, le don de la
« réconciliation est rompu, non-seulement pour les
« outrages receus, mais pour ceux qui sont à rece-
« voir. Les cruautez espagnoles et la fumée de l'in-
« quisition ont tellement rempli les nazeaux de vos
« auxiliaires, que vostre cause seroit la leur, et qu'une
« fois employez, ils la relèveroient quand vous la vou-
« driez abandonner.

« Voilà sans exorde et sans fleurs de réthorique ce que
« j'ai à vous proposer : et pour ce que je parle à vous
« sans créance, revenant devers Loire, et aiant trouvé
« fortuitement cette occasion, j'ai entré vers vous sous
« le nom de mon maistre : il reste que je vous fournisse
« à la fin, de l'aveu, bien que coustumier d'estre pré-

[1] La haute Navarre, dont Pampelune est la capitale, avait été conquise par les Espagnols en 1512.

« senté au commencement; pource faire, je m'en vai
« escrire au roi de Navarre deux doigts de pappier.
« Quelque danger qu'il y ait pour lui, je le ferai venir
« en poste vous trouver en quelque lieu qu'il vous
« plaise lui donner assignation. »

Ce propos estant receu par le connestable avec grands soupirs, par lesquels il se monstroit plus engagé qu'il n'eust voulu, sur le deslogement qu'il devoit faire de Libourne à Coutras, le comte prit assignation dans la garenne du lieu; et le roi de Navarre, aiant receu le billet de son escuyer par le Gast de ses gardes, vint de Hyemau prendre la poste à la Harie, accompagné d'Odos, gouverneur de Foix et de Frontenac. Lui, faisant le cuisinier, passa à travers la ville de Bourdeaux, où il estoit plus haï qu'en lieu de France; advint qu'il fut reconnu par le postillon dans le basteau, mais estant déjà auprès de la Bastille; et ainsi se trouva à l'assignation en la garenne de Coutras, où celui qui l'avoit fait venir lui servit de truchement avec le comte de Virmiose, et là traitter des moiens pour descoudre avec Monsieur et nouer ensemble : le tout inutilement; tout cela dit pour ouverture aux affaires de Portugal, que nous traitterons en leur lieu et en passant, pour tenir promesse aux courtisans : car la roine de Navarre (le roi son mari s'estant descouvert) ne faillit pas de faire une invective contre les froids serviteurs, conter qu'elle n'avoit rien oublié pour esmouvoir ceux en qui il se fioit le plus à lui faire un bon service; mais que la terreur de Monsieur ou faute d'amour à leur maistre les avoit retenus : cela fut receu comme il falloit d'un prince qui connoissoit bien sa femme et son escuyer [1].

D'Aubigné, un peu plus loin, parle encore de ses relations avec le comte de Vimiosa :

Quelques foibles que fussent les forces de dom Antoine, dit-il, Strosse [2] aiant eu nouvelles de France qu'un second embarquement de 6,000 hommes promis par Monsieur, estoit du tout rompu, toucha à la main du comte de Virmiose, et eux deux ne voulans point survivre au malheur qu'ils prévoioient, firent résoudre le reste au combat; et, ce soir mesme, le comte, qui envoioit un Portugais à Nantes, m'escrivit dans un billet (que je garde précieusement) ces mots :

« Monsieur, vous avez esté trop fidelle prophète de
« nos maladies, et aviez bien tasté le poux de l'infi-
« delle; tous vos remèdes, par nostre deffaut, nous ont
« esté inutiles; mais je vous promets de prendre celui
« d'une brave mort : vous me plaindrez, et n'aurez
« point honte de l'amitié que vous avoit jurée Antoine,
« comte de Virmiose. »

Le roi Antoine receut la responce en ces termes :
« Il n'a tenu qu'à vous que je n'aie esté vostre méde-
« cin, et non vostre prophète; je ne vous desnierai pas

[1] *Hist. univ.*, t. II, p. 410 et suiv., l. V, ch. II.

[2] Philippe Strozzi. Il s'agit ici de la malheureuse expédition conduite par Strozzi au secours d'Antoine de Portugal, prieur de Crato. Strozzi et le comte de Vimiosa furent, dans une bataille navale livrée aux Espagnols, défaits, pris et tués après la victoire (25 juillet 1582).

« mes justes plaintes ; mais j'eusse donné de meilleur
« cœur ma bouche à vos louanges, et à vos victoires
« les fidelles mains de V. T. »

Trois jours après cette depesche, qui fut le vingt-deuxiesme de juillet 1582, l'amiral Strossi fit r'embarquer tous ses gens de guerre [1].

XXIII

Mémoires, p. 60. — Complots contre le roi de Navarre (1584).

Deux notables dangers que le roi de Navarre eschappa en cet entre-deux de paix se tiendront compagnie, bien qu'un peu différents de saison. Le premier fut après l'embuscade de Marmande, sur le demeslement de laquelle ce prince aiant avis que Melon lui amenoit des forces, il lui fit donner logis à Gontaut et promit tout haut qu'il l'iroit voir le lendemain au galop sur ses bidets, desquels il avoit une petite escurie pour ses diligences. Il partit donc avant soleil levé, accompagné d'Arambure, Frontenac et d'un autre escuyer (Aubigné). A moitié chemin de Gontaut, il rencontra un gentilhomme d'auprès de Bourdeaux nommé Gavaret, seul et sur un cheval, à la veuë duquel il présupposa estre celui dont il avoit eu avertissement ; car on lui avoit escrit d'un cheval acheté 600 escus donné à un assassin. Sur cette opinion les trois se ser-

[1] *Hist. univ.*, t. II, p. 467, l. V, ch. xix (édit. de 1626, ch. xxi).

rent auprès de lui ; il demande avec une chère gaie si le cheval estoit fort bon ; sur la response qu'ouï il demanda à le taster. Gavaret devint pasle et pensif ; mais comme il se vid serré il accorde le cheval à ce prince, qui estant monté regarda au pistolet qu'il trouve le chien abattu ; il l'envoie en l'air, et sans descendre va au galop à Gontaut, où il rend le cheval, et commande à Melon qu'il se deffit du compagnon, comme il fit le plus honnestement qu'il put.

L'autre péril fut quelques mois après : si le discours en est estendu, il est utile à la garde des rois. Grandmont avant d'aller au siége de la Fère avoit machiné une entreprise sur Saint-Sébastien, et tasché à suborner quelques soldats de Font-Arabie, et cela, comme on disoit, pour se réconcilier avec le roi de Navarre. Ces choses estans esventées, on se servit de la voie fraiée entre les deux nations, pour faire couler un capitaine espagnol nommé Loro jusques à Nérac ; là il s'addressa un soir à Aubigné, auquel aiant demandé de parler en secret, il commença par une harangue de complimens sur sa réputation, services notables, expérience en choses difficiles, grand crédit et quelque puissance sur son maistre ; que toutes ces choses l'avoient fait addresser à lui, pour lui commettre un des plus importans affaires de l'Europe : c'estoit enfin la prise de Font-Arabie ; et pource que les moiens en estoient fort étranges, j'ai pensé les devoir exposer, pour faire voir à quelle dureté les cœurs estoient lors parvenus. Loro disoit donc ainsi en mauvais homme et mauvais françois :

« Nous avons dans le chasteau de Font-Arabie qua-
« rante mortes-paies et non plus, desquels avec le
« consentement de mon frère, qui y commande, je
« tire souvent jusques à vingt-cinq des meilleurs, et
« n'y en laisse que quinze pour aller escumer dans la
« rivière de Bourdeaux, où nous avons fait d'assez
« bons butins, soit sur l'eau, soit en descendant à
« terre, selon les intelligences que nous avons avec
« un capitaine de Broüage et un gentilhomme d'au-
« près de Talmont et d'ailleurs. Pource que nous ne
« sommes pas chiches de faire périr les basteaux et
« les personnes, nous n'avons esté aucunement des-
« couverts. Or croiant que le roi vostre maistre n'a
« rien plus à cœur que de donner Font-Arabie pour
« frontière à ses terres, je me suis avisé de lui en
« faire un présent moiennant une bonne récompense,
« de laquelle je demande vostre foi pour plège, aiant
« appris que vous l'observez de poinct en poinct. La
« manière de parvenir à fin d'un tel affaire est que
« vous fassiez cacher en la maison du gentilhomme
« voisin de Tallemont sur Gironde, que je vous nom-
« merai quand il sera temps, quelques gens de guerre,
« et parmi ceux-là vingt-cinq hommes déterminez.
« Mes gens s'attendront que je vueille faire là ma
« descente comme j'ai accoustumé, je les vous mè-
« nerai là quatre à quatre : car nous faisons ainsi
« pour nous embusquer, et nous les poignarderons au
« prix qu'ils arriveront. Cela fait, nous embarquerons
« nostre trouppe dans la patache, pour nous en venir
« terrir auprès de Bierris, et de là descendre en une

« conche auprès d'Andage sur la soirée, pour arriver,
« couverts de la nuict, gratter à la poterne aux heures
« dittes, nous avons un mot pour la faire ouvrir, et
« ainsi nous rendre maistres de tout le chasteau, où
« il faudra tout tuer, et sur tout mon frère, car s'il ga-
« gnoit avec quelque soldat un coin de tour il seroit
« secouru et nous perdus. »

Tels propos et l'effroiable mine de l'Espagnol, qui avoit l'œil louche, le nez troussé, les nazeaux ouverts et le front enflé en rond, donnèrent mauvais goust à l'auditeur. Nonobstant il ne laissa pas d'envoier loger l'Espagnol au petit Nérac chez un homme confident; puis s'en alla trouver le roi son maistre, lui disant : « Sire, voici un abrégé de vos peines (pource qu'il
« venoit de nouveau de Sainct-Sébastien, sur les erres
« de l'entreprise de Grammont) pourveu qu'il plaise
« à Vostre Majesté ouïr un homme qui m'est venu
« trouver, avec les cautions que Frontenac, à qui je
« le communiquerai, et moi vous apporterons; car
« s'il y eut jamais un assassin, c'est celui qui se pré-
« sente, considéré en touttes ses parties; si cela n'est
« pas, l'affaire est horrible entre vos ennemis, et
« avantageuse à vous et aux vostres. »

Là dessus il lui conta le brutal dessein, comme nous vous l'avons déduit; mais il y eut bien de la colère entre le maistre et les deux escuiers, quand ils opiniastrèrent contre lui qu'il ne verroit point l'Espagnol si ce n'estoit à leur mode. C'est qu'on faisoit porter les affaires dans une petite allée dérobée, dans l'espesseur de la muraille de la tour du chasteau qui touchoit à la chambre du roi; cette allée si estroitte qu'il n'y pouvoit passer qu'un homme à la fois; les escuiers avec chacun un poignard au poing faisoient parler le galland par dessus leurs jambes appuiées à la muraille de l'autre costé, et eux deux à bé-chevet; encores contraignirent-ils leur maistre d'avoir une espée courte à la main, aiant vestu un pourpoint maillé. Ainsi fut le premier abouchement, duquel ce prince n'estant pas content, il fallut qu'il vist son homme le lendemain, en la plenne de Nazaret, lui bien monté, l'autre sur un bidet l'espée au costé, mais tous-jours parlant par dessus les crinières de deux bons courtaux qu'avoient entre les jambes les compagnons. Ce roi entra en grande impatience de la curatelle, comme il disoit, où ses gens le tenoient; et de quoi, sans Frontenac, l'autre escuyer vouloit faire emprisonner et gehenner[1] l'Espagnol; dont, pour manier cet affaire plus à plaisir, on donna à Aubigné un voiage pour conduire un dessein sur Broüage, et voici ce qui avint en son absence :

Par l'entreprise de deffunct Grammont, il y avoit quelques soldats corrompus à Saint-Sébastien et à Font-Arabie; ceux-là trouvans à dire Loro, et aiant ouy dire à un confesseur qu'il lui tardoit bien qu'il n'en savoit des nouvelles, envoièrent un advertissement, dans lequel en despeignant cet homme, ils l'appeloient (et non sans raison) demi-géant. Dès que ce rustre fut prisonnier, contre la volonté du roi de Navarre, il ne fit plus que hurler, grincer les dents, et cercher diverses

---

[1] Mettre à la torture.

inventions pour se faire mourir. Or pource que c'estoit un estranger, emprunté par les menées de quelque prince françois, desquels l'honneur estoit à conserver, ou bien avec lequel il n'estoit pas temps de rompre, mais falloit cacher l'injure, pour ne faire pas à contre-temps les choses ausquelles elle obligeoit en paroissant, on fut d'avis pour parfaire ce procès de l'esloigner à Castel-Jaloux. Il arriva qu'en passant sur le pont de Barbaste le désespéré se jeta la teste en bas dans la rivière (précipice effroiable à ceux qui le regarderont) et tomba entre deux rochers, où par grand hazard il se trouva de l'eau assez pour soustenir ce collosse et le garder d'estre brisé, n'y aiant guères d'endroit qui eust peu le garentir que cettui-là. On court de tous costez pour le reprendre, à quoi il y eut bien de la pene, pource qu'il cerchoit tous-jours le fond de l'eau, plongeant oppiniastrement la teste en bas pour se noier. Il fut donc mené à Castel-Jaloux et, aiant tout confessé, exécuté en la prison, son procès esteint avec lui. De tant d'accidents, où il a paru au roi de Navarre que vallent les serviteurs amis, il a esté bon que cet exemple se soit veu, à la lecture duquel plusieurs bons François accompagneront d'un soupir ces paroles : « Ah! que ce prince n'a-il tous-jours esté en aussi fidelles mains[1]. »

[1] *Hist. univ.*, t. II, l. V, ch. iv, p. 417 et suiv. (édition de 1626, chap. v).

XXIV

Mémoires, p. 67. — Voyage de d'Aubigné à la cour (1583).

La roine de Navarre s'en estant retournée à la cour avec la roine sa mère, il advint que cet esprit impatient ne demeura guères sans offenser le roi, son frère, et ses mignons, et faire parti dans la cour avec ceux qui diffamoient ce prince, en lui imputant de très-salles voluptez ausquelles mesmes il sembloit que les dames eussent inthérest. Là dessus cette princesse receut quelques affronts, desquels le dernier fut, que Salern capitaine des gardes la fit démasquer à la porte Sainct-Jacques comme elle partoit de Paris pour s'en retourner en Gascongne trouver le roi son mari, avec lequel pourtant elle estoit en très-mauvais mesnage[1]. Le roi de Navarre prenant avis de son conseil en cet affaire, trouva, par consentement de tous, qu'il devoit s'en ressentir, et pour cet effet envoier sommer le roi de lui faire une justice notable, avec une clause qui sentist le deffi ou au moins séparation d'amitié en cas de refus. Tous conseillèrent cela, et tous refusèrent l'exécution horsmis Aubigné, qui, après avoir remonstré comment il estoit accusé d'avoir sauvé son maistre et de quelques libres escrits et propos et que ce qui seroit supportable en un autre seroit mortel par sa bouche, toutesfois voiant les passions de ce prince offensé, il s'abandonna à faire le voiage; trouve

---

[1] Voy. sur cette affaire le *Journal* de l'Estoile (8 août 1583), et les *Lettres* de Busbec, dans ses œuvres, 1748, t. III, p. 205, 211, 230.

le roi à Sainct-Germain, qui, aiant donné au messager touttes apparences de terreur, l'ouït haranguer sur les intérest que portoient les injures des princes, sur ce que cet acte d'infamie avoit esté joué en la plus splendide compagnie et sur l'eschaffaut plus relevé de la chrestienté. Je n'ose estendre davantage ce propos, de crainte que ce qui touche l'autheur se trouve trop souvent en campagne; tant y a que non sur le refus de justice, mais sur l'esloignement qui sentoit le refus, le messager remit entre les mains du roi l'honneur de son alliance et celui de son amitié. La responce du roi fut : « Retournez trouver le roi vostre
« maistre, puisque vous l'ozez appeler ainsi, et lui
« dittes que s'il prend ce chemin, je lui mettrai un
« fardeau sur les espaules qui feroit ploier celles du
« Grand-Seigneur; allez lui dire cela et vous en allez; il
« lui faut de telles gens que vous. — Ouy, sire, dit le
« répliquant; il a esté nourri et a creu en honneur,
« sous le fardeau duquel vous le menacez. En lui fai-
« sant justice il hommagera sous Vostre Majesté, sa
« vie, ses biens et les personnes qui lui sont acquises;
« mais son honneur, sire, il ne l'asservira ni à vous,
« ni à prince vivant, tant qu'il aura un pied d'espée
« dans le poing. » [Le roi, à ces paroles, mit la main sur un poignard qu'il avoit au costé, et puis s'esloigna vers les deux frères de La Valette qui en avoyent aussi, et ainsi sortit du cabinet.]

La roine-mère qui montoit en carrosse, pour aller trouver Monsieur, redescend pour parler à l'homme de son gendre, à qui elle dit qu'on feroit mourir de ces coquins et maraux qui avoient offencé sa fille. L'autre respondit, qu'on ne sacrifioit point de pourceaux à Diane, et qu'il falloit des testes plus nobles, pour expiation. Il y eut quelques autres traits qui plairoient à quelque lecteur favorable, mais les raisons aléguées ci-dessus les feront supprimer, pour dire seulement que le roi voulant punir cette témérité, comme il l'appeloit, ne voulut pas que ce fust par voie ouverte, mais envoia Sacremore et un des Biragues, avec quelques gens-d'armes de la compagnie du duc de Savoie pour le guetter. Grillet et Antraguet l'assistèrent si bien en ce péril qu'ils lui firent gagner Loyre [et de là le Poictou][1].

XXV

Mémoires, p. 71. — Assemblée de Guitres. — Combats en Poitou (1585).

Après la mort du duc d'Anjou, le roi de Navarre réunit en conseil soixante de ses partisans, et après avoir exposé la situation demanda leur avis aux assistants. D'Aubigné prononça alors un discours qu'il rapporte ainsi dans l'*Histoire universelle* :

« Si la fidélité n'estoit ici plus de saison que la dis-
« crétion, le respect et l'honneur que je doi à ceux qui
« ont parlé me fermeroit la bouche; mais le serment
« que j'ai à Dieu, à sa cause et à vous, sire, me l'ouvre,
« et aux despens de la bienséance, me fait dire ce qui

---

[1] *Hist. univ.*, t. II, p. 414 et suiv., liv. V, ch. III. (Voy. encore sur toute cette affaire *Lettres de Henri IV*, t. I, p. 571 et suiv.)

« est de mon sentiment. Ce seroit fouler aux pieds les
« cendres de nos martyrs et le sang de nos vaillans
« hommes, ce seroit planter des potances sur les tom-
« beaux de nos princes et grands capitaines morts, et
« condamner à pareille ignominie ceux qui, encores
« debout, ont voué leurs vies à Dieu, que de mettre
« ici en doute et sur le bureau, avec quelle justice
« ils ont exercé leurs magnanimitez ; ce seroit craindre
« que Dieu mesme ne fust coulpable, aiant béni leurs
« armes, par lesquelles ils ont traitté avec les rois,
« selon le droit des gens, arresté les injustes brule-
« mens qui s'exerçoient de tous costez et acquis la
« paix à l'Église et à la France ; mesmes cette assem-
« blée seroit criminelle de lèze-majesté, si nous avions
« ozé convenir en ce lieu sans estre asseurez et pleins
« de nostre droit. Ce n'est donc plus à nous de re-
« garder en arrière, où nous ne verrons qu'églises,
« villes, familles et personnes ruinées, en partie par
« la perfidie des ennemis, partie par ceux qui leur
« cercheroient des excuses, pour s'excuser des la-
« beurs et périls, ausquels Dieu nous appelle quand
« il lui plaist. Si vous vous armez, le roi vous crain-
« dra ; il est vrai, si le roi vous craint, il vous haïra.
« Pleust à Dieu que cette haine fust à commencer !
« S'il vous haït, il vous destruira. Que nous n'eus-
« sions point encores essaié le pouvoir de cette haine,
« mais bien à propos la crainte qui empesche les ef-
« fects de la haine ! Heureux seront ceux qui par cette
« crainte empescheront leur ruine ; malheureux qui
« appellera cette ruine par le mespris. Je di donc que

« nous ne devons point estre seuls désarmez quand
« toute la France est en armes, ni permettre à nos
« soldats de prester serment aux capitaines qui l'ont
« presté de nous exterminer, leur faire avoir en révé-
« rence les visages sur lesquels ils doivent faire tren-
« cher leurs coutelas, et de plus les faire marcher
« sous les drappeaux de la croix blanche, qui leur
« ont servi et doivent servir encores de quintaines et
« de blanc. Savez-vous aussi les différentes leçons
« qu'ils apprennent en l'un et en l'autre parti; là ils
« deviennent mercenaires, ici ils n'ont autre loier que
« la juste passion : là ils goustent les délices, ici ils
« observent une milice sans repos. Les arts sont es-
« meus par la gloire, et sur touts ceux de la guerre.
« Monstrerons-nous à nostre jeune noblesse l'igno-
« minie chez nous et l'honneur chez les autres? Prenez
« que nous puissions les mettre si bas de courage,
« qu'ils se mettent sous leurs valets de diverse reli-
« gion, comment remettrez-vous à leurs poincts les
« cœurs ainsi abbattus? Que veut-on que deviennent
« nos princes du sang et les grands seigneurs du parti?
« Donneront-ils à leurs haineux leurs hommes et leur
« créance, qu'ils ont achetés par tant de bienfaicts?
« Quand auront-ils monstré leur valeur à des soldats
« nouveaux? Fouleront-ils aux pieds leur grandeur
« naturelle, car ils les perdront par la soumission,
« ou l'honneur par l'oisiveté? Oui, il faut monstrer
« nostre humilité, faisons donc que ce soit sans las-
« cheté : demeurons capables de servir le roi à son
« besoin et de nous servir au nostre, et puis ploier

« devant lui quand il sera temps nos genoux tous ar-
« mez, lui prester le serment en tirant la main du
« gantelet, porter à ses pieds nos victoires et non pas
« nos estonnemens ; victoires ausquelles nos soldats
« ne porteront l'estomac de bonne grace, estans mes-
« lez parmi ceux qui leur font craindre le dos. J'ad-
« jousterai encores ce poinct de droict : c'est que le
« prétexte sur lequel nos ennemis ont eschapé à leur
« roi est pour nous sauter au collet. Il est nécessaire
« que le respect de nos espées les arreste puisque le
« sceptre ne le peut : ostons-leur la joie et le proffit
« de la soumission que nous voulons rendre au prince.
« Et quant au conseil par lequel nous avons esté dis-
« sipez, soit assez de servir entiers ceux qui nous veu-
« lent en pièces et morceaux. Je concluds ainsi : Si
« nous nous désarmons, le roi nous mesprisera ; nostre
« mespris le donnera à nos ennemis ; uni avec eux il
« nous attaquera et ruinera désarmez ; ou bien si nous
« nous armons, le roi nous estimera, nous estimant il
« nous appellera, unis avec lui nous romprons la teste
« à ses ennemis. »

Il eschappa au roi de Navarre, sur la fin de ce discours, de s'escrier : « Je suis à lui. » Telle estoit lors l'ardeur de ce jeune prince. Ces mots, joints avec les raisons de la dernière harangue, firent que le reste de l'assemblée souscrivit à la dernière opinion, fortifiée de quelques exemples qu'apporta le Plessis-Mornai, et après lui le prince de Condé[1].

[1] Ce discours est rapporté, mais seulement en partie, au t. I, p. 47, des *Mémoires de Caumont de la Force* (1843, in-8),

Et ainsi les armes estans résoluës, on dépescha l'après-dinée commissions des régimens à Lorges, à Aubigné, Sainct-Surin et Charbonniéres; ceux-là pour faire la guerre en Xainctonge et Poitou auprès du prince de Condé : puis au baron de Salignac et à la Maurie pour aller en Gascongne avec le roi de Navarre.

Huict jours après arriva en Angoumois le premier combat de cette nouvelle guerre, lequel, bien que de peu de trouppes, se trouvera fort digne de mémoire, à cause de ses divers accidents. L'occasion en fut telle :

La Motte, conseiller au siége de Périgueux, sentant en soi trop de courage pour faire profession de la robbe longue, en laquelle pourtant il estoit fort estimé, et d'ailleurs attiré par les caresses qu'il avoit receües du duc de Guise, s'estoit résolu à faire un régiment, si bien qu'il avoit desjà ensemble, en quatre compagnies, quelque peu moins de cinq cents hommes très-bien armez. Cettui-ci, aiant seu que les refformez levoient sur les bornes de l'Angoumois, pour les empescher ou deffaire en naissant, estoit venu faire un logis à Melle, s'avoüant au roi. Mais ses Périgourdins aians commis plusieurs excez aux déspens des refformez,

où on l'attribue à ce dernier. L'éditeur, M. le marquis de La Grange, paraît avoir ignoré que le texte entier se trouvait dans l'*Histoire universelle*. J'avoue que l'affirmation si positive de d'Aubigné, dont l'ouvrage parut du vivant du duc de La Force, ne me permet pas de douter que M. de La Grange n'ait commis ici une erreur. A l'époque de l'assemblée de Guitres, Caumont n'avait que vingt-six ans, tandis que d'Aubigné en avait trente-trois.

comme d'avoir pourmené la femme d'un ministre nuë, après l'avoir outragée en touttes façons, Sainct-Gelais avec quarante-cinq gentilshommes, et Aubigné avec cent-vingt harquebusiers, desquels il commençoit son régiment, se touchèrent à la main pour aller charger la Motte à Contré, où il s'estoit retiré. Comme ils en prenoient le chemin les coureurs trouvent à Sainct-Mandé deux de ses compagnies logées et bien barriquées. Au commencement les aiant pris pour des picoureurs, ils donnèrent dans la bourgade, mais ces premiers estans receus à coups d'espée, il fallut que les gens de pied tournassent visage, aians affaire à plus de deux cents hommes de pied, logez avantageusement. Aubigné n'eust seu faire mieux que faire donner les Ousches, qui avoit douze ou quinze hommes à lui, à ce qu'il trouveroit à gauche; il en donne autant à Casaubon de Vignolles pour la droitte, et avec mesme nombre jette Nivaudière devant soi. Ce dernier outrepassa la barricade, comme ne l'aiant point veuë; son mestre de camp la trouvant en son chemin, la voiant garnie des capitaines la Grange et Forisson, et de quatre-vingts hommes, y donne la teste baissée, ils furent receus à coups d'hallebardes et d'espée, si bien que l'un poussant l'autre avec perte de quatre bons hommes, les catholiques quittent et s'espardent par le bourg, auquel presque touttes les maisons rendirent combat, et avec telle opiniastreté, que le capitaine la Grange trouva moïen de ramasser jusqu'à quarante des siens, et avec cela regagna le logis qu'il avoit perdu, avec loisir de renforcer la barricade et percer en divers lieux. Ce fut aux autres à se r'alier pour reprendre encore une fois la maison : le mestre de camp ne pouvant pour le pillage r'alier vingt des siens, et ne voulant paroistre si mal accompagné, attaque le grand corps de logis en perçant la maison prochaine, et par ce moïen y mit le feu. Durant deux heures de combat que rendit la Grange, la Motte, averti par quelques fuiards, part de Contré avec deux cent soixante harquebusiers, met deux charrettes devant soi, fait quitter la campagne à Chevrelières qui estoit en garde avec vingt chevaux dans son chemin.

Sainct-Gelais, voiant tous les siens en désordre, envoie avertir Aubigné pour lui faire quitter le bourg, ce qu'il ne put faire ; car estant sur le poinct que, par la capitulation faitte, il tiroit les capitaines et soldats de la maison brulante, les siens acharnez au pillage ne furent pas aisez à jetter dehors promptement : tout ce qu'il put donc faire fut d'envoier la Grange et les deux tiers de ce qui estoit dans la maison à Sainct-Gelais, qui r'alioit hors du bourg tout ce qui en sortoit avec désordre. La Motte donne si gaillardement dedans le bourg, qu'il enferme dans la maison brulante dix-neuf de ses ennemis et treize des siens qui n'avoient pas eu loisir de sortir. Voilà les reflormez en grand peine, desquels les uns vouloient tuer ces treize prisonniers ; mais leur chef aima mieux les emploier désarmez en un grenier à combattre le feu, les faisant garder par deux soldats qui avoient tousjours le mousquet en jouë. La grande

maison estant toute en feu, ceux qui d'assaillans estoient venus assaillis n'eurent en partage qu'un appenti, la porte duquel estoit brulée et n'estoit fermée que de deux corps morts brulans l'un sur l'autre. La Motte enfile toute la bourgade, passe devant la porte de l'appenti, lui en chemise et peu de ses capitaines armez, et quelques hommes qu'on lui tua en passant; toute sa trouppe le suivit pour aller retrencher la bourgade au-devant de Sainct-Gelais et de ceux qui s'estoient r'aliez à lui à un petit bois prochain. Aiant ainsi mis ordre, il s'en vint attaquer les enfermez, qui avoient eu loisir de donner à la barricade la troisiesme façon. Aubigné aiant dit : « Compa-
« gnons, il ne faut point douter de mourir ; mais il faut
« que ce soit de bonne grace, » print une hallebarde, et avec les capitaines Villermac, Carnioux, Valiére et Poirier, attendit la Motte, lequel secondant un sergent qui avoit fait bruler l'amorce, vint donner du ventre à la barricade, où il laisse neuf des siens presque tous tuez à coups de main. Le capitaine Forisson y redonne qui en perd sept de mesme : comme ils vouloient redonner la troisiesme fois, les soldats ne firent que branler la queuë et se mirent à crier : « Au
« feu, au feu, ils bruleront comme regnards. » Je vous ai dit que la porte de l'appenti n'estoit fermée que de deux corps morts : là donnèrent les Périgourdins et ny trouvèrent qu'Aubigné et Perai; mais ils furent si bien receus, que les deux premiers morts, accompagnez de deux autres, leur servirent d'huis. Il restoit à combattre le feu et les pierres, que de la grand'-

maison qui estoit esteinte on jettoit sur les deffendans, lesquels eussent esté tous estouffez, sans une petitte cour, où ils alloient respirer chacun à son tour. La Motte (quoi que voiant la ruë pavée des siens) eut pitié de ces gentilshommes, leur envoia du pain et du vin par un tambour, les priant d'expérimenter sa courtoisie, les avertit comment Sainct-Gelais avoit par deux fois donné au retranchement, duquel nous avons parlé; mais n'aiant esté suivi que des Ousches, Surimeau, Casaubon et deux autres, il n'avoit plus ni pouvoir ni espoir de secourir ses amis : cela estoit vrai, et Sainct-Gelais n'estoit plus là que pour attendre quelque renfort qu'il espéroit, non pour secourir, mais pour venger ceux qu'il estimoit estre en cendre. Enfin un sergent catholique, aiant reconnu les Ousches, lui cria que les assiégez n'en pouvoient plus : par là Sainct-Gelais sachant ses amis encore en vie, redonna courage aux siens pour le secours; et sur cette contenance fit capitulation, qui fut de rendre la Grange et les autres prisonniers pour délivrer les enfermez; mais eux qui voioient de près en quel estat ils avoient mis les trouppes de la Motte, et mesmes n'aians plus à craindre le feu, refusèrent l'accord entièrement.

Ces diverses sortes de combat aians duré unze heures, la Motte aussi las que les autres, capitula autrement, assavoir qu'il battroit aux champs avec tous les siens, lesquels s'estans retirez à demie lieuë de là, Aubigné choisiroit là les morts qu'il voudroit faire emporter, et la Motte viendroit après quérir les siens. En ce combat, du costé des refformez, furent tuez trois gentilshommes de marque, seize soldats et trente blessez. Des liguez moururent cent soixante hommes sur la place et trente-cinq à Sainct-Fresne, où ils s'estoient retirez, jusques où ils furent poursuivis le lendemain par les forces du prince de Condé, qui estoient venues de Sainct-Jean au secours. Ce petit combat livra de chance, et resveilla les uns et les autres à la guerre, de laquelle on doutoit auparavant.

De là à dix jours, le mesme Sainct-Gelais accompagné d'Aubigné, le premier n'aiant que son train, et l'autre quinze harquebusiers à cheval, trouvèrent une après-disnée trois compagnies de gens de pied, commandées par Saincte-Catherine, la Motte et Fonsermois[1]. Ces trouppes pensans gagner Broüage, vouloient faire un logis à Briou : comme ils n'estoient pas encore logez, Sainct-Gelais arrive au bout du bourg; les quinze harquebuziers gagnent deux maisons. Sainct-Gelais, estant entre des arbres où il ne pouvoit estre conté, fit faire quelques chamades à son trompette, et puis l'envoia parler aux capitaines, si glorieusement, qu'ils se rendirent à une capitulation laquelle sera mise ici comme nouvelle : assavoir à rendre touttes les armes, à demander pardon à Dieu et au roi les genoux à terre, pour avoir esté traistres à Sa Majesté et infidèles à l'Estat : et le caprice de Sainct-Gelais fut tel, qu'il fit signer ces mesmes paroles au capitaine ; [« Et afin que nostre foi soit valable, nous « renonçons à l'abominable article du concile de

---

[1] L'édition de 1626 porte : Fonsalmois.

« Constance qui dispense du serment. »], et puis sortirent du bourg les trouppes séparées, assavoir quarante avec le baston blanc, qui alloient en Broüage, soixante-dix l'espée au costé qui se retiroient en leurs maisons, et quelque soixante à qui on redonnoit les armes pour les porter au service du roi ; tout cela sans reconnoistre leurs maistres, qui n'estoient en tout que vingt-huit [1].

Mémoires, p, 71.

Le prince de Condé et le duc de Mercœur entrèrent en mutuelle crainte l'un de l'autre ; ce qui arresta, par respect, trois jours les reffornez et les catholiques laissans pour barrière la rivière de Sèvre. Un mestre de camp du prince (Aubigné) se convia à passer l'eau et faire un faux logis à une lieuë et demie de Coulonge-les-Reaux, où le duc avoit donné son rendez-vous général le lendemain. Ce capitaine remontroit au prince que par là il tasteroit le duc ; qu'il falloit ainsi mesurer son ennemi, et que si pour la nouveauté il ne rompoit point son dessein, n'y aiant point moien de prendre résolution sur la crainte, que cela ne s'appelleroit qu'une course, et cette trouppe se pourroit retirer, sans qu'il fust dit que le corps du prince eust lasché le pied.

Telle nouveauté fut agréable à des esprits en doute, et le dessein fortifié de la présence du prince de Genevois avec plus de force et plus d'apparence. Ce

[1] *Hist. univ.*, t. II, p. 428 et suiv., liv. V, ch. vii (édition de 1626, ch. ix).

capitaine donc aiant laissé le prince de Genevois avec cent vingt sallades et quatre cents harquebusiers à cheval dans Sainct-Massire, jetta dans Coullonge dès le matin des mareschaux des logis accompagnez de cent vingt harquebusiers, et lui, avec vingt-cinq sallades bien choisies, donne dans le chemin de Fontenai, et rencontre auprès de Chassenon quarante sallades menez par Herviliers, qui venoient prendre langue ce pendant que leur armée desjeunoit pour desmarcher. Les deux trompettes de ces trouppes aians sonné la charge de fort loin, ceux de Fontenai ne pouvans pas juger à qui ils avoient affaire, pource que le païs d'où naissoient les refformés estoit couvert, tournèrent visage vers Fontenai, et aians couru demie licuë, trouvèrent une autre trouppe qui les r'asseurèrent; et le mestre de camp ne les aiant suivis qu'autant comme le païs couvert lui cachoit la queuë, dépesche en diligence au prince de Genevois pour le faire avancer à Coulonge, et au prince de Condé, qui aiant la bride à l'arçon, vint dès ce soir au mesme lieu en confusion.

Au lendemain matin, le prince envoia un trompette au duc pour lui offrir le combat de ses trouppes à son armée, se mocquant par la modestie du nom de trouppes sur celui d'armée que le duc avoit pris; et en mesme temps fit marcher jusques à une portée de coulevrine de Fontenai, avec les régimens de Lorges, Aubigné, Sainct-Surin, Charbonnières, qui estoit venu de Tules, et deux compagnies de Boisrond, soubs cela de seize cents hommes de pied sans picques[1], et cinq cents che-

[1] L'édition de 1626 porte : Deux mille cinq cents hommes.

vaux d'eslite, sous les compagnies du prince, de celui de Genevois, Rohan, Clermont, Sainct-Gelais et la Boulaie, qui avoit la plus forte compagnie[1].

Le duc prit place de bataille dans le parc des Jacobins de Fontenai, n'estant point tellement favorisé de la ville, qu'il n'y pust entrer le plus fort. Il n'y eut que les Roches-Bariteaux, qui favorisé de la muraille des Jacobins, bien percée, présenta ses trouppes. La journée s'estant passée en fanfares, le prince retourne à Coulonge, et les autres prindrent l'espouvente pour conseil; si bien que dès la nuict, partans avec la sourdine, ils s'en vont à grandes traittes et en désordre vers Nantes, jettent leurs drappeaux dedans Sainct-Philibert de Grand-lieu, bourg enfermé d'eau. Le prince de Condé retourna sur ses pas, pour faire à ses ennemis (comme il disoit) pont d'or et esplanade d'argent. Quelques harquebusiers à cheval, entre ceux-là les capitaines l'Hommeau et Brion, sans commandement et desbandez, eurent à leur volonté tout le bagage de cette armée, tuèrent cinquante de leurs hommes de guerre et emmenèrent force prisonniers sans combat.

De mesme temps le comte de Brissac, n'aiant pas voulu se mesler avec le duc de Guise, marchoit vers Beaupréau et Monarveau avec quelque deux mille hommes. Celui (Aubigné) qui avoit esté cause de l'avancement du prince fit une course avec cinquante chevaux vers ces trouppes, où il pensoit mieux faire, pource qu'elles devoient marcher d'asseurance. Mais aiant

---

[1] D'Aubigné, dans l'édition de 1626, a intercalé ici cinquante-quatre lignes de réflexions.

chargé sur le soir et deffait quarante chevaux à un moulin près du Doré, le comte de Brissac jetta ses gens de pied avec effroi aux passages d'Ingrande et Chantossai, et lui avec la cavalerie gagna le pont de Sez, pour mettre Loire entre lui et ses ennemis. Ainsi le prince de Condé demeura maistre de la campagne[1].

XXVI

Mémoires, p. 72. — Expédition d'Angers (1585).

Une nouvelle si peu espérée et tant avantageuse aux refformez, comme paroissoit la prise d'Angers, estant receuë par le prince de Condé, il ne demeura guères à convoquer les meilleurs capitaines qui fussent auprès de lui ; entre lesquels fut promptement résolu de dépescher Aubigné avec sept cent cinquante harquebusiers à cheval qu'il avoit en son régiment, quatre autres cornettes de mesmes hommes, qui faisoient un peu moins de deux cents, et cent qui se devoient prendre la moitié en la cornette blanche, et le reste aux compagnies de Laval et de La Boulaie, avec commission de se perdre ou mettre des hommes dans le chasteau d'Angers[2] : ce qui lors se rendoit plus facile, pource que Rochefort estoit encores partisan avec La Trimouille, et qu'il y avoit moïen de monter une lieuë et demie le long de Meine, soit dans les batteaux, soit à la rive,

[1] *Hist. univ.*, t. II, p. 434, 435 liv., V, ch. vııı (édition de 1626, ch. x).

[2] Ce château venait d'être surpris par onze réformés.

favorisée par les pièces qu'on eust mises de Rochefort dans les vaisseaux. Un courrier fut donc promptement envoié de Marenes à Sainct-Aignan, où touttes ses trouppes estans jointes prindrent dès le poinct du jour le chemin de Tonai-Charante.

Comme le conseil de la chaire[1] percée vers la pluspart de nos grands renverse tout autre, ce prince estant au soir en sa garderobe, où il disposoit de sa conqueste d'Anjou à la façon de Picrocole[2], parmi ses valets de chambre et quelques autres qui n'estoient guères de meilleure estoffe, un des plus privez lui dit de la meilleure grâce qu'il pust : « Monseigneur, je « m'estonne comment vous donnez à un autre qu'à « vous-mesmes la première gloire de ce dessein ; c'est « un coup du prince de Condé et un trop cher mor- « ceau pour Aubigné. » Cette parole fut agréable, rompit tout résultat de conseil ; et sans parler à personne on dépesche dès minuict Mignonville, aide de camp, vers les trouppes qui marchoient et arrivoient au Peré de Tonai-Charante.

Ce prince donc en faisant son pacquet et se préparant pour le voiage, consomma unze jours ; et de plus ses bons conseillers lui aiant dit que les plus grandes loüanges de César avoient esté méritées, parce que, sans désassiéger, il donnoit des batailles, on résolut au cabinet de faire de mesmes. On laisse donc devant Brouage la personne pour l'armée de mer, et entre les mains de Sainct-Mesmes les trois régimens, et le reste

---

[1] Chaise.
[2] Picrochole. Voy. Rabelais, *Gargantua*, liv. I, ch. XXXIII.

de celui qui marchoit. De plus on dépesche lettres au vicomte de Turenne pour lui faire quitter les affaires de Limousin, et venir prendre la tutelle de cette armée assiégeante, laquelle commençoit à estre menacée du mareschal de Matignon, au prix que le roi faisoit connoistre son accord avec les liguez, et l'Édit de Juillet fait en leur faveur.

Le prince donc part de devant Brouage le huictième d'octobre avec sa compagnie, celles de Rohan, Laval, la Trimouille, Genevois, Sainct-Gelais et la Boulaie, qui mena seul cent vingt salades : tout cela faisoit six cent cinquante chevaux, les mieux choisis que nous en aions veu des guerres civiles. Pour harquebusiers il menoit le régiment d'Aubigné, deux compagnies de la Flèche, celles de Campois, de la Touche, de Berri et de celui de Vandosmois, les Ouches et l'Hommeau. Tout cela faisant de treize à quatorze cens harquebusiers à cheval, marche avec assez de diligence jusques vers Thouars, où Aubigné, qui menoit la teste, se logeant à Chiché, chargea Rousselière, Rouaut et la Rochette, se voulans jetter dans le chasteau du lieu, qui est une grande masse de pierres flanquée de huict [assez] grosses tours. Sur leurs secours deffait, cette place fut emportée par escalade générale, et on y laissa quelques hommes qui firent du bien au retour.

Cette mesme trouppe, cinq jours après (car on séjourna là et à Argenton-le-Chasteau), arrivant au poinct du jour à l'abbaie Sainct-Maur, qui est sur le bord de Loire, trouva le couvent pris et gardé par quelques gentils-hommes angevins, qui avoient enlevé la dame de la Bretesche; mais ces gens de guerre arrivans à l'impourveu, après qu'on leur eut tué un gentil-homme et quelques soldats, gagnèrent si follement et gardèrent si opiniastrement touttes les canonnières basses, qu'ils emportèrent la place avec quatorze gentilshommes prisonniers. On laissa là dedans cent vingt hommes bien à propos, comme vous verrez.

Le prince, arrivé sur le bord de Loire, ne tint conseil pour le passage qu'avec ceux de son cabinet; fait passer la Flèche pour se barricader dans les Roziers, où il ne receut aucunes nouvelles expresses; seulement il apprit que Roche-Morte avoit été tué dans le chasteau comme il dormoit sur un créneau, et qu'il y avoit quelque bruit de Clermont et des trouppes qu'il amassoit vers le chasteau du Loir. Tous les chefs de l'armée se montrèrent mal-contens du prince, de ce qu'il avoit fait passer sans leur conseil. En fin il les appela comme par forme, et comme quelqu'un se plaignoit de quoi la Flèche avoit passé, contre l'ordre de l'armée, et sans considérer que le complaignant avoit les principales forces, le comte de Laval prit la parole, disans : « Et moi je vous remonstre « que j'ai la principalle cavalerie de l'armée; ce que j'a- « lègue pour vous prier que je passe le dernier. » Cette parolle sortant d'une bonne teste, mit de l'eau dans le vin des plus eschauffez. En fin il fallut passer; le régiment s'avance de trois lieuës, assavoir à Sainct-Mathurin et à un fort qui fut promptement dressé sur Laution, où on reserra quelques batteaux pour le passage; c'est une petite rivière qui prend son commencement à trois lieuës de Chateau-Regnaud, qui n'est gueiable en aucune saison, et qui, estant passée, une fois contraignit l'armée des reflormez à prendre, pour la pluspart, le chemin que nous dirons, n'aiant peu estre repassée que par les plus diligens.

Le lendemain matin, Aubigné passe son régiment, pousse sa compagnie de chevaux légers à la main droitte de Beaufort; et voiant d'assez loin le régiment de Caravas qui marchoit pour se jetter dedans, il en donne avis au prince qui passoit Laution, et puis n'estant fortifié que de trente salades de la Boulaie que lui amena la Valière, il loge ses gens de cheval avec ceux-là sur un haut pour menacer Caravas; et cependant donne dans les portes, et au mauvais retrenchement de cette grand'bourgade, de laquelle il receut les clefs; et à l'arrivée du prince les lui présenta, disant à l'oreille : « Voici la chambrière de Pénélope, « vous vous en contenterez s'il vous plaist, et ne tou- « cherez à la maistresse aucunement. »

A Beaufort, on receut nouvelles de Clermont, et le lendemain lui-mesmes et ses trouppes, qui faisoient un peu moins de deux cents salades et six cents harquebusiers. On voulut faire donner au régiment de Caravas, mais le prince asseura qu'il estoit des siens. En fin après cinq jours de séjour à Beaufort, les trouppes s'avancèrent à Foudon, où Aubigné trouva un régiment de Virlúisan logé, hors-mis quelques deux cents harquebusiers des meilleurs qu'on avoit envoié à la garde d'un passage; cela fut emporté avec fort peu de combat et beaucoup de butin.

Le lendemain 21 d'octobre, le prince avec toutes ses trouppes s'avança en ordre de combat jusques au faux-bourg de Bressigni, qu'il trouva renforcé à loisir et bien rempli de gens de guerre, comme estant arrivé à Angers le comte de Brissac, Laverdin, le Bouchage, la compagnie du duc de Joieuse menée par Sarzai et bien tost après par lui-mesme. Il y avoit de plus bien quarante capitaines de gens-d'armes avec leurs compagnies imparfaittes; pour gens de pied il y avoit Virluisan, qui avoit encores plus de sept cents hommes, n'en ayant perdu que quatre-vingts à Foudon; Caravas et le Fresne d'O chacun huict cents, Perraudière et Gerzai chacun six cents, et Charnières qui en avoit seul plus de quinze cents. Ainsi les six régimens passoient six mille hommes : cela fut partagé en trois endroits; Caravas et Charnières au faux-bourg de Bressigni; Perraudière et Virluisan au faux-bourg des Lisses; et les autres deux dans le fossé du chasteau et aux basses Lisses sur le bord de la rivière. Les habitans prenoient parti où ils vouloient et selon les occasions; mais les meilleurs estoient avec Charnières.

La Flèche donna le premier à Bressigny et ne demeura guères à y estre tué d'une mousquetade; et depuis les divers capitaines hazardoient plusieurs attaques à part et ne faisoient rien en gros. Il falut qu'Aubigné print un grand tour pour aller rencontrer le grand chemin du pont de Sez aux Lices, qui estoit son département, sousten u de Clermont et de la Boulaie. Estant parvenu au grand chemin, il jetta les capitaines du Riou et Periers à sa droitte et à sa gauche dans les vignes, et

26.

n'eut pas beaucoup cheminé qu'un capitaine qu'il a estimé estre le comte de Brissac, et qui avoit la charge de ce costé, se trouva dans le chemin avec soixante salades et cent pas derrière près de deux cents harquebusiers. Alors on disoit encores dans les trouppes refformez *vive le roi*. Le capitaine qui s'estoit advancé pour recueillir par le mesme chemin Aubigné d'Anjou, qui lui amenoit quatre cents harquebuziers, aiant demandé qui vive, ne se contenta pas du nom du roi; mais voulut sçavoir qui commandoit, et puis aiant ouï nommer Aubigné laissa approcher de fort près jusques à ce que la bonne mine des gens de guerre lui fit soupçonner qu'ils n'estoient pas ramassez en Anjou. Là dessus demanda que le chef s'avançast avec un autre pour parler à lui avec un second; ce qui fut fait de si près que le second reconnut à la parole (car les visages se sembloient) que ce n'estoit pas celui qu'on attendoit : il falut donc que les catholiques tournassent visage, et les deux aiants eschappé quelques harquebuzades de bien près, firent ferme par deux fois pour favorizer la retraitte de leurs gens de pied.

Aubigné, qui s'estoit avancé pour recognoistre la besongne qu'il avoit à faire avant que la fumée lui ostast le jugement, donne aux trousses de cette troupe qui se retiroit en grand désordre, et arriva comme meslé dedans le faux-bourg, gagne deux barricades et quelques maisons, et ne fut arresté que par le feu que ceux du faux-bourg mirent en une barricade et en deux maisons qui le flanquoient; ce feu encores défendu de deux maisons percées; si bien que ces troupes, qui avoient donné les dernières, se trouvèrent plus avancées de cinq cents pas que ceux de Bressigny, où l'Averdin avoit retranché à bon escient, et bien opiniastré presque à la retraite du faux-bourg.

Demie heure après ces attaques, un soldat du régiment du Fresné vint par les vignes se rendre, et fut envoié à Clermont et Avantigni, qui estoient en bataille, mille pas hors le faux-bourg des Lisses ; cettui-ci donnoit advis que la capitulation du chasteau estoit faicte, mais que son mestre de camp, qui estoit le Fresne d'O, estoit rézolu de favoriser Clermont s'il vouloit cette nuict donner au chasteau par l'endroit où le Fresne avoit sa garde au fossé, en donnant pour mot *Mathieu*. Sur cet offre, on avança des trompettes pour faire des chamades vers le chasteau et avoir quelque cri ou quelque feu pour response. De plus encor, les refformez plus avancez vindrent à l'escarmouche dans les vignes et repoussèrent ceux de la ville si avant, que ceux du chasteau pouvoient parler à eux ; et cela cousta la perte de quelques hommes. La vérité est que le chasteau estoit rendu, et ceux qui estoient encores dedans ne voulurent donner aucun signe, craignans faire perdre au prince plus d'hommes et plus de temps ; tellement que l'offre du Fresne estoit pour tromperie ou pour vanité.

Le prince, voiant ces choses, retira ses hommes de Bressigni, et envoia un soldat de ses gardes pour faire retirer Aubigné, lequel connoissant le poux inesgal de ceux qui conseilloient, et se doutant que le lendemain on changeroit d'avis, respondit que si c'estoit pour desplacer toutte l'armée il approuvoit cela ; mais que si c'estoit pour tenter encores quelque chose sur Angers, que la perte de mille hommes ne sauroit le lendemain le loger où il estoit, et que partant il ne remueroit point le picquet qu'un mareschal de camp ne le vint quérir. Sainct-Gelais les veint donc lever, non sans combat, pource qu'ils voulurent emporter leurs morts aussi bien que leurs blessez. Après avoir campé la nuict aux ardoisières, les conseillers du cabinet se mirent à donner des avis vaillants, ce fut de retourner faire les mesmes choses qu'au jour de devant.

Après que ceux qui devoient tirer les chastaignes du feu eurent dit franchement quel il y faisoit, ceux qui le jour auparavant estoient vers les Lisses reprennent leur chemin; leur mestre de camp fit toucher les capitaines en sa main, qu'ils se perdroient avec lui dans le fossé. Plus de cent gentils-hommes voians cette résolution mirent pied à terre pour estre de ce mauvais parti, et tout cela s'en alloit périr, quand le duc de Rohan (qui disoit ce qu'il pensoit), avec reproches et injures, vainquit le prince, et fit changer ce dessein en celui de la retraitte, pour laquelle furent choisis Clermont et Aubigné. Là fut dit que s'il falloit paier de quelqu'un ce devoit estre de Clermont, pour avoir mal conduit l'affaire, et de l'autre, pource qu'il estoit là comme emprunté et au roi de Navarre particulièrement.

Telle fusée n'estoit point aisée à démesler; ce fut pourquoi les deux qui avoient cette charge prindrent conseil ensemble, n'en recevans plus de aucun : car comme les forces d'Angers eurent reconnu que l'armée enfiloit le chemin de Mazai ils deveindrent bien plus insolens que de coustume ; et aians rempli les vignes et les ardoizières de leur infanterie, qui tiroit à tout, plus par gaieté que par occasion, Clermont et son compagnon allèrent voir le païs où ils se devoient démesler, reconnoissent une bourgade nommée Sorgue à un quart de lieuë des vignes et à demie lieuë de la ville. Aubigné pria Clermont de lui laisser un homme d'obéissance avec trente sallades et ses deux trompettes, et que lui s'en allast avec tout le reste de tous les gens de l'un et de l'autre, espérant desméler l'affaire à moins de perte que si tout y estoit. Clermont accepte cela, et l'autre aiant fait choisir à six de ses capitaines chacun vingt hommes, et avec dix gentilshommes qui mirent pied à terre, se résout à exécuter sa commission. Il envoie donc tous les chevaux de ceux qui demeuroient avec lui se mettre en foulle de trois cens pas du bourg de Sorgues jusques à l'entrée, à la charge d'y faire halte jusques à nouveau commandement. Il y avoit un chemin creux à la sortie des vignes pour entrer en la pleine ; sur le haut de ce chemin il met ses gens de cheval commandez par Lisi ; aiant dit pour toute harangue à ses gens que leur vie dépendoit de ne lui faire point dire une chose deux fois. Il les estend tous à la gauche du chemin creux, fait reschauffer l'escarmouche avec plus de mine de vouloir combattre que se retirer, fait faire deux fausses charges à tous les cavaliers desbandez qui venoient à lui, et de mesmes ramena battant tous les gens de pied qui venoient sans commandement, jusques à ce que voiant marcher trois corps de régimens ausquels la cavallerie catholique quittoit la pointe, à cause de l'assiette du lieu, à la faveur d'un grand salve qui remplit tout le costeau de fumée, et partant osta aux ennemis le jugement de ce qu'il faisoit, il fait courir en diligence ses dix capitaines et leurs vingtaines dans le chemin de Sorgues; lui avec la dernière troupe et ses hommes de main, les deux trompettes faisants leur devoir sans cesse au bout du chemin creux, jusques à ce qu'il fust plain de mousquetterie; et encore mit les trente salades derrière une grosse haie qui séparoit la vigne de la pleine, ausquels à travers la haie il fit tirer leurs pistollets aux plus avancez, sans estre reconnus pour cavallerie, tant pour l'épesseur de la haie que pour la fumée que nous avons ditte, jusques à ce que n'aians peu garder les coins, quelque cavallerie à droitte vit le derrière. Mais lors les premiers avoient joint les vallets et les chevaux qu'on fit entrer dans le bourg, quand les poursuivans furent assez près pour les pouvoir juger.

Ceux d'Angers, qui redoutoient la cavallerie du prince et jugeoient qu'elle estoit demeurée derrière Sorgues, ne mirent le pied guères avant dans la pleine, et entrèrent en conseil pour faire reposer leurs gens, attendant la soirée, et puis avec bonne artillerie et en ordre pour tous accidents venir enlever la bourgade, où ils entendoient six tambours battre la garde et les trompettes sonner au guet; joint à cela que quelques païsans qu'on avoit laissez eschapper exprès rapportèrent qu'on faisoit des barricades. Les compagnons de la retraitte logèrent tout en douze maisons, quoi qu'ils remparassent l'entrée du village à la connoissance des vedettes d'Angers ; et puis à jour couchant en trois coups de sourdine aians chassé par rudesse hommes et femmes du village sortent, et par petits chemins esquivent une lieuë jusques à l'entrée du chemin de Mazai où ils plantèrent le picquet une heure avant jour ; aussi tost tastez par une grosse trouppe de cavallerie qu'on avoit descouplé sur leurs erres.

Laverdin avec une trouppe choisie passa au pont de Sez pour fuir les incommoditez de Lothion et gagna Saumur, où il fit incontinent armer de mousquets de fonte trois pattaches, qu'ils firent desriver au-devant des Rosiers, aians, avant cet obstacle, le comte de Laval, la Boulaie et une partie du régiment d'Aubigné gagné l'abbaïe de Sainct-Maur, laquelle leur donna commodité de s'assembler, de prendre haleine, et ordre pour venir en gens de guerre gagner le Poitou.

Cependant le prince de Condé séjournoit à Beaufort, s'employant à appointer les querelles de ses mareschaux de camp, et puis monta à cheval pour aller au passage ; mais l'estonnement des batteaux, et ne restant plus à Lothion qu'une gabarre, cela renvoia tout encores à Beaufort pour estudier ce qui estoit de faire. Là autant d'avis que de testes ; chacun parloit sans certitude, et tous prenoient pour conseil l'estonnement. Quelqu'un y exposa la résolution qu'avoit prise Andelot lors du combat de la Levée, et comme nous l'avons descrite en son lieu [1], pour suivre cet avis plus

[1] Voy. *Hist. univ.*, édition de 1626, t. 1, p. 375.

en idée qu'en résolution. Cette trouppe errante desmarche vers le Lude : là Aubigné parla au prince et à tous les chefs de son armée, leur promettant s'ils se vouloient servir de lui en cette extrémité qu'ils en sauveroient l'honneur et le bagage. Son dessein estoit qu'avec cent chevaux choisis et quatre cents harquebusiers, moitié des siens moitié d'autres triez dans les compagnies, il iroit saisir avec grande diligence deux petites villettes dont l'une s'appelle Sainct-Dié et l'autre Sèvre; cette-ci à une mousquetade de la rivière de leur costé, celle-là sur le bord de Loire, mesmes devers la Saulongne ; toutes deux fermées de murailles, de tours et de quelques fossez, et bien garnies de mareschaux et de selliers, par faute de quoi ses trouppes périssoient. Il prit donc serment de tous ceux-là qu'ils ne desmordroient point le dessein, et que le lendemain au soir un mareschal de camp amèneroit les cinq cents chevaux que nous avons dit à la chappelle Sainct-Martin. Le prince et le reste de ses forces arrivans à mesme soirée à Saincte-Anne, et cependant l'entrepreneur assisté de Bois-du-lis, de Doucinière et de quatre autres estoit desjà sur Loire, où en reconnoissant moiens infaillibles de saisir ce qu'il avoit promis, comme il faisoit le marchant de vin auprès de Sainct-Dié, arrivent à Nouan neuf cents chevaux reistres. Bois-du-lis et lui les reconnoissant, partagent ensemble l'un de saisir Sainct-Dié avec cent-vingt hommes des cinq cents et l'autre avec le reste d'enfoncer le logis des reistres, faisant ce jugement, que dans l'effroi que porteroient les reistres eschappez les troupes passeroient la rivière et s'avanceroient dans le Berri plus aisément. Ainsi aiant laissé quelques soldats nouvellement pris à Mer et Doucinière à la garde de six grands batteaux à la Coulommière, l'entrepreneur et Bois-du-lis vont à la Chapelle-Sainct-Martin pour quérir les compagnons. Mais le prince de Condé avant que d'estre à Saincte-Anne, receut Rosni, depuis duc de Sulli, qui lui fut amené comme prisonnier, par le capitaine Bonnet; cettui-là lui asseura ce que desjà il avoit ouï dire, assavoir que toute la Beausse estoit pleine de la cavalerie de la ligue, et le grand chemin des régimens qui marchoient vers Orléans, où desjà les reistres avoient passé l'eau; cela marié avec la nouvelle du duc de Joieuse qui, avec les forces d'Angers, marchoit sur les pas des misérables, et en outre l'asseura que l'édit se publioit à Paris. Le prince de Condé fut induit par le duc de Rohan à rompre la promesse que le duc n'avoit point faitte, et à se desrober avec la Trimouille et quelques gentilshommes et officiers, principalement ceux qui pouvoient servir de guides : ainsi par les maisons des amis ils gagnèrent la Bretagne, et le duc de Rohan ses maisons. Le prince, par le moien d'un ami, recouvra un batteau, et par lui l'isle de Grenezai[1] et puis l'Angleterre.

Sainct-Gelais, convié à estre de la trouppe, allégua son serment et se fit conducteur du malheureux trouppeau; mais aiant manqué de vingt-quatre heures, les soldats qu'on avoit jetté dans Sainct-Dié rappor-

[1] Guernesey.

tèrent que les trouppes y estoient logées. N'estant donc rien arrivé à la Chapelle, le lendemain par les soldats qui fuioient, Aubigné et Bois-du-lis avertis, vindrent trouver Sainct-Gelais à la teste des bandes les plus effraiées sans combat qui se virent jamais; c'ettoit sur le bord de la forest de Marchénoir, dans laquelle la pluspart avoient desjà jetté leurs armes. Bois-du-lis, qui avoit quelque connoissance vers Gien, emmène Sainct-Gelais et quelque noblesse qui, ians passé la rivière de Loire fort haut, n'y trouvèrent point de gardes et passèrent en Berri. A Aubigné s'accueillent trente gentilshommes ou capitaines; des autres qui couroient parmi la forest, il en arresta et mit ensemble le plus qu'il peut, et leur donna conseil de laisser passer la journée dans la forest, et sur le soir percer de la Beausse en trouppe tout ce qu'ils pourroient, pour avant jour se relaisser en quelque mestairie, ne laissant sortir personne qui peut porter des nouvelles, et la nuict d'après se couler trois ou quatre ensemble dans les fauxbourgs de Paris, où tout cela se sauva sans perte d'un homme; et depuis se logèrent dans les compagnies qui de tous costez s'amassoient.

Leur conseiller fut bien en plus grand peine; je demanderai congé à mon lecteur d'en dire les principaux traits, pource que la science des périls d'autrui nous apprend à démesler les nostres : et certes si mon lecteur s'ennuie de voir mon nom si souvent, je l'eusse encore desguisé, sans l'honneur que les autres historiens m'ont fait le produisant en cet endroit, et me donnant des compagnons, qui, horsmis Sainct-Gelais et Bois-du-lis, ne se mesloient que de leur fait.

Sur le congé que je pense avoir impétré de vous, je vous dirai qu'outre la levée gagnée par quelques reistres le duc du Maine s'y avança aussi. Le mareschal de Biron vint d'une course à Chasteaudun, le duc d'Espernon à Bonneval : les premiers avancez vers la forest de Marchénoir furent quatre compagnies d'Italiens que menoit Sacremore.

Voilà ceux qui venoient d'Angers de dire : *Vive le roi*, accablez des roiaux et de la Ligue. Aubigné avec ses trente chevaux passe la forest, et se tapit dans une grand'mestairie auprès de Chèze, où il ne fut pas demie heure qu'il void venir au galop les quatre cornettes italiennes, deux desquelles environnent la mestairie, les autres deux prennent plus loing [leur chasse]. Les compagnons eurent recours aux barricades; mais leur capitaine s'escriant qu'ils n'estoient pas à la Jarrie près La Rochelle, saute à cheval, et lui septième charge un corps-de-garde de vingt lances, où le capitaine Jacques commandoit : de là il n'y eut que le capitaine qui donna coup d'espée. Aubigné qui avoit les yeux pleins de bouë s'emporta jusqu'au village de Chèze, où aiant recouvré la veuë, ne se vid que sixiesme, en aiant perdu un à la charge : et comme il consultoit pour retourner quérir ses compagnons, qu'un soldat lui rapporta estre assiégez par les deux cornettes, vindrent frapper dans le village quatre Albanois qui menoient dix-huit prisonniers, ausquels ils avoient laissé les espées au costé. Les Albanois n'aians pas attendu la charge, on fit mettre l'espée au poing à ces dix-huit et en leur faisant faire mine, les six donnent à la mestairie et délivrent leurs compagnons, ausquels, estans ensemble, les assiégeans firent place : si bien que tout cela alla gagner la forest. En y arrivant, ils rencontrent dans un chemin couvert trente chevaux de la compagnie de Sigongne, menez par le grand Houssaie, qui s'en disoit mareschal des logis. Comme ils eurent passé sur le ventre à cette trouppe, et le conducteur pris, Aubigné l'aiant laissé aller avec serment de retirer un gentilhomme des siens, dit aux compagnons que si s'eust esté un homme de plus grande marque ils eussent fait de leur prisonnier leur maistre. Là dessus les dix-huict se plaignent de quoi ils en avoient desjà trouvé et prennent parti à part pour aller chercher quelqu'un qui les voulust prendre. [Le capitaine l'Enfant estant délivré par mesmes mains, demanda congé d'aller cercher lui quinziesme des maistres de mesme façon.]

Les trente passèrent huict jours en Beausse et Vandosmois, avec grandes risques, y deffirent encores deux troupes, n'y cerchans autre commodité qu'un homme assez authorisé pour leur sauver la vie ; sur tous estoit en cette peine celui qui les menoit, souvent attaqué par les gens de Sacremore, et bien connu de lui pour sa commission qu'il avoit euë de le guetter au voiage où il porta une fâcheuse parolle au roi [1].

Après avoir passé dix jours, marchans la nuict et

---

[1] Voy. plus haut; p. 287.

passans le jour dans les forests ou mestairies esgarées, Aubigné mena sa trouppe sur le bord de Loire, vis à vis de Sainct-Dié, où il avoit du bien et quelque amitié avec le maistre de la poste, qui estoit esleu capitaine de la ville; et de plus s'asseuroit d'une retraitte à Saumeri. Il voulut donc se hazarder seul de passer pour asseurer la vie de ses compagnons, les instruit que si, estant de là l'eau, il leur fait signe, qu'ils entrent dans la gabarre du passage au retour ; s'il ne leur en fait point, il leur enseigne un pescheur duquel il s'ettoit servi à recouvrer les grands batteaux, leur donnant avis de lier deux petits batteaux ensemble pour passer en une nuit les batteaux deux à deux, quoi que la rivière fust lors très-grande et à bord de chantier. Il laisse donc ses gens cachez derrière la levée, horsmis un à pied pour voir ce qu'il devenoit, et se met dans la gabarre seul avec une charrette et huit ou dix hommes qui passoient. Il n'eut pas fait le tiers de la rivière que, s'estant enquis d'une petite fumée qui paroissoit à l'autre bord, on lui apprit que c'ettoit un corps de garde que ceux de Sainct-Dié estoient obligez d'entretenir et qu'il estoit de vingt hommes. Cela l'estonna ne pouvant retourner; mais encor il y eut quelque espoir de se faire avoüer par le chevaucheur. Sur cette pensée, il void venir au corps-de-garde du port dix-huit hommes, qu'il apprit estre le prévost des mareschaux de Blois [nommé Lardoise], auquel il avoit fait quelques affronts ; ce prévost venoit d'en recevoir un par Villegombelin, à la mémoire duquel je veux rendre un compte. Cettui-ci, lieutenant du duc de Guise, voiant le désastre des refformez en son païs, estoit monté à cheval avec ses voisins, leur disant qu'il falloit aller à la chasse ou à la foire des amis, et prendre le temps de l'affliction pour s'obliger autrui et se désobliger envers le devoir d'un gentilhomme : donc ce courtois chevalier courut çà et là pour délivrer les affligez, venoit d'oster à Lardoise, Tifardière et Michelière. Ce fut pourquoi cet homme mutiné avec ses archers se venoit joindre au corps-de-garde en jurant la mort du premier huguenot qu'il empoigneroit. Nostre avanturé, sans espoir et sans conseil, aiant achevé un mot de prière et le second couplet du pseaume 142, arrive entre ces deux trouppes, qui faisoient près de quarante hommes.

Talsi de Beausse, de mesme humeur et dessein que Villegombelin, lui (à Aubigné) avoit envoié un coursier de Naples, brave et furieux, à son grand besoin ; si tost que ce cheval eut les deux pieds de devant à terre, il fit une roüe qui escarta ceux qui environnoient le batteau ; et son maistre en criant : « Prenez-vous garde » (quoi qu'armé sous la juppe), sauta dans la selle, où il ne fut pas si tost, qu'oïant cinq ou six archers ou habitants qui le nommoient, il met l'espée à la main, fait fendre la presse, et au péril de sept ou huit mauvaises harquebusades gagna le large. Ce fut à l'Ardoise et à ses archers à monter à cheval dans la ville pour recouvrer leur perte.

Les compagnons qui avoient veu ce passe-temps, gagnent le haut, et la nuit passent la rivière, et n'ajoustans rien à ce qui leur estoit ordonné gagnent Saumeri, où ils trouvent leur chef. Et encores arriva que, comme ils estoient sur le passage, le capitaine Touverac (celui qui avoit esté pris à la charge de Chèze) fut reconnu se venant de sauver, et passa l'eau avec ses compagnons.

Vous ne saurez point par moi les autres périls que courut cette trouppe à suivre le Cher jusques à Sainct-Florent, à traverser la Soulongne, le Berri, le Limousin, Poictou et Xainctonge, estans contraints pour la grandeur des rivières, de monter jusques auprès des sources; le tout sans porter marques ennemies, sans faveur d'aucune retraitte, et non sans quelques combats, pour venir chercher en Brouage le reste du régiment [1].

XXVII

Mémoires, p. 73. — Succès des Réformés en Saintonge et en Poitou (1586).

Chacun des refformez s'excusans sur l'impuissance de mettre en besogne le reste de leurs soldats, le duc de Rohan, le comte de Laval, Sainct-Gelais, le corps des Rochelois et autres de plus de marque tindrent un conseil, auquel ils délibérèrent de remettre en forme leurs compagnies ruinées, et leur donner pour chef Aubigné, lors occupé à licentier ses restes du siége de Brouage, affectant pour grande douceur de n'avoir plus le soin que de soi. Il respondit aux lettres

---

[1] *Hist. univ.*, t. II, p. 442 et suiv., liv. V, ch. xiii (édition de 1626, ch. xv).

qu'on lui escrivit pour ce fait, que son dos tout escorché du fardeau qu'on lui avoit laissé à la retraitte d'Angers, estoit incapable d'une nouvelle pesanteur. Mais l'amiable puissance qu'avoient sur lui le duc et le comte [l'acclamation des gens de guerre qui le demandoient], et les violentes suasions et menaces des ministres de Nort et Esnart, envoiez vers lui, le remirent à relever son régiment et autres compagnies, qui sous lui voulurent prendre la campagne. Les Rochelois, par une libéralité à propos, lui firent présent d'armes et munitions de guerre, et de mulets pour les porter.

Lui donc, pour n'estre pas esteint en naissant, fit son premier rendez-vous en l'isle de Rochefort, où aiant asserré en quatre jours huit cents hommes, sur le poinct que Sainct-Luc avoit appelé les forces de Xainctonge pour le charger, il se r'aprocha de Sainct-Jean, et y fut renforcé de quatre compagnies de Sorlu, des gens d'armes du comte de Laval menez par Mignonville, de ses gardes [1] et autres volontaires; avec cela, qui faisoit de 12 à 1,300 hommes de pied et 120 chevaux, il marche en Poitou, aussi tost averti que Malicorne et Laverdin reserroient leurs trois régimens et compagnie de cavalerie pour donner à lui. Mais aiant pris le logis de Beauvais sur Nyort, il leur donna une amorce de la compagnie du capitaine la Berthe, qu'il fit marcher à deux heures après midi avec un drappeau neuf, suivi de cinquante hommes seullement, à

[1] L'édition de 1626 porte : Et d'une compagnie de chevaux-légers qu'il redressa avec autres volontaires de douze à treize cents hommes de pied.

Sainct-Jean de Marigni, petit bourg esgaré d'une grande lieuë des autres logemens [et fist passer cest appast devant le chasteau de Rimbault, se doutant bien que l'advis en iroit diligemment à Niort] ; et puis, la nuict estant venuë, il tria dix hommes de chaque compagnie ; ainsi se fortifia de deux cents hommes ausquels tout le reste avoit intérest, et accommoda de picques et de grenades ses aventurez. Encor mena-il tous les capitaines pour leur donner ordre de leurs desmarches, passages et prise de places pour la nuict dans un champ entre Beauvais et la forest, jusques à faire marquer de quelques pierres l'une sur l'autre le lieu où chaque capitaine devoit arrester la teste de sa trouppe (et prenne qui voudra cet exemple pour éviter les confusions et les cris de la nuict).

Laverdin ne faillit pas avec ce qu'il avoit de plus leste à donner sur le poinct du jour la camisade à Sainct-Jean de Marigni. Mercure avec ses Italiens enveloppa dans un vilage, près de Rimbaut, Kergrois, lieutenant de Laval, avec seize maistres, et l'emporta sans qu'il fust secouru, pource que venant joindre les trouppes il avoit pris quartier de lui-mesme à la nuict. Les vedettes des refformez aians premièrement averti, on ouït après les harquebusades de la Berthe, qui avoit receu la strette comme bien préparé. Laverdin void en mesme temps les plus diligens des siens remenez rudement hors la bourgade, et les seconds mal préparez pour y donner, et aussi tost les Albanois lui apprenent comment à demi soleil ils avoient trouvé un grand corps d'infanterie et quelque cavalerie à leurs ailes, qui les avoit poussez à la faveur du bataillon et non plus. Laverdin n'eust autre conseil que l'espouventement des siens avec lesquels il regagna en confusion le marais des Sanguinaires; par là il fit sa retraitte à Nyort avec fort peu de perte et plus d'estonnement.

Les régimens de Villeluisant[1] et de la Magnane, estant commandez, avoient passé la rivière de Sèvre, avec ce but principal de charger les premiers refformez qui oseroient halener la campagne. Villeluisant estoit demeuré sur son passage à Sainct-Gelais, l'autre s'estoit avancé jusques dans Melle. Les refformez marris de n'avoir pas assez pressé leur poursuitte, et fait valoir la première occasion, partent de Pré à minuict, aians pris au commencement le chemin de Sainct-Gelais, tournent court à Melle, trouvent la Magnane parti d'effroi, le poursuivent jusques à Ron, où l'infanterie demeura sur les dents, comme aians fait trois lieuës plus que leurs ennemis. Quelque quatre-vingts chevaux destournèrent la Magnane à deux heures de nuict dedans Coüé ; là les capitaines complottèrent pour empescher à leur chef l'essai de ce logis avec son peu, en lui reprochant Sainct-Mandé : ainsi aiant fait tourner visage pour aller loger, lui avec Sorlu, le Vaneau et cinq autres capitaines des plus délibérez, plus par despit que par jugement, se desrobent, mettent pied à terre, donnent à la principale barricade, et n'aians eu que les deux harquebusades des sentinel-

---

[1] Édition de 1626 : Viréluisant.

les, pource que les mèches n'avoient pas le feu en pointe, ils emportent le corps de garde à coups d'espée, et y aians laissé dix ou douze morts, vont retrouver leurs compagnons. Le lendemain ils furent bien marris, quand ils sceurent que tout le régiment avoit joué à sauve qui peut et avoit fui, les drappeaux à la pochette, sans se reconnoistre ni r'alier plus près que Mirebeau, quelques habitans du païs demeurans héritiers de leur bagage. Soit dit pour instruire ceux qui font de tels coups de taster bien ce que leur coup a fait.

Or puis qu'il est question de voir regagner la campagne aux ruinez, qui n'est pas un exemple de peu d'effect, et sans l'utilité duquel, je ne traitterois pas des choses petites de soi si expressément, vous saurez que les refformez aians pris leur logis à la Motte-Sainct-Hérai, Malicorne prit si bonne opinion d'eux qu'il les creut vouloir assiéger Sainct-Maixant, sur quoi il délibéra d'y jetter le régiment de Villeluisant, et avec toutte sa cavalerie l'avoit conduit jusques à la planche de Villène, quand Aubigné voulant mener la compagnée de Draqueville à son logement, rencontra avec dix hommes choisis trente coureurs de Malicorne sous les noiers de Boisragon, il respond *charge* au *qui vive*. Les catholiques, cuidans avoir plus grand' trouppe sur les bras, tournent le dos et portent l'alarme de mauvaise grâce dans leur gros, qui prit place de bataille dans la prée de Vilenne. Là les coureurs, presque tous gentilshommes de marque, ne voians point parestre leurs poursuivans, se doutèrent d'avoir failli, les retournent cercher à toutte bride et les trouvent comme ils se desroboient vers Berlou à deux intentions : l'une que s'ils eussent rebroussé vers la compagnie de Draqueville ils la faisoient deffaire pour certain, l'autre qu'ils vouloient faire monter à cheval Sorlu logé à Berlou, comme il fit avec cent cinquante harquebusiers : cela joint avec Draqueville se fit voir de loin aux trouppes de Malicorne, qui desjà reprenoient le chemin de Nyort : ce que les refformez avoient de capitaines assez bien montez vindrent aux coups de pistolest, mais le gros n'approchoit point de cinq cents pas. Il y a quelque chose qu'on peut apprendre au mesnagement de cette veuë : tant y a que quelque peu de morts et de bagage pris sur la retraitte apprit aux soldats refformez qui s'estoient relaissez dans les régimens catholiques que les leurs tenoient la campagne. Cela leur fit cueillir à peu de frais le profit de la réputation, et par elle les bandes estans accruës jusques à deux cents hommes, leur chef osa attaquer et recouvra quelques bicoques ci-devant remarquées. La première qui se deffendit fut Tors, où commandoit Rules, qui, voiant son ravelin emporté de haute lutte, capitula ; et comme il estoit sur le poinct de se rendre, les forces de Xainctonge s'amassèrent à Congnac pour le secours. Les assiégeans avertis laissèrent vingt corps-de-garde garnis de chaque trente hommes, et avec le reste s'embusquèrent en trois trouppes à un quart de lieuë de là dans les grands bois, aians averti leur corps de garde qu'ils ne seroient secourus d'une heure entière. Vaux qui menoit les coureurs des catholiques aiant ouï auprès de Tors un grand hannissement de chevaux sentit la fricassée, et en faisant tourner visage empescha un gentil exploict de ses ennemis [1].

XXVIII

Mémoires, p. 75. — Combats d'Oléron (1586).

J'ai à vous représenter deux combats, le premier desquels aiant esté cause du second, veut estre commencé par son dessein : c'est qu'Aubigné, succombant sous sa charge, sans assistance, ne pouvant plus combattre la famine, et puis la pauvreté et nécessité des siens estans de mauvaises pièces pour garder respect et police parmi eux, résolut de trier cinq cents hommes de deux mille qu'il avoit, donner le reste à quelques jeunes mestres de camp arrivez de nouveau avec le prince de Condé, et s'aller perdre ou establir dedans l'isle d'Oléron. A cela lui fut commode la despouille de Soubise [2], de canons, armes et munitions, que sa charge lui donna pource que l'artillerie n'avoit point joué. Il avoit fait venir, par l'assistance de La Limaille à Pierre-Menuë cinq navires. Sur le bord de la planche qui passoit au premier, il déclara à ses compagnons son entreprise, sans en amoindrir le péril, aimant mieux mener peu et des hommes résolus; et puis aiant donné congé à tous ceux qui avoient affaire ailleurs, plus de deux cents des siens couppèrent les jarrets à

[1] *Hist. univ.*, t. III, l. I, ch. II, p. 7 et suiv.
[2] En Saintonge. Cette ville venait d'être prise par les réformés.

leurs chevaux et suivirent son drappeau collonel ; ainsi embarqua sept cent cinquante hommes. Sept compagnies qui ne voulurent pas estre de la partie furent deffaittes dans trois semaines de là, trois par Sainct-Luc près Sainct-Sorlin, les quatre autres près de Dampierre par la cavalerie légère du mareschal de Biron, qui lors venoit d'assiéger Lusignan. L'isle d'Oléron fut saisie avec peu ou point de résistance. Il ne faut pas oublier que ce dessein avoit esté conclud entre le comte de Laval, Plassac et Aubigné, les trois présupposans que les régiments catholiques qu'on envoioit en Xainctonge seroient emploiez à reconquérir cette isle, et pourtant le comte promettoit de se tenir prest à la Rochelle, pour, avec les forces et les vaisseaux de guerre, enlever l'armée de mer dépourveuë d'hommes, quand ils seroient bien empeschez ou au pillage ou au combat. Plassac devoit fournir de son costé deux bonnes compagnies, comme il fit.

Il faut vous rendre compte pourquoi j'ai dit l'armée de mer : c'est celle de Normandie amenée par le commandeur de Chattes, composée de dix grands vaisseaux, entre ceux-là trois de cinq cents tonneaux. Là encores devoient arriver, comme elles firent, les galères de Nantes, et puis le grand Biscaïn de six cents, tout cela aiant, pour l'utile, commandement de conduire trente vaisseaux chargez de sel pour le grand parti ; le tout bien préveu et conclud sur la promesse qu'Oléron se deffendroit deux fois vingt-quatre heures attendant le secours.

Sainct-Luc, à qui l'affaire touchoit, r'alia dans douze

jours et non plus tost, les régiments de Tiercelin, de Cluseau (autrefois Blanchard), le commencement de celui de Coulombiers, quatre cents harquebusiers de Médoc en diverses trouppes, huict cents hommes des garnisons de Xainctes et de Broüage, qui estoient la fleur de cet amas de six à sept cents hommes que l'armée de mer mit pied à terre; tout cela avec les gens-d'armes et chevaux légers, qui prirent la picque, faisoit près de cinq mille hommes frais et bien armez.

Le prince de Condé, nouvellement arrivé d'Angleterre, appelle les forces promptement, achève de desgager Sainct-Jean, en prenant Aunai et Chizé d'effroi, et Sasai par le dessein de Ranques. Mais sur tout il eut à cœur la vengeance contre le mareschal de Rets, et voulut prendre Dampierre pour le raser en représaille de Montaigu.

Les compagnons d'Oléron n'aians osé entreprendre rien de ferme, pource que dès le second jour ils eurent les navires et galères en présence, s'employèrent à descoupper la grande bourgade du chasteau, où ils firent quarante-six barricades fossoiées devant et derrière, celles qui approchoient de la mer les plus travaillées et meilleures par quelque sit avantageux. Au dixiesme jour, Sainct-Luc se présente avec cinquante vaisseaux ronds et ses galères, commence le lendemain au poinct du jour sa descente à mer basse, forme dans le Platin quatre bataillons d'environ mille hommes chacun, et destache quatre trouppes d'enfans perdus d'environ deux cents hommes chacune. En ceste ordonnance, aians gagné le sec de l'isle, fait alte, à fin que Tiercelin, qui menoit la gauche et avoit le plus grand tour à faire, pust avoir gagné le chemin de Dolus pour le fait qu'il en espéroit; et ainsi ne laisser nulle partie des ennemis sans exercice en mesme temps.

Quelques jours auparavant Plassac, selon sa promesse, avoit envoié les compagnies de Boiceau, Guisoli et Des Monnars, bonnes, bien armées, et une plus qu'il n'avoit promis; mais si friandes de la bonne chère de l'isle, qu'estans mandez pour venir prendre place de combat à six heures du matin ils n'arrivèrent qu'à neuf, mille pas devant Tiercelin, et partant entrèrent confusément en leur faction; encores n'y fussent-ils pas arrivez les premiers si le gouverneur d'Oléron (Aubigné) n'y eust remédié par une escarmouche qu'il attaqua à un quart de lieuë de la bourgade, et qu'il démesla par troupettes de vingt-cinq et trente, qu'il logea derrière quelques barques aux Petits-Ragueneaux, jusques à en faire douze partages avant trouver la roche Sainct-Nicolas. Au commencement, il faisoit jouër ses semences de trente et quarante pas, mais Sainct-Luc apporta contre cette longueur le remède qu'il falloit; c'est qu'il envoia de jeunes capitaines à ses enfans perdus, pour les faire donner à gauche et à droite sans ordre et sans arrest; si bien que ces huict cents hommes desbandez contraignirent quatre cents qui estoient dehors, après avoir disputé une heure et demie, de regagner leur retranchement.

Les compagnées de Plassac estant logées à la haste, les deux frères de La Combaudière, capitaines du régiment de Tiercelin, aians auparavant pratiqué des caves de leur voisins, entrèrent par là dans la ruë neuve, et enfermèrent par ce moien vingt-huict barricades, où ils gagnèrent le drapeau de Guisoli. A la veuë de quoi, le gouverneur pousse le capitaine Poiriers, arrivé de nouveau pour estre de la partie, avec trois cents hommes choisis[1] pour engager la besongne, et lui accompagné de trente hommes couverts et suivi de trois cents harquebusiers enfile toute la ruë, regagne le drapeau, met dehors tout le régiment. Le lieutenant de Cluseau, qui donnoit entre là et les Cordeliers, envoia quatre compagnies au secours des premiers, et cela ramena les attaquez à leur première perte, n'osans opiniastrer les barricades perdues en confusion.

Sainct-Luc qui donnoit à la maison de Pons, après diverses sommations et responses glorieuses, se servit de la mer, qui cependant avoit monté, pour amener deux canons, que les Suisses traînèrent avec des cabestans à trente pas de la première barricade. Un des coups donna dans le coin de la maison qui la flanquoit, et l'autre dans la pipe du milieu, laquelle, bien que plène de pierres, fut percée sans verser, pource que le coup estoit de près. Sainct-Luc voulant voir l'effet de sa pièce vid passer et tirer les mousquets par le pertuis qu'elle avoit fait; ce qui fut trouvé fort nouveau par lui et ses capitaines, ne sachans pas que les compagnons avoient esté sur le ventre dans le fossé du dedans. La première mous-

---

[1] L'édition de 1626 porte trente au lieu de trois cents.

quetade fut [de la main] du gouverneur [Aubigné, et voilà le secret des fossés qu'il n'avoit voulu commuquer jusques au besoin.]

La quatrième troupe, menée par Coulombiers, ataqua vers Sainct-Nicolas, où elle trouva une fausse barricade sur le fossé de la principale; là dix hommes de commandement, aians pris le mousquet et promis de laisser passer les piques à la moitié avant tirer, observent si bien leur propos, que Coulombiers et trois de ses capitaines y donnèrent du nez à terre. En mesme temps la mer estant au plain, les galères entrèrent dans le havre et vindrent donner dix-huict volées dans l'eschine des barricades; mais Carles qui y commandoit fit scier de l'arrière avant que la mer se retirast, pour l'importunité qu'il recevoit de deux verteuils [1] et des soldats qui se mettoient à la mer jusques à la ceinture, et faisoient grand meurtre de forçats. Toute la journée fut sans relasche de divers combats, et quand quelque ruë paroissoit mal garnie, ceux de dedans ne failloient à y envoier des sorties de deux ou trois cents hommes l'harquebuse à la main gauche et l'espée à la droite. Sur le soir Sainct-Luc attaqua et emporta le corps de garde de La Limaille, les maisons d'auprès, aiant tué les meilleurs hommes qui le desfendoient. La nuict venuë, claire d'une plaine lune, ne fut sans exercices

---

[1] *Verteuil* est peut-être le même mot que *vertelle,* pour lequel le Dictionnaire de Trévoux donne la définition suivante: Espèce de bonde qui sert à fermer les ouvertures des digues dans les marais salants.

pareils à ceux du jour. Les refformez se trouvèrent n'avoir plus que quatorze barricades, incommodez sur tout de la grand'faute de médicamens pour penser les blessez, n'en aians peu recevoir de La Rochelle à cause du vent oüest et su [1].

XXIX

Mémoires, p. 76. — Captivité de d'Aubigné (1586).

Sainct-Luc aiant seu que trois cents hommes d'Oléron estoient passez vers Sainct-Jean pour une entreprise sur Xainctes, trouva moien de faire couler près de quatre cents hommes par l'intelligence des habitants dedans les caves et tonnelles des jardins du bourg du chasteau, et puis donna une amorce de quarante ou cinquante au village de Ors, où peu de jours auparavant soixante des siens avoient esté deffaits par la garnison. Il arriva qu'un des bateaux qui avoient passé la troupe fut assablé et ne put estre ramené de là le courau comme les autres.

Aubigné mesurant ce qui pouvoit estre descendu en l'isle, selon le port du vaisseau, mordit à l'appast et, de quatre-vingts hommes qui lui restoient, n'en

[1] *Hist. univ.*, t. III, p. 10 et suiv., l. I, ch. III. — L'édition de 1626 renferme dans le chapitre suivant (col. 29) et dans le chap. XVI (col. 76) deux passages omis dans la première édition. Le premier est relatif à une attaque dirigée par d'Aubigné contre une maison fortifiée à une lieue de Castets ; l'autre à une embuscade dressée par d'Aubigné. — Ce récit ne nous a pas paru assez important pour être rapporté.

laissa que sept dans le fort, fit donner par La Limaille avec trente en Ors, et lui attendant à Sainct-Nicolas le reste pour le mener, vid quant et quand deux grosses troupes entre lui et son fort, lequel voulant conserver ou mourir il donna lui sixiesme à la troupe qui estoit en la ruë. Là il fut arresté et abatu, il se démesla et se fit faire place pour gagner le bord de la mer, mais il y trouva une troupe encore plus forte, où il donna, n'aiant plus qu'un soldat[1]. Son désespoir donna envie aux autres de le sauver; et ainsi il fut prisonnier de Sainct-Luc, qui l'asseura de sa vie, pourveu qu'il n'eust point lettres du roi et

---

[1] Le récit que d'Aubigné donne dans sa seconde édition est beaucoup plus détaillé. Voici le passage modifié : Il donna lui sixiesme en chemise à la troupe qui estoit en la rue ; là il se fit faire place, en combattant d'un espieu abbatit le capitaine de Chapitet, n'aguères son prisonnier, et puis esgarant le reste se démesla et gagna le bord de la mer, mais il y trouva une troupe encor plus gaillarde. Il avoit dit à ses soldats en partant : « Que nul ne tire que je ne l'aye dit. » Mais la presse où il se trouva l'ayant empesché de parler aux siens, les cinq y tirèrent et se sauvèrent, ne lui restant qu'un nommé Pariolo. Il lui dit : « Tu n'as pas tiré. » Le soldat respond : « Vous ne me l'avez commandé. » Il répliqua : « Donne à bout touchant à qui je donnerai. » Là-dessus il va contraste avec le capitaine La Fleur, qui lui perça la chemise de son hallebarde, et Aubigné lui coupa la moitié de la main de son espieu. Pariolo appuya son mousquet contre la cuisse de La Fleur, le tire et lui passe le ventre, et puis se jette en la mer. Son capitaine ayant abbatu un sergent près de La Fleur, passoit par-dessus lui, mais l'autre en tombant le saisit et le fit cheoir. Son désespoir, etc.

de la roine pour l'envoier ailleurs. Le maistre aiant fait amitié avec son prisonnier lui donna congé sur sa foi d'aller à La Rochelle, à la charge qu'il seroit le dimanche prochain à cinq heures du soir de retour en Broüage, si mort ou prison ne l'empeschoit. Le dimanche matin, Sainct-Luc le fit avertir par Luché qu'il ne retournast pas à l'heure jurée, pource que les vaisseaux de guerre de Bourdeaux, par commandement du roi, l'estoient venu quérir pour l'emmener mourir, avec lettres à Sainct-Luc pour le menacer de ruine lui et les siens s'il manquoit. Le captif n'aiant point sa foi relaschée de la main où il avoit touché, et ses amis le voulant mettre prisonnier pour subtiliser sur la promesse, il se desroba de La Rochelle, comme il eust fait de Broüage, pour aller à la mort. En arrivant, il vid les galères prestes et fut receu de Sainct-Luc avec pleurs. Mais la nuict mesmes qu'il faloit s'embarquer, ses gens prirent Guiteaux, lieutenant de roi aux isles, et aians mandé qu'il couroit fortune en toutes choses comme leur chef, Sainct-Luc retint son prisonnier, renvoia les vaisseaux, se monstrant en secret joieux de l'accident.

Mes lecteurs, ne me soupçonnez pas de vous avoir fait ce conpte pour ma délectation; j'y perdis trop, c'est pour vous que je l'ai fait. Ne vous arrestez pas tant à la louange de la fidélité qu'à l'exemple et à l'espérance du secours de Dieu, duquel vous devez estre certains, quand vous ferez litière de vostre vie pour garder la foi inviolablement[1].

[1] *Hist. univ.*, t. III, p 21, l. I, ch. v (édit. de 1626, ch. vi).

Pour compléter ce qui précède, nous extrayons des *Petites œuvres meslées* de d'Aubigné (Genève, 1630, in-12, p. 154), la pièce suivante :

PRIÈRE DE L'AUTHEUR,
PRISONNIER DE GUERRE ET CONDAMNÉ A MORT.

Lors que ma douleur secrette,
D'un cachot aveugle jette
Maint souspir empoisonné,
Tu m'entends bien sans parole.
Ma plainte muette vole
Dans ton sein desboutonné.

Je veux que mon âme suive,
Ou soit libre, ou soit captive,
Tes plaisirs : rien ne me chaut ;
Tout plaist, pourveu qu'il te plaise.
O Dieu ! pour me donner l'aise,
Donne-moi ce qu'il me faut.

Ma chair qui tient ma pensée,
Sous ses clefs est abaissée,
Sous la clef d'un geôlier :
Dont soit en quelque manière
Cette prison prisonnière,
Moins rude à son prisonnier.

Que si mon âme captive
Est moins allègre et moins vive,
Lors que ses membres germains
L'enveloppent de mes peines,
De mes pieds oste mes chaînes,
Et les manottes des mains.

APPENDICE. 335

 Mais si mon âme, au contraire,
Fait mieux ce qu'elle veut faire
Quand son ennemi pervers
Pourrit au fond de ses grottes,
Charge mes mains de manottes,
Et mes deux jambes de fers.

 Si le temps de ma milice,
Si les ans de mon service
Sont prolongez, c'est tant mieux :
Cette guerre ne m'envie,
Douce me sera la vie,
Et le trépas ennuyeux.

 Mais, ô mon Dieu, si tu trouve (*sic*)
Qu'il est temps qu'on me relève,
Je suis tout prest de courir,
De tout quitter pour te suivre.
Le mourir me sera vivre,
Vivre me sera mourir.

XXX

Mémoires, p. 80. — Défi des Albanais aux Écossais (1587).

Durant cette guerre vingt gentilshommes escossois, que d'Oims avoit amenez pour cueillir de l'honneur en France, avoient, en absence de leur chef, demandé un capitaine françois (Aubigné) au roi de Navarre pour les mener à la guerre, et avec lui fait quelques petits traits hazardeux que je ne tiens pas dignes de ces cayers, et desquels pourtant on disoit : « Les Albanois ne l'eussent osé faire. » Mercure, jaloux de cela, envoia par un trompette un cartel aux Escossois, les défiant avec vingt des siens contre pareil nombre à un combat d'outrance, commençant par le coup de lance en chemise ; cela accepté par les Escossois, ils dépeschent quérir leur chef, et cependant demandent pour parrin au roi de Navarre le capitaine qu'il leur avoit donné. Cette affaire fut tellement menée, qu'après un grand contrast pour les lances, chacun voulant user des siennes, le privilége des apelez finit cette dificulté. Le champ pris auprès de Nuaillé, les Albanois envoient quérir le parrin des Escossois avec deux trompettes du roi pour les venir mener au combat, il y vient, les trouve en pourpoint[1] : les deux parrins se touchent à la main pour devenir Escossois Albanois[2].

Siége de Marans (1588).

Le roy de Navarre voulut reconnoistre la nature du marais, s'il estoit capable de porter la cavalerie en ordre ; pour donc s'en asseurer, il entre à cheval dans le marais, aiant ses deux mains sur les espaules de Fouqueroles et d'un autre capitaine (Aubigné), à pied et en l'eau jusques à la ceinture. Ceux qui assiégeoient, le voiant marcher ainsi droit à eux, ne le purent prendre que pour ce qu'il estoit, amènent deux pièces de campagne. Le régiment de Cluseau vint prendre place et planter dix enseignes sur le bord du marais,

---

[1] L'édition de 1626 porte : Les trouve en estat d'estonnement.

[2] *Hist. univ.*, t. III, p. 44, l. I, ch. xi (édit. de 1626, ch. xv).

où quant et quand arrivèrent six charretées de perches et de pieux; cela partagé aux compagnies et escoüades, fut commencé une palissade, qui ne sortoit que trois pieds et demi. Quand le roy de Navarre fut à quatre cents pas, les pièces commencèrent à jouer sur lui et le couvrir de fange; estant avancé jusques à cent cinquante pas la mousquetrie commença à troubler le conseil des trois; lors, nonobstant les remontrances des deux capitaines, qui s'offroient à aller voir tant près qu'il lui plairoit, pourveu qu'il s'en retournast [lors il séjourna longtemps. Mais] : il vid arriver deux troupes de lances, à la veue desquelles, pour ne perdre ses deux hommes de pied, il s'en retourna, comme aussi quelques gentilshommes des siens, pour mesme considération, s'avançoient dans le marais[1].

XXXI

Mémoires, p. 83. — Dessein sur l'embouchure de la Loire; siége et prise de Beauvais-sur-Mer (1588).

Un escuier du roi de Navarre (Aubigné) avoit, dès l'an 1570, reconnu un notable dessein en Bretagne : c'estoit pour s'assujettir l'embouchure de Loire, et, selon les forces qui se fussent trouvées, celle de la Villène; aussi cela par une intelligence qu'il avoit dans Guerrande, d'où il vouloit tirer une trenchée au sillon du Crousil[2], et une autre à un marais, sous la

[1] *Hist. univ.*, t. III, p. 110, l. II, ch. I.
[2] Le Croisic.

faveur duquel il se tenoit assez fort pour empescher l'émotion de la Bretagne et fortifier Sainct-Lazeire[1] à bon escient; et puis, aiant rendu bon Guerrande et le Crouzil, où il y a peu à retrencher, garder non seulement les places, mais la contrée aussi; et par là on estimoit qu'il se tireroit tant des rivières que de la marine, un million [d'or] tous les ans. L'inventeur avoit solicité souvent le roi de Navarre de mettre cette exécution entre les mains de la Nouë; et depuis, le vicomte de Turenne s'estoit fort convié à cette action, et en avoit pressé ce prince avec violence, lorsqu'ils estoient à Agen, au commencement des partialitez que nous avons descrites.

Ce roi sentant l'un et l'autre de ceux que nous avons nommez incommodes pour ses passions, ou pour la trop estimée probité de l'un, ou pour le trop de créance que l'autre prenoit dans le parti, attribua au chois du temps et des moiens ce qu'il faisoit pour les personnes; et aiant laissé dormir cet affaire plusieurs années, en fin se délibéra de l'exécuter; et y emploiant le Plessis Mornai, plus à lui, plus ductile à ses volontez, et de qui la réputation ne donneroit que lustre à celle du supérieur. Cettui-ci ajousta aux inventions du premier une courtine de bois faitte à carneaux, qui se portoit par pièces et s'unissoit par crochets, peinte par dehors en muraille; estimant que la nouveauté de la chose empescheroit d'enfoncer Sainct-Lazare, si une fois ils avoient

---

[1] Saint-Nazaire.

gagné le retrenchement. Je ne m'amuserai point aux discours que les courtisans de ce temps faisoient sur telle invention, seulement vous dirai-je qu'on prit l'absence du premier inventeur pour dresser telles choses à La Rochelle, de crainte que la veuë ne lui fit connoistre le secret, et que la juste jalousie ne le poussast à le descouvrir. Au contraire, cettui-ci estant de retour de prison, et irrité que son gouvernement [1] avoit esté vendu à Sainct-Luc [s'estoit retiré en sa maison sous passeports des gouverneurs ennemis. Mais, sur la nécessité de quelques amis prisonniers traversant près de Saint-Jean], rencontra son maistre marchant en bon ordre vers Nyort. Aperceu de lui, le roi de Navarre lui tint ces propos : « Vous m'avez
« autresfois importuné pour vostre grand dessein,
« me le voulant faire consigner entre les mains de
« gens qui eussent attribué le succès à leur suffisance,
« qui en eussent mis la gloire sur leur teste, et un
« d'eux en sa bource le profit. J'ai choisi un autre
« temps que vous ne vouliez, un homme à moi [qui
« est le Plessis-Mornay], par lequel on connoistra
« que je sais faire d'un homme de lettre [2] un capitaine ;
« et je me trouve dès à cette heure bien du choix,
« pource qu'il a joint à vos projets un artifice très-
« excellent. Je marche donc de ce pas à vostre en-
« treprise, à laquelle vous viendrez si vous voulez don-
« ner vostre despit (quoi que juste en quelque chose)

[1] D'Oléron.
[2] L'édition de 1626 porte : D'un escritoire.

« aux nécessitez de vostre maistre et au parti que
« vous aimez tant; je sai que vous n'avez aucun équi-
« page, comme sortant de prison, usez de mon escuirie
« et de vos moiens. »

La response fut : « Sire, je ne dis rien sur vostre
« chois, sinon que cet homme de lettres ne laisse
« pas d'estre capitaine, et je l'ai veu faire le soldat à
« bon escient; je remercie Vostre Majesté de ses
« offres, sans elles j'alois prendre un mousquet. »
Sur cela le roi s'estendit davantage, et déduisit comment il avoit embarqué à La Rochelle trois canons avec leur équipage, ces murailles peintes, armes et munitions de guerre et de gueule; avoit ordonné que cela vint terrir entre l'isle de Noirmoutier et la Barre de Mons, pour y attendre de ses nouvelles; que lui s'en alloit avec trois autres canons prendre Clisson, qu'il tenoit pour mal gardée, et puis qu'il iroit feindre un siége devant Beauvois-sur-Mer pour se jeter dans ses navires, et de là en Bretage à son exécution. L'escuier ne respondit à cela qu'une crainte, assavoir d'avoir assujettis les progrez de la mer à ceux de la terre; et ce mot pris à un grain de jalousie.

Le roi de Navarre, sachant à Secondigni, que quatre régiments avoient passé la rivière de Loire pour commencer à former l'armée du duc de Nevers, bien qu'il n'eust que trois mille hommes, il change de route et à grandes traites marche à Doué, où il seut que les régiments, l'aians senti, avoient repassé, l'un à Saumur et les autres trois au Pont de Séez. Il retourne au siége de Clisson, espérant fortifier de cette prise les mauvaises places de Moléon et de Montaigu.

La chose alla autrement; car aiant trouvé cette place plus ferme et mieux garnie qu'il n'avoit estimé, voulant que son exécution n'eust point le voisinage du duc de Nevers, d'ailleurs se promettant que ses navires seroient plus avancez qu'ils n'estoient, il lève le siége, passe aux canonnades de Machecou, où il ne se fit rien, et s'en vient à Beauvois-sur-Mer, là où voiant le vent tout contraire à son armée navale, comme du siége de Clisson, qui devoit estre à bon escient, il n'avoit fait qu'une feinte, de Beauvois, qui ne devoit estre qu'une feinte, il y fit ses aproches à bon escient.

C'est un chasteau carré, flanqué de quatre grosses tours, qui pour leur forme et grosseur se pourroient apeler petits boulevars, environné d'un fossé de quatre-vingts pieds, profond et plain d'eau, comme estant rafraichi par les marées. Le duc de Mercœur y avoit jeté Villeserin et ses gardes; ceux-là, comme soldats bien choisis, receurent le moumon[1] avec alégresse.

Le second jour du siége, le roi de Navarre se voulut promener en reconnoissant le païs, jusques au port de Bouin, accompagné de quelque trente gentils-hommes et d'une douzaine de ses gardes qui venoient après. Il alloit devant, causant avec les siens[2] : Villeserin aiant reconnu à la façon de la troupe, et notamment aux mandilles jaunes qui c'estoit, prend qua-

[1] Le défi, l'attaque.
[2] L'édition de 1626 porte : Causant avec l'escuyer (Aubigné) duquel nous avons parlé.

rante-cinq de ses meilleurs hommes et se coule dans un petit fossé, pour lors sec, comme estant en basse mer, sachant bien que les destours du marais conduisoient à trente pas de ce fossé, et auquel pourtant on ne pouvoit venir sans faire un destour de mille. Donc le roi de Navarre, les mains derrière l'eschine, void lever une bande de mandilles orengées qui couchoient en jouë. A cette veuë son escuier (Aubigné), auquel il parloit, se jette devant lui, qui ne se voulant pas retirer, fut pris au corps et poussé par force de l'un à l'autre jusques sur le derrière, si bien que la moitié de sa troupe se trouva devant lui aux premières harquebusades, ausquelles cette noblesse en pourpoint ne put que tendre l'estomac. L'ardeur du beau coup aveugla tellement ces soldats, qu'ils tirèrent tous et sans péril, si bien qu'en tout ils ne tuèrent qu'un pauvre gentilhomme et en blessèrent deux; et puis aians veu qu'on couroit à eux l'espée à la main, par et comme on pouvoit, et aussi que les gardes s'avançoient, ils se retirèrent au pas. Mariez cette action avec ce que vous avez leu au chap. IV du dernier livre de l'autre tome[1], et vous direz encor : ô que ce prince eust toujours esté ainsi gardé !

Les trenchées de ce petit siége se firent avec ardeur et en l'eau jusques aux cuisses; car chaque régiment entreprit son aproche à un des angles, et le roi de Navarre, plain d'émulation en choses bien moindres, entreprit la sienne par le milieu droit au portal, et

---

[1] Voy. plus haut, p. 284.

partant plus périlleuse. Il se servit à cela d'un sien escuier (Aubigné), qui au lieu de travailler à retours la mena droit, en faisant toutes les nuicts un rideau au devant de la place jusques au dernier, qui fut sur la gueule du fossé. Or encor que les autres fussent demeurez derrière, on ne voulut pas percer en cet endroit, pource que la batterie préparoit son effet ailleurs. L'invention de faire porter des pipes à des hommes forts, et de faire suivre chacun de ceux-là par huit soldats portans une buche de mesure, hasta la besongne de ce siége ; car chacun aiant jeté son fardeau tout estoit à couvert avant le get de la terre. Villeserin se voiant le mieux enfermé qu'en siége qu'on ait guères veu (horsmis la besongne des Païs-Bas), et en suite son fossé percé et gagné, de plus voiant venir encore d'autre artillerie que l'on amenoit des vaisseaux ; craignant d'ailleurs l'extrémité pour le trait que nous avons conté, parlementa et receut honorable capitulation, bien gardée en tous ses poincts[1].

XXXII

Mémoires, p. 88. — Prise de Niort et de Maillezais (1589).

Sainct-Gelais, qui avoit desjà fait plusieurs entreprises sur Niort avec de très-grandes despences, et aiant eu promesse de ses amis de lui aider encor à ceste prise vingt fois, sans se prendre à lui du succez, fit encor une entreprise moins aparante qu'aucune des

[1] *Hist. univ.*, t. III, p. 129 et suiv., l. II, ch. vii.

autres; car c'estoit une escalade où il faloit quarante pieds d'eschelle à huit pas d'une santinelle, à quoi on adjousta un couple de pétars, comme vous verrez. Il pria donc le roi de Navarre de lui donner quelques compagnies de celles qui estoient demeurées en arrière, ce qui lui fut accordé à grand regret, pour la défaveur, voire la haine où il estoit lors. Il fut donc asseuré de Parabère avec trois cents harquebusiers de son régiment, parmi cela de très-bons officiers; d'ailleurs Sainct-Gelais avoit quelque cent de ses amis, la pluspart gentils-hommes bien armez; tout cela ne passant que de fort peu quatre cents hommes, qui alèrent prendre leur logis à Ansigni.

Aubigné estoit demeuré à Sainct-Jean-d'Angeli pour attendre quelques gentils-hommes qu'il devoit mener à l'entreprise. Comme il estoit prest de monter à cheval, arrive en poste Beaujeu de la part du roi, qui aportoit la nouvelle de Blois[1]; cela fit faire halte pour redemander la volonté du roi de Navarre sur un tel changement. Elle fut d'aler rendre graces à Dieu par une prière publique et extraordinaire, et qu'on essaiast l'entreprise de laquelle il n'espéroit rien. Le porteur de ceste nouvelle trouva la file des entrepreneurs une heure après minuit entre Saincte-Blasine et Niort; ceste réjouissance (bien que soupçonnée pour feinte des plus vieux) donna une grande alégresse aux compagnons.

Toutes choses venoient à souhait pour ceste exé-

---

[1] L'assassinat des Guises aux États de Blois.

cution, comme en ce que Ranques, qui avoit travaillé aux préparatifs, aiant pris un chemin à part pour se trouver au rendez-vous, avoit rencontré et pris quatre hommes de cheval de la garnison de Niort qui s'y aloient jeter, aiant veu et recognu les troupes qui marchoient. D'ailleurs les domestiques de Sainct-Gelais avoient fait pareille rencontre d'un messager de Ferrière, guidon de Malicorne, qui portoit un advis certain avec les particularitez. Sur cet heur, les gens de cheval allèrent mettre pied à terre en une valée dessous Vouillé, loin de tous chemins, et de là, après la prière faite, marchèrent les armes à dos et firent aller par les champs les mulets qui portoient les eschelles et les pétars. Arrivez près de la ville, il fallut attendre dans les pierrières que la lune fust couchée ; là ils pensèrent périr de froid. L'heure venue, ils partagent leurs deux eschelles, de chacune six pièces, et chaque pièces de sept pieds. Il n'y eut point de *qui va là*, comme on a escrit; car la sentinelle ne pouvant endurer la bise trenchante qui embouchoit son carneau[1], avoit la teste contre la muraille à huit pas de l'eschelle de main droite, et n'ouït point de bruit, pource que les rouetes de la première pièce estoient feutrées. Ces deux eschelles donc furent emboîtées et apliquées à six pas l'une de l'autre dans une retrete de muraille, où il y avoit deux carneaux. Quant aux pétars, le premier estoit porté par le capitaine Cristophle, qui le devoit faire jouer quand Aubigné lui diroit; et c'estoit

---

[1] Créneau.

au premier bruit d'alarme ; le second, par le capitaine Gentil, avec de grandes perches pour l'apuier du fond du fossé, et deux eschelles pour mettre en croix Sainct-André, pour passer de l'une dans l'autre, et non la remuer comme on a escrit.

A l'une des grandes eschelles montèrent Jonquères, Arambure, un soldat Renaudière, qui sçavoit les avenues, et quelques autres hommes choisis ; à l'autre les Litres, quoiqu'il fust estropié, et Préau le second ; et furent onze sur le corridor avant qu'estre aperceus de la sentinelle, pour la raison que nous avons dite, cet homme se trouva un coup d'espée à travers le corps, s'escriant sans dire *qui va là*. Préau et quelques autres donnèrent à main droite au corps-de-garde de la tour Folie. Sept hommes qui estoient là en garde se jettèrent au bas des murailles sur des fumiers, et là quelqu'un de la ville tira une harquebusade ; celui qui commandoit au premier pétar venoit de voir les eschelles abandonnées, n'y aiant que dix-huit de montez pour cela, et à l'ouïr de ce coup il fait mettre le feu. L'effait fut tel que si on eust ouvert la porte à plaisir, pource qu'on avoit tasté par les cloux l'endroit de la barre avant poser. Le capitaine Gentil porte le second et le planta avec grandes difficultez et longueurs. Or ce pendant que toute la foule, qui estoit dans le ravelin estoit couchée du ventre pour n'avoir autre couverture, les Niortois, resveillez du pétart, des trompettes et des tambours, se trouvent en un moment dans la hale jusqu'à quatre cents hommes, voient à leur teste premièrement Prinçai et puis le lieutenant Laurens,

un gentilhomme nommé du Vert et le capitaine la
Barre. Ce dernier se met devant, et du Vert, qui marchoit soixante pas devant le gros. La Barre à droite
rencontre premièrement Arambure, auquel il porta
un coup de pique qu'il traînoit aussi froidement qu'à
une barrière ; ces deux recongnez jusques au gros,
tout donne en foule jusques au puits du dauphin, et
là quelques harquebusiers des gardes jouèrent parmi
une multitude, où il y avoit le tiers de lanternes ; les
fenestres garnies de lumière, rendirent la nuict claire
comme le jour. Le Vert et deux autres estant tuez, et
le lieutenant la jambe cassée, la foule s'arresta, aiant
pourtant ramené les dix-huict plus de six cents pas,
un desquels demanda secours de dessus la porte d'une
voix tremblante, et les plus mauvais garçons médi-
toient de sauter la muraille, quand le second pétart
joüa et fit un pertuis fort estroit à travers lequel ne
put passer le premier homme armé, qui s'y convia ;
il falut élocher les bandes, et puis entrèrent à troupes,
Aubigné à la première, Parabère à la seconde, Sainct-
Gelais à la troisiesme, et puis le reste. Celui qui menoit la première rencontra Arambure qui venoit de
faire quitter à ceux de la hale un amas de coffres dont
ils avoient bouché la ruë. Arambure, le prenant pour
ennemi, se couvre des mesmes coffres, les autres l'en-
foncent et se portent les espées, les harquebusades et
les pistolets tout à la fois dedans les dents ; il y
eut, du costé de ceux que menoit Aubigné, Vilpion
et un autre gentilhomme tuez, et trois blessez du
costé d'Arambure, un homme de commandement

mort, deux blessez, et lui pour un y perdit l'œil.

N'y aiant plus de résistence à la ville, plusieurs gentils-hommes et hommes d'aparence gagnèrent le chasteau, où estoit Malicorne, qui s'y trouva enfermé avecques vingt-sept gentilshommes, entre ceux-là Chatignerai le mestre de camp, la Roche de Maiene[1], et Espane-Bougouin, la Roche-Faquelin[2] et Pont de Courlai, son cadet, huict ou neuf capitaines, vingt-quatre soldats des gardes, et cent vingt soldats, et plus de cinquante habitants moienez. Cela garnit le corps-de-garde qui est auprès du pont et le circuit de la grande basse-court. Ce pendant que les citadins sautoient les murailles et se rompoient jambes et bras, et quelques uns le col, le premier soing de Sainct-Gelais fut de poser des gardes par tout pour empescher le pillage trois heures, durant lesquelles ce qui estoit resté eut moien de sauver le plus précieux, et cela se fit principalement par une grande authorité que Parabère monstra sur les siens. Après cela, il falut sommer le chasteau ; Malicorne refusant de parlementer avec Sainct-Gelais, pour la haine qui estoit entre eux, en second lieu avec Parabère, faute de cognoissance, demanda Aubigné, qu'on avoit nommé le troisiesme, pource qu'il l'avoit bien traité estant son prisonnier. Ce vieillart lui dit à l'abordée qu'il se rendoit à sa discrétion ; l'autre ne voulut pas abuser de cet effroi, mais ménageant l'aage, la qualité et l'obligation, lui fit une capitulation qu'il n'osoit demander, à sçavoir que la capitulation de la

[1] Du Maine.
[2] La Rochejaquelin (édit. de 1626).

place se faisoit dès l'heure ; pour foi de quoi, il choisist quatre hostages et les envoiast en la ville ; mais que la redition de la personne et de la place ne s'accompliroit qu'entre les mains du roi de Navarre, disant qu'un gouverneur de province estoit un morceau de roi. Par ce moien, il osta ceux du chasteau du danger de l'insolence, et laissoit à son maistre quelque part à la curée. Ainsi fut pris Niort le jour qu'on appelle les Innocens, avec meurtre de quatorze habitans seulement, et les preneurs ne perdirent qu'un homme et deux blessez outre ce qui fut tué à la rencontre d'Arambure...

Aubigné aiant donné ordre au chasteau, et pris les clefs de la ville, rendit compte de sa gestion à Sainct-Gelais, et Parabère fit monter à cheval ceux qui l'avoient suivi, particulièrement en envoia deux pour faire partir les régiments qui estoient vers Fontenai, comme nous avons dit. Cherbonnière, Sainct-Jean de Ligoure, la Grand-Ville, celui qui menoit le régiment de Préau, les compagnies de Féquières et autres marchent droit à Maillezais, et aiant trouvé la porte de l'isle abandonnée, pource que leur mareschal de camp avoit desjà saisi le passage de Bouliers et du Courtiou, ils se vindrent joindre à lui à l'entrée du Bourg ; et ainsi commençoient le siége, quand Sainct-Pompoint sommé par Aubigné condescendit de venir parler à lui sur sa foi, et avec l'efroi qu'aportoit le vent de Niort, il aima mieux capituler avec son cousin, aiant alors toute authorité, que d'attendre le roi à venir, et avec lui la Boulaie, qu'il sentoit avoir offencé. Il se rendit donc, à la charge d'envoier premièrement vers son gouverneur provincial voir s'il estoit en estat de le secourir. Maillezais commençoit d'estre une bonne place comme fortifiée par les deux partis, il y avoit dedans soixante et dix soldats, une coulevrine bastarde, quelques autres petites pièces, assez de magasin pour bouche et pour guerre; mais les glaces pouvoient lors porter un canon, et n'y avoit point de bois pour cuire un pain; à la vérité et le chasteau de Niort et celui de Maillezais pouvoient attendre quatre jours le secours du duc de Nevers, qu'ils eussent eu en trois jours. Maillezais demeura à son preneur[1].

XXXIII

Mémoires, p. 89.

Les éditions imprimées rapportent ici l'anecdote suivante, qui manque dans le manuscrit :

Quelques jours avant la susdite entreprise, le compagnon (Aubigné) se trouvant couché dans la garderobe de son maître avec le sieur de la Force[2], il lui dit à plusieurs reprises : « La Force, nostre maistre est un ladre vert et « le plus ingrat mortel qu'il y ait sur la face de la terre. » A quoi l'autre qui sommeilloit répondant : « Que dis-tu,

[1] *Hist. univ.*, t. III, p. 155 et suiv., l. II, ch. XVI (édit. de 1626, ch. XV).

[2] Jacques Nompar de Caumont, échappé miraculeusement du massacre de la Saint-Barthélemy, mort maréchal de France en 1652, âgé de quatre-vingt-treize ans.

« d'Aubigné? » Le roi qui avoit entendu ce dialogue :
« Il dit que je suis un ladre vert et le plus ingrat mortel
« qu'il y ait sur la face de la terre; » de quoi l'écuier
resta un peu confus. Mais son maistre ne lui en fit pas
pour cela plus mauvais visage, le lendemain aussi ne
lui en donna-t-il pas un quart d'écu davantage.

Ce conte, qui a été probablement pris dans un recueil d'anecdotes, me paraît quelque peu suspect. Ce n'est, suivant toute apparence, qu'une variante du fait suivant, rapporté par d'Aubigné dans l'*Histoire universelle* (t. III, liv. III, ch. XXI, p. 285).

L'ouïe de ce prince, dit-il, estoit monstrueuse, par laquelle il aprenoit des nouvelles d'autrui et de soimesme parmi les bruits confus de sa chambre, et mesmes en entretenant autrui : un seul petit conte vous en donnera un exemple pour tous. Le roi estant couché à la Garnache, en une grande chambre roiale, et son lict, outre les rideaux ordinaires, bardé d'un tour de lict de grosse bure, Frontenac et moi à l'autre coin de la chambre en un lict qui estoit fait de mesmes; comme nous drapions nostre maistre, aiant les lèvres sur son oreille et mesnageant ma voix, lui respondoit souvent, Que dis-tu? le roi repartit, *Sourd que vous estes, n'entendez-vous pas qu'il dit que je veux faire plusieurs gendres de ma sœur?* Nous en fusmes quites pour dire qu'il dormist, et que nous en avions bien d'autres à dire à ses despens.

XXXIV

Mémoires, p. 90. — Siége de Gergeau (1589).

Le roi Henri III de son costé marcha et serra les fauxbourgs de Gergeau, le lendemain, où le roi de Navarre estant allé pour visiter les aproches, le duc d'Epernon lui monstrant, comme il disoit, son mesnage, le mena par le milieu de la grand place en pourpoint, et si froidement et si à descouvert, que Houillez, cousin germain du duc et mestre de camp, et un des siens tombèrent roide morts; et puis aiant gagné le corps-de-garde de Belangueville, ils ressortirent par le derrière passer à quarante pas de la courtine, qui joua sur eux, et leur laissa encore deux hommes par terre. Ce prince et le duc aiant gagné le couvert d'une porte de jardin, Frontenac et un autre (Aubigné) demeurèrent en la place, et convièrent le duc à y retourner, qui s'y en alloit, et peut estre les rengager à pis, comme depuis ils s'y convièrent. Mais le roi de Navarre le retint la main sur le colet, donnant la commission à l'un des autres d'aller prendre l'ordre du roi : lequel desjà averti, parla du duc d'Espernon comme aiant voulu faire tuer son frère, et en termes qui sonnoient autre chose que l'ancienne amitié [1].

[1] *Hist. univ.,* t. III, p. 176-77, liv. III, ch. xxi.

XXXV

Mémoires, p. 91. — Siége de Paris. — Mort de Henri III (1589).

Le lendemain au matin, le roi de Navarre pour taster le poux de l'armée assiégée, n'aiant que huit cents chevaux, se vint mettre en bataille à la veuë de la ville aux carrières de Vaugirart, plassant lui-même ses vedettes de gens bien choisis pour pouvoir donner un avis digéré, et leur permit de se promener aux harquebusades des retranchements. Les refformez estoient ravis de joie d'ouïr sifler les balles de Paris, conférant cette condition avec celle où ils s'estoient veus depuis peu, quand ils contemploient de La Rochelle le meurtre et le feu de Croichapeau. C'estoit à qui demanderoit le coup de pistolet; mesme un (Aubigné) de ceux qui estoient en vedettes, apellant Sagonne au combat, et après estre relevé, cerchant cette occasion vers le Pré-aux-Clercs, sauta le grand fossé qui l'environne pour aller combattre un caval léger qui le défioit en absence de son mestre de camp, et l'amena prisonnier au prince de Conti...

Le roi Henri III estant blessé, sur le premier avis de ses chirurgiens, fait despescher lettres par tout, pour avertir comment sa plaie estoit sans danger de mort, envoia quérir plusieurs gentilshommes, devisoit avec eux, et mesmes aiant seu le duel fait au Pré-aux-Clercs, estima ce coup et s'en resjouit, pria le roi de Navarre de lui envoier celui qui l'avoit fait avec son prisonnier[1].

[1] *Hist. univ.*, t. III, p. 181, 182, liv. III, ch. xxii.

XXXVI

Mémoires, p. 91. — Avénement de Henri IV (1589).

Henri IV se trouve roi plustost qu'il n'eust pensé et désiré, et demi assis sur un trosne tremblant. Au lieu des acclamations et du Vive le roi accoustumé en tels accidents, vid en mesme chambre le corps mort de son prédécesseur, deux minimes aux pieds avec des cierges, faisans leur liturgies, Clermont d'Antragues tenant le menton ; mais tout le reste parmi les hurlemens, enfonsans leurs chapeaux ou les jettans par terre, fermans le poing, complottans, se touchans à la main, faisans des vœux et promesses, desquelles on oioit pour conclusion, *plutost mourir de mille morts*. Dans cet estourdissement encores, il y en eut qui demandèrent pardon à genoux des choses commises auprès du roi, à quoi un duc respondit : « Taisez-vous, vous parlez comme femmes[1]. » Les compagnons du bourlet esclatent leur lamentations ; mais d'O, Manou son frère, Antragues, Chasteau-Vieux, murmurent, et à dix pas du roi il leur eschape de se rendre plustost à toutes sortes d'ennemis que de souffrir un roi huguenot ; ils joignent à leur propos quelques autres, entre ceux-là Dampierre, premier mareschal de camp, qui fit ouïr tout haut ce que les autres serroient entre les dents ; tout cela se ralie au duc de

---

[1] Les quatre lignes qui précèdent manquent dans l'édition de 1626.

Longueville, qu'ils éleurent pour porter parole de leur volontez.

Le mareschal de Biron prit plaisir au murmure de ceux-là, non pour les suivre, mais pour faire valoir sa besongne à la nécessité; il se présenta sans se faire de feste. Le roi tout troublé de ces choses, s'estant retiré en une garderobe, prit d'une main la Force et de l'autre un gentilhomme des siens (Aubigné). La Force s'estant excusé, l'autre commandé de dire son avis sur la présente perplexité parla ainsi :

« Sire, vous avez plus de besoin de conseil que de
« consolation ; ce que vous ferez dans une heure don-
« nera bon ou mauvais branle à tout le reste de
« vostre vie, et vous fera roi ou rien ; vous êtes circui
« de gens qui grondent et qui craignent, et couvrent
« leurs craintes de prétextes généraux; si vous vous
« soumettez à la peur des vostres, qui est-ce qui vous
« pourra craindre, et qui ne craindrez vous-point? Si
« vous pensez vaincre par bassesse ceux qui murmu-
« rent par cette maladie, de qui ne serez-vous point
« tyrannisé? Je les viens d'ouïr, ils menacent que si
« vous ne changez de religion ils changeront de parti,
« en feront un à part pour venger la mort du roi ;
« comment auseront-ils cela sans vous, puisqu'ils
« ne l'ausent avec vous? Gardez-vous bien de juger
« ces gens-là sectateurs de la royauté pour appui du
« roiaume, ils n'en sont ni fauteurs ni autheurs;
« s'ils en sont marques, c'est comme les cicatrices
« marquent un corps. Quand vostre conscience ne
« vous dicteroit point la response qu'il leur faut,

« respectez les pensées des testes qui ont gardé la
« vostre jusques ici; appuiez-vous après Dieu sur ces
« espaules fermes et non sur ces roseaux tremblans à
« tous vents; gardez cette partie saine à vous, et
« dedans le reste perdez ce qui ne se peut conserver,
« et triez aujourd'hui les catholiques moins atachez
« au pape qu'à leur roi, car les autres feront plus de
« mal proches qu'esloignez. A l'heure que je parle à
« vous, le mareschal de Biron et avec lui les chefs des
« meilleures troupes, ne pensent point à vous quitter.
« Les offenses de Blois sont sur leurs testes, ils ont be-
« soin de vous, chérissent mesmes cet occasion pour
« vous obliger et gagner la grâce de vostre establis-
« sement; serénez vostre visage, usez de l'esprit et du
« courage que Dieu vous a donné; voici une occasion
« digne de vous; mettez la main à la besongne, et
« cependant que les grondeurs et leurs confesseurs
« mesureront la crainte de vostre religion à celle qu'ils
« ont des liguez, commencez par le mareschal de Bi-
« ron; faites-lui sentir le besoin que vous avez de lui
« jusques aux bords de la lascheté et non plus avant;
« demandez-lui pour première preuve de son vouloir
« et crédit, qu'il aille prendre le serment des Suisses,
« qu'il les face mettre en bataille pour crier *Vive le*
« *roi Henri IV;* dépeschez Givri vers la noblesse de
« l'isle de France et Brie qui est en l'armée, Humière
« vers les Picards ; descouplez ainsi à propos ceux que
« vous connoissez mieux que nous; et sur les pre-
« miers rapports qu'on vous fera des bonnes volontez,
« demandez lors le mesme office à ceux de qui vous

« tenez l'esprit douteux. Quant au duc d'Espernon,
« que je tiens le plus considérable de vostre armée, il
« est trop judicieux pour manquer à son devoir, aussi
« peu à son intérest ; tenez-le par la main, il consent
« en ne dissentant point ; sa présence authorise vos
« affaires pour une paix, qu'il espéreroit en vain des
« ennemis ; il ne rompra pas celle qui est toute faite
« avec vous. N'ignorez pas que vous êtes le plus fort
« ici ; voilà plus de deux cents gentilhommes de vostre
« cornette dans ce jardin, tous glorieux d'estre au roi.
« Si vostre douceur accoustumée et bien séante à la
« dignité roiale, et les affaires présens n'y contredi-
« soient, d'un clin d'œuil vous feriez sauter par les
« fenestres tous ceux qui ne vous regardent point
« comme leur roi. »

Le roi aprouva la pluspart de cet avis, etc. [1].

XXXVII

Mémoires, p. 91. — Combat contre l'armée du duc
de Parme (1590).

Le duc de Parme fit les approches de Lagni, où commandoit la Fin avec cinq ou six cents hommes de pied. Cette première journée commença par légères escarmouches ; et pource qu'il y avoit encor quelque cavalerie entre le marais et l'armée roiale, le roi fit marcher là et retourner les ennemis par le passage, y laissant en garde Roulet avec soixante salades, soutenu de la Boissière-Brunet avec autant, et la compa-

---

[1] *Hist. univ.*, t. III. p. 183 et suiv., liv. II, ch. XXIII.

gnie de Chastillon, qui estoit de quatre-vingts. Roulet aiant fort peu demeuré là qu'il n'eust sur les bras deux cent cinquante salades, celui qui les menoit n'avoit point d'habillement de reste, et vint passer entre Roulet et quelques gentilshommes de la cornette blanche qui s'estoient desrobez pour cette occasion. Il se fit faire place aux coups d'espée jusques au troisième rang, et voiant que les siens abaioient les premiers, il repasse pour les aller quérir et r'enfonce pour la seconde fois; et ne pouvant faire mieux, se démesla blessé légèrement. Je suis marri de ne vous pouvoir donner son nom[1].

Le roi aiant logé Parabère et quelques compagnies qu'il adjousta aux siennes, dans un petit chasteau au milieu du marais, sous la caution de ce bon corps de garde estendit son infanterie dans le costeau de derrière, s'en retourne à Cheles. Un couple de jours se passèrent, non en escarmouches, mais en carrabineries : au bout desquelles, le roi se résolut de jeter les régimens de Sainct-Jean de Ligoure et de Buffes dedans Lagni, leur donnant pour escorte le mareschal d'Aumont. Pour cet effect, ce prince fut de bon matin à cheval, n'aiant que le mareschal de Biron et un autre (Aubigné) pour reconnoistre les distances et le chemin du secours. En passant l'eau, ils virent la fumée de la batrie, et pour chose notable contoient les amorces sans ouïr un seul coup, quoy qu'il ne fist aucune haleine de vent, et qu'il n'y eust qu'une

---

[1] C'était d'Aubigné.

licuë de prairie, où quelques fois les harquebusades s'entendent de trois. Là dessus le roi et le mareschal entrent en grands contrastes; le mareschal vouloit que l'armée marchast par derrière le costeau où les retrenchemens estoient moindres, et attaquast l'espagnolle par le chemin de Meaux. Le tiers (Aubigné) disoit que ce qu'on jettoit dans Lagni estoit ce qu'il falloit pour perdre et non pour secourir, et vouloit que toute l'armée passast et prit place de bataille sur le costau de Lagni; si bien que la teste de l'infanterie fust à deux cents pas de la contr'escarpe, pour en tirer par files les rafraichissemens d'un combat opiniastré dans la ville, laquelle en tout cas forcée, se remportroit encores. A tous les deux le roi respondoit que ce seroit ouvrir le passage au duc Parme pour gagner Paris : le tiers se deffendoit, disant que cela estoit bon pour le chemin de Meaux, mais non pas pour le chemin de Gournai, pource qu'à l'un l'armée eust montré l'eschine et à l'autre le costé. Le roi suivit son premier dessein [1]

XXXVIII

Mémoires, p. 92. — Prise de la Boucherie et de Montreuil (1391).

La Boulaie, lieutenant de roi au bas Poictou, aiant mis ensemble les régimens de Roian et de Jarrie, quelques trois cents chevaux et autant d'harquebusiers à cheval, se résolut de soulager la contr'escarpe de Fontenai, et fit prendre la Grève par une eschelle posée à

---

[1] *Hist. univ.*, t. III, p. 230-240, liv. III, ch. VIII.

l'obscurité. Mais ne pouvant avoir si bon marché de la Boucherie, que les forces du roi de Navarre avoient assiégée et faillic deux fois, il se résolut d'y mener deux canons, et sur l'assurance de les pouvoir mener fit investir la place; puis lui, estant à la Roche-Surion, eut nouvelles en mesme temps que son canon ne pouvoit venir, et que le duc de Mercœur avoit fait passer l'eau à trois régimens pour le secours. Sur la doute où le mit ce moumon, il se résolut d'essaier les basse-courts à *escalaviste,* comme on dit, et avoir la gloire d'aller au combat sans désassiéger; le mareschal de camp (Aubigné) de ces troupes donnant heureusement aux basse-cours, mesla ceux qui se retiroient au chasteau et entra dedans avec eux[1]...

De l'autre costé du Poictou, Malicorne emploia les mesmes régimens pour oster à Poictiers quelques bicoques qui l'environnoient, Montreuil, assez bon chasteau, fut la principalle besongne de cette petite armée; il fut battu de quatre canons, qui firent leur brèche au pied de la grosse tour, assez mal à propos; car elle se trouva flanquée d'une galerie où il y avait deux fauconneaux, et la grosse tour acabloit dans le fossé ce qui eust pu se présenter; mais pis que cela, il resta du rocher dix-huict pieds où il falloit des eschelles. Malicorne, par le conseil de Parabère, délibéra de faire une reconnoissance de brèche contre le jugement de quelque capitaine (Aubigné), prévoyant qu'elle se

---

[1] *Hist. univ.*, t. III, p. 248, liv. III, ch. x (édition de 1626, ch. xi).

changeroit en assaut, ce qui arriva; car les capitaines, à l'envie d'un qui se nommoit Dimanche, qui y fut tué, passèrent le fossé, demandèrent des eschelles qu'on leur porta. Au bout de ces eschelles, ils demeurent sur un relez, entre le rempart et la ruine, qui estoit large, et qu'il ne falloit laisser ainsi. Mais les assiégez avoient bien fait une plus grande faute; c'est qu'ils avoient donné telle espaisseur au parapet fait de nouveau, qu'il s'en falloit quatre pieds que les fers des piques le peussent passer. Le capitaine, qui avoit dissuadé la reconnoissance et empesché les siens de donner, aiant remarqué cela, attendit que les pièces de la galerie, qui avoient tué quelques-uns, eussent renvoié les assaillans, et lors cettui-ci (Aubigné) découpla les siens, aiant instruit un sergent nommé le Fresne, de prendre haleine au rond de la tour, au plus près qu'il se pourroit, pource que les pierres n'y tomboient pas si justement, et puis, dès qu'il verroit trois des siens sur l'espace où les piques ne pouvoient toucher, se jetter, comme il fit; et cela bien suivi emporta la place, où la Pierrière et la Taupane qui y commandoient, furent pendus avec vingt-deux soldats; ce qui se sauva estoit fort peu[1].

XXXIX

Mémoires, p. 92. — Siége de Rouen par Henri IV (1591).

Roger Willems vint prier le roi que ses Anglois tinssent compagnie à sa noblesse pour regagner ce

---

[1] *Hist. univ.*, t. III, l. III, ch. x (édit. de 1626, ch. xi), p. 249.

qu'ils avoient perdu (la contrescarpe); lui, le premier, et ses compagnons se jettèrent si follement par l'embouchure du fossé qui regarde vers Darnetal, que le logis de la contr'escarpe fut fait sans grand danger. Quatre jours après, il fallut percer tout pour gagner le fossé; le mareschal de Biron prit la charge du milieu; celle du coin de gauche fut donnée à un autre (Aubigné) qui dans deux heures alla joindre le baron par le fonds du fossé. Ceux de la ville se voians un peu plus pressez, prestèrent nouveau serment contre le roi par les entremises de Banque-Mare et de la Londe, cettui-ci maire de la ville et l'autre premier président, qui se sentoit irréconciliable au roi par lettres et interruptes[1] escrites contre lui.

La batrie des vingt canons et une mine entamèrent le ravelin de main droite aux assiégez; il s'y donna un assaut fort froid et où quelques particuliers firent assez bien, le gros rien du tout; car ils ne peurent forcer un retrenchement dans la ruine, auquel il ne pouvoit renger que quinze hommes; les plus grosses grenades qui se soient guères veuës furent employées à cet assaut. Deux jours après, Vilars[2], blessé à une jambe, parut suivi de trois cents salades, dans la planure qui va à Darnetal, et en mesme temps cent quatre-vingts harquebusiers enfilent le ruisseau, et deslogèrent les premières gardes de leur chemin. Le roi estant lors aux aproches et entendant les mousquetades et le

---

[1] L'édition de 1626 porte : Interceptes.

[2] Gouverneur de Rouen. Voy. plus haut, p. 47, note 3.

cri d'arme par l'armée s'en court sur le costau, et ne voiant pour soustenir la sortie que quatre-vingts Anglois moitié piquiers, et Grillon, qui du régiment des gardes n'avoit pu rallier que seize hommes ; parmi cela il remarque le mareschal de Biron, son fils et deux autres. Ce prince n'aiant avec soi que Roger Willems et moi, descend à cheval ce grand costau que les gens de pied avoient peine à passer ; quand il fut au bas, il pousse son cheval à grand force sur un bardeau ou bastardeau fait à travers la rivière pour retenir l'eau ; cet excellent cheval, que du ventre que des pieds, passe le roi delà ; nous, ne l'osans suivre, destournasmes de cent pas, où nous vismes traverser un valet : ici je me nomme pour donner gloire à mon maistre aux despens d'un des plus vaillans hommes du monde et aux miens. Le roi donc septiesme, arreste ses Anglois qui vouloient ataquer, et qui, pour braver, jetoient leurs chapeaux en l'air[1].

Laverdin demanda permission au roi de tirer troupe de sa cornette blanche pour se jeter à gauche ; lui estant permis jusqu'à vingt, il n'eut pas fait une lieuë qu'il vid tout à la fois à l'aile d'un bois cent ou six vingts Espagnols qui se reposoient sous un poirier qu'ils avoient environné de leurs piques ; deux de sa troupe qui estoient plus avancez, aians veu en mesme temps la compagnie du jeune la Chastre et une autre (celle de d'Aubigné) qui estoient en garde à une rencontre de

---

[1] *Hist. univ.*, t. III, p. 259, l. III, ch. xiii (édit. de 1626, ch. xiv).

chemins, ce pendant que l'armée logeoit. Ces deux courent à Laverdin qui alloit au poirier, et lui aiant crié qu'elles n'estoient pas meures, lui montrent sa charge plus raisonnable aux gens de cheval que nous avons dit. Laverdin qui avoit fait avertir et avancer le roi à veuë, pria ses compagnons de le laisser aprocher pour reconnoistre, mais c'estoit pour prendre la charge soixante pas devant la troupe, qui le trouva abattu sous son cheval mort, et les espées qui lui cherchoient le deffaut du hausse-col; le combat se fit sur lui, les vingt firent quitter le jeu à cinquante ou soixante. L'ambassadeur d'Angleterre Edmont se déroba du roi pour taster cette meslée et en fut repris par lui[1]...

Mémoires, p. 92. — Combat d'Aumale (1591).

Laverdin blessé à l'entrée de la chaussée, les plus opiniastres qui ne la voulurent pas enfiler sans donner encores un coup d'espée, furent contraints à coups de lance d'en prendre le chemin. Arambure voiant quelqu'un de ses amis (Aubigné) poussé de deux lanciers au bas de la chaussée, et ne la pouvant regagner à l'endroit où il estoit, rãlie Moraise, le lieutenant du grand escuier et celui de Laverdin; avec ces quatre, il fait quitter l'embouchure de la chaussée, quoi que desjà on y eust fait jeter à pied plusieurs carrabins, qui apuièrent deux coups dans son estomac; et puis aiant

[1] *Hist. univ.*, t. III, p. 260-261, l. III, ch. IV (édition de 1626, ch. XI).

donné loisir à son ami de regagner le passage, il fit à bon escient Horace le Borgne[1]; il se retire le dernier, aiant à tous coups l'espée dans les dents des plus pressants. Il trouve une barrière abandonnée par les harquebusiers; il les r'apelle en vain, il se jette à terre, et là ferme, et l'escuier de Laverdin qui lui sauvoit quelques coups lui est tué sur les espaules; à cent pas de là il fait de mesme au petit pont le plus près de la ville; après cela il fut rafraichi par Chanlivaut, qui fit une petite charge, mais bien utile[2].

XL

Mémoires, p. 92. — Harangue de d'Aubigné au roi (1593).

En ces jours quelque gentilhomme (Aubigné), n'y aiant pour tiers qu'un valet de chambre, tous deux refformez, jettent devant les yeux de cet esprit[3] qui balançoit, les bénédictions de Dieu qu'il avoit reçeuës, et les malédictions que l'ingratitude tireroit après soi; qu'il lui valloit mieux estre roi d'un coin de la France en servant Dieu et estre assisté de personnes d'amour et fidélité esprouvées, que de régner précairement, aiant sur sa teste les pieds et la domination du pape, qui commandroit insolemment, comme aiant vaincu : à un de ses costez, les liguez réconciliez, se vantans de l'avoir amené par force; et à l'autre, ceux qui ont

---

[1] Horatius Coclès.
[2] *Hist. univ.*, t. III, p. 262-263, *ibid*.
[3] L'esprit du roi. Ce prince était au moment de se convertir.

31.

triomphé par inductions et menaces, de choses qui ne sont point ; les uns et les autres voulans partager le roiaume, duquel ils ont conquis le roi. Quant au peuple qui sera sous les pieds, les révoltes que la crainte empesche seront-elles point fréquentes par mespris? « Je veux, disoit cettui-ci, que la voie de la
« vertu soit plus dure et plus longue pour vous faire
« roi absolu ; mais l'autre qu'on vous monstre ne peut
« jamais vous rendre souverain. Les craintes d'Italie
« et de Rome sont de vous voir affermi par vos vic-
« toires, sachans bien qu'un roi de France qui auroit
« secoué le joug de Rome, qui pourroit emploier l'i-
« nutile à la seureté, donner ce qui va aux moines
« pour les soldats [sans toucher à l'ecclésiastique où
« il y a ce qu'ils appellent charge d'âmes], tel prince,
« selon le calcul bien fait, pourroit entretenir trois
« armées de chacune cent mille hommes et cent ca-
« nons, ses garnisons fournies, ses officiers bien paiez,
« le tiers des tailles osté et un milion d'or mis tous
« les ans en trésor. Cette fable d'un tiers parti et la
« communication qu'ils ont depuis peu de jours avec
« les Parisiens, et l'importunité qui de là et d'ici vous
« pressent plus que de coustume, tout cela ne vient
« que de leurs confusions et de la dificulté qu'ils ont
« à faire un roi ; car il n'y a pas un des prétendans
« qui ne fasse dire par ses émissaires que, s'il n'est
« nommé, il sera dès le lendemain vostre serviteur ;
« et ainsi vous feriez la guerre au mari de l'infante
« avec tous ses rivaux. Ils savent de plus que Paris
« n'a plus d'oreilles que pour jouïr parler de vostre

« pitoiable bonté, ni de bouche que pour demander
« pardon, horsmis ceux qui sont irréconciliables. Le
« clergé leur est en risée depuis qu'on a fait la monstre
« générale qu'ils appellent *la drolerie,* et de laquelle
« mesmes ils font faire des tableaux contre les def-
« fences du légat. La vérité est bien qu'en déclarant
« le désir de se rendre à vous, ils y adjoustent la
« clause de vostre changement; mais c'est en disant :
« *S'il se pouvoit,* et n'espèrent point cela que sur les
« leçons qu'ils reçoivent d'ici. Le duc de Nemours,
« dit, il y a quelques jours, à un des seize qui parloit
« du roi de Navarre : « Il n'y a plus que les sots qui
« ne voient bien comment il faut oster cette queuë »
« et cela en sortant d'un conseil où on avoit estimé
« les conditions du fils aisné de Lorraine. Vitri en
« sortant du mesme conseil, en jurant et despitant
« la causerie : « Il vaut mieux, dit-il, servir le brave
« huguenot. » Cettui-là et la Chastre, son oncle, sont
« prests de tendre les mains. Fermez-vous, Sire, à
« voir les fruicts de leur confusion, l'élection d'un roi
« de paille, et avec ceux qu'ils jetteront dans vostre
« parti, laissez amasser tout le venin dans une teste,
« pour en elle trencher tous vos ennemis; et employez
« le grand jugement que Dieu vous a donné à voir la
« différence qu'il y a d'estre roi par la victoire ou par
« la soumission[1]. »

[1] *Hist. univ.*, t. III, p. 292-293, l. III, ch. xxii (édition de 1626, ch. xxiv.)

XLI

Mémoires, p. 92.

On trouve dans les *Petites œuvres meslées* de d'Aubigné (p. 160) la pièce de vers suivante; elle est intitulée :

LARMES

POUR SUSANNE DE LEZAI, ESPOUSE DE L'AUTHEUR, POUR ATTACHER A LA FIN DU PSEAUME HUICTANTE ET HUICTIESME, QUI EST EMPLOYÉ CI-DESSUS EN DEUX FAÇONS.

J'ai couvert mes plaintes funèbres
Sous le voile noir des ténèbres,
La nuict a gardé mes ennuis,
Le jour mes allégresses feintes;
Cacher ni feindre je ne puis,
Pource que les plus longues nuicts
Sont trop courtes à mes complaintes.

Le feu dans le cœur d'une souche
A la fin lui forme une bouche,
Et lui ouvre comme des yeux,
Par où l'on void et peut entendre
Le brasier espris en son creux :
Mais lors qu'on void à clair ses feux,
C'est lors qu'elle est demi en cendre.

Au printemps, on coupe la branche.
L'hyver sans danger on la tranche :
Mais quand un acier sans pitié

Tire le sang, qui est la sève,
Lors pleurant sa morte moitié
Meurt en esté, de l'amitié,
La branche de la branche vesve.

Que l'æther souspire à ma veuë,
Tire mes vapeurs en la nuë ;
Le tison fumant de mon cœur
Un pareil feu dans le ciel mette,
Qui de jour cache son ardeur,
La nuict, d'effroyable splendeur,
Flamboye au ciel un grand comette.

Plaindrai-je ma moitié ravie,
De quelques moitiés de ma vie?
Non, la vie entière n'est pas
Trop, pour en ces douleurs s'esteindre,
Souspirer en passant le pas
Par les trois fumeaux du trépas,
C'est plaindre comme il faut se plaindre.

Plus mes yeux asséchez ne pleurent ;
Taris sans humeur, ils se meurent :
L'âme la pleure, et non pas l'œil.
Je prendrai le drap mortuaire
Dans l'obscurité du cercueil,
Les noires ombres pour mon dueil,
Et pour crespe noir le suaire.

D'Aubigné, dans le titre de cette pièce, renvoie à une *Méditation* sur le psaume 88 et à une traduction en vers mesurés du même psaume qui se trouvent aux pages 81 et 130 du volume. Nous extrayons de la *Méditation* les lignes suivantes :

Occasion et argument de la méditation.

L'autheur accablé d'un dueil desmesuré pour l'amour de Suzanne de Lezai, sa femme, prit le pseaume 88, pour en tirer les vers sapphiques mesurés qui sont dans ce livret, et depuis, la présente méditation. . .

. . . .

En fin, ô Éternel, tu m'avois desjà séparé de mes amis et voisins, et rendu exécrable vers eux. Tu as porté mon habitation hors le doux air de ma naissance. Tu m'avois osté des lieux, aux commoditez et plaisirs desquels le labeur de ma jeunesse s'estoit employé; tu m'avois sesvré du laict et des mamelles de ma chère patrie, tu m'avois fait quitter mes parens et cognoissances privées pour te suivre et porter ma croix après toi, quand tu as descoché sur moi de tes punitions, la plus destruisante et irréparable à jamais.

Tu ne m'as point blessé aux extrémités et membres qui retranchés laissent le reste traîner quelque misérable vie, mais tu m'as scié par la moitié de moimesme; tu as fendu mon cœur en deux, et dissipé mes entrailles en arrachant de mon sein ma fidèle très-aimée et très-chère moitié; laquelle, comme génie de mon ame, me tenoit fidèle compagnie à tes loüanges, m'exhortoit au bien, me retiroit du mal, arrestoit mes violences, consoloit mes afflictions, tenoit la bride à mes pensées desréglées, et donnoit l'esperon aux désirs de m'employer à la cause de la vérité.

Nous allions unis à ta maison, et de la nostre, voire de la chambre et du lict, faisions un temple à ton honneur.

Depuis je marche exanimé comme un phantosme ou un spectre parmi les vivans : je vay mangeant la cendre comme pain, je trempe mon boire de pleurs amers comme les eaux de Mara : mes jours m'eschappent, et je demeure comme l'herbe fauchée. Ouy, mes jours sont défaillants comme fumées, et mes os sont asséchés comme un foyer. Ce cœur frappé à mort, devenu sec comme foin, a oublié son appétit, et ma bouche à manger son pain : à ces os ma chair est collée à force de gémissements : je suis devenu semblable au cormorant du désert, ou à la chouette qui se tient aux lieux sauvages.

> Comme durant son vesvage
> Le passereau sous l'ombrage,
> D'un test couvre ses ennuis,
> Ainsi je passe les nuicts.

Je n'ay plus de paroles puissantes, ni assez violentes à l'expression de mes misères. Seigneur, tu les cognois, puis qu'elles sont de ta main. Je demeure exstatique en mes angoisses, les genoux à terre, mes souspirs en l'air, mes yeux au ciel, mon cœur à toi; relève-le, Seigneur, en l'espérance de ton salut.

XLII

Mémoires, p. 96. — Synode de Saint-Maixent (1595).

Il fut convoqué un synode à Sainct-Maixant en Poictou, auquel s'acheminans le ministre Esnart et un gentilhomme du païs (Aubigné), après plusieurs propos sur la ruine du parti et la difficulté de donner aux remèdes leur premier mouvement, ils se touchent à la main et se vouent d'y faire un effort, non sans avoir bien espluché leur impuissance; mais ils s'eschaufèrent par leurs mutuels souspirs. Ces deux aians choisi en la compagnie huict des plus avisez et hardis, le gentilhomme leur donne à souper en une chambre secrette; et leur repas aiant esté plain de propos sur leur nécessitez, ils s'enferment pour taster les remèdes. Après la prière faitte, deux ministres et un autre se séparent, aians remonstré premièrement la périlleuse besongne à laquelle ils s'atachoient, et le peu d'aparence que la France fust esmeuë par personnes de si peu d'authorité : les cinq qui demeurèrent, assavoir deux gentilshommes, dont l'un estoit la Valière, les ministres Esnart et L'oiseau, et Chalmot, président des éleus à La Rochelle, se touchent à la main, et résolvent premièrement de mesnager parmi les plus fermes de l'assemblée, que la province envoiroit vers les autres de la France, les prier de faire une députation vers le roi, à temps qu'ils leur nommoient, pour demander à Sa Majesté l'ordre qu'il lui plairoit estre observé parmi eux en leur façon d vivre.

Qu'il lui pleust leur ordonner de se trouver ensemble pour recevoir cet ordre tout à la fois.

Et pour le tiers qu'il pleust aussi à Sa Majesté de changer leur trefve en une paix.

Cela réussit si bien, que les députez se trouvèrent tous à la fois près du roi à Mante, où Rotan se fit députer et choisir pour une dispute notable contre du Perron, etc.[1].

XLIII

Mémoires, p. 101. — Harangue de d'Aubigné.

Un des chefs refformez et des plus grands[2], appela de divers endroits du roiaume, et presqu'au milieu de lui, ou personnes authorisées en son parti, ou autres envoiez des plus grands, en nombre assez grand, pour que par eux il se pust communiquer à tous, et toutesfois assez restraint pour y pouvoir observer le secret, comme il se fit. Aiant donc neuf testes de cette sorte en un cabinet, il s'ouvrit à eux, après les excuses et honnestetez sur la peine qu'ils avoient prise à son commendement[3]...

Cela dit, ce seigneur [ayant jetté sur table lettre de

[1] *Hist. univ.*, t. III, p. 365, l. IV, ch. x (édit. de 1626, ch. xi). Dans le même chapitre, d'Aubigné parle d'une assemblée tenue à Sainte-Foy, et où il assista.

[2] D'Aubigné veut probablement parler du duc de La Trémouille.

[3] Il s'agissait d'une vaste conspiration à la tête de laquelle étaient le duc de Savoie et les princes du sang. Elle ne tendait à rien moins qu'au démembrement de la France.

quelques principaux présidents de Paris, par lesquelles il estoit convié à l'entreprise] convie un gouverneur de place (Aubigné), estimé pour violent partisan entre les refformez, de commencer les avis : lui, aiant remonstré qu'il n'estoit pas le plus jeune de la compagnie pour donner ce branle, en fin prié de tous, commença ainsi :

« Messieurs, ce qui se présente nous oblige à trois
« questions : qui parle à nous, qui nous sommes, et
« ce qu'on nous dit. Ceci est proposé par des régni-
« coles et par des estrangers; des premiers, difficile-
« ment en pourriez-vous nommer un, de la mauvaise
« volonté duquel envers nous, nous n'aions pour gage
« quelque notable action. Ce sont les violents solici-
« teurs de nostre ruine, qui maintenant [ne trouvans
« pas leur compte] s'y veulent oposer par une cha-
« rité, de laquelle ils ne sauraient dire la cause, ni
« nous la deviner; ce sont ceux qui ont forcé le roi à
« la messe, qui le chassèrent du presche de Diepe, et
« qui par leur confession ont signé à ce dernier des-
« sein, duquel le plus grand et le plus violent moteur
« est le mareschal de Biron; cetui-là, pour vous faire
« voir de quel vent il est poussé, nourri par une mère
« de la religion, et d'un père ennemi des bigotries ;
« lui, aiant jusques ici plustot senti l'athéiste que le
« caphard, depuis certains traitez qu'il fait en Italie,
« s'est tellement signalé de ce qu'ils appellent dévo-
« tions, que quand il void à cent pas de son chemin
« une croix de village, fust-elle cassée, met pied à
« terre et se traisne à genoux pour en aller baiser le

« pied : de cet eschantillon jugez la pièce pour un
« concert d'ennemis de nostre liberté, d'infidèles à la
« patrie et d'ingrats au roi. L'autre branche, qui est
« des estrangers, est telle, que sans dire leur qualitez,
« vous aurez horreur de vous joindre au duc de Sa-
« voie et au roi d'Espagne qui paroissent en cet affaire,
« et puis à l'empereur et au pape, qui l'empoignent
« insensiblement.

« Nous sommes ceux qui se sont séparez de telles
« gens, non par distinction de naissance, de tein de
« visage ni de prolation ; mais par la profession de
« pureté en créance, en mœurs, et par observation de
« telle justice, que nous mesprisons biens et vies
« pour le service de Dieu. Comment franchirons-nous
« cette profonde distinction ? Comment accorderons-
« nous choses si dissemblables ; cette paroi se rompra
« à nostre désavantage, pource que ce que nous ba-
« tissons à la diférence d'eux et de nous, n'est qu'en
« doctrine et en mœurs ; mais eux la remparent contre
« nostre humilité par les richesses du monde, par la
« justice qu'ils ont en main, par les grandes charges
« du roiaume, et par ce que Rome espand sur les
« siens de splendeur et d'authorité. Nous nous trou-
« verons donc, si nous flotons en tempeste avec eux,
« comme les vaisseaux de terre avec ceux de fer et
« d'acier.

« Voilà pour les personnes ; voici pour la matière
« qui est sur le bureau : C'est que nous troublions le
« roiaume par précaution du trouble, comme nous
« mettans en l'eau de peur de la pluie, et que nous

« donnions raison de nous ruiner à ceux qui nous
« veulent ruiner sans raison : que nous fuions des
« mains du roi aux ongles de ces tyranneaux; que
« nous apelions au dehors les malédictions des peu-
« ples, et au dedans de nous la division mortelle et
« séparation d'avec nos frères, qui ne consentiront pas
« à la nouveauté; nous, di-je, fondez sur un papier[1],
« duquel nous ne pouvons vérifier ni la fausseté ni la
« vérité. Mais prenons qu'il soit véritable, il n'y a rien
« de nouveau en cette conjuration que la personne
« du roi, laquelle nul de nous ne croit estre menée
« en cet affaire avec gaieté, mais traisnée à contre-
« cœur. Je confesse bien qu'il ne nous dit plus, comme
« autrefois, qu'il se fait anathème pour tous, à
« l'exemple de Moïse et de sainct Paul; je confesse
« encore qu'il est devenu insensible à sa mutation;
« mais c'est pource qu'il est sensible aux craintes de
« l'assassinat; il est sensible encores à la jalousie de
« son Estat, lequel il void en pièces, comme il l'a
« bien seu dire, quand le respect des huguenots ne
« fera plus distraction des desseins du grand parti :
« il n'a point encores montré d'avoir perdu cette opi-
« nion. J'ose dire que si cette conjuration contre nous
« est faite il y a un mois, il n'est point jusques à cette
« heure à nous en faire couler un avis; adjoustant
« que ce pernicieux dessein ne sera point conclud que

---

[1] Le duc de Savoie s'offrait à faire voir un traité signé par lui, par Henri IV, le roi d'Espagne, l'empereur et le pape, pour l'extirpation de l'hérésie.

« dans quinze jours, un de ces desloiaux n'avertisse
« le roi, et ne trahisse le gros pour profiter en parti-
« culier; et cela se destachera de suite comme les der-
« niers boutons après le premier desboutonné. Nous
« serions fraichement, voians venir sur nous les mains
« où nous aurions touché, avec l'horreur des nostres-
« mesmes, et l'oprobre de tous les François. Que sa-
« vez-vous s'ils vous veulent faire entrer en une
« injuste conspiration, pour donner justice à celle
« qu'ils vous déclarent maintenant, et se justifier
« contre vous de ce que vous auriez fait avec eux. Je
« sais bien que la division entre ceux qui nous veu-
« lent destruire, est un présent du ciel pour nous ga-
« rantir; mais recevons les justes effets qui s'en pro-
« duiront, sans nous polluer dans les choses iniques
« et plaines de danger. Je di donc que nous devons
« laisser eschaper les impatiences de ces meschans à
« leur honte sans la nostre, mesnageans leur espé-
« rance sans nostre crime, par la longueur qui se
« trouve à donner un pli nouveau à nostre grand
« corps, et l'instruire de choses à quoi il ne peut estre
« si tost préparé; le tout sans promesse absoluë ni
« par parole ni par escrit : et cependant pour obser-
« ver la foi aux choses et aux personnes, faut aviser
« jusques où et comment nous pouvons nous garantir
« envers ceux qui parlent à nous d'un futile raport
« sans preuve et sans utilité à l'Estat, et, d'autre costé,
« d'un silence qui nous rendroit criminels. »

La compagnie n'eut qu'une voix à l'aprobation de
ce que dessus; et le seigneur qui l'avoit convoquée

adjousta, que tout ce qui venoit d'estre alégué estoit son sentiment, mais que l'usage méritoit leur conseil; bien joieux de le voir ainsi aprouvé : qu'il falloit donc aviser à s'eximer des deux dangers proposez à la fin, pour ne pécher ni en bienséance ni en fidélité, à quoi sembleroit bien à propos de se tenir préparez pour empescher les effects, sans s'eschaufer sur les paroles mal à propos [1].

XLIV

Mémoires, p. 105.

Je veux laisser à la mémoire une marque de fidelle partisan en la personne du duc de Thouars, autrement de la Trimouille, choisi avec le Plessis, le ministre Chamier et moi, pour contester sur le tapis les matières qui n'eussent peu sans trop de confusion estre digérées par le corps de l'assemblée (de Saumur) [1], qui estoit lors de soixante-dix testes et quelques fois de quatre-vingts. Le comte de Chomberg et le président de Thou estans arrivez les premiers, en attendant les autres deux prièrent la Trimouille de faire un tour d'alée avec eux, et le président prenant la parole dit ainsi :

« Vous avez trop de jugement pour ne connoistre
« bien qu'au poinct où les affaires sont, et aux choses
« que nous vous avons concédées, que ce que vous
« pouvez désirer ne soit à son plus haut degré; et si

[1] *Hist. univ.*, t. III, p. 490-491, l. v, ch. x (édit. de 1626, ch. xiii.

« on ne recule plustost de vos demandes que d'avancer
« à vostre faveur, tenez-nous pour gens sans honneur.
« Donnez quelque foi aux personnes qui vous afferment cela. M. de Chomberg est luthérien, et pas
« trop esloigné d'un bon huguenot; pour moi vous
« connoistrez mon âme, et vous pouvez avoir seu
« comment il y a deux cents ans que les pupiles de
« la Trimouille ont eu ceux de Thou pour curateurs;
« ne recevez point ce que nous voulons jeter en vostre
« sein comme d'ennemis. Le roi a seu que vous aviez
« envoié quérir vostre cousin le duc de Bouillon pour
« la confection de la paix, et que par déférence et
« bon naturel vous lui quitiez le fruict de vostre labeur de deux ans. Nous ne voulons point vous céler
« que le roi ne soit irrité contre l'un et l'autre ; mais
« il y met quelque différence, pour laquelle il choisit
« de vous savoir le gré de ce qui se passe; et encor
« souvenez-vous que vos concessions diminueront
« sous la gestion de ceux que vous cerchez : arrestons les affaires en l'assiette où elles sont; et voici
« l'offre que nous avons à vous faire; c'est que vous
« choisissiez entre vos confidents dix mestres de camp
« et deux mareschaux de camp; le roi donnera aux
« premiers mille escus à chacun, aux autres trois
« mille escus de pension, paiable par vos mains, et à
« vous le reste de cent mille francs, à quoi se monte
« l'impost de Charante, qui se paie sous vostre chasteau de Taillebourg : et à fin que vous n'aiez à courtiser personne, on vous donnera un acquit patant
« de l'impost pour trente ans. En voiant la grandeur

« de l'offre, voiez-en la facilité et la seureté, et dites
« qu'outre ce qui vous touche, ce coup est plus avan-
« tageux pour vostre parti que dix bonnes places de
« seureté. »

La responce fut :

« Messieurs, je vous excuse, qui venez de travailler
« pour esteindre la ligue, et aians trouvé un parti enflé
« d'intérests particuliers, ne l'avez plus tost piqué au
« lieu plus sensible, que vous l'avez réduit à néant. Pour
« vous montrer qu'il n'y a rien de tel parmi nous, quand
« vous me donneriez la moitié du roiaume, refusans à
« ces pauvres gens qui sont à la salle ce qui leur est
« nécessaire pour servir Dieu librement et seurement,
« vous n'auriez rien avancé. Mais donnez-leur ces
« choses justes et nécessaires et que le roi me face
« pendre à la porte de l'assemblée, vous aurez achevé,
« et nul ne s'esmouvra. »

Le président, comme nous allions à la scéance, me
fit ce conte, en demandant si nous avions beaucoup de
tels Huguenots. Telle estoit lors l'affection partisane[1].

XLV

Mémoires, p. 106.

Au mesme temps (juillet 1597), le roi aiant fait colonnel des Suisses le sieur de Sanssy, et nommé pour
président, en l'assemblée qui se faisoit de ceux de la
religion à Chastelleraud, M. de Clermont d'Amboise,

---

[1] *Hist. univ.*, t. III, p. 454 et suiv., l. V, ch. 1.

le seingneur d'Aubigné, gentilhomme docte et un des plus beaux esprits de ce siècle, composa sur ceste métamorphose le quatrain suivant qui fust divulgué à la cour et partout :

> N'est-ce pas un signe évident
> D'une subversion prochaine,
> Quand Sanssy devient capitaine,
> Et que Clermont est président[1]?

XLVI

Mémoires, p. 114. — Voyage de d'Aubigné à Paris (1610).

Sur la fin de ce mesme mois (juin), arrivèrent à Paris les principaux seigneurs, gouverneurs et capitaines des places que commandoient ceux de la religion en Poictou, Xaintonge, Angoumois et Languedoc, pour prester serment de fidélité au nouveau roy et à la royne-régente sa mère. Ce qu'ils firent sans exception aucune ni réservation, fors de leur édit[2], auquel ils supplièrent Leurs Majesté les vouloir entretenir.

M. d'Aubigné entre les autres, gouverneur de la ville de Maillezais en Poictou, brave gentilhomme et docte, parla fort et se fist ouïr du conseil ; dit qu'ils estoient d'une religion en laquelle, comme en beaucoup d'autres, ni pape, ni cardinal, ni prélat, ni

---

[1] *Journal* de l'Estoile, année 1597, édit. Michaud et Poujoulat, p. 287. Le même fait est raconté un peu différemment à la page 281.

[2] L'édit de Nantes.

évesque, ni quelconque autre personne, ne les pouvoit dispenser de la subjection naturelle et obéissance qu'ils devoient à leurs rois et princes souverains, laquelle ils reconnoissoient leur estre légitimement et absolument deue, selon Dieu et sa parole.

Ce fut ce gentilhomme qui dit au feu roy, lorsqu'il fust blessé par Chastel à la lèvre, que de sa lèvre il avoit renoncé à Dieu, et pourtant que Dieu l'y avoit frappé; mais qu'il prit garde à ce que le second coup ne fust point au cœur[1]. Parole trop hardie d'un subject à son roy, voire criminelle et capitale à tout autre qu'à d'Aubigné, auquel Sa Majesté, pour ce qu'il l'aimoit, avoit donné liberté de tout dire et ne trouvoit rien mauvais de lui : aussi qu'il lui avoit commandé à l'heure de lui dire librement ce qu'il pensoit de ce coup. Sur quoi, il lui fit la response d'un vray et franc huguenot, et toutesfois un peu bien esloigné, ce semble, de ce grand respect et obéissance qu'ils protestent de rendre à leurs rois.

Les autres seigneurs et gentilshommes députés de la religion tindrent le mesme langage à la roine et

---

[1] Voy. plus haut, p. 94. D'Aubigné a mis cette pensée en vers dans la préface des *Tragiques* :

>Quand ta bouche renoncera,
>Ton Dieu, ton Dieu la percera,
>Punissant le membre coulpable :
>Quand ton cœur, desloyal mocqueur,
>Comme elle sera punissable,
>Alors Dieu percera ton cœur.

(Édition de 1626, p. 11 de la préface.)

au conseil que cestui-ci, et parlèrent tous fort librement; surtout un du Dauphiné, qu'on disoit estre ministre, lequel en présence du père Cotton, appuié sur le manteau de la cheminée de la chambre du conseil, sembloit vouloir instruire un procès contre les jésuites, lorsqu'il dit que les escrits de quelques-uns de ce temps, qui avoient dénigré de la puissance légitime et auctorité souveraine de nos rois, pour l'assujétir à une simplement spirituelle qui n'y avoit que voir et controller, avoit causé la mort de ce grand prince, et en causeroit à l'avanture d'autres, si on ne donnoit ordre de les réprimer.

Tel ou semblable fust le sommaire des harangues de ceux de la religion au conseil, que la roine accueillist bénignement, et les contenta prou de paroles et belles promesses; si qu'ils s'en retournèrent fort satisfaits de Sa Majesté et de sa cour, où toutefois ils sçavoient bien qu'ils n'estoient tant aimés que craints [1].

XLVII

Mémoires, p. 132.—Lettre de d'Aubigné à Pontchartrain (1619).

Le *Bulletin de la Société de l'histoire du protestantisme* a publié (n° de janvier 1853, p. 386), d'après l'original appartenant à M. C. Read, la lettre suivante de d'Aubigné à Pontchartrain, pour annoncer à celui-ci la vente des châteaux de Maillezais et de Doignon :

[1] *Journal* de l'Estoile (édition de Michaud et Poujoulat), t. I, 2ᵉ partie, p. 613.

A M. DE PONCHARTRAIN,

CONSEILLER D'ÉTAT ET SECRÉTAIRE DES COMMANDEMENTS DE SA MAJESTÉ.

« Monsieur,

« Le respect des affaires infinies que vous avez sur
« les bras m'a empesché de vous importuner encores
« que d'une lettre, mais à l'occasion qui se présente
« ma discrétion passeroit en négligence, si je ne vous
« faisois sçavoir comment ayant depuis trois ans reser-
« ché importunément l'honneur d'achever ma vieillesse
« sans avoir autre maitre que mon roy, n'en ayant
« jamais eu que Henry le Grand, j'ay receu aux
« mesmes trois années plusieurs promesses de la fa-
« veur désirée par monsieur de Montholon, aux pa-
« rolles duquel je me suis attaché selon qu'il avoit
« pleu au roy me commander par despesches de votre
« main; de mesme lieu j'ay eu promesse qu'on me
« restitueroit la pension qui me fut donnée il y a
« quarante-huit ans pour des services qui n'ont esté
« que trop cogneus; à cela par mes mains, on a ad-
« jouxté de la part du roy directement un traitté pour
« la vendition de ma maison du Donjon, et démission
« du gouvernement de Maillezais, pour cela j'ay ac-
« cepté les conditions offertes moins utiles que celles
« qui m'estoient présentées d'ailleurs ne changeant
« un seul mot à ce qui portoit l'authaurité du roy,
« tout ce traitté et promesses remis à plusieurs fois
« ont enfin esté abandonnez tout à plat, et lors après
« en avoir sollicité l'accomplissement mesmement

« quand j'ay veu les troubles, afin que l'on dist pas
« qu'il m'eussent fait changer de ton, je me suis des-
« pouillé tant de ma charge que de ma maison entre
« les mains de Monseigneur le duc de Rohan, ne
« pouvant sercher aucun plus fidelle et passionné au
« service du roy; et ce qui m'a pressé à cela, outre
« mes nécessités, ç'a esté un offre duquel l'excedz m'a
« faict soubçonner la main d'où il venoit pour n'estre
« pas fidelle au service du roy, et par-là en donnant
« du pied sur une somme notable, j'ay voullu mons-
« trer par exemple qu'un bon François, quoy que des-
« chiré, despouillé et traitté comme je suis, n'est pas
« moins obligé à toute fidellité vers son Roy. J'ay
« creu vous devoir rendre compte de ces choses le
« plus briefvement et sincèrement que j'ay peu, tant
« pour en respondre où vous adviserez, que pour
« l'estime en laquelle je doy désirer que vous teniez

« Votre très humble et très fidelle serviteur,

« AUBIGNÉ. »

Au bas :

« Monsieur » (*on a omis de remplir*).

Ce 29 apvril, en sortant du Donjon, 1619.

On a ajouté au dos de la lettre pliée une mention ainsi conçue :

« M. d'Aubigné du XXIXe avril

    1619 « Qu'il s'est desmis du gouvernement
           « de Maillezais et fort du Dougnon ès
           « mains de M. de Rohan.

XLVIII

APENDIX OU ATTACHE

AUX DEUX PREMIERS VOLUMES DE L'HISTOIRE UNIVERSELLE.

Vous avez (mes lecteurs) en ces deux tomes (fort petis) une histoire fleurissante de tant de mouvemens et de variétez, que les plus impatiens esprits accuseront ma brièveté, quoi qu'en faveur d'elle, je n'aie retranché aucune pièce qui appartint à l'ouvrage, comme j'ai peu estimer. Peut-estre que les clauses entées l'une dans l'autre pour rendre le style plus concis, contraindront un œil courant de rebrousser chemin ; mais j'obtiendrai mon pardon quand en desnouant le nœud on y trouvera quelques perles ou quelque fruit oublié.

La distinction et l'haleine que nous prenons avant le troisième tome, sont ordonnées sur les raisons qui s'ensuivent :

Premièrement, il a esté bon de s'accommoder à la pluspart des François, qui pour avoir oublié les trois premières guerres et peu ou point senti celles du second tome, ne dattent leurs troubles que des Barricades, quoi qu'à ce point les provinces occidentalles du royaume sans jouir du repos aient senti diminuer leurs travaux.

Secondement nous trouvons une face nouvelle d'affaires, lors que le roi (Henri III) se rendit par force ennemi des Bourbons et des refformez et se couchant de peur d'estre abatu, se fit chef de ses ennemis, pour donner par le dedans le premier bransle à leur destruction.

Ce fut aussi un estat nouveau quand la Ligue formée monstra ses cornes, en desploiant ses tiltres et ses forces armées à cru de toutes les functions et authoritez d'un parti, pour nous fournir une guerre de plus d'estendue, saignante de plus d'endroits, encor plus hérissée de combats, de surprises, d'infidélités et à la fin de laschetez d'une part; et de l'autre de félicitez sans mesure au roi (Henri IV) qui conquéroit le sien.

J'ose ajouster que ce prince aiant perdu sur ce besoin son désir des choses petites, affriandé au travail par la beauté de la besongne, ou vestit une nouvelle hautesse de cœur, ou la desploia [encores] mieux qu'auparavant. C'est ici que tous les voisins ont les mains au sein, pource que nous allons fournir de théâtre et de personnages à ravir leurs regards et leurs pensées vers nous, hors-mis le Septentrion d'où nous verrons esclorre et espanouïr un Orient cramoisi, plain d'esclairs, qui produira ses orages violents.

Nous trouvons là un chef nouveau, une forme nouvelle, et des succez de guerre ausquels la fortune a trouvé ses maistres, qui lui ont fait souffrir quelques règles de la vertu; cinquiesme raison que nous apportons, pour là distinquer nos fureurs sans loi d'avec les valleurs bien emploiées, les brigands des soldats et les troubles de populace d'avec la vraie milice, qui donne à sa guerre et à ses capitaines un nom honorable et bien acquis.

En ce discours destaché de mon histoire, franc de la loi qui me deffendoit les avis de louange et de blasme, je me permets de rendre l'honneur deu à celui qui l'a restauré, rendu son nom plein d'effet, et en son ancienne splendeur. C'est le comte Maurice de Nassau, très-excellent fils d'un incomparable père; son héritier en l'amour de Dieu, protection de sa patrie, prudence et valeur sans mesure, grâces naturelles et sciences acquises, héritier encores des amitiez et des haines, fardeaux et desseins paternels, marques de la grâce de Dieu, qui, pour ces causes, selon sa promesse, a prolongé les jours d'un tel fils sur la terre parmi tant d'assassins et les périls de tant de combats.

Ses vertus naturelles et sciences acquises ont esté bien nécessaires pour inventer, oser, et parfaire une face nouvelle au mestier des armes; rendre nos soldats autres qu'eux-mesmes, les remettre à l'A, B, C, de leurs pas et paroles; et (qui estoit le plus difficile) leur faire oublier tout ce qu'ils sçavoient. Car nous lui avons envoié de France, d'Angleterre et d'Allemagne, des hommes endurcis au brigandage et aux rébellions contre leurs chefs, qui n'estimoient avoir gibier que les païsans leurs nourriciers, desquels ils faisoient les quintaines de leurs inhumanitez, qui, sans honte, abandonnoient les armées et leurs enseignes à la veille d'un combat, et qui en un mot devoient avoir pour tiltre *Espouvantaux des hostes et jouets de nos ennemis.* Il nous les a renvoiez maistres et docteurs de nostre jeunesse, confirmez en leur théorie par essais et victoires pratiquées en toutes façons : circonstances remarquables! que nos bisongnes n'ont pas appris ces leçons dures et malaisées dans le repos où se façonnent les Terses[1] d'Italie; mais tel ordre plus désiré qu'espéré

---

[1] *Terzo*, régiment de trois mille hommes.

a esté appris et esprouvé tout d'un temps dedans l'escolle fumeuse des sièges et combats.

L'envie des rois, princes et capitaines généraux environna de traverses une si haute entreprise, comme jettans les serpens sur le berceau d'Hercules. Nous avons veu plusieurs années nos courtisans, juges de tout, exécuteurs de rien, entetenir les lits et les tables des rois de fades plaisanteries aux despens des termes, qu'ils appeloient pédantesques et nouveaux [dernier].

Le mareschal de Biron craignant que sa témérité fust autre que brutale, ne vouloit pas que le mot de discipline sortist de la bouche d'un capitaine : presque tous les François disoient que, sans tout ce manége, ils sçavoient bien se battre, et quand ils eussent ajousté, voire se deffaire, ils n'eussent pas menti.

Un jour, M. de La Nouë voiant contrefaire les controverses du comte Maurice et de son cousin Guillaume de Nassau, qui a la seconde part en la gloire que je descritps, oiant mespriser ces petites armées de plomb par lesquelles ces deux capitaines prenoient les modelles de celles que depuis ils ont affrontées à Nieuport et ailleurs; cet homme outré de collere me tira par la cappe, ne pouvant souffrir diffamer ce qu'on a depuis tant estimé. Encores avons-nous veu les capitaines de picorée et de pétrinaux à ce point de brutalité que, quand nous osasmes faire porter des picques, ils apeloient nos soldats *abateurs de noix*.

En fin ces restaurateurs de l'honneur ont vaincu et emporté, pour avoir sagement commencé et constamment poursuivi ; si que nul prince n'a plus estimé aucun digne de commandement qui n'eust fait son apprentissage en Holande, et que le duc d'Espernon colonnel de France, après avoir longtemps déclamé contre la nouveauté, a souffert au commencement, et puis en fin solicité que ses vétérans se soient fait *tirons* [1] des moindres du Païs-Bas.

Henri le Grand a couronné ses espériences et dangers de l'amour de cet ordre, donné le gantelet au restaurateur, et prononcé de sa bouche : « que nous « avions plus combattu que les Holandois, et eux « mieux fait la guerre que nous. » J'eusse voulu : « eux fait la guerre et non pas nous. » Je m'estonne que nos faiseurs de panégérics (ou pour le moins quelqu'un d'eux) n'a pris ce sujet véritable pour exercer leurs styles fleuris au lieu des louanges prophétiques, par lesquelles ils exaltent leur bien-dire et diffament les grands, sur les louanges desquels il faut estre historien de l'avenir ; et bien souvent qui s'enfle de paroles bien agencées à la louange d'autrui, monstrant sans estoffe beaucoup de façon, cerche sa gloire au mespris de son sujet.

Les capitaines holandois sont remarquables en leur sçavoir pour avoir sceu connoistre un païs maritime, avec une avantageuse scituation : un peuple que les persécutions avoient poussé presque trop tard à la résolution des labeurs non cherchez, mais imposez par force, à qui le désespoir avoit donné les armes, unis par les intérests, r'eliez par la religion ; ceux-là d'a-

---

[1] Du latin *tiro*, recrue, apprenti.

gneaux devenus lions, de marchans capitaines, de chiches libéraux, doivent la merveille de leur délivrance à l'extrême misère, et rien à la gaieté de cœur.

Il s'est présenté en trente ans aux rois de France et d'Angleterre plusieurs des occasions, qui font entreprendre sur les voisins, assavoir les grandes offences et les brèches pour entrer, je dis cela pour l'Espagne, pour les grandes ruines d'armées qui lui sont arrivées, et pour la foiblesse du cœur qui remue tant de membres, esprouvée par le comte d'Essex, quand avec si peu d'hommes il fit un si long séjour à Cadix [1]. Mais aussi tost qu'une bouche fidelle à sa patrie faisoit dans les conseils roiaux une ouverture pour prendre le favorable temps, aussi tost la trouppe des conseillers abusée, ou abusante, s'escrioit : *Ce grand corps d'Espagne, ce grand corps d'Espagne;* et ce vaste corps a esté contraint par la vertu du capitaine que j'exalte, et celle de ses fidelles seconds, à laisser perdre une de ses jambes [2], et mesmes à ne l'avouer plus.

Voilà ce qui nous donne une cinquiesme et notable différence de nos deux premiers tomes au tiers, dans lequel nous espérons, sous la faveur de Dieu, d'estendre avec plus de profit et de plaisir la fin du siècle belliqueux.

Que si, en quelques endroits, nous n'avons peu exprimer à nostre gré quelques exploits conséquentieux, ou s'il a fallu répéter quelque chose par les derniers mémoires corrigeant les premiers, comme au fait de

[1] En 1595.
[2] La Hollande.

Ménerbe[1], ç'a esté faute de mémoires exprès ; quoi qu'il n'y ait province en France où nous n'aions fait voiager. Ces despenses inutiles me permettront un juste courroux contre les héritiers des capitaines les plus eslevez sur le théâtre de l'histoire, et contre les ingrats qui refusent de rendre honneur aux noms qui leur offrent un véritable honneur [2].

Vous diriez, en ce siècle dégénéré, que le trop de

[1] La prise de Ménerbe est en effet racontée un peu différemment aux pages 114 et 372 du tome II.

[2] Ce passage a été bien modifié dans la seconde édition de 1626. Voici cette seconde version :

« Que si en divers endroits nous n'avons peu exprimer à nostre gré quelques exploits conséquentieux, regardez d'où est datté le livre. C'est d'un désert, refuge ordinaire de la pauvreté comme de la vérité. Là il a fallu travailler sans pupitre, sans conseil de doctes, avec peu de mémoires et peu exprès.

« Je ne puis vous céler que le roi Henri le Grand m'avoit promis les excellents et laborieux escripts de M. de Villeroy, à la charge de prendre loi de ses corrections, lesquelles je voulus essayer sur quelques pièces où j'avois le moins usé de mes libertez. Mais ayant trouvé que cet esprit n'approuvoit rien, qui n'eust pour but les louanges de la cour, le blasme de ceux qui n'en dépendoyent et faisoit critique de l'aequanimité, je quittai le profit pour la charge, lequel pour le service des hommes eut destruit celui de la vérité, aimant mieux estre manque en quelques poincts qu'estre esclave en tous.

« J'eus donc recours à despescher par toutes les provinces à mes frais, et ces dépenses peu utiles me permettront un juste courroux sur les capitaines plus curieux de rescriptions durant leur vie que d'inscriptions après leur mort. Et encore ma plus vertu de nos devanciers nous donne mauvais lustre, que la gloire du père rend le fils honteux, et que, de peur d'estre obligez aux excellents traits et parfaitte beauté de nos aïeuls, nous en voulons supprimer la mémoire et jetter au feu les tableaux.

Tendez-moi la main vous qui ne faittes et ne recevez honte des paternelles eslévations, qui les suivez par approches, et ne les cachez pas de peur de reproches, qui les ressemblez du cœur comme des visages, et qui de lumières si claires, aimez mieux estre esclairez qu'esblouïs. Donnez à mon entreprise, qui sera la vostre, la recherche de ce qui aura manqué en mes premiers discours; et j'espère en vostre faveur faire une seconde édition avec plus de soin et de commoditez [1], sinon sachez que pour bien peindre un historien, on lui devroit mettre en chacune main une branche, l'une avec sa verdure, pour en donner les marques d'honneur aux triomphans, l'autre effeuillée pour les chastimens [et ceste gaule fait des playes desquelles la cicatrice demeure encores après l'ulcère fermé]. C'est celle-là que je ferai siffler aux

grande et juste colère s'espandra sur les héritiers (je ne dis pas enfants) des chefs, plus esclaves sur le théâtre de l'histoire, qu'il faut inutilement prier de ce qu'ils devroyent cercher avidement, et qu'ils laissent périr par leur poltronne laschété (t. II, col. 1187). »

[1] L'édition de 1626 porte : « Et les éditions qui se referont en vostre faveur avec plus de soins et de commodité, feront que nulle autre histoire, n'ayant esté bastie avec tant de soin et de patience de l'autheur, celle-ci approchera de la perfection. »

oreilles des paresseux, en promettant et menaçant qu'à la seconde fois je désignerai ceux que je n'aurai point resveillez à cette-ci [1]. Ils verront arborer leur apocagine [2] en proportionnant leurs infâmes et infimes hontes, à la hautesse de leur race, de laquelle ils ne peuvent porter que le nom, et ce nom (qui les devoit couronner de gloire) les comblera de honte et de mespris.

Je demande aussi à tous ceux qui sçavent les noms de plusieurs simples soldats, que j'ai marquez comme j'ai peu, pour avoir commencé l'impression dans un combat, servi de guide à une bresche, ou mis le premier genou sur les créneaux et retranchemens; qu'il leur plaise m'aider de tels noms sans avoir esgard à la pauvre extraction ou condition; car ceux-là montent d'avàntage, qui commencent de plus bas lieu [3].

Je n'ai que faire à ceux à qui nature a donné le ventre pour délices, l'esprit et le courage pour fardeaux [et le cœur pour tout craindre]; eux aussi n'ont que faire de moi, n'aiant point soif de louanges, cachez derrière eux-mêmes, et condamnez du ciel à pourrir moisis sur le puant fumier d'une salle oisiveté : mais je traitte avec vous, courages flamboians, non de l'ambition blanchie et tournoiante à l'entour de la vertu, mais de la vertu mesme, em-

---

[1] L'édition de 1626 porte : « En promettant et menaçant que ci-après elle appuyera son coup pour r'abbattre ceux qui rejettent mes avis sans crainte. »

[2] Je n'ai pu retrouver ce mot dans aucun lexique, peut-être est-il formé de l'italien *cagone*, paresseux.

[3] Ce paragraphe a été un peu modifié dans l'édition de 1626.

panachée de ses plumes naturelles, et qui porte son prix et son loier. N'aiez pas honte du juste désir des choses méritées[1]. Ceux qui ne veulent que jouïr du gré présent sont mercenaires à journée, et vallets à l'œil des vivans; mais ceux qui vont plus loin, et embrassent plus d'un siècle, par espérances desjà se sentent de l'immortalité, et partant le noble soin de la bonne renommée est une marque à l'âme fidelle, et certain gage de la résurrection.

PRÉFACE DE L'AUTHEUR

POUR LE TROISIÈME TOME DE L'HISTOIRE UNIVERSELLE.

En vous donnant mon troisième tome, il me semble (judicieux lecteurs) que vous faites deux demandes,

---

[1] Dans la seconde édition, d'Aubigné a modifié et augmenté ainsi ce passage : ... Non de l'ambition blanchie et tournoyante à l'entour de la vertu, mais rayonnans et comme fidèles miroirs représentans en vos visages comme en vos actions la beauté naïfve et les traits naturels de vertu qui porte en soi-mesme son prix et son loyer. Ayez le soin d'arracher de bonne heure vostre renommée des ombres de la mort. Faites soigneusement et sans honte ce que vous faites justement. On appelle les âmes viles et le sang vil qui se perdent et se versent sans la solde du renom. Ceste oublience appartient justement à ceux qui font jonchée et fange de leurs hoyries, vendues aux choses vilaines et indignes de l'honneur. Mais les âmes et le sang s'appellent non viles et de haut prix quand elles sont employées pour la patrie, pour le bon prince, et surtout pour celui qui nous a rachetez de son sang.

l'une pourquoi j'ai demeuré un an sans faire travailler¹, et l'autre comment aiant publié les deux premières parties, la troisième est refusée d'un privilège par Messieurs du conseil. J'ai à vous dire au premier point, que n'ayant peu descrire tant de faits particuliers, incognus et nouveaux, sans avoir laissé derrière quelque gloire, ou méritée, ou prétenduë, au mescontentement des paresseux, qui aians esté avertis par les voix généralles depuis l'ordonnance de Gap, ne peuvent demander qu'à eux-mesmes leur mespris². J'ai donné quelque temps à tels sentimens, pour, avec l'aiguillon de l'honneur, provoquer les offencez à tort ou à droit à m'instruire plus curieusement qu'au passé ; ne devant point espérer que la louange les aille cercher à leurs fouiers. J'ai desjà receu quelques fruits de mon attente par les plus grands capitaines de l'Europe et par quelques républiques, qui m'ont fait voir comment ils avoient mon labeur à gré³.

¹ Le premier volume de l'*Histoire universelle* est daté de 1616, le second de 1618, le troisième de 1620. Cette dernière date a été omise par erreur dans la note de la page 2.

² Ce passage a été modifié ainsi dans l'édition de 1626 : « ... Des paresseux ; ceux-là, comme c'est leur propre, ont mieux aimé se plaindre d'autrui que d'eux-mesmes, qui doivent avouer qu'ils ont esté advertis par les voyes générales qui ont esté pratiquées par le royaume depuis l'ordonnance de Gap. Ainsi ne se peuvent prendre de leur mespris qu'à leur endurcissement. »

³ Spon raconte dans son *Histoire de Genève* (t. 1, p. 492), que d'Aubigné avait fait demander à Genève des renseignements sur les événements arrivés de 1589 à 1605, et que Simon Goulard fut chargé de lui envoyer ce qu'il demandait.

J'espère qu'en donnant un pareil intervalle entre la première et seconde édition, ma patience aura mesme effet et vous fera voir avec plus de recherches et de particularitez et les conseils et les exploits.

D'ailleurs, Messieurs du conseil avoient donné charge à un évesque très-docte et à un autre conseiller d'Estat de voir ma besongne; mais les derniers mouvemens aians empesché leur voiage, ie n'ai peu retenir la pierre jettée, tout prest encore de recevoir chastiment de qui que ce soit, pourveu qu'il ne soit ni esclave ni ignorant. Je puis estre repris en deux choses, asçavoir au fait ou au droit. Au fait, sans faire aucune exception, il n'y a personne si simple au monde à qui je ne me soumette, pour qui je ne me corrige, en lui baisant les mains. Et quant au point du droit duquel je me suis abstenu de prononcer mon avis, tout de mesme le révoquerai-je s'il m'est eschappé mal à propos; à cela je demande un censeur qui rende conte de son jugement, non à ses espérances et craintes, mais à la concience seulement.

Mais ce qui m'a fait desnier un privilége, pour respondre à la seconde demande (quoi qu'on ne puisse accuser l'indiscrétion de ma plume ni l'aigreur de ma passion), ce sont des conséquences que l'on tire des véritables descriptions, et pour lesquelles on veult obliger l'histoire à supprimer la vérité. Je n'ignore pas qu'il n'y ait beaucoup de choses à taire, comme quand l'exemple offence et n'instruit pas, mais l'histoire est imparfaite qui oste la gloire à Dieu de ses jugemens en desguisant les crimes qui ont attiré les foudres, et contre lesquels le ciel a lancé ses dards. Quelqu'un a repris Tacite d'avoir prononcé les noms et les vocables infects des ordures de son temps : un autre l'a deffendu, disant que la science ne pouvoit estre mère du vice, et que jamais l'ignorance ne fut tutrice de la vertu. J'ai par devers moi les livres de la Ligue, sur les horreurs qu'ils imputent au roi Henri troisiesme; qui me peut deffendre d'aléguer leurs accusations, pourveu que je ne prononce point en leur faveur? J'ai apporté plus de modestie en cela et aux accidents avantageux à mon parti que n'ont fait les excellens historiens catholiques, comme la conférence en fait la foi, m'estant donné pour loi cette sentence, que l'excessive liberté vient d'une ame serve de passions.

Or j'impute cette défaveur à mon nom premièrement, et puis à ma profession; mais d'avantage à l'authorité que les jésuites se maintiennent par tout, en toutes choses, et sur tout à la cour, quoi que je ne me laisse emporter à aucune invective contre eux, ni contre les Liguez, ce que n'ont pas observé ceux qui ont escrit devant moi. Que si les véritables et simples narrations les offensent, ils devoient refuser privilége à leurs actions : quelqu'un d'eux a dit que véritablement je ne quitois pas mon chemin pour juger ni pour dire paroles injurieuses, mais que je faisois parler les choses. Certes je n'ai pas délibéré de les faire taire, je dérogerois trop à mon devoir. Voici ce qui les blesse, c'est la perpétuelle justice et faveur du ciel, qui paroit aux gestes plains de merveilles de Henri le Grand, soit en la querelle des Valois ou des Lorrains, soit en celle de la religion. En nul de ces points, je n'ai peu ni deu ni voulu devenir lasche et infidelle par circonspections : car si je laissois tomber discrètement le grand roi que Dieu m'avoit donné pour maistre, et qui pour la présente action a confié son honneur entre mes mains, si, dis-je, je le laissois tomber en réputation de tiran, quel supplice n'aurois-je mérité? Or seroit-il tiran et parricide de sa patrie s'il avoit versé tant de sang pour causes légères ou honteuses, et qui ne doivent esclatter par l'univers ; et nostre roi¹ régnant heureusement à présent auroit à cacher son extraction. Au contraire l'Europe n'a rien de si splendide, il est du plus haut tige du monde, son berceau s'est joué dans les triomphes honorables pour causes justes, qui cherchent la lumière et la vérité. Ici me soit permis de tourner vers le roi, et puis que mes lettres ne vont plus aux mains de Sa Majesté, prendre cette occasion pour lui dire le genou en terre :

« Sire, je n'importune point les oreilles de mon prince
« pour me voir esloigné, déchiré d'impostures et des-
« pouillé de ce que j'avois acquis auprès de Henri le
« Grand par la sueur et le sang; je me plains, Sire, de-
« quoi ses véritables loüanges sont haïes comme au-
« trefois sa vie. Sans la justice de ses armes, en quels
« rangs seroyent tant de chevaliers qui ont fait jonchée
« de leurs vies à ses pieds, tant d'heureux combats
« et grandes batailles, auxquelles il a tousjours prié
« Dieu et combatu en François? Deviendront elles des

¹ Louis XIII.

« crimes et des horreurs à la postérité? N'escoutez
« point en telles matières ceux qui veulent estre nom-
« mez vos pères d'une vaine appellation, mais plus
« tost cet excellent père qui se plaint du tombeau, et
« dit que nous avons armé les berceaux des Bourbons;
« et encores que la splendeur de leurs throsnes nous
« ait fait perdre de veuë [au temps de leurs éléva-
« tion et prospéritez], nos larmes ne sont point fein-
« tes à leurs sépulchres, après lesquels le soin de leur
« juste gloire vit encore en nous. Il dit encores qu'il
« doit aux catholiques la garde de la couronne, et à
« nous celle de la teste à couronner. Je demande, Sire,
« que Vostre Majesté ait agréable ma passion pour la
« hautesse [et pureté] de vostre naissance, [et pour la
« gloire du nom de Bourbon] et puis je conclurai en
« priant Dieu, mon puissant et juste deffenseur, que
« comme il a autrefois fortifié mes petites mains pour
« deffendre la vie de Henri le Grand en plusieurs pé-
« rils, comme à le tirer de prison, au danger mortel
« de Beauvois, et contre le meurtrier de l'Ore [1], il
« les vueille encore fortifier pour garentir son nom et
« le vostre contre les assassins de son honneur. »

APENDIX OU COROLAIRE

DES HISTOIRES DU SIEUR D'AUBIGNÉ.

Dieu, qui n'atache ses graces à la chair et au sang, m'aiant humilié par un fils dégénéré, auquel en la préface de tout l'œuvre, j'avois apresté l'honneur de

[1] Voy. plus haut, p. 280.

poser ce chapiteau, m'a relevé d'une main, et prolongé les jours de ma vieillesse, pour sacrer ce dernier présent sur son autel.

Me voici donc à vous, æquanimes lecteurs, avec la liberté d'unir mes jugemens aux vostres, en descrivant pathétiquement la douloureuse tragédie qui a pâli mon ancre de mes larmes, donné des accents à mes lignes, et cotté mes virgules de souspirs. Si mes desseins n'estoient pointez qu'à la faveur des humains, à leur plaire et les esmouvoir par louanges affettées, à paier d'honneurs et de bienfaits des mercenaires labeurs, je ne me fusse estendu jusques à la catastrophe, que l'instruction des princes, l'exemple à tous prospérans, la vanité des espérances humaines, et sur tout la gloire de Dieu exigent de mon devoir. Je vous eusse laissez en bonne bouche de tant de valeurs florissantes, de périls changez en prospéritez, de ressources des cendres aux thrones par tant de combats diférents en forme et en succez, que la multiplicité ne laisse plus rien à ce qu'on apelle Fortune, pour inventer. J'eusse arresté vos yeux ravis dans les félicitez de Henri quatriesme, de tant plus agréables, qu'elles tenoient, hors l'esgard à Dieu, hommagement de sa vertu; mais aiant pour but principal d'eslever les cœurs plus haut que la terre, et mener les esprits dans le Sainct des Saincts, appelé le Sanctuaire du fort, pour aprendre au secret de ce temple à quel trébuchet il faut pezer les miséricordes et les justices de celui qui règne sur les rois. Reçois donc et retiens (chère postérité) un abrégé des faveurs du ciel, pour, en leur champ d'argent, marquer le chevron de cinabre, que l'ordonnance du ciel y a tracée.

Encore que le labeur de l'histoire fournisse à l'estat du passé, je vous en veux laisser un goust par quatre stances du style du siècle, pour voir en quels termes nostre prince jouïssoit de la gloire de son nom, ne craignant point d'y mesler les poëmes à l'exemple de Sénèque, de Boice [1] et de l'arbitre d'élégance, ou des ouvrages composites, èsquels le dorique ne refuse point les fleurs du corinthien. Et puis nous ne trainons plus ce pezant chariot de l'histoire, où il n'estoit ni aisé ni à propos de faire des balses entre les limons.

> Roi, clair astre de feu, qui de haute naissance
> Fis choir sur l'univers au branle de la France
> Ce qu'eut le firmament de guerres en son rond :
> Ton berceau, signalé de serpents en jonchée,
> Fit du foudre un joüet, lorsque Rome faschée
> Te mit l'enfer à dos et l'Espagne à ton front.

> Devant trois lustres faits, les armes demandées
> Gravèrent sur ta peau les prétextes brodées;
> Tu prins rang aux combats longtemps devant ton rang;
> Tu as, à face ouverte et sans effroi, humée
> Des bataillons croisez la poudre et la fumée,
> Brossé parmi les fers et nagé sur le sang.

> Tu te vis talonné de ces brûlants courages
> Qui cerchent les combats au milieu des naufrages;
> Tu vins, vis et vainquis : C'est toi qui as porté
> A tes juges (proscrit) le présent de la vie;
> Ils ont par toi (banni) recouvré la patrie,

[1] Boëce.

De toi (leur prisonnier) receu la liberté.

> Et puis, pour couronner tes tempes honorées
> De victoires sans règle en l'Europe arborées,
> Admirable en la paix, comme entre les guerriers,
> Ta main qui ne prenoit la loi que de soi-mesme,
> D'une branche d'olive agence un diadème,
> Dressant en un chapeau tes palmes, tes lauriers.

Sous ces chapeaux d'oliviers, les lions et les ours de la France enchaisnez et enmuselez, les renards et les belettes seules troubloient, mais en cachettes et en ténèbres le profond repos du laboureur, du marchand et du noble; et ces petites gales de l'Estat n'en altéroient comme point la générale santé. Ceux qui avoient accoustumé de demander les rescompences, comme les exigeans, ne les demandoient plus comme debtes, mais comme bienfaits; au lieu de dire : *j'ai obligé le roi*, les plus hardis ne mettoient en jeu que leur devoir acquité. Et quant aux grands du roiaume, le plus proche du premier en marchoit si loin qu'il n'avoit garde de lui escorcher les talons : les estrangers demandoient leurs debtes par suplications, non par menaces, et le chapeau bas, qu'ils avoient enfoncé autrefois. Le roi voioit autour de son lict et de sa table une florissante multitude d'enfans, bien que diférents de conditions, tous obligez à son apui; et, chose inouie aux rois de France, il avoit sous la clef du duc de Sulli cent canons de batrie, les armes de quarante mille hommes, poudres et boulets pour deux cents mille coups en son arcenal, mais en son trésor vingt-deux millions : ces richesses comparées aux pauvretez souffertes, et ces douceurs aux amertumes du passé : pour l'excellence de cela toutes ces armes ne faisoient que parer la majesté roiale, et elle lors n'estant armée que de ses loix.

Or cependant que sa mémoire emplit l'Europe par les oreilles, il n'a pas laissé les yeux sans actions, aiant en dix ans de paix surmonté les bastimens et les labeurs des dix rois qui aient de suite le plus travaillé pour s'éterniser en pierre, et se faire voir à leurs successeurs.

Un seul bastiment qu'il deffit prit le contr'ongle de sa réputation ; ce fut la piramide que nous vous avons despeinte devant le Palais [1], eslevée par l'avis et l'aplaudissement de toutes les cours, à la bénédiction du peuple, à la terreur des assassins, au seul contre-cœur des jésuites ; qui r'apelez de leur bannissement, non seulement à l'oreille du roi et à son conseil plus estroit, mais aussi au régime de ses désirs, à la maistrise de sa conscience et de lui tout entier, contre les cris publics, les remonstrances et larmes de la cour, qui reprochoit ses rares fidélitez, et ausquels ce prince ne respondoit en particulier sinon : *Asseurez-moi de ma vie.* [Et ce qui rendra une telle mutation plus estrange, c'est que le rappel de ces pestes fut entrepris et exécuté contre toute justice, bien-séance, sen-

---

[1] La pyramide élevée en mémoire de l'attentat de Châtel. Elle portait une inscription injurieuse pour l'ordre des jésuites. Voy. *Hist. univ.*, t. III, liv. IV, ch. v.

timent des grands du royaume, volonté et honneur du roi, et enfin contre sa vie, comme il apparut par un nommé la Varenne, premièrement cuisinier de madame Catherine, sœur du roi, longtemps son portemanteau, depuis devenu son conseiller d'estat. Par le crédit de cest homme,] les condamnez triomphèrent de leurs juges, firent chanter des palinodies au vénérable sénat, mirent l'authorité du parlement, l'honneur de la France et la piramide à bas. [Donc fut escrit.]

    L'ædifice qui fut un trophée à ta vie,
  Fut gloire au condamné, au juge ignominie,
  Haussa les criminels, abaissant au rebours
  Le sénat espérant contre toute espérance,
    Qui, des mains des François tirant vive la France,
    Quand Paris fut Madril, porta Paris à Tours.

Les moins retenus de la secte se sont vantez qu'entre ceux qui commencèrent la desmolition, un bourreau osta la première pierre. Les triomphes qu'ils ont chantez de cette victoire, et la multitude des bienfaits que Henri le Grand entassa l'un sur l'autre, comme pour rançon de sa vie, feroient un juste volume : et certes il laissoit un temps aller aux oreilles plus confidentes, qu'il avoit perdu la crainte de toutes choses, horsmis du couteau jésuitique, et ce fut pourquoi il emploia tant de despences et de soin pour faire qu'Aquaviva [1] receut un françois assistant.

Encores l'honorable sépulchre que nous bastissons a devant soi une décade de morts notables, comme

[1] Cl. Acquaviva, général des jésuites, mort en 1615.

du grand empereur d'Orient Mahomet, et guères loin
de lui du duc de Mercœur; nous avons au midi cinq
papes, les ducs de Toscane, de Parme et de Ferrare;
aux Espagnes trois rois de Portugal, leur règne esteint, et le destructeur, grand roi de tant de roiaumes,
mangé de poux. Vers le septentrion, la roine d'Escosse,
et l'excellence des testes couronnées Élizabeth, à laquelle nous avons donné son éloge ailleurs. En aprochant du roiaume, l'archiduc, et au dedans les deux
Guisars; là les roines Catherine et Louise; le roi
Henri troisiesme; huict princes du sang, et douze
testes qui portoient couronnes de duc.

Aprés ces inféries [1], desquelles la pluspart faisoient
place aux félicitez du roi, et en ce haut degré de
prospéritez, où ordinairement le ciel envoye des ad-
vertissemens, on a escrit comment ce prince fut troublé en sa chasse par la rencontre d'un spectre qu'on
apelle lé *grand-veneur* [2]. On marque d'ailleurs plusieurs prédictions des magiciens, lesquelles je laisse
toutes comme de peu de foi, pour vous raconter deux
propos hors le soupçon de fables et dignes de ce lieu,
pource que ce grand roi les a estimez tels, les raman-
tevant souventes fois, comme lui aians donné quelque
frisson.

[1] *Inferiæ*, sacrifices aux mânes.

[2] Cette prétendue apparition est rapportée par l'Estoile. On lit
à ce sujet dans les *Mémoires du duc de La Force*, t. I, p. 115 :
« Cela se trouva absolument faux, car sur les nouvelles qui s'en
répandoient, La Force manda à ses amis que n'ayant point quitté
le roi, il en sauroit quelque chose. »

Henri le Grand donc prenant congé du Poictou, et son logis à Moncontour, trouva sur le bord du petit pont le juge du lieu, grand vieillard sec, le visage long, très-ridé, les yeux hâves, la barbe blanche et longue, un vestement sale et tout plumeux. Cet homme s'estant présenté pour haranguer, on nous fit aprocher, plus pour avoir part à la risée, commune aux courtisans, qu'à l'admiration. Adonc l'orateur avec une triste asseurance parla ainsi :

« Sire, quelques anciens adorateurs de leurs rois les
« ont apelez dieux secondaires; d'autres plus modes-
« tement images du Dieu vivant : or il est raisonna-
« ble que les portraits ressemblent aux originaux; de
« là vient que nous nous plaisons en ceux qui nous
« représentent, et les gardons curieusement; mais
« nous jetons au feu ceux qui nous diforment et por-
« tent nostre nom injustement.

« Les traits du visage de Dieu sont la justice et la
« clémence; les princes justes et piteux sont gardez
« au sein de l'Éternel comme ses portraits bien aimez.
« Mais les rois injustes et non clémens sont images
« de celui qui, meurtrier dès le commencement, anime
« les cœurs des grands à commander les meurtres,
« les nobles et les armées à les exécuter, et despouil-
« ler le sein de la terre de ses douceurs, en la cou-
« vrant de spectacles hideux, tels que nous les avons
« veus en la plaine que vous venez de passer, qui
« parut à nos yeux un matin, animée de la plus gé-
« néreuse noblesse de France, sous mesme soleil san-
« glante, et deux jours après puante de dix mille cha-

« rongnes de guerriers excellents. Elle a paru de-
« puis blanchissante de leurs os ; nos chiens sont
« devenus loups à force de sang regorgé : c'estoient
« ceux qui avoient mis le païs à la mort, fait les hom-
« mes devenir des os, et périr les enfants sur les peaux
« des mamelles, pensans succer leur vie dans les
« restes de la faim.

« La mort leur rendit en gros ce qu'ils lui avoient
« presté en détail : mais la punition ne s'arreste pas
« là ; car Dieu demandera les vies à miliers de la main
« de ceux qui les ont fait tomber sous leur auspices.
« Et cependant peu de ces grands vont la gorge sè-
« che au tombeau, pource que le grand justicier dès
« ce monde exerce jugement.

« Sire, vostre port et vostre visage ne promettent
« que hauts et généreux desseins, qui acouchent peu
« souvent à nostre gré, mais avortent de monstrueux
« accidents quand ils s'esloignent de la justice, qui
« est la seule nécessité, soupçonnez d'estre iniques et
« malheureux, quand la gaieté de cœur en dit son avis;
« et vous instruisez que quand nous allons outre les
« bornes que Dieu nous a prescrites, il nous engraisse
« pour la mort, nous eslève par delà toute mesure,
« pour sans mesure doubler le saut du précipice, et
« rendre signalé le coup de son jugement. Souffrez,
« Sire, nos plaintes par nos bouches, puis que d'elles
« mesmes nous prions pour vous contre les sinistres
« événements ; nostre harangue est brute ; vous en
« avez donné la matière, elle ne vous demande pardon
« que pour la façon : goustez les fruicts de ce que vos

« mains ont semé, et ne prenez pas de nos propos
« l'horreur sans le changement : car Dieu met ses
« advertissements au rolle des reproches, les envoie
« devant, comme s'il vouloit se justifier : de cette fa-
« çon aiant ordonné de descocher son foudre sur la
« teste de Dioclétian, il fit auparavant esclater un ton-
« nerre à ses pieds.

« Or vueille le Roi des Rois vous inspirer des salu-
« taires pensées, en diriger au bien les actions; apre-
« nant à vos mains, habiles aux combats, à manier
« (comme elles ont fait) l'espée glorieusement, ains
« heureusement le sceptre de la paix. »

Le roi, quelque temps estonné, respondit après une longue pose : *J'ai pris vos propos en bonne part, je vous en remercie, et ne les oublierai jamais.* [Ce qu'il ne fit, et nous répétoit souvent ce terme où il est parlé que les grands vont rarement la gorge sèche au tombeau.]

L'autre discours, plus brief, lui fut tenu par un de ses vieux serviteurs (Aubigné), auquel il monstroit le coup de Chastel à travers la bouche; cettui-ci en présence de la duchesse, en la salle de son logis à Chauni, prononça ces paroles : « Sire, n'aiant encores renoncé
« la vérité de Dieu que des lèvres, il s'est contenté de
« les percer; mais quand le cœur fera de mesmes,
« il fera de mesmes au cœur[1]. » Ce qui m'a fait produire ces deux pièces, c'est qu'il les remémoroit quelque-

---

[1] Dans la seconde édition, d'Aubigné a rapporté le mot de Gabrielle d'Estrée, et la réponse qu'il lui fit. Voyez plus haut, Page 94.

fois [avec une secrète frayeur], et adjoustoit à la première, [et un jésuite à qui il s'estoit confessé de cela lui ayant dit qu'il faloit punir telles hardiesses, il respondit] qu'il ne falloit pas faire tout ce qu'on pouvoit.

Mais depuis il parut un notable changement en sa vieillesse, reschauffée (comme on disoit) par un amour violent, duquel le brasier poussoit les désirs en claires flammes, et en fumée la crainte et ses vapeurs. Ce courage eslevé au mespris des prédictions licites et ilicites, eust respondu au dæmon de Brute, le menaçant de le voir à Pharsalle : *Eh bien, nous nous y verrons.*

Comme du violent travail des guerres, doux et profond estoit le sommeil, ce long dormir aiant refait les forces du roi et du roiaume, qui avoit joui dix ans de ses labeurs. Ce laurier eslevé sous les arceaux d'un diadème comme de son pavillon, les rameaux n'en pouvoient plus supporter les barrières, voulurent forjeter dans le pourpris de l'Europe, au contentement de ceux qui en eussent pris l'ombre, et non de ceux qui en eussent veu le dehors. Ainsi au surcroist des forces, l'excez d'un courage fleurissant se résolut d'emploier armes et trésors pour se faire reconnoistre par dessus les princes de son siècle, aussi bien en puissance qu'en vertu ; et ne trouvant que le roi d'Espagne en son chemin, digne de sa colère, il se résolut de s'acroistre en le diminuant.

Sur quoi, aiant tasté et gagné les cœurs de ses plus dignes voisins, comme du roi d'Angleterre, avec qui il commença de traiter par Sulli dés-lors de son ambassade, trois desseins lui furent présentez, le premier par le duc de Savoie, le mareschal d'Esdiguières et Villeroi ; c'estoit d'ataquer le Milanois comme la province qui oblige toutes les autres à l'Espagne, et est du tout nécessaire pour se maintenir en Italie, ou pour avoir communication en Alemagne et au Païs-Bas : ce dessein de tant plus facile par l'assistance de celui qui en avoit donné l'induction, et de la main qu'y prestoient les Vénitiens.

Le second porté par le prince Maurice, embrassé par le duc de Sulli, estoit d'ataquer la Flandre, en joignant les forces des Païs-Bas avec celles des François, en prenant toutes les villes de la Meuse : chacune des deux armées faisant ses progrez de proche en proche, jusqu'à ce qu'elles se fussent rencontrées. Après quoi, il falloit faire la mesme chose du costé de la mer ; ce qu'estant fait, il falloit que le païs de l'archiduc se rendist à discrétion, pour ne pouvoir plus estre secouru de l'Espagne par nul endroit.

Mais pource que ces deux desseins rencontroient la jalousie de tous les autres princes chrestiens, qui aiment mieux voir les deux puissances de France et d'Espagne se balancer, que si l'une estoit victorieuse absolument, le roi, de ces deux desseins en fit un troisiesme, pour délivrer de la domination espagnolle tous ceux qui gémissent dessous, pour en tirer la seule gloire et nul autre profit aparant. Il résout de donner une armée commandée par le mareschal d'Esdiguières au duc de Savoie et aux Vénitiens d'accord, et aians partagé la peau avant que l'ours fust abatu, le grand duc devoit avoir Port-Hercolé et Orbitelle : les Vénitiens repartageoient avec le pape et autres princes italiens le roiaume de Naples; et la faction espagnole tiroit ce dernier article en quelque longueur. On choisissoit le duc de Bavières pour le porter à l'empire, lequel, osté de la maison d'Autriche, venoit avec bons gages en favorables mains.

La France, l'Angleterre et les Païs-Bas, devoient faire trois flotes, chacune de six mille hommes, qui de six en six mois devoient fondre dans les Indes : et est à noter qu'il ne venoit au roi aucune augmentation en aparence que l'estenduë de son règne au mont Senis, et aux rivières antiènes qui en faisoient le partage vers la haute et basse Alemagne, quoi que pour l'entreprise il deust fournir en quatre ans cinquante millions; mais il atachoit à soi inséparablement tous ceux qui auroient eu des plumes de cette despouille, et se rendoit arbitre et chef sur eux, sans tiltres par effect, comme le pratiquoient les Romains sur leurs aliez.

Tel estoit au commencement le grand dessein, se contentant le roi de réduire l'Espagnol aux frontières des Pirénées et de la mer. Mais deux choses firent penser plus avant, l'une l'offre de l'archiduc, conclu en traité, par lequel il vouloit conférer à ce qu'il ne pouvoit diférer, et par la facilité de son assistance, donnoit moïen au roi de mettre la couronne impériale tout d'un train sur sa teste, sans en faire à deux fois. Et de mesme temps quelques riches marchans des costes de Guienne, ameutez par un vis-amiral du païs[1],

---

[1] D'Aubigné. Voyez plus haut, p. 113.

s'ofrirent à nourrir l'armée, qui conquerroit l'Espagne, rendans à leurs périls et despens les vivres par toutes les villes [et forts maritimes qu'on dresseroit] au prix qu'ils estoient lors à Paris : cela faisoit cercher vers la coste de Languedoc des offres de mesme commodité et doubler la doze de la despence, pour jeter deux armées en Espagne de chacune vingt-cinq mille hommes, l'une pour commencer à Sainct-Sébastien et l'autre à Parpignan [et se joindre par les bords de la mer où les conquestes leur permetroyent].

Le roi donc, au fourbir de ses armes, donna la crainte où il n'avoit plus l'amitié. Les sages voisins jugèrent où alloit le dessein par le mérite du desseignant, mesuroient ses pensées à sa puissance, et des succès passez, se résolvoient de contribuer aux victoires qui ne se pouvoient arrester ; dont on escrivit :

> A ton réveil Madril vouloit cacher ses armes;
> Qui n'y contribuoit estoit armé de larmes.
> Vienne alloit subir le joug du vertueux ;
> Les anges s'accueilloient à si haute entreprise, etc.

Le consentement des peuples [qui] est (bien souvent) la voix de Dieu, sembloit promettre sa bénédiction. Les nations avoient posé leurs haines, vouloient arracher leurs bornes pour l'amour d'Henri. Les Alemands s'armoient à la françoise pour combattre de mesme ; le prince d'Anhalt fait leur chef, vouloit se montrer maistre sous celui qui l'avoit enseigné. Le marquis de Brandbourg espuisoit la noblesse de Poméranie, et les Suisses leurs rochers immobiles. Tout cela pour faire un empereur des chrétiens, qui de sa menace arresteroit les Turcs; pour refformer l'Italie, dompter l'Espagne, reconquérir l'Europe, et faire trembler l'univers.

Il estoit prest de convertir ces choses en exécution, il avance de toutes les parties, presse de tous costez son dessein, et pour arres de ses victoires, sous tiltre d'une entrée pour la roine, il emplit Paris de théâtres et d'arcs triomphaux, presqu'à veuë l'un de l'autre, surpassans tous ceux qu'on avoit veu, soit en estoffe, soit en élévation. Les despences prodiguées à telle splendeur ne sentoient plus ce prince, sur la peau duquel les misères avoient laissé long temps la crasse de la chicheté; si bien qu'au prix que la parade de ses armes donnoit dans les yeux de l'Europe, Paris et avec lui la France, s'esblouïssoient de tant de trésors desploiez. Mais

> O faciles dare summa Deos eademque tueri
> Dificiles [1]!

Ou bien, pour reprendre les stances des loüanges que nous avons posées au commencement:

> Ma plume ainsi voloit, m'emplumant d'espérance,
> D'animer plus qu'un autre à ses larmes la France;
> Mieux louer, mieux pleurer que nul autre mon roi,
> Quand mon esprit de feu, mon docteur à prédire,
> Tourne mes yeux à voir par un grand doigt escrire
> MÈNE THÉCEL PHARÈS en funeste paroi.

Cette main qui orna ta perruque de gloire

---

[1] O Dieux, qui nous donnez si facilement les grandeurs et nous les conservez si difficilement! (Lucain, *Pharsale*, ch. I, v. 510.)

Mit le sang à tes pieds, sur le front la victoire,
La grâce dans tes yeux, sur ta langue le miel,
Lassé de ces douceurs, desploia ses puissances,
Ferma l'huis aux bien-faits pour l'ouvrir aux vengeances;
Fouilla, non le trésor, mais l'arcenal du ciel.

La main large de Dieu, qui par cinquante années
En déluge verça tant de grâces données,
Du berceau condamné l'injuste mort chassa,
Qui de ses doigts porta les tendons de l'enfance,
Un bouclier au massacre, aux prisons délivrance,
La victoire aux combats, à la fin se lassa.

Car le vendredi quatorziesme de mai, l'an mil six cents dix, le roi troublé de quelques devinations qui le menaçoient de mort en ce jour-là, prié par ses plus proches de le vouloir passer à l'ombre, après s'estre jeté par trois fois sur un lict, pour y cercher sans trouver le repos, avoir prié Dieu extraordinairement, entra dans son carrosse, relevé de tous costez pour voir à son aise la parade et magnificence, accompagné des ducs d'Espernon, de Mombason, mareschal de Laverdin, la Force et autres; aiant trouvé un embarras de charrettes à la ruë de la Ferronnerie, et ses va-de-pieds, horsmis deux, aians pris par le cloistre de Sainct-Innocent, François Ravaillac d'Angoumois mettant le pied sur le raion d'une rouë de derrière pour avancer son corps dans le carrosse, trouva le roi penché vers la portière droite, lui donna trois coups, les deux derniers portans au cœur, d'un cousteau à manche de poignard, sur lequel il y avoit un caractère gravé : le meurtrier levoit la main pour le quatriesme coup, quand il fut arresté et pris par le va-de-pied. Le roi n'aiant monstré aucune respiration de vie, fut couvert d'un manteau, et aiant ensanglanté toute la rue Sainct-Honoré, fut porté au Louvre, sur le lict qui n'a-guères lui avoit refusé le repos.

Je n'ai plus d'haleine pour suivre aucun article des succès de cette mort; la plume me tombe des mains, et, au lieu d'esmouvoir les cœurs, non-seulement des François, mais de tous ceux qui favorisent la vertu de leur veux et la pleurent esteinte de leurs yeux; je laisse parler mieux que moi Anne de Rohan princesse de Léon [et de tous ceux qui escrivent bien en ce temps], de laquelle l'esprit trié entre les délices du ciel, escrit ainsi :

Quoi? faut-il que Henri, ce redouté monarque,
Ce dompteur des humains, soit dompté par la Parque?
Que l'œil qui vid sa gloire ores voie sa fin?
Que le nostre pour lui incessamment dégoute?
Et que si peu de terre enferme dans son sein
Celui qui méritoit de la posséder toute?

Quoi? faut-il qu'à jamais nos joies soient esteintes?
Que nos chants et nos ris soient convertis en plaintes?
Qu'au lieu de nostre roi le deuil règne en ces lieux?
Que la douleur nous poigne et le regret nous serre?
Que sans fin nos souspirs montent dedans les cieux?
Que sans espoir nos pleurs descendent sur la terre?

Il le faut, on le doit : et que pouvons-nous rendre
Que des pleurs assidus à cette auguste cendre?
Arrousons à jamais son marbre triste-blanc :
Non, non, plustost quitons ces inutiles armes.

Mais puisqu'il fut pour nous prodigue de son sang,
Serions-nous bien pour lui avares de nos larmes?

Quand bien nos yeux seroient convertis en fontaines,
Ils ne sauroient noier la moindre de nos peines.
On espanche des pleurs pour un simple meschef :
Un devoir trop commun bien souvent peu s'estime;
Il faut doncques mourir aux pieds de nostre chef.
Son tombeau soit l'autel, et nos corps la victime.

Mais qui pourroit mourir? Les Parques filandières
Desdaignent de toucher à nos moites paupières,
Aians fermé les yeux du prince des guerriers :
Atropos de sa proie est par trop glorieuse;
Elle peut bien changer ses cyprès en lauriers,
Puis que de ce vainqueur elle est victorieuse.

Puisqu'il nous faut encor et souspirer et vivre,
Puisque la Parque fuit ceux qui la veulent suivre,
Vivons donc en plaignant nostre rigoureux sort,
Nostre bon-heur perdu, notre joie ravie;
Lamentons, souspirons; et jusques à la mort
Tesmoignons qu'en vivant nous pleurons nostre vie.

Plaignons, pleurons sans fin cet esprit admirable,
Ce jugement parfait, cet' humeur agréable,
Cet Hercule sans pair aussi bien que sans peur;
Tant de perfections qu'en loüant on souspire,
Qui pouvoient asservir le monde à sa valeur,
Si sa rare équité n'eust borné son empire.

Regrettons, souspirons cette sage prudence,
Cette extrême bonté, cette rare vaillance,
Ce cœur qui se pouvoit fléchir et non dompter;

Vertus de qui la perte est à nous tant amère,
Et que je puis plustost admirer que chanter,
Puis qu'à ce grand Achile il faudroit un Homère.

Mais parmi ces vertus par mes vers publiées,
Lairrons-nous sa clémence au rang des oubliées,
Qui seulement avoit le pardon pour objet,
Pardon qui rarement au cœur des rois se treuve?
En parle l'ennemi, non le loial subject;
En face le récit qui en a fait l'espreuve.

Pourroit-on bien conter le nombre de ses gloires?
Pourroit-on bien nombrer ses insignes victoires?
Non; d'un si grand discours le dessein est trop haut :
On doit louer sans fin ce qu'on ne peut escrire.
Il faut humble se taire ou parler comme il faut;
Et celui ne dit rien qui ne peut assez dire.

Ce Mars dont les vertus furent jadis sans nombre,
Et que nul n'esgaloit, est égal à un' ombre.
Le fort a ressenti d'Atropos les efforts,
Le vainqueur est gisant dessous la froide lame;
Et le fer infernal qui lui perça le corps,
Fait qu'une aspre douleur nous perce à jamais l'âme.

Jadis pour ses beaux faits nous eslevions nos testes,
L'ombre de ses lauriers nous gardoit des tempestes,
La fin de ses combats finissoit notre effroi.
Nous nous prisions tous seuls, nous mesprisions les autres,
Estans plus glorieux d'estre subjects du roi
Que si les autres rois eussent esté les nostres.

Maintenant nostre gloire est à jamais ternie,
Maintenant nostre joie est pour jamais finie;

Les lys sont aterrez et nous avecques eux.
Dafné baisse, chétive, en terre son visage,
Et semble par ce geste, humble autant que piteux,
Ou couronner sa tombe, ou bien lui faire homage.

Je me contenterai de cet eschantillon, pour vous faire envie de ce qui suit, et venir aux accidents inespérez, aux atentes brisées, aux grands desseins esvanouïs qui faisoient parler les choses, et jeter par la France des amertumes qui n'ont point de vocables suffisans. Les tragédies observent deux propriétez qui se tiennent bien la main ; c'est que non seulement elles ont des yssues lugubres et sanglantes ; mais aussi ontelles des personnages ausquels il eschet de ne finir point à la mode des moindres et de la médiocrité. En vain eussé-je donc souhaité une catastrophe comique en traitant des dieux de la terre.

Or voici la conclusion, non seulement de mon Histoire, mais de toutes celles qui ont esté escrites et s'escriront jamais, ou soit par les desseins des autheurs, ou soit par le droit d'amirauté, que le Dieu des armées fait poser sur l'autel de l'Honneur ; c'est que les succez envoient par force les yeux et les esprits de la terre ténébreuse au ciel luisant, des splendeurs qui passent aux éternelles, des roiaumes caduques au permanent, et en fin de ce qui paroist estre vivre et régner, à ce qui seul est, vit et règne véritablement.

Je n'ai plus qu'à laisser quatre vers pour le renom d'un roi sans pareil ; que si la deffaveur de leur autheur les fait refuser au tombeau de Sainct-Denis, ils ne le seront pas en celui qui est posé et sacré dans le marbre permanant, qui est l'éternelle mémoire de la postérité.

Henry le Grand, si grand, que la paix ni la guerre
Ne lui ont fait souffrir maistres ni compagnons,
Trouve repos au ciel qu'il n'eut point en la terre :
Guerrier sans peur, vainqueur sans fiel, roi sans mignons.

———

Comme ce peintre grec[1] qui se cacha derrière son tableau pour aprendre de ses nouvelles par toutes sortes de bouches et d'esprits; ainsi à l'ombre de mon Histoire (qui n'est qu'un tableau) je désire d'entendre les répréhensions des uns et les plaintes des autres; faire mon profit de tout, sans renvoyer le cordonnier à sa pantoufle. Aux premiers tiendrai compagnie; aux juges de mes deffaux, les corrigerai avec eux, comme je les sents avec eux, sans autre excuse que la dificulté de mettre en ordre des choses tant désordonnées, le manquement et diversité des mémoires, souvent arrivez après les premières parties imprimées : tout cela en un mot me condamne à la seconde main.

Quand aux plaintifs (et ceux qui disent que j'ai oublié beaucoup de choses, ils verront que c'est d'eux qu'ils doivent se plaindre, et qu'eux-mesmes ont oublié ce que je ne savois pas), après avoir esté solicitez par voies honorables et publiques depuis quatorze ans; je serai bien aise qu'une injuste colère les pousse à un juste sentiment, et au remède qui est en eux : car, pour le certain, de ceux qui m'auront envoié des mémoires,

[1] Apelles. Voyez Pline, l. XXXV, ch. xxxvi.

je n'aurai aucuns complaignans. Il n'y a province où il n'y ait ordre pour la réception de telles choses; aidez donc à ce que vous désirez : celui qui circuit le monde ne fait qu'une ligne : j'ai esté long temps nourri au pieds du plus grand roi du monde, et dans les affaires désespérées, mais je n'en ai pris que ma portée; et en tout ce que j'aprend d'autrui, il m'est pu advenir d'avoir dit mensonge, mais non pas d'avoir menti.

Je n'ai plus qu'à fermer ce livre par ma prière accoustumée à l'ouverture du labeur.

[Du pseaume 71-17.]

O Dieu! tu m'as enfant instruit de tes merveilles;
Enfant, j'ai enseigné les cœurs par les oreilles
    A ton sainct nom bénir.
Ne me retire encor en ma blanche vieillesse,
Tant que j'aie achevé d'élever ta hautesse
    Aux siècles à venir.

[Ainsi la prisonnière allègue de grossesse :
Pour recueillir son fruit, l'exécution cesse;
    De pareille raison,
Pour sauver son enfant, mon âme criminelle
Demande qu'on attende en patience qu'elle
    Accouche de son fruict.]

XLIX

TESTAMENT DE D'AUBIGNÉ [1].

Soit notoire à tous qu'il appartiendra que feu haut et puissant seigneur messire Théodore-Agrippa d'Aubi-

[1] Nous devons à l'obligeance de M. B. Fillon la communi-

gné a fait son testament secret par lui écrit et signé
de sa propre main, en date du 24 avril 1630 : et du
même jour fait un codicille reçu par moy, notaire soussigné, estant après passé avec, sur le repli dudit testament, par lequel il auroit fait déclaration vouloir ses
dits testament et codicille avoir lieu et effet valables,
joignant le dit codicille au dit testament, et après le
décez du dit seigneur deffunt auroit le dit testament
été rapporté en justice, et là ouvert, insinué et homo-
logué avec ledit codicille comme par acte d'homologation.

Signé Chalrey, en date du 17 may 1630. Desquels
testament, codicille, acte de déclaration et acte d'homologation la teneur s'en suit :

TENEUR DUDIT TESTAMENT.

Au nom de Dieu,

Je, Théodore-Agrippa d'Aubigné, certain, et par les
octantes années où il a plu au Seigneur me conduire,
averti et proche de la mort, incertain de son heure,
ne la désirant, ne la craignant : son nom et ses effets
ne m'apportant que de douces pensées, libre d'esprit
et de corps, en mon secret j'écris à ma postérité ce tes-

de cette pièce importante, dont quelques passages seulement,
et encore tronqués et dénaturés, avaient été publiés jusqu'ici.
(Voyez *Mémoires pour servir à l'histoire de madame de
Maintenon*, par La Beaumelle, édition de 1756, t. V, p. 38.)
L'orthographe de d'Aubigné n'a pas été conservée dans cette
copie. L'original du testament se trouve encore à Genève.

tament. Ce titre authentique de ma dernière volonté, commandant à mes enfans qu'ils ayent mes derniers désirs pour règle des leurs, qu'ils reconnaissent mon ordonnance pour loy naturelle, leur père pour légitime magistrant; priant aussi tous juges fortifier de leur autorité l'équitable disposition de mes biens. Quand donc il plaira à Dieu appeler mon âme, lassée de vains travaux, en son véritable repos, rassasiée et non ennuyée de vivre, s'il plaît à Dieu exaucer mon souhait de mourir à Genève, je laisse à ma femme et à mes alliés de demander ma fosse au cimetière de Saint-Pierre ou au commun de la Coulouvernière; mais si j'ai une maison, du reste de neuf que j'ai bâties, j'auray pour agréable qu'ils m'y construisent un sépulcre qui ne surpasse point vingt-cinq écus d'or en dépence y faisant graver l'inscription qui suit[1] :

« Deo optimo, maximo. Quam vobis nactus, solo
« favente numine, adversis ventis, bonis artibus, irre-
« quietus quietem eam colere! Si Deum colitis, si
« patris satis, contingat; si secus, accidat. Hæc pater,

---

[1] Cette épitaphe, où d'Aubigné s'adresse à ses enfants, a été rapportée très-inexactement dans l'édition de 1729. En voici la traduction : « Au nom de Dieu, très bon, très-grand. Puissiez-vous jouir de ce repos que, dans une vie agitée et malgré les vents, je vous ai acquis par la seule protection de Dieu et par des moyens légitimes. Si vous servez Dieu et imitez votre père, que ce repos vous arrive; sinon, non. Voilà ce que celui qui fut deux fois votre père, par qui et non de qui il vous a été donné de vivre et de bien vivre, voilà ce qu'il a écrit à l'honneur de ses héritiers, s'ils en sont dignes, à leur honte s'ils dégénèrent. »

« iterum pater, per quem non a quo vobis vivere et
« bene datum, studiorum hæredibus monumento, de-
« generibus opprobramento scripsit. »

Je laisse à mes enfans l'exemple de ma vie, de laquelle ils ont pour livre domestique le plus véritable et plus exprès discours que ma mémoire ait pu fournir. Surtout je les exhorte à l'amour de Dieu, à être ardens, pathétiques et constans en sa cause, pour elle faire jonchée de la vie et des biens, affecter de perdre tout pour celui qui a tout donné, prodiguer sa vie pour la querelle du prince de vie, mais pour leur intérêt ménager toutes ces choses comme j'ai fait, et Dieu les délivrera et tirera leur vie du port du bas tombeau de la mort, comme il m'a fait : qu'ils soient tardifs à prester serment pour n'en violer ni seulement expliquer aucun, non plus que leur père : qu'ils gardent surtout celui du mariage quand Dieu les y aura appelez, afin d'hériter à la rare bénédiction de laquelle ils sont sortis d'une mère sans reproche, honorée de tant de vertus, à laquelle j'ai gardé foy et loyauté et chasteté trois ans devant, et quatre ans après la durée de sa vie et du mariage, pouvant jurer ne l'avoir enfreint ni par désirs ni par effet. Voilà pour les exemples à suivre : en voici à fuir :

Car si viens maintenant à donner gloire à Dieu par la confession de ma honte; c'est que quatre ans après mon mariage[1], le vicieux désir de maintenir ou croître sans trouble le bien de mes enfans, surtout de l'aîné

---

[1] C'est-à-dire après son veuvage.

que j'aimois outre mesure, m'empêchèrent un second mariage, et me firent rechercher la compagnie de Jacqueline Chayer[1], laquelle, non sans grandes suasions, eut de moy un fils né et nourri à Nancray en Gâtinois, baptisé en l'église de Gergeau. Je le fis nommer Nathan et lui donnai pour surnom Engibaud, premièrement, montrant par le nom qui retourne, se trouve de même à retourner le surnom aussi, et trouver celui du père[2].

En second lieu, j'ai voulu que ce nom me fût un Nathan, qui signifie *donné*, et que le nom du censeur de David représentât mon ord péché aux yeux et aux oreilles incessamment : les miens remarqueront le soin et les dépenses que j'ai apportées pour éloigner de ma famille l'odeur de mon péché. J'avoue donc Nathan pour mien et fils naturel ; il s'est marié, je l'ai partagé selon sa condition. Au même temps que mon aîné s'est rendu ennemi de Dieu et de son père, a renoncé et trahi l'un et l'autre et a produit infinis exemples d'horreur : l'autre Nathan s'est rendu recommandable par probité de vie, doctrine non commune, m'a accompagné en mes périls contre l'autre. Je lui ai permis de porter lui

---

[1] Voyez plus loin, un fragment du testament de Jacqueline Chayer. Elle était veuve de Pierre Margeltan.

[2] Engibaud est l'anagramme de d'Aubigné. Nathan d'Aubigné, d'où descendent les Merle d'Aubigné, naquit en 1601 et mourut le 11 avril 1669. Voyez Califfe, *Notice généalogique sur les familles génevoises*, 1836, t. III, p. 18. Nous ne comprenons pas comment les savants auteurs de la *France protestante* ont pu donner Nathan comme fils *légitime* d'Agrippa d'Aubigné et de Suzanne de Lezay.

et les siens le nom d'Aubigné, et veux que les miens authorisent cette bonne volonté.

Premièrement, je déclare Constant d'Aubigné, mon fils aîné et unique, pour le destructeur du bien et honneur de la maison, en tant qu'en lui a été, et pour avoir mérité d'être entièrement deshérité par plusieurs offences énormes, particulièrement pour avoir été accusateur et calomniateur de son père en crime de lèze-majesté; c'est pourquoi je le prive de tous mes meubles et acquêts de quelque qualité qu'ils soient : toutefois s'il se présente quelque enfant bien légitime de lui, à ses enfans, non à lui, je laisse la terre des Landes Guinemer-près-Mer [1], qui est mon seul patrimoine.

Je donne aux pauvres écoliers étrangers, étudiant en théologie à Genève, qui seront par la compagnie des ministres jugés dignes d'assistance, la somme de mille florins pour les despandre par cinq années subsécutives à deux cents florins par an.

Je fais don de la même somme aux pauvres soldats étrangers, tenant garnison en ladite ville pour être distribuée à deux cents florins par les gouverneurs de de la bource française, y appelant les capitaines de la garnison et non autrement.

Je donne à l'église de Jussi la somme de cinquante florins pour le maître d'école, pour cinq ans, à dix florins par an.

Je donne à Boisrond, mon page, cent cinquante florins.

Je confirme le don fait à ma fidèle et bien-aimée

---

[1] En Blaisois.

femme, à savoir : de la somme de six mille livres tournois, desquelles je veux qu'elle soit payée sur les premiers et plus liquides deniers sans avoir égard si j'ai été payé tout à fait des dettes sur lesquelles ledit don est conditionné, et en cas qu'il en fût besoin, je lui redonne la dite somme de six mille livres de nouveau.

Je fais mes héritiers de tout ce qui me reste d'acquets ou meubles de quelque nature qu'ils soient :

Premièrement, les quatre enfans de ma fille aînée, Marie, à savoir : Arthémise, Louise, Josué et.... de Caumont, pour partager entre eux les trois quarts de ce qui me reste à disposer également, hormis trois mille livres que je donne par préciput à mon petit-fils Josué; et pour ce que Arthémise, à l'âge de quatre ans et demi, me dit une parole que je promis faire valoir mille écus : je lui donne mes quatre cents perles, mon gros diamant et le petit en pointe, mes deux grandes émeraudes, et un nœud où il y a vingt-cinq diamans enchassez que je lui ordonne recevoir et compter pour les mille écus promis.

Quant au quart qui reste du total, je le donne à ma bien-aimée fille, Louise, femme de M. de Villette, pour en partager ses enfans selon sa pure volonté : que s'il y a quelque disproportion entre les enfans de Marie et les siens, je la prie donner cela à la pauvreté de ceux-là, et à quelques avantages, quoique bien méritez, ci-devant faits à mon fils, son mari, et à elle.

Je déclare que tous mes meubles, même les joyaux que je donne, seront censés et comptés en la masse de tout le bien.

Item, que si un des quatre enfans de mon ainée venoit à décéder, ceux de ce lit en soient seuls héritiers, et de même touchant les deux de M. de Villette, mais que si une des branches venoit à faillir, l'autre lui succédera selon le droit et coutume du Poitou. Que s'il y a quelque disproportion au partage que je fais, par lequel il semble que ma seconde fille ait de quoi se plaindre, je la prie d'en donner la cause à la pauvreté des enfans de sa sœur, considérant aussi quelques avantages, quoique bien méritez, que son mari et elle ont reçus de moi. Excuser si cette clause est répétée.

Il me reste à disposer de mes enfans spirituels, à savoir : mes livres, lesquels sans ma nonchalance, pertes et retranchement que j'ai faits égaleroient le nombre de mes années. Je ne puis en ce lieu m'étendre à l'énumération et distinction de mes écrits, réservant cela au mémoire exprès que j'espère donner à leurs tuteurs. A cette charge, je convie et prie M. Tronchin, le pasteur et docteur en théologie, et lui donne pour coadjuteur Nathan d'Aubigné, dit la Fosse, auquel j'ordonne de travailler soigneusement [1]. Je désire donc que ma femme, ou ceux qui auront mes papiers entre les mains, ayant mis à part ce qui concerne les affaires de la maison, mette confidemment tout le reste entre les mains de M. Tronchin, et, en son absence, du dit sieur de la Fosse, pour accomplir mon juste désir.

[1] Ce vœu fut exaucé, car Nathan, reçu docteur en médecine à Fribourg en Brisgau, a laissé plusieurs ouvrages relatifs à la chimie. Voyez-en la liste dans la *France protestante*, t. I, p. 189.

Sous le terme de mes livres, sont comprins ceux que j'ai ci-devant fait imprimer, les manuscripts et ceux de divers autheurs qui sont pour le présent en mon cabinet. Je recommande à mes amis la protection des premiers et la réimpression de mes Tragiques, et autres s'ils le trouvent à propos. Et quant aux mille exemplaires qui sont à Rolle [1], je désire qu'ils soient vendus et leur prix mis à ma succession, hormis deux cents desquels je fais don par moitié à M. Tronchin et à la Fosse, à chacun cent.

Quant aux manuscrits, je mets en la commission de mes amis les deux mots : *Ure, Seca* [2] ; exhortant la Fosse d'être en ceci partisan, sans les précédents qui devant Dieu sont lépidités, renvoyant l'ordre de leur impression au mémoire que j'espère en dresser.

Quant aux livres de mon cabinet, je donne tous les françois et italiens à ma femme, et ceux des autres langues au sieur de la Fosse; tiré de tout mon grand livres des cartes, imprimé par Ortelius, duquel je fais don au sieur Louis Callandrin.

Quant à tous mes meubles, desquels je n'ai point disposé, y compris toute ma vaisselle d'argent, je donne le choix à ma femme, s'ils valent plus que six mille livres qui lui adviennent, de les retenir pour son payement, sinon les mettre à la masse et se prendre aux premiers deniers liquides, comme il est dit.

Pour l'exécution du présent testament, je nomme ma très-aimée et très-fidèle femme Renée Bourla-

[1] Petite ville du canton de Vaud.
[2] Brûle, coupe.

machy, et prie le sieur Louis Callandrin lui vouloir être conducteur, ou si une absence ou autre accident l'en empêchoit, je permets à madite femme de faire élection de quelqu'un de ses proches non héritiers.

Je désire que quiconque, lors de mon décès, sera mon homme de chambre, soit payé, outre l'année qui courra, d'une autre année encore, de laquelle je lui fais don, selon que ses gages seront connus.

Pour les pauvres qui se trouveront ensemble lors de mon enterrement, je veux qu'il leur soit départi la somme de cent florins. Si je suis en lieu où les gens de guerre me veulent porter, je tiens à honneur leur peine et prouver que ma famille a eu l'honneur d'une couverture de velour noir; je la demande aussi, remettant cet article et des autres petites dépenses et cérémonies à la prudence et bonne conduitte des exécuteurs de mon testament. Or à Dieu qui m'a sauvé de périls innombrables, des ennemis généraux et particuliers, de toutes sortes d'afflictions d'esprit et de corps, des désastres de la guerre, des embûches de la paix, des mains longues des princes, qui a converti mes péchés en bien, quand eux ont changé mes services en crime, quand ils m'ont ôté honneurs et biens, il m'a élevé et donné de quoi et à qui pouvoir donner les fruits de sa bénédiction, à lui je tends les bras et consigne mon âme qu'il a relevée de ses chutes, fortifiée dans les persécutions, changé ses terreurs en hautes espérances, et la gardant du précipice aussi chèrement que la prunelle de l'œil, l'a conservée comme sienne et pour soy, à lui seul, tout bon, tout juste et tout puissant, soit gloire, règne et puissance ès siècles à jamais.

Fait et signé, écrit de ma main, ce 24 avril 1630.

Signé : D'AUBIGNÉ.

TENEUR DUDIT CODICILLE.

L'an 1630 et le vingt-quatrième jour du mois d'avril, avant midi, pardevant moy François Dunant, notaire juré, bourgeois de cette ville de Genève, soussigné, et témoins sous nommés, fut présent et personnellement établi haut et puissant seigneur, messire Théodore-Agrippa d'Aubigné, maréchal de camp des armées du roy de France et ci-devant gouverneur, pour Sa Majesté aux îles de Maillezais, seigneur du Crest, étant de présent en cette dite cité, malade en son corps, et toutefois sain d'esprit et de bonne mémoire, grâces à Dieu, comme est apparu et appert : lequel se ramentevant d'avoir écrit et signé son testament et disposition de sa dernière volonté, de son bon gré et libre volonté, a dit et déclaré, dit et déclare vouloir que sondit testament sorte son plein et entier effet et soit valable par forme de testament secret et par écrit et par tous autres genres de disposer en dernière volonté qu'il pourra mieux et plus sûrement valoir ; suppliant notre très-honoré seigneur de cette cité le vouloir approuver et homologuer, entendant qu'il soit remis, après son décès, à moy dit notaire, auquel il en commet les expéditions en faveur de qui il appartiendra, et ajouter à sondit testament, qu'il veut et ordonne que les sept enfants de mesdemoiselles, ses deux filles, partagent sa succession par têtes sans autre distinction, sinon qu'il donne et lègue en préciput et prérogative aux deux fils de ses dites deux filles, à chacun mille écus de dix florins pièce; et par semblable préciput donne et lègue à mademoiselle Arthémise de Caumont, sa petite fille, selon ses promesses, la somme de mille écus tels que dessus, à devoir être prélevés, lesdits prélégats, sur ses biens, après son décès.

Item, donne et lègue au sieur Duchat, son médecin qui l'a bien soulagé en sa présente maladie, 500 florins pour ses vacations, peines et salaires, payables par ses héritiers nommés et institués en sondit testament, deux mois après sondit décès.

Item, donne et lègue à Antoine Prudhomme, son valet de chambre, 300 florins, payables comme dessus, deux mois après son dit décès.

Item, donne et lègue au sieur Jean-Jacques Guerra, sa robe fourrée, et à la Judith, sa femme, douze serviettes et une nappe.

Item, augmente le légat fait par son testament à Boiron, son page, d'un habit de deuil et de 100 florins, pour les frais de son voyage à son retour en son pays.

Item, donne et lègue à Perrinette, sa servante, et à la petite Henriette, à chacune 10 florins; tous lesdits légats payables comme dessus par ses héritiers, deux mois après sondit décès.

Item, déclare qu'il veut qu'après son décès toutes ses bagues soient vendues et encantées[1], excepté celles

---

[1] Vendues à l'encan.

qu'il tient en dépôt ou gage. Approuvant, quant au surplus, tout le contenu en sondit testament, qu'il veut être valable comme dit est ; comme aussi ce présent codicille.

Fait et prononcé audit Genève, dans la maison d'habitation dudit seigneur. A ce présens : honorable Abondio Pero, Jean Sicard, Jean Baudoüin, Jacques Gogat, David la Fleur, Simon Grange et Claude de la Rue, tous tant citoyens, bourgeois que habitans dudit Genève, témoins requis et priés d'être recors. — Ainsi signé sur la minute : d'Aubigné, Abondio Pero, David la Fleur, Simon Grange et Dunaut, notaire.

TENEUR DUDIT ACTE DE DÉCLARATION.

L'an 1630 et le vingt-quatrième jour du mois d'avril avant midy, pardevant moy François Dunaut, notaire juré, bourgeois de Genève, soussigné, et témoins sous-nommés, fut présent et personnellement établi, haut et puissant seigneur messire Théodore-Agrippa d'Aubigné, maréchal de camp des armées du roy de France, et ci-devant gouverneur pour Sa Majesté aux îles de Maillezais, seigneur du Crest, étant de présent en cette cité, lequel de son bon gré étant, grâces à Dieu, sain d'esprit et de bonne mémoire, quoique malade en son corps, a dit et déclaré, dit et déclare que l'écrit en ses deux feuilles de papier, cousues et cachetées sur le repli de son cachet, est son testament secret, contenant l'ordonnance de sa dernière volonté, qu'il supplie nos très-honorés seigneurs et messieurs de la justice de cette cité vouloir ouvrir, insinuer et homologuer en temps et lieu, commettant l'expédition d'icelui et des clausules y contenues, à moy dit notaire, sans déroger au codicille par luy ce jourd'hui peu avant s'être fait pardevant moy dit notaire, qu'il veut être joint à sondit testament.

Fait et prononcé audit Genève, dans la maison dudit seigneur testateur. A ce présens : noble et honoré seigneur Jean Sarrazin l'aîné, seigneur, premier syndic; les sieurs Jean Detourners, noble Michel Liesme, honorable François Maillard, Simon Grange, Isaac Tricon et Jean Bellami, tous tant citoyens, bourgeois que habitans dudit Genève, témoins requis, lesquels, avec ledit sieur testateur et moy dit notaire, se sont soussignez sur le repli dudit testament, cacheté en sept endroits du cachet dudit sieur testateur[1].

L

FRAGMENT DU TESTAMENT DE JACQUELINE CHAYER.

M. C. Read a bien voulu nous communiquer les fragments suivants du testament de Jacqueline Chayer, mère de Nathan d'Aubigné, dont il est question dans la pièce précédente. L'original est conservé aux archives de Genève.

Testament, 14 mars 1627. Et. Demonthouse, notaire.
Jaquette Chaier....
Considérant que les issues de la vie et de la mort

---

[1] Nous n'avons pas cru devoir rapporter le texte de l'acte d'homologation, pièce qui n'offre aucun intérêt.

sont en la main de Dieu, et que bienheureux sont ceux qui se confient en lui, fais mon testament.... Et avant toutes choses pour remercier Dieu de ce qu'il lui a plu me donner la connaissance de son saint Évangile, le priant de me faire la grâce de persévérer jusqu'à la fin, et quand l'âme sera séparée de mon corps, il lui plaise de la recevoir, avec celle de ses élus, à salut, en attendant le jour de la résurrection bienheureuse, de laquelle je suis assurée.... à laquelle je serai jouissante de corps et d'âme au royaume des Cieux et de la vie éternelle, par le moyen de notre Seigneur et seul Sauveur Jésus-Christ, lequel m'a acquis une pleine rémission de mes fautes et péchés, desquels j'ai vraie repentance, étant certaine et assurée que notre bon Dieu ne nous les impute point, mais que par sa grande miséricorde je serai reçue en grâce comme étant des membres de son Église et en cette foi, comme je l'ai *reçue* par les saints Évangiles je proteste vivre et mourir.

Je donne et lègue.... aux pauvres fransois la somme de 200 florins.

Item, je donne et lègue à Théodore d'Aubigny, mon petit-fils et filleul, la somme de mille florins, qui lui seront payés et délivrés par Nathan d'Aubigny, mon fils, lors et quand il sera en âge de majorité ; et si le dit Théodore est décédé sans enfant naturel ou légitime et que mon fils en question, son père, soit décédé, nous ordonnons que la dite somme de mille florins revienne à Nathanael d'Aubigny, frère du dit Théodore, et au cas que le dit Nathanael vienne à décéder sans enfant naturel ou légitime, je substitue ce legs de mille florins aux autres enfants de mon fils, fils ou filles ; et si les dits enfans venoient à décéder, je substitue ce legs aux pauvres de la bourse fransoise pour 500 florins, et d'autres pauvres pour les autres 500 florins, comme sera admis et trouvé équitable.

J'institue mon héritier seul et universel... mon bien-aimé fils Nathan d'Aubigny, pour du tout faire et disposer par lui à son plaisir et volonté.

LI

ÉNUMÉRATION DES BIENS

QUE POSSÉDAIT AGRIPPA D'AUBIGNÉ[1].

Nous croyons devoir joindre aux pièces qui précèdent le document suivant, dont l'original fait aussi partie de la collection de M. B. Fillon.

C'est la déclaration de tout le bien que possèdent le sieur d'Aubigné et ses enfants, avec les conditions :

L'antien domaine dudit sieur est en tout et par tout la seigneurie des Landes près Mer, laquelle ne vaut en revenu ordinaire que de deux à trois cents livres, mais à cause des vassauts et rachats qui sont assez

---

[1] Cette pièce a été rédigée au moment où il était question du mariage de Marie, fille ainée de d'Aubigné avec Josué de Caumont, sieur d'Adé, en 1614. Louise, sa sœur cadette, avait épousé en 1613 Benjamin de Valois, sieur de Villette. J'établis ces dates d'après des papiers de famille que j'ai sous les yeux.

bons, cette terre se peut justement estimer 8,000 livres.

Le bien antien de ses enfans est confus en la seigneurie de Surimeau de valeur de 800 livres de rente; et pourtant ne fait qu'un article avec Surimeau acquesté au nom desdits enfans; lequel vaut 3,000 livres de rente; la maison du seigneur ruinée; et pourtant à cause d'un boys de haute futaye lequel vaudroit sept à huit mil escuz vendu; cette maison vaut bien 90 mil livres.

Murseay acquis au même nom vaut 1,500 livres de ferme basty fortement et commodément tout à neuf, à bon marché vaut 45 mil livres.

Restent les petits acquets de Maillée et de Dognon lesquelles valent 300 livres de rente; logée à neuf, estimé 7 mil livres.

Les choses mobiliaires dudit sieur tant en debtes actives, meuble de maison, qu'armes et artillerie valent 25 mil livres.

Il a de plus ses estats d'escuyer, de gouverneur de Maillezay, la capitainerie, la visce-admirauté de Poictou, Rochellois et Saintonge et sa pension de chez le roy.

Nota, que les maisons de Surimeau et de Murseay avec leur antien domaine sont acquises au nom des enfants, tellement que le père n'y peut prétendre que les payements, acquets nouveaux et améliorations, ce qui se monte à 84 mil livres.

Les conditions auxquelles ledit sieur peut contracter à toutes les extrémitez de son pouvoir sont telles :

Premièrement il avoit délibéré comme porte son testament de faire valoir le bien de chacune de ses filles, la somme de 30,000 livres, en assiette sur Surimeau, de quoy il se réservoit le tiers pour sa vie et leur bailloit le choix de ménager cette terre, en partageant le revenu, 500 livres pour le frère, les autres 500 livres aux deux sœurs, ou recevoir les mesmes sommes par sa main; et n'a jamais fait valoir les conditions d'avantage.

Mais sur l'estimation et honneur qu'il porte à monsieur D. D¹. et sur la cognoissance de ses affaires, voyez à quoy il peut faire effort.

Donner à sa fille 16,000 livres dans un an; 4,000 livres dans l'autre et asseurer sur telle terre qu'il voudra 10,000 livres après sa mort;

Ou 15,000 livres dans un an, la terre des Landes dès à présent et 8,000 livres après la mort;

Ou que la fille soit prise avec ses droits, dix mil frants d'avance, l'intérest de dix mil au denier vingt.

La volonté dudit sieur est que si ses filles prennent la première condition qui est en terre et non en argent, qu'elles ayent le choix de se tenir à leur dix mil escuz ou de revenir à partage, mais non pas si le père est contraint d'emprunter de l'argent pour liquider leur bien, sinon en temps que sa bonne volonté leur fera part de ses labeurs.

De plus leur donnera à chacune autant de meubles qu'en a eu le frère aisné.

Il n'y a en la maison ny procès ni debte passive.

---

¹ D'Adé.

Tout ce que dessus avec la seureté que le conseil des deux parties advisera.

LII

Généalogies en vers de la famille d'Aubigné.— Vers adressés à Jean et à Agrippa d'Aubigné.

Les pièces de vers qui suivent (et qui sont inédites) se trouvent à la Bibliothèque impériale, dans un manuscrit de la collection Duchesne, coté 9612 F-G, folios 85 et suivants. La première était signée des initiales D. B. C., qui ont été biffées. J'ignore qui en est l'auteur. Il paraît seulement, d'après le dixième vers, qu'il appartenait à la famille de d'Aubigné. Quant à la versification de cette pièce et des suivantes, nous n'avons rien à en dire, sinon qu'elle rappelle beaucoup la poésie du *Jardin des racines grecques.*

GÉNÉALOGIE DE LA MAISON D'AUBIGNÉ.

A MESSIRE JEHAN D'AUBIGNÉ, CHEVALIER, SEIGNEUR DE BRIE.

Illustre nom de l'Europe connu
Pour tes hauts faicts et tes grandes vaillances,
Tu n'as pas moins mérité de vertu
En contractant tes belles alliances.

Je veux icy, par un traict de crayon,
Faire de toi une juste peinture,
Pour présenter à ton beau rejetton,
Le plus parfait qui soit en la nature.

Ouy, d'Aubigné, mon amy bienfacteur,
Né du beau sang qui m'a donné la vie,
De tant d'ayeuls l'illustre successeur,
C'est de ton nom la généalogie.

Du grand Romain surnommé Albinus
Tu peux tirer ton origine seure;
César et lui en France sont venus
En même temps; la chose je t'asseure.

Cet Albinus (qui Aubigny veut dire)
A divers lieux son nom a imposé.
En maints autheurs tu poura bien le lire,
Car à cecy je n'ay rien supposé.

Mais sans aller rechercher de si loing
Ny remuer ces pancartes gothiques,
Voyons l'Anjou, ton nom n'a pas besoing
D'autres secours, estant des plus antiques.

On voit encor dedans cette province
La segneurie dont tu portes le nom,
Que tes autheurs de noblesse non mince
Ont possédez pendant un temps fort long.

Un Geoffroy en estoit le seigneur
Environ l'an cent trente avecques mille.
Des plus anciens je ne sçay la teneur,
La terre estant sortie de ta famille.

Dudit Geoffroy vint Jehan son successeur,
Qui vivoit l'an mil cent dix et soixante.
Icellui Jehan estoit un grand chasseur,
Et vescut bien vingt ans plus que cinquante.

Puis Ollivier fut seigneur après luy
Du mesme lieu que je viens de te dire,
De ses amis le soutien et l'apuy,
Et vescut vieil comme on a peu l'escrire.

Son fils aisné apelé Esmery,
Qui de la belle Jehanne de Beaupreau,
L'an mil deux cens trente et ung fut mary,
Estoit un brave et sage jouvenceau.

Son fils Guillaume ainsi que lui fut aize
D'avoir à famme Alienor de Coesmes,
Qu'il print l'an mil deux cens soixante et treize,
Car sa beauté fit escrire maintes poesmes.

Puis Savary de Guillaume nacquit,
Qui espousa dame Honneur de La Haye,
Avec laquelle longuement il vesquit;
Ce fut l'an mil trois cens, la chose est vraye.

De Savary l'on vit issir trois fils :
Olivier fut l'aisné, le second Pierre.
Les descendans d'Olivier sont finis,
Car une fille en devint héritière.

Ce Pierre fut de ta branche le chef,
Quoyqu'elle soit néantmoins la darnière,
Car je te dis (et diray de rechef)
Que ton aisné est la Jousselinière.

Iceluy Pierre des méchants le fléau,
Marié l'an mil trente avec trois cens,
A damoiselle Marie du Riveau,
Puis il fut tué et vengé par les siens.

Il eut pour fils un Guyon d'Aubigné
Qui fit au monde une bien courte pose.
Il espousa Jehanne de l'Espiné
L'an mil trois cens soixante avec quatorze.

Puis vint Morlet qui sçavoit bien combatre,
Estant vaillant et brave homme de main.
Il fut conjoint l'an mil quatre cens quatre
A damoiselle Marguerite Gascelin.

Thibault son fils eut la Jousselinière,
Et puis l'an mil quatre cens trente et plus,
Il espousa Jehanne de la Parnière ;
A leurs enfans je diray le surplus.

Leur fils aisné qui fut nommé François,
Est chef des sieurs de la Jousselinière,
Et le second Anthoine a fait le choix
En autre lieu d'une riche héritière.

C'est au pays de Xaintonge vrayement
Qu'il fut conjoint à Charlotte de Brie,
Dame du lieu et d'un grand tènement.
Cette alliance à plusieurs fit envie.

De lui vint Jehan son fils et héritier,
Qui espousa dame Yoland du Cloitre,
Qui fut un brave et généreux guerrier,
Et qui son nom en maints lieux fit paroitre.

De ces conjoints naquirent deux enfans ;
François l'aisné n'en eut point de sa femme ;
Pierre le cadet succéda à ses biens
Et espousa une gentille dame.

Elle avoit nom dame Françoise de Sourches,
D'une maison illustre et de renom,
Ainsi que l'ont publié mille bouches
Qui ne pouvoient par trop vanter ce nom.

Tous deux estoient de passion très grande,
Fort attachez à la cour de ton roy[1].
Sans intérets, n'on jamais faits demande,
Mais d'obéir se sont faits une loy.

Aussi Henry[1], ce bon roy de Navarre,
Les aymoit fort et estoit leur soutien,
Recongnoissant cette attache assez rare
Qui vient du cœur et non d'autre lien.

Tu es né d'eulx; tu n'as pas moins de cœur;
Continue donc ton attache à la fille
De ce bon roy, qui est pleine d'honneur
Et te chérit ainsi que ta famille.

Tu as vers toy une illustre compaigne
Et noble dame Catherine de l'Estang[2],
Dont le grand cœur sa noblesse accompaigne
Et sa vertu respond bien à son sang.

Ton fils aisné le petit Théodore,
Quoique jeunet, promet beaucoup de luy,
Je prie le Dieu que tous les jours j'adore
Qu'il soit des siens le soutien et l'apuy.

Que cet enfant qui marque un grand courage
Puisse imiter tant d'illustres ayeuls!

[1] Henri d'Albret.
[2] Voy. à ce sujet la Notice, p. 1, note 2.

Que comme toy il soit prudent et sage,
Et qu'à jamais il vive sans escueils!
    D'Orléans, en may le vingt-six,
    L'an mil cinq cent cinquante-six,
    Par ton très-humble serviteur,
    Qui de cry n'est point fauteur.

VERS ADRESSÉS A MESSIRE JEAN D'AUBIGNÉ

CHANCELIER DE NAVARRE.

Toy, d'Aubigné, de qui dès ton enfance
On a jugé que la noble naissance
Exalteroit de tes pères les faitz
Et que toy seul renfermoit leurs portraitz.
On a dit vray : tu fus jeune, guerrier
Ayant toujours le pied en l'estrier,
La bride en main, le cul dessus la selle,
En faction, à faire sentinelle,
A obéir, puis après commander,
Et toujours prest à ta vie hazarder,
Soit aux combats, soit aux prises des villes,
Chasteaux et forts en nombre plus de milles,
Aux ralliemens, batailles et retraittes;
Toujours premier, comme un foudre ou tempeste,
Avec tes gens à battre l'ennemi,
Les enfonçant et te meslant parmi,
Prendre sur eux prisonniers d'importance
Et des seigneurs des plus gros de la France,
Enfin partout ton renom estendu
Et tes hauts faitz de chacun entendu
Te donneront une gloire immortelle;
Car un chacun te la souhaite telle.

Tu n'as pas moins par ta belle prudence,
Ton grand savoir, ta profonde science
Fait esclater ton mérite et ton nom
Dans les conseils des princes de Bourbon,
Soit pour la guerre où tu les as suivi,
Pour le soutien d'un aussi saint parti,
Soit pour la paix où ta sage conduite
A mesnager ne se trouve petite;
Avec Condé, Saint-Cire et d'Andelot,
Chefs du parti apelé Huguenot.
Et cette paix de plusieurs attendüe[1]
A la parfin fut finie et conclüe
Par tes conseils et négociations;
Malgré l'effort et toutes factions
Du Connestable qui se trouva contraire
Comme au parti l'ennemi adversaire.

Après cela, ton corps infatigable
Et ton esprit qui partout équitable
Nous a paru (et à tous les vivans),
S'est attaché au mestier des sçavans,
A maintenir les États de Navarre
Dont la princesse est d'un mérite rare,
Qui, de tout temps, les pauvres affligez
De sa créance a toujours protégez.
Là, ton pouvoir et ton autorité,
Ta renommée et grande probité
T'ont attiré de ta chère princesse
Toute faveur, liberté et liesse;
Le chancelier tu es de son Estat,
Et de son cœur le premier magistrat.
A ton bonheur qui n'est pas sans envie

[1] Voyez plus haut, p. 11.

Je prie le ciel de donner longue vie,
Et comme un brave et généreux guerrier
De te vouloir couronner de laurier.

VERS

D'UNE VIEILLE GÉNÉALOGIE DE LA MAISON D'AUBIGNÉ

Qui sont au-dessus d'un homme armé de toutes pièces, le casque en teste, la visière ouverte, tenant en sa main une lance au bout de laquelle est un estendart de gueules, chargé d'un lion d'hermines.

Je, qui suis vieil et de temps ancien,
Plus de deux cens ans ay, pourquoy je puis bien
Vous déclarer certiffier et dire
Qui sont ces armes et les noms en descripre,
Porter les uns aux seigneurs d'Aubigné,
Aussi aux dames qui de grand parentage
Estoient et de noble lignaige.
Mais pour sçavoir leur généalogie,
Depuis mon temps cognoestrez la lignie
Sur ses arbres où sont les noms escriptz.
Que en vroy repoux présent soient leurs espriz!
Amen.

Ensuite commence la généalogie en vers écrits au-dessus d'un arbre où l'escu d'aliance du mary et de la femme est party ; ainsi a autant d'arbres qu'il y a de degrez.

L'an de grâce mil deux cens trente et ung
Fut Esmery, il estoit tout commun
Avecques Jehanne de Beaupreau conjoint
Par mariage de ce ne faulx point.

APPENDICE.

Puis vint Guillaume d'icelluy Esmery,
Qui de Alienor de Coysmes fut mary
L'an mil deux cens avecques soixante et troys.
Je suis certain que les choses sont vroys.

Puys ung aultre Esmery de grande joye
Fut marié à Honneur de La Haye,
Qui furent plains d'honneur et de grans scens,
Ce fut l'an de grâce mil troys cens.

Puys Olliver fut engendré de luy,
Qui espousa dame Huytesse du Puy
L'an mil troys cens vingt et neuf, ce me semble,
Qui bien vouldra mettre les ans ensemble.

Jehan d'Aubigné fut emprès successeur,
Qui espousa, je suys de ce bien seur,
De Poce Jehanne. Aux nopces fu assis
L'an mil troys cens soixante avec six.

Puys Franczois, pour certain vous rapporte,
Print à famme Marie de La Porte
L'an mil troys cens quatre vingtz et huyt,
Comme depuis chacun dire l'ouyt.

Puys Olivier espousa à grant joye
De bon voulloir Perrenelle de Faye
L'an de grâce mil quatre cens et sept.
Par leurs amys eulx voulans ce fut fait.

Puys quant Perrenelle alla à Dieu,
Katherine de La Tour fut en son lieu,
Desquelz ne saillit nulz enfans,
Parceque estoient trop enciens.

Des dessusdiz est descendu Franczoys,
Qui espousa environ celuy moys
D'aout mil quatre cens neuf et quarente
Marie de La Haye, ce n'est mente.

VERS ADRESSÉS A AGRIPPA D'AUBIGNÉ.

Cette pièce doit avoir été écrite au plus tard au mois de janvier 1576, car elle a pour but d'exhorter d'Aubigné à arracher le roi de Navarre à la cour où il était comme prisonnier et d'où il s'évada, grâce à son écuyer, le 3 février 1576. (Voy. plus haut, p. 36.) Elle ne porte point de nom d'auteur et je la crois inédite. Les louanges qui y sont prodiguées à d'Aubigné, âgé alors de vingt-quatre ans, permettraient peut-être, s'ils n'étaient pas aussi mauvais, de lui attribuer ces vers, dont il a probablement fait usage auprès du roi pour le déterminer à la fuite.

A MESSIRE THÉODORE AGRIPPA D'AUBIGNÉ,
Escuyer du roi de Navarre.

Toy le vray fils de ton illustre père,
Qui du parti ne fut jamais contraire,
Mais le plus grand et zélé refformé
Qu'oncque ayons veu, puis le parti formé.

Toy, d'Aubigné, dont le conseil fidèle
Près de ton roy se montre plain de zèle,
Qui peut sur lui plus que tous ses sujets,
Oys de tes frères les plaintes et regrets;
De leur bon droit prends en main la deffence.

Tu fus guerrier dès ta plus tendre enfance;
On te cognoit pour un brave soldat.
Les Refformez font de toy grand estat.
Ils ont regret de te voir si tranquille
Pendant qu'ils sont à chercher un azyle,
Pour y pouvoir, par un ferme propos,
Servir le Christ avec plus de repos.

Seconde donc leurs vœux et leurs prières.
Tire ton roy pour secourir ses frères,
Inspire-lui la gloire dans le cœur;
Qu'aux passions il devienne vainqueur.
Il est né roy. Sa qualité suprême,
Pour soutenir l'éclat du diadème,
Demande en lui des résolutions,
De grands exploits, de grandes actions.
Presse-le donc de courir à la gloire,
Glisse en son cœur la cruelle mémoire
Des meurtriers de Saint-Barthélemi
Et des meurtris pour ce dévot parti.
Ce juste sang nous crie à tous vengeance;
Qu'il vienne donc pour en punir l'offence,
Se faire chef de tant de bons soldats,
Qui de bon cœur lui presteront leurs bras
Pour seconder son amour et son zèle
Au saint parti qui lui sera fidèle,
Et qui n'aura jamais de volonté
Que pour le veoir régner en liberté;
Point d'autre but n'y d'autres espérances
Que leur repos et de leurs consciences,
Qu'on veut troubler par milles attentats,
Comme on feroit pour des crimes d'Estats.

Travaille donc pour l'ami de tes pères,

Travaille donc pour le bien de tes frères
Et de nouveau endosse le harnois.
Sois de Henry tesmoing de ses exploits,
Le compagnon de toutes ses fortunes
Et son conseil dedans ses infortunes.
Réveille donc l'âme d'un jeune roy
Dont le danger nous fait trembler d'effroy.
Il est ès mains de tous ses ennemis,
Et semble fuir celle de ses amis,
Qui brûlent tous de lui faire conoistre
Par leur ardeur, que toujours on voit croistre,
Que pas ung d'eux son sang n'espargneras
Pour seconder la vigueur de son bras.
Il est donc temps que tu fasses paroistre,
Sauvant ton roy, ton ami et ton maistre,
Que tu veux bien qu'il cueille les lauriers
Que lui préparent tant de braves guerriers.
Remontre-lui où son honneur l'engage;
Qu'on ne croye pas qu'il manque de courage,
Que ce penser terniroit le renom
Du fils aisné du beau sang de Bourbon.

LIII

LETTRES DE MADAME D'AUBIGNÉ

SUR LA MORT DE SON MARI.

Les seuls détails que nous possédions sur la mort de d'Aubigné se trouvent dans diverses lettres de sa femme. Ces lettres ont été publiées, mais fort incomplétement, par La Beaumelle[1],

[1] *Mémoires pour servir à l'histoire de madame de Maintenon.* Nouv. édit. Hambourg, 1756, in-12, t. V, p. 21 et suiv.

et bien que ce détestable éditeur les ait probablement aussi dénaturées que la correspondance de madame de Maintenon, nous croyons devoir les reproduire ici telles qu'il les a données.

A M. de Villette[1].

Genève, 14 avril, sans date d'arrivée.

Cette lettre est très-longue. Elle le félicite des couches de madame de Villette. Elle lui donne des nouvelles de la guerre. Elle ajoute.... « La grande promptitude de Monsieur n'est point amoindrie avec l'âge, ni son excellent esprit, à qui il donne quelquefois plus de liberté que les affaires de ce tems ne permettent. Je lui dis souvent qu'il est tems d'arrêter sa plume. Ce sera du soulagement pour lui et pour ses amis. Il a eu ces jours passés une bourrasque à cause du livre de F...[2], augmenté de nouveau, qui n'a pas été bien pris en ce lieu-ci, où les personnes pensent trois fois une chose avant que de la mettre en effet une. J'espère que le bruit sera autre ; mais ce n'a pas été sans peine. Il a été travaillé d'une très-mauvaise colique avec des ténesmes fort fâcheuses, qui depuis ce matin commencent à lui donner un peu de relâche. Nous sommes en soupçon de son érésipèle, car la cuisse commence à lui douloir.... J'ai écrit ceci ce matin : et cependant l'érésipèle s'est formée, etc. »

[1] L'un des gendres de d'Aubigné. Voy. plus haut, page, 436, note 1.

[2] *Les Aventures du baron de Fœneste.* D'Aubigné venait d'en donner une nouvelle édition. Voy. à ce sujet un arrêt du conseil de Genève, cité par M. Sayous, t. II, p, 284.

Au même.

« Il faut que je vous dise avec une main tremblante et le cœur plein d'angoisses et d'amertume, que Dieu a retiré à soi notre bon seigneur et votre bon et affectionné père, et à moi aussi père et mari si cher et bienaimé, que je m'estime bienheureuse de l'avoir servi, et malheureuse de ne le servir plus. Hélas! tout d'un coup il m'a été ravi; et il me semble impossible de croire que ce coup me soit arrivé. Je ne le verrai donc plus! Je n'aurai donc plus la consolation de vous voir ici avec votre chère moitié, qui eût vu la sainte union de notre famille désolée!... Mon bon seigneur fit cet été son testament. A cette heure il a ajouté quelque chose, et l'a fait clorre par le notaire. Il faut que je vous dise, Monsieur, que j'ai fait une double perte. Dieu a retiré mon frère le même jour qu'il disposa de mon bon seigneur, qui tomba malade le dimanche à quatre heures du matin 21 d'avril, selon le stile nouveau : il rendit l'esprit à six heures le jeudi matin, 9 mai, le jour de l'Ascension [1]; et mon frère mourut de

---

[1] MM. Haag, Léon Feugère et d'autres, assignent à tort la date du 29 avril à la mort de d'Aubigné. Ils n'ont pas fait attention que les protestants « aimant mieux, comme dit Daunou, ne pas être d'accord avec le soleil que de l'être avec la cour de Rome, » refusèrent longtemps d'adopter la réforme grégorienne, qui en 1582 avait supprimé dix jours. Le 29 avril du calendrier Julien était donc le 9 mai du calendrier Grégorien. D'ailleurs, tous les doutes sont levés ici par l'indication du jour de l'Ascension, qui en 1630 était bien le 9 mai.

langueur à trois heures du soir. Voilà comme le Seigneur appesantit sa main sur moi... Je supplie madame ma fille de modérer sa juste douleur, etc. »

Au même.

Genève, 25 mai 1630.

Je crois, Monsieur, que vous vous mettrez en chemin pour venir à nous : car je crois que votre présence est nécessaire. J'ai écrit à la bonne princesse[1] sur la vertu des bains de Bade en Souïsse. Elle répond touchant ce que feu Monsieur lui avoit écrit de son petit Arpinas, que la description lui en plaisoit. C'est un très-joli lieu. S'il s'en falloit défaire, il ne sauroit aller en plus dignes mains.

Au même.

Crest, 16 juillet 1630.

Je n'oublierai jamais celui de qui j'ai eu l'honneur d'être si chèrement aimée, et à qui je ne puis penser que je ne jette un ruisseau de larmes. L'heure de son repos était venue. Il s'alloit mettre dans un labyrinthe de fâcheuses affaires, que je n'ai sçu qu'après sa mort. Je vous en dirai beaucoup de particularités qui ne se peuvent écrire. Hélas! Monsieur, je suis triste jusqu'à la mort qu'il n'ait pas disposé de son bien à votre contentement. Mais quand il avoit résolu quelque chose, il étoit si absolu, qu'on ne lui eût osé contredire. Sa volonté eût été de vendre la terre de Crest... Il y a des

[1] Madame de Rohan.

papiers qui sont sous la main du premier syndic... On m'a mandé de Genève la prison de M. de Candale, pris par les gens de l'empereur, qui ont encore battu les Vénitiens. Feu notre bon Monsieur disoit : *Si on se bat en Italie, c'est le bien de ce pauvre pays : mais gare le retour.* Il faut croire que la garde d'Israël sera encore pour nous.

Au même.

Genève, 8 août 1630.

Elle lui envoie la copie de l'inventaire des effets de son mari[1]... « Il y a, dit-elle, des *Histoires*[2] qui sont à Bâle ; de quoi nous ne pouvons rien faire à cette heure, à cause de la peste. M. de la Fosse[3] en étoit chargé par le testament.... Je lui disois souvent que l'inégalité pourroit causer quelque mécontentement ; il me disoit : « Changeons de propos, j'aime tous mes enfans, mais il faut que je pense aux plus pauvres. » Je fus bien étonnée quand j'appris qu'il lui restoit si peu d'argent. Les députés de la seigneurie vinrent visiter ses papiers, où ils trouvèrent un brouillon de la *vie* de feu Monsieur, là où ils ont effacé, comme vous verrez par la feuille que je vous envoie, ce qui parle des affaires de La

---

[1] J'ai cet inventaire sous les yeux. L'original appartient à M. Fillon, qui me l'a communiqué avec d'autres pièces, desquelles il résulte que la succession de d'Aubigné donna lieu à quelques divisions dans la famille.

[2] Des exemplaires de l'*Histoire universelle.*

[3] Nathan d'Aubigné.

Rochelle. C'est ce qu'ils tiennent être dangereux, et qui pourroit porter préjudice à quelques particuliers. Ils m'ont fait commandement que je vous envoie ladite feuille, et vous prier et M. d'Ade aussi d'en faire autant aux livres que vous en avez. Vous voyez à quoi nous en sommes et à quoi on s'attache. Hélas! Monsieur, il y a bien d'autres choses plus prégnantes. Il me semble d'entendre notre bon Monsieur me dire : « Dieu veuille, ma mie, puisque je ne puis pas être « médecin, que je ne sois pas prophète! etc. »

A madame de Villette.

Je suis assurée que vous supportez votre affliction en vraie chrétienne avec votre vertu et piété. Mais, hélas! c'est à moi à pleurer, puisque j'ai tout perdu. Celui par qui je vivois contente en lui rendant service n'est plus. Il me semble que je n'ai plus rien à faire au monde. Je crains d'offenser Dieu dans ma douleur... Tout a été réglé ici comme si M. de Villette y eût été. Feu M. d'Aubigné ne m'a rien dit à part, sinon qu'il me laissoit exécutrice de son testament. Je m'en excusai, et lui dis qu'il remettoit ses affaires en mains bien foibles, quoique bien fidèles; il me répondit : *M. Calandrin l'aidera;* comme il a fait avec toute affection. J'écrirai à madame de Rohan, qui est à Venise, pour les comptes qu'elle avoit avec feu Monsieur. Je désire de sçavoir si M. de Villette et M. d'Ade sont contens que l'on paye la dette de M. le baron (Constant d'Aubigné) à M. Huguetan de Lyon, qui sont cent livres que ledit Huguetan lui prêta en sa grande nécessité.

Lettre de la même.

M. d'Aubigné, de très-heureuse mémoire, devint malade le dimanche à quatre heures du matin, le neuvième jour du mois d'avril 1630... Il eut très-bonne connoissance jusqu'à quelques momens avant qu'il mourût. Il nous a rendu grands témoignages de la joie qu'il ressentoit; et quand il faisoit des difficultés de prendre nourriture, il disoit : *Ma mie, laisse-moi aller en paix, je veux manger du pain céleste.* Il a été servi en tout ce qui m'a été possible de m'imaginer. Ma peine n'a rien été. Si j'eusse pu donner mon sang et ma vie, je l'eusse fait de bon cœur. En ses deux dernières nuits, il fut consolé par deux excellens ministres ses amis. Il n'a manqué ni d'assistance, ni de consolation jusqu'à son dernier soupir, par les plus excellens hommes de la ville ses bons amis. Mais ce ne pouvoit être tant, que son mérite n'en requît encore davantage. Il est regretté de tous les gens de bien. Il a achevé ses jours en paix : et, deux heures avant sa fin, il dit d'une face joyeuse et d'un esprit paisible et content :

> La voici, l'heureuse journée
> Que Dieu a faite à plein désir :
> Par nous soit gloire à lui donnée,
> Et prenons en elle plaisir.

LIV

LETTRE INÉDITE DE D'AUBIGNÉ.

Bien que d'Aubigné, par suite des nombreuses affaires auxquelles il a été mêlé pendant le cours de sa longue carrière, ait dû entretenir une correspondance considérable, jusqu'ici on n'a pas publié d'autre lettre que celle qui a été donnée plus haut, page 383. M. B. Fillon en possède quelques-unes qui ont trait à des affaires de famille. Nous nous bornerons à donner la suivante, qui se trouve dans le manuscrit 744 de la *Collection Du Puy*, à la Bibliothèque impériale. Elle est relative aux attaques que La Popelinière, auquel elle est adressée, avait à souffrir de la part des huguenots, à l'occasion de la publication de son *Histoire de France* [1] :

« Monsieur, je vous ay respondu une fois seulement à vos lettres; mais plusieurs aux effets de vostre demande. J'ay parlé au roy, mon maistre, de vostre affaire, et au ministre de Saint-Gelais. Depuis, au conseil du roy de Navarre, ils disent que de vous-mesme vous pouvez effacer ce qui les offence. Je voudrois à ce voyage que nous espérons faire en Poitou, que vous puissiez voir le roy de Navarre. Vous le trouveriez préparé à ouïr. Advisez-y, et là

---

[1] Voyez plus haut, p. 190.

où je pourroy vous prouver en quelle estime et honeur j'ay ceux qui vous ressemblent.

« Monsieur, je prie Dieu qu'il vous doint en santé et longue vie.

« De Nérac, ce 1er d'avril (1583).

« Vostre bien humble à vous servir,

« AUBIGNÉ. »

FIN.

ERRATA.

Page 2, *note,* 1610-1618, *ajoutez :* 1620.
Page 71, *ligne* 7, Marsay, *lisez :* Mursay.
Page 169, *ligne* 3 *en remontant,* fuitte, *lisez :* suitte.

TABLE DES MATIÈRES.

Académie de Charles IX, p. 185.
Acier (d'), p. 19.
Achon (d'), p. 7, 8, 11.
Acquaviva (Cl.), p. 405.
Adé (Josué de Caumont, sieur d'), gendre de d'Aubigné, p. 121-153.
Albanois, p. 57, 80, 336.
Amboise (Clermont d'), p. 19, 63.
Amboise (conjuration d'), p 3, 24.
Amoureux (guerre des), p. 54, 237, 240 et suiv.
Angers (expédition d'), p. 72, 300 et suiv.
Anières, p. 16, 20, 135, 179.
Antonio (dom), prieur de Crato, p. 272 et suiv.
Antragues (Clermont d'), p. 198, 354.
Autraguet, p. 287.
Apelles, p. 420.
Arambure ou Rambure, p. 45, 88, 279, 346, 364.
Archiac, p. 19.
Archicour (prise d'), p. 29.
Ardene, p. 66.
Armagnac, p. 185 et suiv.
Arnou, p. 152.
Armées de plomb, p. 389.
Arragon, p. 266.
Arrêt de mort contre d'Aubigné, 145.
Assassinat de Henri IV, p. 415.
Assemblée de Guitres, p. 287.
Ast (arme d'), p. 182.
Aubeterre (David Bouchard, vicomte d'), p. 60.
Aubeville (d'), p. 12.
Aubigné (Agrippa d'), sa naissance, p. 3. — Son éducation, son précepteur, p. 4, 5. — Sa vision, ses études, ibid. — Son voyage à Paris, p. 6. — Est fait prisonnier, échappe à la mort, p. 6, 7, 8. — Son séjour près de Renée de France, p. 9. — Est atteint de la peste à Orléans, ibid. — Ses débauches, p. 10. — Perd son père, p. 12. — Est envoyé à Genève, s'en retourne à Lyon, p. 13. — Aventure qui lui arrive en cette ville, p. 15. — Ses premières armes, p. 15. — Combats et siéges auxquels il assiste, dangers qu'il court, p. 16-19. — Sa réponse à M. de La Caze, p. 19. — Ses exploits à Jonzac, ibid., 178. — A Cognac et à Pons, p. 20, 177, 179. — Sa maladie, p. 21. — Procès qu'il soutient et gagne à Orléans, p. 21. — Ses amours avec Diane de Salviaty ; compose le *Printemps*, p. 22. — Son duel à Paris ; échappe à la Saint-Barthélemy, sa terreur panique, p. 23. — Brûle les papiers de la conjuration d'Amboise, p. 24. — Est blessé dans un village de Beauce, p. 25. — Rupture de son mariage avec Diane, p. 27. — Entre au service du roi de Navarre, p. 27. — Ses voyages avec Fervacques, p. 28, 181. — Combat à Dormans, 29. — Sa familiarité avec M. de Guise, ballet de Circé, p. 30, 183. — Son séjour à la cour, ses duels et ses querelles, p. 31. — Tournoi ; sa réponse au roi de Navarre, p. 32. — Ses querelles avec Fervacques, p. 33, 35, 38, 40. — Décide et aide le roi de Navarre à se sauver de la cour, p. 36, 37, 184 et suiv. — Combat de Pithiviers, p. 38, 196. — Refuse de servir les amours

du roi de Navarre, p. 38, 40, 41. —Ses missions dans les provinces, p. 41, 199.—Son stratagème pour aller retrouver Saint-Gelais, p. 42. Siége de Marmande, p. 43, 201. — Attaque de Saint-Macarys, p. 43. 203. — Ses négociations en Languedoc, p. 43, 205.—Ses plaintes au roi de Navarre, son duel, p. 43.—Combat près de Marmande, p. 45, 216. — Commence *les Tragiques*, p. 45.— Jalousie du roi, p. 45, 46. — Guerre de Bayonne, p. 46, 224. — Fait massacrer des prisonniers, s'empare de Castelnau-de-Mesmes, p. 47.—Sa lettre d'adieu au roi, p. 48.—Son sonnet sur un chien du roi, p. 49.—Devient amoureux de Suzanne de Lezay, p. 50.—Ses entreprises sur Nantes et Limoges, p. 51, 228.—Est rappelé par Henri, p. 52. — Sa querelle avec La Magdelène, p. 52. —Prend part à la délibération pour la guerre des Amoureux, p. 54, 237.—Prise de Montaigu, p. 55, 240.—Son entreprise sur Blaye, p. 55, 244.—Sa querelle avec Usson, p. 55.—Déjoue plusieurs tentatives sur Montaigu, p. 244. — Ses combats près de Nérac, près de Cours, p. 56, 255. —Siége de Montaigu par les catholiques, p. 57, 256 et suiv. — Mort de son frère, p. 261 et suiv. —Son entretien avec Marguerite de Valois, p. 271.—Ses relations avec le comte de Vimiosa, p. 58 et suiv., 273 et suiv. — Il sauve Henri d'un assassin, p. 60, 279. — Déjoue une entreprise sur La Rochelle, p. 60, 61. — Visite au cabinet de F. de Candalle; son distique à ce sujet, p. 61.—Haine de Marguerite contre lui, p. 63. — Ses amours et son mariage avec Suzanne, p. 63 et suiv.—Sa généalogie, p. 66. — Son voyage à la cour de France, p. 66, 285.— Ses querelles avec Ségur, p. 67 et suiv. — Sa réconciliation avec Henri, p. 70. — Achète la terre du Chaillou, p. 71.—Son discours à l'assemblée de Guitres, p 71, 287.— Ses combats en Poitou, 291 et suiv. — Prend part à l'expédition d'Angers ; retraite de l'armée; dangers qu'il court, p. 72, 300 et suiv. — Ses combats en Saintonge et au Poitou, p. 73, 319 et suiv.—Il s'empare d'Oléron, p. 73, 325 et suiv. — Il est fait prisonnier et délivré, p. 78, 331 et suiv.—Prière en vers qu'il compose pendant sa captivité, p. 76, 334.—Sa querelle avec Henri au sujet de la discipline, p. 77.—Il pense à se faire catholique, p. 79 et suiv.—Il est rappelé par Henri, p. 80. — Défi des Albanais et des Écossais, p. 80, 335. —Siége de Marans, 336.— Assiste à la bataille de Coutras, p. 82. — Ses projets sur la Bretagne, p. 82, 337. — Siége de Beauvais-sur-Matha, où d'Aubigné sauve la vie à Henri, p. 83, 341. —Son discours au roi pour le détourner d'épouser la comtesse de Guiche, p. 84 et suiv.—Prise de Niort, et de Maillezais qui reste en la possession de d'Aubigné, p. 88. 343 et suiv. — Anecdotes relatives à sa familiarité avec Henri, p. 350. — Il assiste au siége de Gergeau, p. 89, 352.—Son combat singulier devant Paris, p. 90, 353. — Sa harangue au roi après la mort de Henri III, p. 91, 355. —Il assiste aux combats contre le duc de Parme, p. 91, 357. — A la prise de La Boucherie et de Montreuil, p. 92, 359.—Au siége de Rouen, au siége de La Fère, p. 92. — Au combat d'Aumale, p. 92, 361, 364.—Sa harangue au roi, p. 92, 365.—Il perd sa femme, p. 92, 368.—Sa maladie; son entrevue avec le roi et Gabrielle d'Estrées, p. 93, 94.—Sa remontrance au roi malade, p. 95.—Son rôle dans les assemblées des réformés, p. 96, 372.—Il est chargé de la garde du cardinal de Bourbon, p. 97.—Sa réponse aux propositions et à la lettre de la duchesse de Retz, p. 98.—Complot contre lui, p. 99.—Ses discussions théologiques avec le cardinal Duperron, p. 100.—Sa harangue dans une réunion de réformés, p. 101, 373.—Son quatrain contre Sancy, p. 380.—Sa réconciliation et son entretien avec le roi, p. 101-104.—Sa réponse à une lettre du duc de La Trémouille, p. 105.—Sa conduite à l'assemblée de Châtellerault, p. 106-108.—Son voyage à Paris, ses disputes théologiques avec Duperron, p. 108-111.—Il est menacé de la Bastille; demande une pension au roi, p. 112.—Le roi lui conte ses projets contre l'Espagne, p. 113.—Sa dernière entrevue avec lui, p. 114.—Son voyage à Paris après la mort du roi, p. 114, 387.—Sa conduite aux assemblées de Saumur et de Thouars, p. 116, 118.—Il achète le Doignon et fait bâtir une maison dans Maillé, p. 119.—Prend les armes contre le roi, p. 120, 121.—Assiége Tonnay-Charante, p. 122.— Est desservi en cour par le prince de Condé, p. 122, 123.— Il reprend les armes, p. 123.—Son défi au duc d'Épernon, p. 125.—Il est chargé d'examiner les mémoires de Gaspard Baronius, p. 126, 127.—Son sourd-muet, prophète, p. 127, 128.—Sa réponse à la lettre de Villeroy, p. 130.—Il vend les châteaux de Doignon et de Maillezais au duc de Rohan, p. 132.—Lettre qu'il écrit à Pontchartrain, p. 383. — Il se joint au duc de Rohan contre l'armée royale, p. 132, 133. — Il se retire à Genève; dangers qu'il court pendant son voyage ; accueil qu'on lui fait à Genève, p. 134, 135, 136. — Ses négociations avec La Rochelle, Mansfeld et les ducs de Weymar, p. 137-401. — Il est appelé à Berne, qu'il fortifie, ainsi que Bâle, p. 140-142.—Intrigues de l'ambassadeur de France contre lui, p. 143. — Il achète la terre du Crest et manque de périr, p. 144-145.—Arrêt de mort contre lui, p. 145.—Son mariage avec Renée Burlamachi, p. 146.— Vers qui lui sont attribués à tort, p. 147. — Il fortifie Genève, p. 147, 148. —Intrigues contre lui, p. 149. —Il projette d'aller en Angleterre. Trahisons de son fils Constant, p. 151-156. — Son testament, p. 421.— Son épitaphe, p. 423. — Énumération des biens qu'il possédait en 1615, p. 436.— Lettres de Renée Burlamachi sur sa mort, p. 448.—Lettre adressée par lui à la Popelinière, p. 458.

Aubigné (J. d'), père d'Agrippa, 5, 8, 11, 39, 66, 999, 439 et suiv.

Aubigné (Constant d'), fils d'Agrippa, p. 151 et suiv., 426.

Aubigné d'Anjou, p. 208.

Aubigné (Louise d'), fille d'Agrippa, p. 427 et suiv.

Aubigné (Marie d'), fille d'Agrippa, p. 427.

Aubigné, frère d'Agrippa, sa mort, p. 262 et suiv.

Aubigné (Nathan d'), sieur de La Fosse, fils naturel d'Agrippa, pages 142, 425 et suiv.

Aubigné (Savary d'), p. 66.

Aumale (combat d'), p. 364.

Aumont (maréchal d'), p. 358.

Autriche (projets de Henri IV contre la maison d'), p. 410 et suiv.

TABLE DES MATIÈRES.

Baccouë, p. 43, 47, 221 et suiv.
Bade (G.-Fréd., marquis de), p. 148.
Balbani (César), p. 145.
Ballets à la cour, p. 30, 183.
Baronius (Gaspard), p. 126.
Barricades (guerre des), p. 71.
Battavets, p. 46.
Bayonne (guerre de), p. 224 et suiv.
Bayonne (fêtes à), p. 226 et suiv.
Beaulieu, p. 30.
Beaupré, p. 273.
Beauvais-sur-Mer (prise de), p. 83, 337 et suiv.
Begolle, p. 215.
Bellarmin, p. 79.
Belle-Fontaine, p. 190.
Bellegarde, p. 205 et suiv.
Bellièvre, p. 69.
Beroalde (Math.), p. 5, 7, 8, 9, 10, 13.
Bertauville, p. 39, 252, 253.
Béthune, p. 147.
Bèze (Th. de), p. 13.
Biragues, p. 287.
Biron, p. 77, 91, 203, 233, 355, 362.
Bisoignes, p. 18.
Blaye (entreprise sur), 55, 244 et suiv.
Blanchard, p. 179.
Blochard, p. 20.
Boëce, p. 402.
Boiceau, p. 328.
Bois-du-Lis, p. 313 et suiv.
Boisrond, p. 10, 178, 253, 298, 426.
Boissière-Brunet, p. 357.
Boissise (Thumery de), p. 116.
Bonnet, p. 313.
Bontemps (Rougé), p. 75.
Borde, p. 265.
Bouchet (du), p. 51.
Bougoin, p. 64, 65.
Bouillon (duc de), p. 97, 102, 116, 120, 121, 127, 140.
Bourbon (cardinal de), p. 97.
Bourdeaux, p. 75.
Bourdeille, p. 30.
Bouschet, p. 229 et suiv.
Boysseau, p. 76.
Brézé, p. 131.
Briandière, p. 261.
Brissac (comte de), p. 99, 299, ..

Brion, p. 299.
Brocas, p. 222.
Bruère, p. 57.
Brouage, p. 301.
Buckingham, p. 154.
Bullion, p. 150.
Burlamachi (Michel), p. 145.
Burlamachi (Renée), deuxième femme de d'Aubigné, p. 145, 426, 439.
Bussy, p. 31.
Butterie (de), p. 245 et suiv.

Cabinet de curiosités de F. de Candalle, p. 61.
Cadix, p. 391.
Caillard, p. 194.
Calandrini (Claire), p. 145.
Calandrini (Louis), p. 429 et suiv.
Campian, p. 79.
Canaye (Philippe), p. 96.
Candalle (F. de), p. 61.
Candalle, p. 149.
Casimir (le duc Jean), p. 50, 51.
Castel-Jaloux, p. 44, 47.
Castelneau-de-Mesme, p 47, 48.
Catherine de Bourbon, sœur de Henri IV, p. 40, 405.
Catherine de Médicis, 28, 32, 42, 286.
Caravas, p. 304 et suiv.
Carlisle (comte de), p. 150.
Carnavalet (dame de), p. 33, 188.
Carnioux, p. 294.
Carrousels, p. 30, 64.
Casaubon de Vignolles, p. 292 et suiv.
Caumont de la Force, p. 91, 290, 350, 355.
Caumont (Josué de), petit-fils de d'Aubigné, p. 427.
Caumont (Arthémise de), petite-fille de d'Aubigné, p. 427, 432.
Caumont (Louise de), petite-fille de d'Aubigné, p. 427.
Caze (de la), p. 18.
Cercé, p. 253.
Chaillou (le), p. 71.
Chalandrai, p. 193.
Chalmot, p. 272.
Chamiers, p. 108.
Champvallon, p. 271.

TABLE DES MATIÈRES. 463

Chapeau-Rouge, p. 81.
Chapitel, p. 332.
Charbonnières, p. 262 et suivantes, p. 291, 298.
Charles IX, p. 28.
Chasteau-Vieux, p. 354.
Chastel, p. 382, 409.
Chastellerault, p. 96.
Chastellerault (assemblée à), p. 106.
Chastillon, p. 88, 90.
Chastillon (madame de), p. 112.
Château-Neuf en Thimerais, p. 87.
Chauvigny, p. 98.
Chavanes (de), p. 12.
Chayer (Jacqueline), maitresse de d'Aubigné, p. 425 et suiv.
Chazeray, p. 9.
Chemaux, p. 261 et suiv.
Chillault, p. 14.
Christophle, p. 88, 345.
Cipière (Charles de Marsilly, marquis de), p. 138.
Circé (ballet de), p. 30, 183 et suiv.
Citron (sonnet de d'Aubigné sur), chien de Henri IV, p. 49.
Clermont, p. 299.
Clauzonne, p. 206.
Cluzeau, p. 20, 32.
Cognac (siége de), p. 20, 179.
Complots contre le roi de Navarre, p. 279 et suiv.
Condé (princes de), p. 6, 18, 64, 71, 72, 120, 121, 122, 290, 299, 300 et suiv., 325.
Constant, p. 45, 54, 69, 239 et suiv.
Conty, p. 90.
Cornusson, p. 207 et suiv.
Corniou, p. 65.
Corporal, p. 180.
Costin (Jean), p. 4.
Coudray (le), p. 7.
Cour (de), p. 54.
Cour du roi de Navarre, p. 237 et suivantes.
Coutras (bataille de), p. 81.
Covriant, p. 16.
Crest (terre du), p. 144.
Crillon, p. 194, 363.
Curson, p. 31.

Dampierre, p. 354.
Dampville (le maréchal), p. 42, 205 et suiv., 217.
Dangeau (Jacques de Courcillon, seigneur de), p. 33.
Danvers, p. 263.
Daulphin, p. 16, 99, 100.
Dax (soldats de) massacrés, p. 226.
Défi des Albanais aux Écossais, p. 335 et suiv.
Démogorgonistes, p. 53.
Derville, p. 261 et suiv.
Desguillon, p. 218 et suiv.
Discipline militaire, p. 77.
Doignon (château de), Dognon ou Donjon, p. 119, 124, 130, 131, 152, 383 et suiv.
Dominge, p. 46, 218 et suiv.
Dormans, p. 29.
Duels, p. 44, 52.
Dumoulin, p. 107, 112.
Duperron (Jacques Davy), p. 100, 108, 173.
Durant, p. 108.
Duras (de), p. 10.
Dyolet, p. 50.

Edmont (ambassadeur d'Angleterre), p. 92, 364.
Entraigues, p. 63. Voy. Antragues.
Erlac, p. 141.
Ecossais, p. 80, 336.
Esnart, p. 320, 372.
Espagne (le grand corps d'), p. 391.
Espernon (duc d'), p. 67, 123, 125, 129, 131, 149, 133, 352.
Estourneau, p. 27.
Estrées (Gabrielle d'), p. 93, 409.
Estrées (Juliette d'), p. 94.
Essex, p. 391.

Falesche, p. 32.
Favas, p. 53, 54, 203, 239 et suiv.
Ferrier, p. 117.
Fervacques, p. 27, 29, 31, 33, 34, 35, 38, 39, 40, 65, 181, 188, 189, 190.
Festin donné à d'Aubigné, p. 136.
Feugré (M. de), p. 127.

Feugère (L.), p. 3, 452, notes.
Feuquières, p. 40.
Fontainebleau (conférences de), page 100.
Fonsermois, p. 296.
Forisson, p. 294.
Fossia, p. 146.
Foulbon, p. 40.
Fontarabie, p. 280 et suiv.
Fosseuse, p. 238 et suiv.
François, duc d'Alençon, p. 27.
Frankenthal, p. 140.
Frontenac, p. 37, 49, 53, 89, 279, 351, 352.

Gavaret, p. 279 et suiv.
Généalogies de la famille d'Aubigné, p. 66, 439, 446.
Genève, p. 136 et suiv., 143 et suiv.
Genevois (prince de), p. 297 et suiv., 302 et suiv.
Genissac, p. 204.
Gergeau, p. 89.
Gim, p. 4.
Gontaut, p. 279.
Goupilière, 241 et suiv., 259, 265.
Graffier, p. 141, 142.
Grammont (comte de), p. 193.
Grand-veneur (apparit. du), p. 406.
Granri, p. 257, 260.
Grillet, p. 287.
Guerci, p. 205.
Guerra (Jean-Jacques), p. 432.
Guerra (Judith), p. 432.
Guérande, p. 337.
Guiche (comtesse de), p. 68.
Guimenière, p. 269.
Guise, p. 30, 33, 34, 88, 299.
Guisoli, p. 328.
Guitres (assemblée de), p. 287.
Guitton, p. 77.

Haag (MM.), auteurs de la *France protestante*, p. 3, 9, 425.
Harangues de d'Aubigné, p. 287, 355, 365, 373.
Harangue d'un juge de Moncontour au roi, p. 407 et suiv.
Haute-Fontaine, p. 153.

Henris (guerre des Trois), p. 71, note.
Henri III, p. 30, 286, 352, 353.
Henri IV, p. 173, 217 et suiv., 184 et suiv., 217, 226 et suiv., 237 et suiv., 277 et suiv., 285 et suivantes, 336 et suiv., 344, 350 et suiv., 357 et suiv., 361 et suivantes, 401, 403 et suiv.
Henriette, p. 432.
Herbette, p. 19.
Herbeau, p. 149.
Herviliers, p. 298.
Hollandais (éloge des capitaines), pages 289 et suiv.
Hommeau, p. 299, 302 et suiv.
Hospital (chancelier de L'), p. 24.
Hottoman, p. 69.
Husson, p. 254.

Jarnac, p. 17.
Javrie, p. 257, 265.
Jazeneuil (combat de), p. 17.
Jeannin (P.), p. 104.
Jésuites, p. 404 et suiv.
Jonquères, p. 185, 346.
Jonzac (combat de), p. 19, 178.
Jouannes, p. 261 et suiv.
Joyeuse (Anne de), p. 30, 81.

Kergrois, p. 321.

La Barre, p. 347.
La Berse, p. 75.
La Boucherie (prise de la), p. 359.
La Boulaye ou La Boullaie, p. 3, 9, 51, 52, 53, 57, 69, 70, 228, 241 et suiv., 244 et suiv., 258, 299, 300, 302 et suiv., 359.
La Bourgongne, p. 259.
La Brosse, p. 269.
La Broue, p. 102.
La Cassagne, p. 205.
La Chappelle, p. 177.
La Combaudière, p. 328.
La Corège, p. 223.
La Fayette, p. 9.
La Flèche, p. 302 et suiv.
La Fleur, p. 332.

La Forcade, p. 118.
La Force. Voyez Caumont.
La Fosse. Voy. d'Aubigné (Nathan).
La Garde du Bois, p. 229 et suiv.
La Garnache, p. 88, 256.
Lagny, p. 91.
Lagor, p. 269.
La Grange (erreur du marquis de), p. 291.
La Haye, p. 56.
La Hilière, p. 226 et suiv.
La Jousselinière, p. 66.
Laleu, p. 244 et suiv., 254.
La Limaille, p. 332.
Lallu, p. 55.
La Londe, p. 362.
La Magdeleine, p. 45.
La Maurie, p. 291.
La Mothe, p. 179, 291 et suiv.
Landereau, 243 et suiv., 258 et suiv.
Landes-Guinemer (terre de), près Mer, p. 21, 426.
Languiller, p. 273.
La Noüe, p. 42, 44, 47, 82, 106, 133, 200 et suiv., 217, 338, 389.
Lansac, p. 29, 60, 79.
La Personne, p. 41, 71.
La Popelinière, p. 28, 190, 457.
Lardoise, p. 317 et suiv.
La Rochelle, p. 60, 129, 140, 154.
La Rochelle (piaffe de), p. 123.
La Rochefoucault (comte de), p. 55, 64, 76.
La Rochefoucault (comtesse de), p. 65.
La Roque, p. 37.
La Sale-de-Ciron, p. 48.
La Saussaye (Mathurin de), p. 26.
La Trémouille (duc de), p. 101, 103, 104, 105, 302 et suiv., 373, 378 et suiv.
Laval, p. 300, 302 et suiv., 319, 326 et suiv.
La Vallière, p. 231 et suiv., 242 et suivantes, 372.
Lavardin (J. de Beaumanoir, seigneur de), p. 38, 45, 46, 48, 189 et suiv., 215, 217 et suiv., 320, 363, 364.

La Varenne, p. 102, 116, 405.
La Vascherie, p. 131.
Le Breuil, p. 182.
Le Buisson, p. 33, 34.
Le Fresne, p. 361.
Le Portal, p. 182.
L'Éronnière, p. 93.
Leschalart, p. 9.
Lesdiguières (duc de), p. 107, 126, 150.
L'Espine, p. 37.
Lestang (Catherine de), mère de d'Aubigné, p. 3.
L'Estoile (Louis de), p. 7.
L'Estoile (P. de), cité p. 176, note 2, et p. 381.
Lettres de d'Aubigné, p. 48, 98, 105, 130, 278, 383, 457.
Lettre de la duchesse de Retz à d'Aubigné, p. 98.
Lettre de Villeroy à d'Aubigné, p. 130.
Lettre du comte de Vimiosa à d'Aubigné, p. 278.
Lettre du duc de La Trémouille à d'Aubigné, p. 105.
Lezay (Suzanne de), première femme de d'Aubigné, p. 50, 92. — Vers sur sa mort, p. 368.
Liancourt (Charles du Plessis-), p. 102.
Limeux, p. 32.
Limoges, p. 51, 228 et suiv.
Limur (Anne de), belle-mère de d'Aubigné, p. 4.
L'Oiseau, p. 372.
Longueville (duc de), p. 355.
Lorges, p. 298.
Loro, p. 60, 280 et suiv.
Loudun (assemblée de), p. 96.
Loudun (traité de), p. 122.
Louis XIII, p. 399.
Lozun, p. 177, 181.
Lubert (Sibrand), p. 80.
Lucain, cité p. 414.
Lude (Guy de Daillon, comte du), p. 58, 261 et suiv.
Lusignan, p. 121.
Lussan, p. 60.

Magnane, p. 200.

Maillezais, p. 88, 99, 121, 123, 130, 131, 152, 343 et suiv., 384.
Maidavid, p. 195.
Malicorne, p. 320 et suiv., 348, 360.
Manou, p. 354.
Mansfeld (E., comte de), p. 138.
Manuscrits de d'Aubigné, p. 429.
Marans (siége de), p. 336.
Marguerite de Navarre, p. 37, 62, 255, 270 et suiv., 237 et suivantes, 285.
Marie de Médicis, p. 114, 115.
Marmande (siége de), p. 201 et suiv., 218 et suiv.
Marolles, p. 190.
Marsaut, p. 253.
Marsillère, p. 229 et suiv.
Mas (Ballot de Limoges, dit le capitaine), p. 228 et suiv.
Matignon (J. Goyon de), p. 28, 302.
Mauvezin, p. 218 et suiv.
Maylié, p. 119, 437.
Medelin, p. 73 et suiv.
Méges (les deux), p. 46, 218 et suiv.
Melet, p. 206.
Melle, p. 291.
Melon, p. 279.
Mémoires du duc de La Force, p. 290, note 1, p. 406.
Ménerbe (prise de), p. 392.
Mercœur (duc de), p. 297 et suiv., 321, 335.
Mercœur (duchesse de), p. 115.
Mespieds, p. 261 et suiv.
Meteau, p. 46, 218 et suiv.
Michelière, p. 318.
Mignonville, p. 301, 320.
Miracle, p. 134.
Mirambeau, p. 15, 16, 42.
Miron (Robert), p. 143.
Mocquart, p. 260, 268.
Monnars (des), p. 328.
Monneau (Jean), p. 260.
Montaigu (siége et prise de), p. 51, 55, 57, 240 et suiv., 245 et suiv., 258 et suiv.
Mont-de-Maras (le), p. 193.
Montdion, p. 39.
Monteil, p. 73.

Montelon, p. 131.
Montferrant, p. 203.
Montfort-l'Amaury, p. 36.
Montgomery (Gabriel de), p. 28, 29, 181 et suiv.
Montmorency (Anne de), p. 11.
Montmorency (Charles de), p. 47.
Montreuil (prise de), p. 92, 359.
More, p. 204.
Morcille, p. 121.
Morel (Jean), p. 4.
Morevert (comtesse de), p. 33.
Morge (de), p. 107.
Mornay (du Plessis-), p. 83, 98, 100, 290, 338, 378.
Mortagne, p. 256.
Mouvans, p. 253.
Mozac, p. 123.
Mursay (terre de), p. 71, 437.

Nambut, p. 33.
Nantes, p. 51.
Nérac (attaque de), p. 255.
Nassau (Guillaume de), p. 389.
Nassau (Maurice de), p. 389, 411.
Nesde, p. 260.
Neubourg, p. 262.
Neuillan (baron de), p. 152.
Neuvy, p. 1.
Niort (prise de), p. 88, 343 et suiv.
Nivaudière, p. 244 et suiv., 253, 292 et suiv.
Nort, p. 320.

O (d'), p. 92, 354.
Oléron (combats et prise d'), p. 73, 78, 325 et suiv.
Orange, p. 106.
Orléans, p. 6, 10.
Orte (vicomte d'), p. 225 et suiv.
Ousches (les), p. 260, 292 et suiv., 302 et suiv.

Pagery ou Pagezy, p. 50, 206.
Panigarola, p. 79.
Parabère ou Parabelle (J. de Beaudan, sieur de), p. 68, 119, 344 360.
Parme (duc de), p. 92, 357 et suiv.
Payan, p. 206.

TABLE DES MATIÈRES. 467

Pelissonnière, p. 57, 257.
Péquigny, p. 31.
Perai, p 294.
Periers, p. 305.
Perrinette, p. 432.
Perrot de Fargue, p. 18.
Peste à Orléans, p. 9.
Petit-Roy, p. 135.
Pichery, p. 91.
Picrochole, p. 301.
Piques (usage des), p. 389.
Pithiviers (combat près de), p. 196 et suivantes
Plassac, p. 326 et suiv.
Plaute, cité p. 158.
Pluviers, p. 197.
Pluzeau, p. 92.
Pommier, p. 240 et suiv.
Pons, p. 20, 179 et suiv., 266.
Pontchartrain (lettre de d'Aubigné à), p. 383.
Pont-de-Cé (combat du), p. 133.
Portugal (princesses de), p. 136.
Postel (Guillaume), p. 27.
Poudins, p. 193.
Poupelière. Voy. La Popelinière.
Pouianne, p. 224 et suiv.
Préau, p. 346.
Prinçay (du), 51, 229 et suiv.
Printemps (le) de d'Aubigné, p. 22.
Propagation de la Foi (société de la), p. 126.
Prophéties, p. 128, 223.
Prou, p. 73.
Prudhomme (Antoine), p. 432.
Pyramide élevée en mémoire de l'attentat de Châtel, p. 404.

Ranques, p. 345.
Ranty, p. 19.
Ravaillac, p. 415.
Reaux, p. 15, 124.
Reniers, p. 53.
Retz (duchesse de), p. 63, 98.
Richer (S.), p. 178.
Riou (du), p. 305.
Riveron, p. 15.
Rivet (André), p. 115, 117.
Rivière-Puittaillé (la), p. 19.

Roche-l'Abeille (combat de), p. 17.
Roche-Morte, p. 303.
Rochette, p. 302.
Roquelaure, p. 37, 189 et suiv., 215.
Rocques (madame de), p. 49.
Rohan (Anne de), p. 416, 453.
Rohan (René, duc de), p. 73, 299. 319.
Rohan (H. duc de), p. 118, 120, 132, 133, 152, 153, 385.
Rouaut, p. 302.
Rouen (siége de), p. 92, 361.
Roussière-Cul-de-Braie, p. 270.
Rozet, p. 149.
Rusilles, p, 80.
Ruvigny (mademoiselle de), p. 112.

Sacquenay, p. 40.
Sacremore, p. 287, 316.
Sagonne, p. 90.
Saint-Blanquart, p. 134.
Saint-Estienne, p. 57.
Saint-Faleau, p. 38.
Saint-Gelays, p. 39, 42, 51, 67, 72, 88, 292, 299, 302 et suiv., 319 et suivantes.
Saint-Julain, p. 138.
Saint-Lau, p. 15.
Saint-Luc, p. 75, 79, 320, 326 et suiv., 331 et suiv.
Saint-Macaire (attaque de), p. 43, 203.
Saint-Maixent (synode de), p. 96, 372
Saint-Martin, p. 190 et suiv.
Saint-Maury, p. 3.
Saint-Nazaire, p. 338.
Saint-Sire (de), p. 9.
Saint-Surin, p. 291, 298.
Sainte-Colombe, p. 198.
Sainte-Foy (assemblée de), p. 50.
Sainte-Marie, p. 45.
Salern, p. 285.
Salignac, p. 291.
Salviaty (Diane), p. 22, 32.
Salviaty (le chevalier), p. 27.
Sarrazin, p. 136, 138, 149.
Saumur (assemblée de), p. 116.
Savignac, p. 17, 177.
Scaramel, p. 142.

Schomberg (H. comte de), 154, 378.
Sedan, p. 140.
Ségur-Pardaillan, p. 67 et suiv., 206 et suiv.
Sénèque, cité p. 402.
Seride, p. 217.
Soissons (comte de), p. 111.
Soldat français, p. 388 et suiv.
Sonnets (divers) de d'Aubigné, pages 49, 175, 176, 189.
Soubise (duc de), p. 121, 133.
Sourd-muet de d'Aubigné, p. 127.
Sourdis (Henri d'Escoubleau de), p. 129, 149.
Spalungue, p. 192 et suiv.
Stellatus, p. 35.
Strozzi (Philippe), p. 278.
Surimeau, p. 295.
Surimeau (terre de), p. 339.
Sully (duc de), p. 106, 112, 120, 121, 313, 403, 410.

Tacite, p. 1, 398.
Talbot, p. 180.
Talcy, p. 22, 24, 318. — Voyez Salviaty.
Talmond, p. 80.
Termes, p. 30.
Testament de d'Aubigné, p. 421.
— de Jacqueline Chayer, p. 434.
Thouars (assemblée de), p. 118.
Thou (le président de), p. 161, 378.
Tiercelin, p. 327.
Tiffordière ou Tiffardière, p. 64, 65, 318.
Tignonville, p. 38.
Tillet (du), p. 195.
Tournois, p. 64.
Tonnay-Charente, p. 122.
Tours (combat de), p. 89.
Tragiques (les), de d'Aubigné, pages 45, 123.
Trans (marquis de), p. 81.
Tronchin, p. 428, 429.

Turenne (Henri de la Tour, vicomte de), p. 54, 83, 84, 87, 239 et suiv., 303, 338.
Turtrie, p. 244 et suiv., 254.

Urban, p. 241.
Usès (dame d'), p. 211.
Usson, p. 55, 56.

Vachonnière, p. 47, 217 et suiv.
Vaillac, p. 177.
Vatable, p. 5.
Vaux (de), p. 82, 324.
Vendôme (César de), p. 94, 96.
Vergers (des), p. 30.
Vers attribués à tort à d'Aubigné, p. 147 (note).
Vers d'Anne de Rohan sur la mort de Henri IV, p. 416.
Vers de d'Aubigné, p. 36, 59, 62, 360, 368, 402, 414, 420.
Vers à J. et A. d'Aubigné, 444, 448.
Vertemond, p. 229 et suiv.
Vieille-Vigne, p. 247.
Vignoles (Bertrand de), p. 130.
Villarnoul, p. 115.
Villars (André de Brancas, amiral de), p. 47, 362.
Villegombelin, p. 317 et suiv.
Villeroy, p. 115, 130, 392.
Villette (madame de), fille de d'Aubigné, p. 427 et suiv., 455.
Villette, gendre de d'Aubigné, pages 436, 451 et suiv.
Villiers, p. 244 et suiv.
Vimiosa (dom Antonio de), p. 58, 59, 270 et suiv.
Virluisan, p. 304 et suiv.
Vrignez, p. 239, 241 et suiv.

Weymar (les ducs de), p. 139.
Willems, p. 361 et suiv.
Witaker, p. 80.
Wuilley, p. 92.

FIN DE LA TABLE DES MATIÈRES.

www.ingramcontent.com/pod-product-compliance
Lightning Source LLC
Chambersburg PA
CBHW051617230426
43669CB00013B/2082